LE COMPLEXE D'ICARE

DU MÊME AUTEUR

Chez le même éditeur :

LA PLANCHE DE SALUT.

ERICA JONG

Le Complexe d'Icare

ROMAN

TRADUIT DE L'AMÉRICAIN
PAR GEORGES BELMONT

PRÉFACE DE HENRY MILLER

PRÉFACE DE ERICA JONG

LAFFONT

Cet ouvrage a été publié pour la première fois aux États-Unis par Holt, Rinehart and Winston, à New York, sous le titre :

FEAR OF FLYING

A Grace Darling Griffin,
et à mon grand-père,
Samuel Mirsky

... et merci à mes intrépides directeurs littéraires, Aaron Asher et Jennifer Josephy. Merci, pour son aide utile, à la Fondation nationale pour les Arts. Merci à Betty Anne Clark, Anita Gross, Ruth Sullivan, Mimi Bailin et Linda Bogin. Et un grand merci à la muse domestique à qui je dois d'avoir eu depuis le début un endroit pour moi seule.

Hélas! l'amour des femmes est connu
Pour être tout ensemble aimable et terrifiant;
Car leur destin est misé sur ce coup;
Si c'est perdu, la vie ne leur réserve plus
Que le seul écho moqueur du passé,
Et leur vengeance, alors, bondit comme le tigre,
Prompte, mortelle et sans merci, mais telle
En sa cruelle fin que leur propre martyre.

Et, oui! Car souvent injuste pour l'homme
L'homme l'est encor plus pour la femme, vouée,
Pour son partage, à être en tout trahie.
A se taire dressé, son cœur trop riche adore
Et se meurt en secret, jusqu'à sa vente
Par mariage à quelque gros butor plus doré;
Puis quoi? Mari sans grâce, ensuite amant
Trompeur? Atours, enfants, prière, et c'est fini?

Si ne prend pas amant, se met à boire,
A bigoter, épousseter ou déroger,
Ou fuir – pour ne changer que de souci
Et perdre le profit de vertu bien assise.
Rare est le changement pour le meilleur,
Tant telle condition va contre la nature :
Des lambris de l'ennui, tombe au taudis,
Ou bien tente le diable, et puis pond un roman.

LORD BYRON
Don Juan

Préface

Quiconque a son livre sur la liste des best-sellers se passe d'éloges écrits. Ces quelques phrases sont donc purement gratuites ou, si l'on veut, constituent l'hommage d'un auteur à un autre, mais surtout un tribut chaleureux et venu droit du cœur à une femme écrivain dont je n'ai jamais connu l'égale.

A certains égards, ce livre est la contrepartie féminine de mon *Tropique du Cancer* — en moins amer et en beaucoup plus drôle, fort heureusement. L'auteur trouve, comme la plupart d'entre nous, que les psychanalystes — ces rétrécisseurs de têtes, ces jivaros — sont de vraies coliques. Je dis : « l'auteur », mais dans mon esprit il est inséparable de sa protagoniste, Isadora Zelda — tandis que, dans le cas de *Tropique du Cancer*, critiques et public également étaient enclins à s'imaginer que Henry Miller n'existait que dans mon esprit. Aujourd'hui encore, bon nombre de gens, dans leurs allusions à mon livre, continuent à en parler comme d'un roman, bien que j'aie cent fois répété que ce n'en est pas un.

Erica Jong m'a déclaré, dans une lettre, qu'elle trouve stupides les distinctions de genre ou de catégorie, pour les livres. Un livre est un livre est un livre, pour paraphraser Gertrude Stein. Et pourtant, les gens ont vraiment l'air de se soucier (pourquoi ? on se le demande) de ces questions d'identité. En général, l'autobiographie ne connaît pas la popularité du roman, sauf si elle est sensationnelle. Et je crois que les éditeurs, foncièrement, ont peur des autobiographies, à cause du danger de scandale et de diffamation, de procès et de chicaneries. Mais il faut bien dire que, dans l'ensemble, les éditeurs sont des timides, bourrés de craintes de toute espèce.

La merveille du livre d'Erica Jong, c'est qu'elle aussi (ou Isadora) est bourrée de craintes de toute sorte, mais qu'elle n'en fait pas de drame — au contraire, elle se sert de ses moments de tragédie pour nous égayer.

C'est une œuvre incontestablement thérapeutique qu'elle a écrite là — et thérapeutique pour les hommes autant que pour les femmes. D'abord — ne serait-ce que cela — tous les jivaros, tous les psychiatres, tous les psychologues devraient lire ce livre. Même chose pour les Juifs. Ils en prennent pour leur grade. Et cependant, il ne s'agit pas du tout d'une œuvre « antisémite », puisque Erica Jong elle-même est juive. Elle sait de quoi elle parle. Son humour mordant et ses sarcasmes sont aussi impitoyables pour les gens de son peuple que pour les Allemands, les Arabes, les Anglais, les Américains. On me dira que d'autres en ont fait autant, et c'est vrai. Il suffit de penser à Jonathan Swift, à Sean O'Casey, à Knut Hamsun, à George Bernard Shaw, à Céline et à un certain Henry Miller. Cela ne les (ne nous) a pas empêchés d'adorer leur (notre) pays. C'étaient ses habitants qui nous faisaient pitié.

Oui, je le sais : de tous les peuples du monde, le Juif a la réputation de se distinguer par son aptitude à se moquer de soi, à reconnaître ses défauts.

Seulement, qu'un non-Juif s'avise d'y toucher — aussitôt on crie à l'antisémitisme.

Il est sot de s'entêter à prétendre que, sous l'épiderme, nous sommes tous frères. Il y a des chances pour que, à la vérité, sous l'enveloppe, nous soyons tous plutôt des cannibales, des assassins, des traîtres, des menteurs, des hypocrites et des lâches.

Que l'on ne s'y trompe pas : Erica Jong est loin d'être misogyne ou misanthrope. J'ai l'impression qu'elle adore la vie, et aussi les gens. Mais son intelligence lui interdit de fermer les yeux sur les défauts criants. C'est ce mélange d'entrain et de délectation qui nous vaut certaines des pages les plus drôles et les plus savoureuses du livre. La tentation est de s'écrier : « Elle écrit comme un homme ! » — à cela près que, non, si elle écrit comme quelqu'un, c'est comme une femme cent pour cent femme, une femelle, parfois même une garce. Sur bien des points, elle est plus directe, plus franche, plus hardie que beaucoup d'auteurs masculins. Voilà ce que j'aime en elle. En somme, un régal pour les yeux fatigués. Par rapport à cette sorte de femme, les hommes ne sont pas à la hauteur. Puissance de l'intelligence, culture, lecture, excellent goût et, par-dessus tout, impavidité, c'est cela qui la caractérise.

Je ne peux m'empêcher de me demander ce que pensent les mouvements de libération de la femme du livre d'Erica Jong. Car voici une femme libérée, qui dit son besoin de l'homme ou, selon ses propres mots, de rapports amoureux anonymes. Elle avoue être obsédée par le sexe et l'amour — et comment ! On n'entend pas assez la voix des personnes de son sexe sur le sujet. Et malgre tout — car elle va jusqu'à l'extrême limite — le livre ne peut être qualifié de « pornographique ». Il regorge d'obscénité (pour ce que cela veut dire) ; mais, par-dessous et par-dessus tout, il y a là, et pour de bon, un propos délibéré. C'est une œuvre pleine de sens, un hymne à la vie. Ici, les nécrophages sont les jivaros, les profs, les parents et le reste.

L'aspect le plus intrigant, c'est l'idée d'avoir fait d'un jivaro britannique — qui n'est au fond qu'un salopard de première grandeur — un personnage délicieux et plein de signification, malgré une propension à l'aphorisme primaire.

Finalement, c'est ce bougre de salaud qui, peut-être malgré lui, devient le sauveur d'Isadora Zelda. Lui qui, par sa traîtrise sans vergogne, lui ouvre les yeux, la force à se mettre en face d'elle-même et à accepter la réalité. Pour un « anti-héros », c'en est un ! Tout fumier qu'il est, il sait se démerder ou, devrais-je sans doute dire, « il sait de quel côté sa tartine est beurrée ».

Si je m'attarde à ce personnage, c'est que nous sommes trop peu à admettre volontiers que l'on puisse tirer autant, sinon plus, d'enseignement des traîtres et des affreux que des bons. Nous savons que les bienfaisants sont fauteurs de désastre, et nous n'avons pas l'air de nous douter que les malfaisants sont capables de faire énormément de bien dans ce monde tordu et foutu — même s'ils se contentent de mettre en miettes nos rêves d'idéalistes, cela suffit amplement.

Cela dit, j'exagère tant soit peu quant à Adrian, le jivaro britannique et le bougre de fumier. Il n'est pas vraiment mauvais. Simplement, il se fiche bien qu'il lui arrive de démolir quelques vies pour obtenir ce qui lui chante.

J'ai éprouvé, je dois dire, un sentiment de joie intense, de délivrance, lorsque les bandeaux finissent par tomber des yeux d'Isadora. Quoi qu'elle pût faire ensuite, elle tiendrait d'aplomb toute seule sur ses pieds, me semblait-il. Une fois ôtés les bandeaux, on ne les remet plus. Peut-être Isadora Zelda (ou Erica) a-t-elle toujours peur d'ouvrir ses ailes et de voler — qui n'en est là ? — mais elle sait y faire face.

Je suis enclin à prédire que ce livre fera date dans l'histoire de la littérature et que, grâce à lui, des voix vont s'élever parmi les femmes, pour rompre le silence des siècles et nous donner de grandes sagas débordantes de sexe et d'amour, de vie, de joie et d'aventure.

HENRY MILLER

Préface

Le Complexe d'Icare quinze ans après

Voici que, m'étant transportée au XVIe siècle avec mon roman *Serenissima* et, auparavant, au XVIIIe avec le précédent, *Fanny*, j'essaie ici d'en faire de même pour la fin des années soixante et le début des années soixante-dix, et de me rappeler celle que j'étais, alors que *Le Complexe d'Icare* filtrait lentement dans mon esprit. A certains égards, ce court voyage à travers le temps est un exploit plus ardu que de se reporter au XVIIIe siècle.

Mon premier roman (gardé dans mes tiroirs) était un jeu de l'intellect, d'inspiration nabokovienne, où je m'incarnais dans un personnage de fou nabokovien partant en campagne pour tuer son double. J'avais montré le manuscrit à mon premier éditeur américain qui, tout en lui reconnaissant du mérite littéraire, s'étonna de me voir entrer dans la peau d'un homme, même fou, quand, dans mes poèmes, je m'employais vigoureusement à inventer, à l'intention des femmes, une manière nouvelle d'écrire pour parler d'elles et de leur vie. Piquée au vif, je rétorquai que personne ne s'intéressait aux histoires de femmes. Si incroyable que cela puisse paraître aujourd'hui, la littérature de l'époque — surtout la littérature « sérieuse » — était un apanage masculin. Bien que l'on décelât les signes annonciateurs d'une seconde vague féministe, comme un phénomène pop et public, le monde de la littérature n'en continuait pas moins à réserver toute la gloriole aux poses avantageuses de la fatuité mâle. Et, dans une certaine mesure, ce n'est pas fini...

Mais enfin, il commençait à y avoir du nouveau. Dans leurs écrits, les femmes se mettaient à parler de leur vie en lui accordant la même importance qu'à celle des hommes. Cela demandait beaucoup de courage, car cela signifiait braver toutes les admonestations de la famille et de la culture du temps. J'écrivis *Le Complexe d'Icare* dans l'angoisse et la terreur de la franchise avec laquelle j'y allais. Souvent, je me disais que ce que je faisais là n'avait rien d'un roman et n'était qu'un cri de délivrance. Et c'était loin d'être facile pour moi. Comme candidate à un doctorat en littérature anglaise du XVIIIe siècle, j'étais bonne à composer des sonnets, des sextines et des bouts-rimés. Bonne en analyse littéraire et en commentaires en bas de pages. Mais *Le Complexe d'Icare* était le contraire d'un roman d'érudite. Le titre le disait : c'était l'envol de quelqu'un qui avait peur de ses ailes.

Après sept années d'exercices d'échauffement et de faux départs, le livre jaillit de moi dans une explosion d'énergie et de passion, mon intention bien arrêtée étant de le remiser dans un tiroir, comme un produit assurément non commercial, estimais-je, et probablement impubliable, mais que je m'étais dû de jeter sur le papier, ne fût-ce que pour ne pas être de ces universitaires chagrines et rongées d'envie, qui grincent des dents chaque fois qu'une autre qu'elles publie un roman. J'avais peur d'écrire le mien, donc il fallait l'écrire. C'est un principe qui a régi toute ma vie : « Tu as peur ? Alors vas-y, tu dois le faire. » La peur est le signe de Dieu — ou de la Muse — pour me dire quelle est la prochaine escalade que je dois entreprendre. Et, au fur et à mesure que j'écrivais, le livre affirmait son indépendance de moi.

De même que le poète avoue ses intentions les plus profondes avec des images et des métaphores que crée son inconscient, de même la romancière trahit le secret de son propos par la fable de l'œuvre. Aujourd'hui, bénéficiant du recul que me donnent cinq romans achevés (et un sixième qui l'est à demi), je peux voir que, tous, ils relèvent, en un sens, du picaresque. Ils embarquent une vaillante héroïne sur le chemin de l'existence, la mènent d'aventure en aventure et des hauts lieux de la vie à ses bas-fonds, pour la reconduire saine et sauve à la maison et au bout du compte à une forme de rédemption. Mais ce dénouement rédempteur (ou, disons, heureux), fruit de mon invention (ou de mon inconscient), entraîne chaque fois le roman par-delà les frontières du picaresque et dans les régions du *bildungsroman*, de la fable édifiante.

Pour mesurer combien ce trait est caractéristique de mon œuvre, il n'est que de la rapprocher de l'auteur contemporain qui, le premier, exerça sur moi une influence majeure : Nabokov. Presque tous ses romans sont des autobiographies posthumes ou alors se terminent par la mort du héros. Tandis que tous mes dénouements voient renaître l'héroïne — à commencer par Isadora qui, dans *Le Complexe d'Icare*, renaît par le baptême des eaux de son bain, tout comme, dans *La Planche de salut*, elle renaît par celui d'un amour passionné. Quant à l'héroïne de *Fanny, ou La Véridique Histoire de Fanny Troussecote-Jones*, après toute une existence de piraterie, de putainerie et de hasard, elle revient au pays pour y goûter les joies de la maternité et de l'amour véritable avec la gloire littéraire, et rentrer dans un héritage par-dessus le marché. Et l'Isadora des *Parachutes d'Icare* opère son rachat en retrouvant les racines russes de son grand-père, tandis que la Jessica de *Serenissima* doit le sien à une remontée dans le temps jusqu'au XVIe siècle, où elle rencontre William Shakespeare, sauve la vie d'un orphelin, ainsi que la sienne propre dans le temps présent. Apparemment, l'idée de la rédemption finale est profondément gravée dans mon inconscient. En cet infortuné bas monde, je m'obstine à écrire des dénouements heureux.

Non que celui du *Complexe d'Icare* ne soit pas mâtiné de douleur. Je l'ai refait une douzaine de fois, dans l'intention que la version définitive comportât plus qu'une nuance d'ambiguïté. A l'époque où j'ai écrit ce roman, c'était encore une nouveauté qu'une héroïne finît par atteindre à l'indépendance sans payer de sa vie une telle démesure. Au XIXe siècle, les grands romans d'une destinée de femme, tels *Anna Karénine* et *Madame Bovary*, présentent la mort comme la conséquence inévitable de toute quête d'une existence féminine échappant à la sphère bourgeoise — quête qui prend, inévitablement aussi, la forme d'une aventure amoureuse, seul moyen d'évasion à la disposition, en ce temps-là, de la plupart des femmes. Des forces puissantes me pressaient d'en finir avec Isadora, au terme du *Complexe d'Icare*. J'envisageai un suicide à la Madame Bovary ou à la Anna Karénine. J'hésitai également entre une capitulation rendant les armes au mariage bourgeois, une grossesse hors des liens conjugaux, ou encore, à la mode du temps, un exode et une traversée du désert pour s'en aller rejoindre une communauté (féminine, cela va de soi). Déesse merci, je n'optai pour aucune de ces solutions ! Tout au fond de moi, l'intuition de la romancière me dit de coller à ce qu'une personne comme Isadora eût fait en pareilles circonstances dans la réalité. Elle serait rentrée à la maison — assagie, métamorphosée, assurée, rachetée par l'aventure — et la vie aurait continué.

Que la vie continue est en soi, pour une héroïne, l'exception. Dans les romans du XIXe siècle, une femme qui redresse la tête quitte souvent l'existence avant d'avoir eu loisir de raconter sa petite histoire. En permettant à Isadora de vivre, je faisais sauter un puissant paradigme. Peut-être cela explique-t-il pour une part ma terreur en achevant ce livre.

Lors de sa publication, en novembre 1973, l'accueil que reçut d'abord *Le Complexe d'Icare* fut très loin de donner une idée de l'impact et de la portée qu'il finirait par avoir. Le premier indice suggérant qu'il pût constituer un phénomène fut la tendance des jeux d'épreuves à disparaître de la maison d'édition. Les premières réactions de la critique n'eurent, en général, rien d'exceptionnel et rangèrent le livre dans les ouvrages de littérature féminine à la mode du jour. Puis John Updike le sauva de l'anonymat des invendus et des soldes en le découvrant, dans un article qu'il publia dans le *New Yorker*, comme une sorte d'équivalent au féminin de *L'Attrape-cœur* de Salinger. Et, quelques mois plus tard, Henry Miller lui emboîta le pas en le décrivant, dans le *New York Times*, avec enthousiasme comme le *Tropique du Cancer* qu'il eût écrit s'il avait été une femme. Tant et si bien que *Le Complexe d'Icare* devint le livre dont tout le monde avait entendu parler, mais que personne ne pouvait se procurer — avec le résultat que, lorsqu'il sortit enfin en édition de poche, il s'en vendit un million et demi d'exemplaires dans les trois mois qui suivirent. On en était à trois millions à la fin de la première année. Aujourd'hui, le chiffre total des tirages dans le monde entier dépasse dix millions d'exemplaires.

Bref, *Le Complexe d'Icare* devint une de ces œuvres qui tiennent plus de l'événement que du livre — genre de chose que bien des auteurs espèrent, tout en étant parfaitement incapables d'en prévoir les conséquences.

Ce succès de scandale littéraire valut à l'auteur que j'étais la sorte d'étiquette et de marque indélébile que je continue à porter même maintenant, et qui gêne la juste appréciation de ma poésie et de mes œuvres de fiction historiques.

Oui, *Le Complexe d'Icare* devint une espèce de tapis volant dont la magie m'entraîna aux quatre coins du globe. Les yeux écarquillés, j'écoutais mes lectrices en serbo-croate ou en japonais (sans parler de celles, plus mondaines, de France, d'Italie, d'Allemagne, d'Espagne, du Portugal, de Scandinavie, etc.) m'expliquer comme elles s'identifiaient à Isadora Wing, comme leurs sentiments s'étaient trouvés justifiés par son évasion et son essor, comme elles admiraient son courage — et le mien du même coup — tant la distinction entre personnage et auteur se brouillait au point de s'y perdre.

Tout cela, bien entendu, par ma faute. Car ce qui m'avait passionnée en écrivant ce livre, c'était beaucoup plus l'illusion de la vraisemblance totale, de l'étalage de la vérité que, pour moi-même, une forme quelconque de déguisement. Henry Miller et Colette étaient mes deux sources d'inspiration. Je cherchais un art qui ne ressemblât pas à de l'art. Je voulais que mes lectrices et mes lecteurs eussent l'impression de lire la vie même.

Je n'y réussis que trop bien. Il y a beau ne pas y avoir, en fait, identité entre Isadora et moi, l'on a cru le contraire à l'époque, et ce sentiment prévaut toujours. Poussant un grand cri de délivrance sous mon corset de diplômes de lettres, je cherchais délibérément à écrire un roman antilittéraire : mais la littérature s'y infiltrait en douce. Les tenants de l'analyse critique ont décelé dans *Le Complexe d'Icare* le mythe du même nom et aussi celui de Déméter et de Perséphone, en même temps que des échos de Joyce, de Nabokov, de Lessing. Un esprit savant a même fait observer que le déroulement de l'action parcourt la durée d'un cycle menstruel complet — chose dont l'auteur n'avait guère conscience, mais qui est indéniablement le cas.

Quinze années ont passé et *Le Complexe d'Icare* a fait l'objet de cours dans des universités, de contrebande en U.R.S.S. et en Afrique du Sud, de poursuites judiciaires en Italie du Sud. Il est devenu un livre de chevet pour adolescentes en quête de lumières sur la sexualité, pour femmes aspirant à se libérer, pour hommes désireux de s'instruire des femmes. On l'a débattu, fustigé, louangé, dénigré...

Et moi-même — comment m'apparaît-il, quinze ans après ?

Je dirai que *Le Complexe d'Icare* est avant tout une œuvre de poète, un roman où la voix de la narratrice a autant d'importance que l'histoire qu'elle conte, parce que cette voix nous permet de pénétrer jusqu'au fond de l'esprit d'une femme et d'y projeter un regard neuf. Tout y est : slogans publicitaires, rêves, phantasmes éveillés, premier amour, ménarche, envie en même temps que terreur de la maternité. Autant de sujets que les livres de femmes n'abordaient pas ouvertement jusqu'alors. La condition féminine était si enfermée dans les définitions qu'en donnaient les hommes que les femmes elles-mêmes avaient toutes les peines du monde à trouver leur propre définition. Si elles gagnèrent à ce roman une certaine dose d'auto-acceptation, alors j'en rends grâce.

Personnellement, j'ai eu droit au plus grand des hommages qui puisse échoir à un auteur : on m'a *lue*. Dans les universités où l'on me prie de venir parler de mes poèmes et de mes romans, je vois venir à moi des gens porteurs d'exemplaires de mes œuvres, manifestement lus et relus, aux pages cornées et pleines de phrases soulignées, d'astérisques, de points d'exclamation ou d'interrogation. Et ces livres loqueteux, on me les tend à signer. A leur vue, mon cœur se gonfle de gratitude.

« Merci, des millions de mercis, lectrices, lecteurs », vous dit l'auteur.

E. J.

(Traduction de G. B.)

1

OU IL EST QUESTION D'UN CONGRES DU REVE ET DE BAISER SANS EFFEUILLAGE

Etre bigame, c'est avoir un mari de trop. Etre monogame, aussi.

UNE ANONYME.

Ils étaient cent dix-sept psychanalystes sur ce vol de la Pan Am à destination de Vienne. Cent dix-sept, dont au moins six m'avaient soignée, sans parler d'un septième que j'avais épousé. Cela dit, Dieu sait si c'était l'imbécillité de ces jivaros rétrécisseurs de psyché ou à ma nature et à sa splendide imperméabilité à la psychanalyse que je devais d'avoir encore plus peur maintenant, si possible, de l'avion qu'au début de mes aventures psychanalytiques, quelque treize années plus tôt.

Au moment du décollage, mon mari avait posé une main de thérapeuthe sur la mienne, en disant :

— Ma parole, c'est un vrai glaçon!

Depuis le temps et le nombre de fois qu'il m'avait tenu la main en avion, il devait pourtant connaître les symptômes. J'ai les doigts et les orteils qui se changent en effet en glaçons, l'estomac qui fait de la voltige dans la cage thoracique, la température du bout du nez qui tombe aussi bas que celle des doigts et des orteils, les bouts de sein qui rectifient la position pour présenter les armes à l'intérieur de mon soutien-gorge (ou plutôt de ma robe, en l'occurrence, car je ne portais pas de soutien-gorge ce jour-là), tandis que, toute une minute terrifiante, mon cœur bat à l'unisson des moteurs et de leur volonté de prouver, une fois de plus, que les lois de l'aérodynamique ne relèvent pas du domaine infiniment fragile de la superstition – alors que je suis *intimement* persuadée du contraire. Et que dire des avertissements diaboliques prodigués aux passagers – quand déjà, de moi-même, je suis convaincue que, sans la concentration de ma pensée (et de celle de ma mère, qui semble s'attendre perpétuellement à voir ses enfants périr dans une catastrophe aérienne) notre grand oiseau tomberait comme une pierre. Je me félicite chaque fois de la réussite du décollage, mais en me gardant de trop d'enthousiasme, car ma religion personnelle veut qu'il suffise d'un léger excès de confiance et de laisser-aller pour que, dans la seconde même, l'avion s'écrase. Vigilance de tous les instants, tel est mon mot d'ordre, et optimisme tempéré, la dominante de mon état d'esprit – pessimisme tempéré serait en réalité une définition plus exacte de mon humeur. Régulièrement, je me dis : « D'accord, *apparemment* nous avons quitté le sol et nous volons parmi les nuages. Mais le péril n'est pas passé. Au contraire, c'est la partie la plus dangereuse. Justement là, oui, un peu au large de la Jamaïque, où l'avion vire sur l'aile et où le voyant DEFENSE DE FUMER vient de s'éteindre. C'est là, peut-être, que nous allons piquer brusquement du nez dans un miaulement effroyable et nous répandre en millions de petits bouts de trucs en fusion... » Alors je fais appel à toute ma puissance de concentration pour venir en aide au pilote (symbolisé par une voix à l'accent du Middle West, solide, rassurante et qui déclare appartenir à un nommé Donnelly) et lui permettre de maintenir en l'air sa saleté de zinc avec ses deux cent cinquante passagers. Dieu le bénisse pour ses cheveux en brosse et son accent de plouc, ce Donnelly! Pour rien au monde la New-Yorkaise que je suis ne se fierait à un pilote à l'accent new-yorkais.

Dès que le voyant ATTACHEZ VOS CEINTURES s'est éteint à son tour, à bord de notre Jumbo, et que les gens commencent à bouger et à se promener, je regarde timidement autour de moi pour voir qui est là. Je reconnais une grosse mama psychanalyste aux seins opulents, qui s'appelle Rose Schwamm-Lipikin et que je suis allée consulter récemment pour savoir si, oui ou non, je ferais mieux de laisser choir mon jivaro traitant — lequel n'est heureusement pas en vue pour l'instant. Il y a aussi le Dr Thomas Frommer, avec son sérieux de Teuton et de pape de l'*anorexia nervosa* (il a été le premier psychanalyste de mon mari). Ensuite, le Dr Arthur Feet Junior, tout rond, tout bon, et qui fut le troisième (et ultime) psychanalyste de ma grande amie Pia. Et puis, le petit Dr Raymond Schrift, que je surprends à dépenser son trop-plein d'énergie despotique en appelant une des hôtesses, une blonde, comme il hélerait un taxi. (J'ai bien connu le Dr Schrift dans ma quatorzième année, âge mémorable où je m'étais mis en tête de jeûner à mort pour me punir de m'être fait reluire la bonbonnière sur le canapé du grand salon de papa-maman. Il avait deux idées fixes : l'une, que le cheval qui hantait mes rêves n'était autre que mon père; la seconde, que mes règles reviendraient normalement du jour où, me disait-il, « fous foutrez pien atmettre que fous êtes une femme ».) Et il y a également le Dr Harvey Smucker, chauve et souriant, que j'étais allée trouver quand mon premier mari s'était fourré dans le crâne qu'il était Jésus-Christ et menaçait de marcher sur les eaux du lac de Central Park. Et puis encore ce bellâtre de Dr Ernest Klumpner, avec ses complets sur mesure et sa réputation de « brillant théoricien » (dernier ouvrage en date : une étude psychanalytique du fondateur du presbytérianisme écossais, John Knox). Et le Dr Stanton Rappoport-Rosen, qui s'est acquis une notoriété de fraîche date dans la corporation de ses confrères new-yorkais en allant s'installer à Denver, au Colorado, et en se spécialisant dans un truc qu'il a baptisé : « Skithérapie de Groupe par l'Exercice appliqué de la Course de fond ». Et le Dr Arnold Aaronson, qui fait mine de jouer aux échecs sur un échiquier magnétique avec sa nouvelle femme, Judy Rose, une chanteuse (elle était encore sa patiente il y a un an). Tous deux jettent des coups d'œil furtifs autour d'eux, pour voir qui les observe, et, une seconde, mon regard croise celui de Judy Rose. Elle a été célèbre dans les années 50, à cause d'un disque – une série de chansons satiriques sur les pseudo-intellectuels new-yorkais, qu'elle avait enregistrées. D'une voix geignarde et volontairement atone, elle chantait la complainte d'une jeune Juive de ces années-là, qui suivait les cours de l'Université nouvelle, lisait la Bible « pour sa prose », discourait sur Marcuse en baisant et s'éprenait de son psychanalyste. Judy Rose avait fini par se confondre avec le personnage qu'elle avait créé.

Outre les psychanalystes, leurs épouses, l'équipage et une ou deux douzaines de malheureux profanes écrasés sous le nombre, il y avait quelques rejetons de jivaros, qui suivaient le mouvement pour profiter de l'aubaine. Les fils étaient pour la plupart des adolescents renfrognés – pantalon en entonnoir et cheveux jusqu'aux épaules – qui regardaient les parents avec une dose de cynisme et de mépris telle que l'air en devenait presque à couper au couteau alentour. Je me revoyais voyageant moi aussi avec papa-maman, entre ma quatorzième et ma quinzième année, et m'entêtant à feindre qu'il n'y avait aucun lien entre nous. J'essayais de les semer dans les salles du Louvre, de les fuir à la Galerie des Offices, à Florence, et de prendre la mine romantique, seule avec un Coca-Cola à une terrasse de café parisien, en faisant comme si les deux grandes personnes qui parlaient si fort à la table voisine n'avaient jamais été mes parents – quand tout proclamait le contraire. (Au fond, j'aurais voulu passer pour une des exilées de la fameuse Génération Perdue – avec mes parents installés à un mètre de moi!)

Bref, j'étais là, dans cet avion, nageant en plein passé – à moins qu'il ne s'agît d'un mauvais rêve, ou d'un mauvais film (*Le Jivaro,* ou *Le Fils du Jivaro).* Baignant, oui, dans mon adolescence au milieu d'un plein avion de psychanalyse incarnée. Naufragée de l'espace au-dessus de l'Atlantique, en compagnie de cent dix-sept psychanalystes dont un bon nombre avait écouté la longue et triste histoire de ma vie, bien qu'aucun d'eux ne se la rappelât. Pouvait-on rêver meilleur début au cauchemar que promettait d'être ce voyage?

Nous volions à destination de Vienne et c'était un événement historique. En 1938 (il y avait de cela des siècles et je ne sais combien de guerres), Freud s'était enfui de la ville et de son célèbre cabinet de la Berggasse, devant les menaces proférées par les nazis contre sa famille. Pendant toute la durée du IIIe Reich, son nom était resté frappé d'interdit en Allemagne, cependant que les psychanalystes étaient expulsés, avec un peu de chance – faute de quoi on les gazait. Mais maintenant Vienne célébrait en grande pompe le retour des psychanalystes et inaugurait même un musée Freud, dans le vieux cabinet de la Berggasse. Le maire de la ville devait assister en personne à la réception, dans le cadre pseudo-gothique du *Rathaus.* Le voyage avait ses attraits : repas et *Schnaps* gratuits, croisières sur le Danube, excursion dans les vignobles, chants, danses, farces et attrapes, discours et communications savantes, périple européen déductible des impôts. Et surtout, déluge de bonne vieille *Gemütlichkeit* autrichienne. Ce peuple qui avait inventé le *Schmalz* des valses sentimentales (et les fours crématoires) était à présent décidé à tuer le veau gras pour célébrer le retour de la psychanalyse.

Soyez les bienvenus, vous qui rentrez! Oui, bienvenue! Bienvenue aux rescapés d'Auschwitz, de Belsen, du *Blitz* de Londres, de la cooptation américaine. *Will-*

kommen! Les Autrichiens sont les êtres les plus charmants du monde.

L'idée de tenir le congrès à Vienne avait suscité de violents débats durant des années. Beaucoup de psychanalystes ne s'y étaient résignés qu'à contrecœur. Les histoires de racisme y entraient pour une part, mais aussi la possibilité de voir les étudiants extrémistes de l'université de Vienne organiser des manifestations. La psychanalyse n'était guère en faveur auprès de la Nouvelle Gauche, qui la jugeait « trop individualiste » et parfaitement inefficace « dans la marche en avant et la lutte pour l'instauration du communisme mondial ».

Un magazine américain frais éclos m'avait chargée d'observer de près les jeux et les ris du congrès pour en tirer un article satirique. Je résolus donc d'entamer mon enquête à bord même de l'avion et, avisant le Dr Smucker, à qui une hôtesse servait justement un café au comptoir des cuisines, je l'accostai. Il n'eut pas l'air de me reconnaître – à peine une légère lueur dans le regard. Je pris mon ton d'intervieweuse le plus enjoué et lui demandai :

– Quelle impression cela vous fait-il, ce retour à Vienne de la psychanalyse?

Il n'eût pas paru plus désarçonné ni plus scandalisé si je m'étais permis une privauté. Il me jeta un long coup d'œil inquisiteur.

– C'est pour un article que je dois écrire, précisai-je. Dans *Voyeur...* un nouveau magazine.

J'espérais que le titre seul lui arracherait au moins un sourire.

– Vraiment? répondit-il sans sourciller. Et vous-même, qu'en pensez-vous?

Et, en se dandinant, il alla rejoindre sa femme, une blonde oxygénée et courtaude en robe de tricot bleue, avec un petit alligator brodé en vert sur le versant supérieur (et bleu) du sein droit.

J'aurais dû m'y attendre. Qu'est-ce qui fait qu'un psychanalyste, quand on lui pose une question, répond toujours par une autre question. Et pourquoi cette nuit eût-elle été différente des autres – hormis le fait que nous étions en l'air à bord d'un Boeing 747, où l'on nous servait de la nourriture non *cascher*.

« Science juive », disent de la psychanalyse les antisémites. On prend la question, on la retourne à l'envers, et pan! dans le baba du demandeur. A croire que tous les psychanalystes sont des talmudistes qui se sont fait coller au bout de leur première année de séminaire. Cela me rappelait une des bonnes plaisanteries favorites de mon grand-père :

Question. – Pourquoi un Juif répond-il régulièrement à une question par une autre question?

Réponse. – Et pourquoi un Juif ne répondrait-il *pas* à une question par une autre question?

C'était cependant, en fin de compte, le manque d'imagination de la plupart des psychanalystes qui me sapait le moral. D'accord, le premier que j'avais vu – un Allemand qui devait faire une communication à Vienne – m'avait beaucoup aidée; mais il appartenait à une espèce rare : plein d'esprit et sans prétention, il savait se moquer de lui-même. Il n'avait rien de ce prosaïsme brutal qui donne un genre terriblement pompeux même au plus brillant des psychanalystes. Oui, lui mis à part, tous les autres qui m'avaient traitée, c'étaient poncifs et compagnie, à un point stupéfiant. Si vous rêvez d'un cheval, c'est papa. D'un fourneau? Maman. Bon, mais les tas de merde que vous voyez en rêve, qu'est-ce que c'est? Votre psychanalyste, et c'est ce qu'on appelle un transfert. Non?

La nuit dernière, vous avez rêvé que vous vous cassiez la jambe en dévalant une pente à ski. Le fait est que vous avez vraiment la jambe cassée après une chute à ski et que vous êtes alitée avec cinq kilos de plâtre qui vous clouent chez vous depuis des semaines, mais grâce auxquels, en revanche, vous avez pu prendre conscience de la beauté de vos orteils et des droits du paraplégique dans la cité. Parfait – sauf que la jambe cassée de votre rêve est l'image de votre « mutilation sexuelle ». Car, depuis toujours, vous mourez d'envie d'avoir un pénis, et voici que, maintenant, vous « faites » un sentiment de culpabilité à l'idée que vous vous êtes *délibérément* cassé la jambe pour vous offrir le plaisir de cet appendice de plâtre. Non?

Non!

Passe pour la mutilation sexuelle. D'accord. De toute façon, c'est enfoncer une porte ouverte. Et oublions les équations fourneau égale maman, tas de merde égale psychanalyste. Que reste-t-il à part l'odeur *sui generis?* Ce n'est pas des premières années d'une psychanalyse que je parle – celles où l'on peine sang et eau pour arriver à mettre le doigt sur sa petite folie personnelle, dans l'espoir de pouvoir enfin accomplir quelque chose, si peu que ce soit, dans la vie, au lieu de consacrer son existence *entière* à sa névrose. Non, ce dont je parle ici, c'est du stade où, depuis le temps immémorial que vous vous faites psychanalyser, votre mari et vous, vous en êtes tous deux au point où nulle décision, nulle question, même les plus infimes, ne peuvent être envisagées sans que vos psychanalystes respectifs tiennent un conseil de guerre imaginaire, trônant chacun sur son petit nuage au-dessus de vous. Assez comme dans *l'Iliade,* quand Zeus et Héra se disputent dans les cieux pendant que les guerriers troyens attendent, au-dessous. Bref, le stade où votre mariage a tourné au ménage à quatre : vous, lui, votre psychanalyste et le sien. Quatre dans le même lit. Strictement interdit aux mineurs.

Nous en étions là depuis une année au moins. Pas de décision sans en référer au jivaro de service ou au système jivaro. S'agissait-il de déménager pour prendre un appartement plus grand? – « Si on regardait d'abord ce qui mijote sous le couvercle? » (Euphémisme de Bennett pour : « Direction le canapé des aveux. ») De faire un enfant? – « Mieux vaudrait d'abord élucider la question. » De changer de club de tennis? – « Et si on regardait d'abord ce qui couve, là-dessous? » De divorcer? – « Mieux vaudrait d'abord tirer au clair la signification *inconsciente* d'un tel acte. »

En réalité, nous avions atteint la phase cruciale de ces cinq années au terme desquelles les draps que l'on avait reçus en cadeau de noce commencent tout juste à être « clairs » et où il serait temps de savoir si l'on va en acheter des neufs, se décider peut-être à faire un enfant et accepter de finir ses jours avec *l'autre* fou, ou bien laisser mourir le mariage, jeter les draps à la poubelle et reprendre la sauterie des coucheries là où on l'avait quittée.

La psychanalyse ne faisait naturellement rien pour simplifier la décision, puisqu'elle a pour postulat fondamental que plus cela va, mieux *l'on* va (et peu importent les preuves du contraire!). Ce qui donne en gros le refrain suivant : « Tout de même, mon chéri, quand je pense à ce que je me payais comme autodestruction avant de t'épouser, c'est fou comme maintenant je me sens *mieeeeux!* » (Entendez : « Qu'est-ce qui me retient d'en trouver un autre cent fois mieux que toi, plus doux, plus beau, plus intelligent, et qui ait peut-être même plus de chance à la Bourse! »)

Et le vis-à-vis : « Et moi donc, ma chérie, quand je pense comme je détestais toutes les femmes avant de tomber amoureux de toi, aujourd'hui qu'est-ce que je me sens *mieeeeux!* » (Sous-entendu : « Je me demande ce que j'attends pour en prendre une qui soit plus douce, plus jolie, plus intelligente que toi, et qui fasse mieux la cuisine et même, pourquoi pas? qui hérite un jour un gros tas de blé de son père. »)

— Allons, allons, mon petit ami, assez rêvé, disais-je à Bennett chaque fois que je le suspectais de nourrir cet ordre de pensées. Ta femme idéale serait sans doute encore plus phallique, castratrice et narcissique que moi.

(L'enfance de l'art, pour une femme de jivaro, est de savoir mûrement choisir le moment où renvoyer au mari en pleine figure son jargon.)

Mais moi aussi, je les nourrissais, ces pensées et, si Bennett le devinait, il n'en montrait rien. A certains signes il était visible que notre mariage ne tournait pas rond du tout. Ma vie et celle de mon mari couraient sans se rejoindre, comme des rails de chemin de fer. Bennett passait ses journées à son bureau, à son hôpital, chez son psychanalyste, et ses soirées, de nouveau à son bureau, jusqu'à 9 ou 10 heures, d'ordinaire. Quant à moi, je donnais des cours deux fois par semaine et, le reste du temps, j'écrivais. Mes horaires de professeur n'étaient pas tuants; en revanche, écrire m'épuisait et quand Bennett rentrait, j'étais mûre pour sortir et courir le monde. J'avais fait mon plein de solitude, mon plein de longues heures avec ma machine à écrire et mes fantasmes pour unique compagnie. En outre, on eût dit que partout je me cognais dans des hommes, comme si le monde s'était mis à regorger de mâles passionnants et disponibles, à un degré qui ne m'était jamais apparu avant mon mariage.

Le mariage... Eh bien, oui, quoi, le mariage? On a beau aimer son mari, vient fatalement l'année où baiser avec lui fait penser à ces fromages à pâte de velours qui bourrent, font engraisser, même, mais ne réveillent pas les papilles, n'ont pas cette saveur douce-amère qui donne du mordant et un goût de danger à la chose. Et l'on meurt d'envie de tâter d'un camembert un peu trop fait ou d'un chèvre exceptionnel : succulent, crémeux, diabolique.

Le mariage? Je n'avais rien contre. J'y croyais même dur. Je croyais à la nécessité d'avoir *un* ami entre tous, en ce monde hostile, *un* être humain qui puisse compter sur votre loyauté en tout cas et qui vous rende la pareille. Cela dit, que faire de toutes les fringales que le mariage seul ne saurait apaiser, après un certain temps? Cette inquiétude, cette faim de quelque chose, ce cœur qui vous cogne dans le ventre, dans le con, cette horreur de vide intérieur, cette envie folle de se faire foutre par tous les orifices, ce besoin de champagne brut et de baisers brûlants, cette nostalgie d'une nuit de juin où la terrasse d'un grenier aménagé en garçonnière de luxe vous souffle au visage un parfum de pivoines, cette attente d'une lampe veillant, comme dans *Gatsby le Magnifique,* au bout du môle... Envie non pas de ces *choses mêmes,* à proprement parler (chacun sait qu'il n'est rien de plus assommant au monde que les riches), mais de ce qu'elles *évoquent.* Le vocabulaire à la fois ironique et cruel, tendre et acide, des romances de Cole Porter, la douce tristesse des airs de Rogers et Hart, tout le romantisme absurde vers lequel une moitié de l'être voudrait s'élancer, pendant que l'autre moitié ricane sans pitié.

Grandir et devenir femme, pour une fille dans ce pays, quel problème! Croître en âge et en corps, les oreilles et le crâne bourrés, dès la plus tendre enfance, de réclames de produits de beauté, de chansons d'amour, de vulgarisations de toutes sortes, d'horreur-scopes putassiers, de potins sur les vedettes et les idoles, de morale en rase-mottes (au niveau des feuilletons de la télé)... Drôle de litanie, que celle de la bonne vie comme la chantent en chœur les annonceurs! Drôle de catéchisme!

« Surveillez vos Arrières », « Choisissez votre Bonne Mine », « Aimez vos Cheveux pour qu'Il les Aime », « Si votre Corps ne vous plaît pas, laissez-nous faire », « Si c'est Lui qui fait Briller votre Visage, bravo! Sinon, Soignez votre Peau », « Vous revenez de loin, ma petite », « Infaillible! Aucun mâle ne vous résistera, quel que soit son Signe », « Votre Sensualité est Influencée par les Astres », « Pour L'allumer, rien ne vaut une Suédoise », « Un Diamant, c'est pour la vie ». « La Douche calme-t-elle toutes vos Inquiétudes? Non? Alors... », « Retenue et Longueur de Temps valent mieux que Passion sans Contrôle », « Sachez remédier à vos Odeurs Intimes », « Madame, restez Maîtresse de vos Abandons », « Une seule goutte sur vous de Chanel fera de Lui un Amant Eternel », « Elle est jeune et timide... Comment l'amener à se détendre? », « *Femme,* nous lui avons donné Ton Nom »...

Et ce que toutes ces réclames, tous ces horreur-scopes semblent insinuer et seriner, c'est que, à condition d'avoir en vous la bonne dose de narcissisme, de traiter comme il faut vos odeurs intimes et autres, vos cheveux, vos nénés, vos cils, vos aisselles, votre bénitier, vos astres, vos cicatrices, et de savoir quelle marque de scotch choisir dans les bars, inévitablement vous rencontrerez l'homme de votre vie, beau, fort, puissant à tous les égards, et riche, qui comblera tous vos désirs les plus fous et tous vos trous, fera défaillir (voire s'arrêter) votre cœur, vous fera fondre et vous emportera vers la lune (de préférence sur les ailes des vents) où vous vivrez parfaitement heureuse jusqu'à la fin des temps...

...la dinguerie de la chose étant que, même si vous êtes une enfant intelligente, même si vous passez votre adolescence à lire Shakespeare, Jean Racine et Bernard Shaw, même si vous étudiez l'histoire, la zoologie ou la physique, dans l'espoir d'employer votre vie à poursuivre une carrière difficile – quelle gageure! – vous n'en gardez pas moins l'esprit nourri de cette soupe sentimentale de désirs vagues dont toute lycéenne est imprégnée jusqu'aux os. Peu importe votre quotient intellectuel : 70 ou 170, rien n'y fait, le lavage de cerveau est le même. Seules diffèrent les structures superficielles. Seul, le *langage* est un peu plus élaboré. Mais, sous le masque, vous mourez d'envie de vous anéantir dans l'amour, de perdre pied, de vous sentir toute pleine d'une énorme berloque crachant comme une fontaine le sperme, la belle eau savonneuse, le satin et la soie – et aussi l'argent, bien entendu. Personne ne s'est soucié de vous expliquer en quoi consiste réellement le mariage. Et moins qu'ailleurs en Amérique, où, au contraire de ce qui se passe pour les jeunes filles en Europe, on se garde bien de vous fournir une provision de cynisme et de philosophie pratique. Vous vous attendiez à ne plus désirer d'autre homme – pas un seul – après votre mariage. De même que vous vous attendiez que votre mari ne désire plus d'autre femme. Et voilà que c'est faux, et, prise de panique, vous vous faites horreur : « Quelle mauvaise femme je suis! Qu'est-ce qui me prend, de m'enticher comme ça du premier venu? Et de reluquer la bosse sous l'étoffe du pantalon en la jaugeant? Ou bien de me demander, à une réunion, comment baise chacun des mâles de l'assistance? Ou encore de dévorer des yeux le bignou d'un parfait étranger assis en face de moi dans le train? Est-ce qu'on fait des coups pareils à son mari? Tout de même, que je sache, on ne m'a jamais expliqué que ça ne le regardait peut-être pas?... »

Et que dire de ces autres fringales qui sont étouffées par le mariage? Cette envie furieuse qui vous vient de temps en temps, de foutre le camp, de vérifier si l'on est encore capable d'avoir une vie intérieure, toute seule, si l'on a encore la force de tenir le coup, seule dans une cabane forestière, sans devenir folle – bref, de vérifier si l'on est encore entière, après tant d'années où l'on n'était plus que la moitié de quelque chose (telle les deux pattes de derrière d'un simulacre de cheval, au cirque ou au music-hall).

Cinq années de mariage m'avaient donné la démangeaison de tout cela : démangeaison des hommes, démangeaison de la solitude. Démangeaison du sexe et démangeaison d'une vie de recluse. J'étais consciente des contradictions que cela comportait – ce qui aggravait encore le cas. Je savais que mes démangeaisons n'avaient rien d'américain, et que c'était pis que tout. En Amérique, c'est une hérésie d'embrasser un mode de vie, quel qu'il soit, si l'on n'est pas la moitié d'un couple. Rien n'est moins américain que la solitude. A la rigueur on la pardonne à un homme – surtout s'il est un « charmant célibataire » qui « sort avec des starlettes » durant les brefs entractes entre deux mariages. Mais une femme seule est toujours présumée telle non parce qu'elle l'a voulu, mais parce qu'on l'a abondonnée. Et on la traite en conséquence – en paria. Il n'y a pas de dignité possible dans l'existence d'une femme seule. Financièrement elle peut s'en tirer, oui, peut-être (moins bien qu'un homme, toutefois), mais, affectivement, jamais elle n'a une minute de tranquillité. Ses amis, sa famille, ses collègues ne lui permettent pas une seconde d'oublier que le fait de ne pas avoir de mari ni d'enfants, bref, que son *égoïsme* jette l'opprobre sur le mode de vie américain.

Pour être encore plus précise : une femme (même si elle sait combien ses amies mariées sont malheureuses) ne peut jamais s'accorder un instant de répit. Elle vit comme si elle était constamment au bord de l'accomplissement de sa destinée – comme si elle attendait que le Prince Charmant l'arrache à « cet enfer ». Quel enfer? La certitude de vivre selon son âme, sans partage? La certitude d'être soi-même, et non la moitié d'autre chose?

Ma réaction à cette situation en général était non pas (pour le moment) de prendre un amant ou le large (pour le moment aussi), mais de caresser le rêve de baiser sans effeuillage – ce qui est infiniment supérieur au simple foutrage. En fait, c'est de l'idéalisme platonicien. Pourquoi « sans effeuillage »? Parce que c'est le genre de coup de foudre, précisément, où l'on ne se prend pas les doigts dans les fermetures à glissière, où tout se détache tout seul comme des pétales de rose, où les sous-vêtements s'envolent dans un souffle comme graines de pissenlit. Les langues s'emmêlent et fondent; et, par ce canal, on sent son âme couler dans la bouche de l'autre.

Le véritable, parfait superbaisage sans effeuillage exige que l'on n'en vienne jamais à trop connaître le partenaire. Par exemple, j'avais remarqué que la fièvre amoureuse s'évaporait en moi dès l'instant que je me liais d'amitié avec un homme, que je sympathisais avec ses problèmes, que je l'écoutais fabuler à propos de sa femme, ou de ses ex-femmes, de sa mère, de ses enfants. Ensuite, je pouvais l'aimer bien, peut-être même l'aimer tout court, mais sans passion. Et c'était de passion que j'avais faim. J'avais aussi appris qu'un sûr moyen d'exorciser un engouement est d'écrire le portrait de la personne, de noter ses tics et ses manies, de disséquer son type de caractère. Après quoi, elle n'était plus qu'un insecte sous verre, une coupure de journal rangée dans un dossier d'archives. Je pouvais parfaitement goûter la compagnie de cet homme, l'admirer même parfois, mais il avait perdu le pouvoir de faire que je me réveille en sursaut et tremblante au milieu de la nuit. Je ne le voyais plus dans mes rêves. Il avait un visage.

C'est dire qu'une des conditions du baisage sans effeuillage est la brièveté, et qu'il gagne en outre à l'anonymat.

A une époque où je vivais à Heidelberg, je prenais le train quatre fois par semaine pour me rendre chez mon psychanalyste. Une heure à l'aller, autant pour le retour. Si bien que le train était devenu un élément important de ma vie imaginaire. C'était fou le nombre d'hommes que je rencontrais – des hommes qui parlaient à peine l'anglais, qui me tenaient des discours dont les clichés et les banalités m'échappaient grâce à mon ignorance du français, de l'italien ou même de l'allemand. Si dur que me soit cet aveu, il y a *quelques* beaux hommes en Allemagne.

Un des scénarios du baisage sans effeuillage m'a peut-être été inspiré par un film italien que j'avais vu bien des années avant cela. Avec le temps, je l'avais embelli à ma mesure. Et je me le rejouais sans fin, durant mes navettes entre Heidelberg et Francfort.

« Un compartiment crasseux de seconde classe, dans un train quelque part en Europe. Banquettes en similicuir, dures. Porte coulissante sur le couloir. Dehors, des oliviers passent en coup de vent. Deux paysannes siciliennes, séparées par une enfant, occupent un côté. Probablement la mère, la fille et la grand-mère. Les deux femmes rivalisent d'ardeur pour bourrer la fillette de nourriture. En face, assise à côté de la vitre, une jeune et jolie veuve sous ses voiles noirs, et dont la robe, noire aussi, très collante, souligne les formes voluptueuses. Elle transpire abondamment et ses yeux sont bouffis d'avoir pleuré. La place du milieu est vide. Celle à côté du couloir semble être la propriété d'une énorme bonne femme moustachue, aux hanches si formidables qu'elle est forcée de se répandre sur la moitié du siège vide, au milieu. Elle lit un de ces romans-photos où les personnages sont, comme il se doit, des mannequins photographiés, dont les dialogues s'inscrivent dans de petits nuages au-dessus de leur tête.

» Le quintette cahote et ballotte sur ses banquettes tout un bout de temps, la veuve et la grosse femme observant le silence, tandis que la mère et la grand-mère parlent, à l'enfant ou entre elles, de nourriture. Puis longs grincements de freins; le train fait halte dans une ville – appelons-la CORLEONE (pourquoi pas?). Poussant la porte du compartiment, entre un soldat, grand, l'air langoureux, pas rasé, mais avec une masse de cheveux d'une beauté! et une sorte de nonchalance diabolique dans les yeux. Il promène un regard insolent sur les voyageuses, avise la place vide entre la grosse femme et la veuve et, avec force excuses galantes, s'y assied. Lui aussi, il transpire; et il a le poil ébouriffé. N'empêche, c'est un magnifique quartier de viande de première qualité, à part ce léger remugle dû à la canicule. Dans un bruit acide de roues, le train se remet en marche.

» Bientôt, nous ne sommes plus conscients que des cahots du train et de la régularité rythmique avec laquelle le soldat frotte sa cuisse contre celle de la veuve. Naturellement, son autre cuisse se frotte contre la hanche de la grosse dame – laquelle essaie de s'écarter de lui. Pourquoi? On se le demande, car il ne fait même pas attention à cette hanche. Il n'a d'yeux que pour la grande croix en or qui se balance d'un bord à l'autre de la profonde vallée entre les seins de la veuve. De-ci. Repos. De-là. Se cognant à la moiteur d'un sein, puis à l'autre, et semblant hésiter entre-temps, comme paralysée entre deux aimants contraires. La pendule de Pascal. Et le soldat est fasciné. La veuve, elle, contemple fixement le paysage à travers la vitre. Elle regarde chaque olivier comme si c'était le premier qu'elle voyait depuis sa naissance. Gauchement, le soldat se lève, s'incline à demi devant les dames et se bat avec le système d'ouverture de la fenêtre. Quand il se rassied, son bras frôle sans le vouloir le ventre de la veuve, qui ne paraît pas le remarquer. Il pose la main gauche sur le siège, entre sa cuisse et celle de la jeune femme, et ses doigts, qu'on dirait élastiques, ne tardent pas à se faufiler et à pétrir doucement le tendre de cette chair. La veuve continue à regarder chaque olivier qui passe comme si elle était Dieu et que, venant juste de créer ces arbres, elle se demandât comment les appeler.

» Cependant, voici que la grosse femme range son roman-photo dans un filet à provisions en plastique vert iridescent, plein de fromages puants et de bananes blettes, pendant que la grand-mère enveloppe des bouts de salami dans du papier journal graisseux, et que la mère, après avoir engoncé la fillette dans un gilet de laine, lui frotte le visage avec un mouchoir amoureusement humecté de salive. Nouveaux grincements des freins, nouvel arrêt du train dans une ville — appelons-la PRIZZI (pourquoi pas?). La grosse dame, la mère, la fillette et la grand-mère descendent. Le train repart. La croix en or recommence à se balancer de-ci, repos, de-là, d'une moiteur ronde à l'autre; les doigts recommencent à se faufiler sous la cuisse de la veuve, qui continue à contempler les oliviers de passage. Puis les doigts se glissent dans l'entrecuisse, l'écartent et remontent jusqu'au no man's land charnu, entre le haut des épais bas noirs et le bas du porte-jarretelles, pour ramper enfin sous les jarretelles mêmes et se loger dans l'absence de culotte et la moiteur entre les jambes de la veuve.

» Le train pénètre dans une *galleria* (tunnel), et la réalité du symbole prend corps dans l'obscurité. Un gros brodequin s'envole, puis reste en suspens dans le vide. Les parois sombres du tunnel défilent. Il y a le long bercement hypnotique du train, puis son coup de sifflet interminable et déchirant quand il finit par retrouver la lumière. Sans un mot, la veuve descend dans une ville – que nous appellerons (pourquoi pas?) BIVONA. Elle traverse les voies, dans ses souliers noirs trop étroits et ses épais bas noirs, en enjambant soigneusement les rails. Le soldat la suit des yeux, comme s'il était Adam cherchant un nom pour cette créature. Puis, d'un bond, il s'élance hors du wagon et à la poursuite de la jeune femme. Au même instant, un train de marchandises qui n'en finit pas surgit sur la voie libre, lui bouchant la vue et le chemin. Vingt-cinq lourds wagons plus tard, la jeune veuve a disparu pour toujours. »

Exemple, entre mille, d'un scénario où l'on baise s.e. Mais l'idéal du « s.e. » ne vient pas ici de ce que, en Europe, beaucoup d'hommes portent encore la braguette à boutons et que l'effeuillage y est donc un problème d'autant plus obsédant, ou bien de ce que les partenaires sont de terribles ravageurs de charme – non, la vraie raison est que l'épisode offre la densité concise du rêve et paraît exempté de tout sentiment de culpabilité : pas un mot sur le mari de la dame (vif ou mort) ni sur la fiancée ou l'épouse de l'autre; pas de ratiocinations; histoire *sans paroles*, c'est tout. Baiser s.e., c'est la pureté absolue. Pas question de motivations secrètes. Pas question de jouer au plus fort. L'homme ne *prend* pas plus que la femme ne *donne*. Pas question de faire cocu un mari ni d'humilier une femme mariée. Personne n'essaie de prouver quoi que ce soit ni de tirer quelque chose de l'autre. Non, il n'y a pas plus pur au monde que le baisage s.e. Ni plus rare – plus rare que la licorne. Et je n'y ai jamais eu droit. Chaque fois que j'en semblais tout près, finalement j'avais devant moi un cheval avec une corne en carton-pâte, ou deux clowns costumés en licorne. Mon ami florentin Alessandro est passé à deux doigts de la chose. Mais, tout compte fait, ce n'était qu'un clown (même pas deux) costumé en licorne.

Ah, ma vie, quelle tapisserie!

2

« CHAQUE FEMME A SON FASCISTE QU'ELLE ADORE »

Chaque femme a son fasciste qu'elle adore.
La botte en pleine gueule et la brutalité
Bestiale d'un cœur de brute comme le tien.

SYLVIA PLATH.

A 6 heures du matin, nous touchions terre au *Flughafen* de Francfort. Nous traînâmes les pieds jusqu'à une salle d'attente au sol caoutchouté et qui, malgré son scintillement tout neuf, me fit penser aux déportations et aux camps de la mort. Nous y passâmes une heure, pendant que le 747 faisait le plein. Les psychanalystes au grand complet se posèrent, très raides, sur des sièges moulés dans la fibre de verre et figés dans un ordonnancement inflexible : rangée grise, rangée jaune, gris, jaune, gris, jaune... Cette combinaison de couleurs sans joie n'avait d'égale que le manque de gaieté de tous les visages alignés.

La plupart de mes compagnons de voyage emportaient avec eux des appareils de photo très coûteux et, malgré leurs cheveux un peu longs, leurs velléités de barbe, leurs lunettes à monture en fil de fer (et l'accoutrement des épouses, avec juste ce qu'il fallait de bohème pour ne pas choquer le bourgeois : sandales en cuir de vache, châle mexicain, bijoux artisanaux), ils suaient la respectabilité et le cave dans sa sombre splendeur. Réflexion faite, c'était surtout ce côté que je reprochais aux psychanalystes. Il ne fallait pas compter sur eux pour remettre en question l'ordre social. Leurs opinions politiques vaguement gauchistes, leur signature au bas de pétitions pour la paix, les reproductions de *Guernica* ornant le mur de leur bureau – autant de camouflages! Dès que l'on mettait le doigt sur les problèmes cruciaux : famille, situation de la femme, pactole qui coulait des mains du patient dans celles du médecin, l'on avait plus que des réactionnaires. Aussi rigidement attachés chacun à leur petit intérêt *d'abord* que la bourgeoisie libérale de la Belle Epoque.

– La femme *reste* le pouvoir caché derrière le trône, m'avait déclaré mon dernier psychanalyste, comme je m'efforçais de lui expliquer le sentiment de malhonnêteté que j'éprouvais à user toujours de charme pour obtenir des hommes ce que je voulais.

C'était juste quelques semaines avant le départ pour Vienne que nous avions eu notre ultime dispute. D'ailleurs, je n'avais jamais fait totalement confiance à ce Kolner – ce qui ne m'avait pas empêchée de continuer à le voir, en considérant que, après tout, c'était mon affaire et non la sienne. Du canapé rituel, je m'étais récriée :

– Mais vous ne voyez donc pas que c'est précisément ça, l'ennui? Le fait que la femme se sert de son sex-appeal pour manœuvrer l'homme et que, du coup, elle refoule ses colères et n'est jamais franche ni honnête?

Le Dr Kolner, lui, se refusait à considérer comme un symptôme de névrose tout ce qui ne sentait pas un peu le soufre du M.L.F. Toute protestation contre le comportement conventionnel de la femme ne pouvait être que « phallique » et « agressive ». Cela faisait longtemps que nous nous querellions à ce propos; mais son histoire de « pouvoir caché derrière le trône » était le bouquet et m'avait clairement montré comment je m'étais laissé avoir.

– Je ne crois à rien de ce que vous croyez, lui criai-je. Je n'ai aucun respect pour vos convictions, ni même pour la façon dont vous vous cramponnez à elles. Si vous êtes capable de me faire en toute sincérité pareille déclaration sur le pouvoir caché derrière le trône, comment pourriez-vous me comprendre le moins du monde, avec tous les problèmes au milieu desquels je me débats? Je n'ai pas envie de vivre à votre manière. Je n'en veux pas, de cette sorte de vie, et je ne vois pas ce qui permettrait de me juger selon ses critères. Et puis, voulez-vous que je vous dise? Vous ne comprenez rien aux femmes!

– Peut-être est-ce vous qui ne comprenez pas ce que cela signifie, d'être une femme, rétorqua-t-il.

– Seigneur! Il ne manquait plus que ça! Vous ne voyez donc pas que *toutes* les définitions de la féminité inventées par les hommes n'ont jamais été que des moyens de tenir la femelle en lisière? Pourquoi écouterais-je vos discours sur ce que ça signifie, d'être une femme? Est-ce que vous en êtes une, vous? Est-ce que pour une fois je ne ferais pas mieux de m'écouter, *moi?* Et aussi les autres femmes? Je leur parle, et elles me parlent d'elles, et elles sont des tas à partager exactement mon sentiment... même si nous sommes très loin de l'Etoile d'Or de la Parfaite Ménagère selon la *Revue de Psychanalyse.*

Nous nous sommes renvoyé ainsi la balle un bon moment, à grands cris tous les deux. Je m'en voulais affreusement de donner l'impression de réciter des formules prises dans un tract et d'en être réduite à des positions aussi simplistes et extrêmes. J'avais conscience de ne pas me soucier de subtilité, alors que je savais qu'il existait d'autres psychanalystes – mon Allemand, par exemple – qui ne s'en tenaient pas aux clichés de la misogynie. Mais j'en voulais aussi à Kolner de son étroitesse d'esprit et de cette façon de gâcher mon temps et mon argent en me servant ses banalités, cent fois réchauffées, sur la place de la femme dans la société. A quoi bon? N'importe quel magazine pouvait m'en dire autant. Et sans qu'il m'en coûtât quarante dollars par séance de cinquante minutes.

– Si ce sont vraiment là vos sentiments à mon égard, je me demande ce que vous attendez pour laisser tomber, lança venimeusement Kolner. Puisque tout ce que je dis est de la merde, pourquoi vous incruster?

C'était tout Kolner : du moment qu'il se sentait attaqué, il devenait mauvais et vous plaçait un gros mot pour montrer comme il était affanchi. Je marmonnai :

– Typique. Le complexe du petit homme.

– Pardon?

– Rien, rien.

– Je vous en prie, j'insiste, répétez à voix haute, que j'entende. Ça ne me fait pas peur.

Ah, que de force et de courage dans un psychanalyste! Je dis :

– Je pensais seulement que vous souffrez de ce que l'on appelle couramment, dans la littérature psychiatrique, « le complexe du petit homme ». Il suffit qu'on fasse remarquer que vous n'êtes pas le Bon Dieu pour que vous vous vexiez comme un pou et que vous balanciez des gros mots à tort et à travers. D'accord, ce n'est sans doute pas drôle pour vous de ne mesurer qu'un mètre cinquante-huit; mais vous êtes censé vous être fait psychanalyser, et ça devrait vous rendre la chose plus supportable, non?

– Qu'on puisse me briser les os à coups de bâton et de pierres, soit; mais me blesser avec des mots, jamais! ricana-t-il.

Brusquement il était redevenu l'affreux jojo dans la cour de l'école. Il se croyait très spirituel.

– Ecoutez, dis-je, comment se fait-il que, si c'est vous qui me jetez à la figure des clichés éculés, je sois supposée vous *remercier* de votre sublime perspicacité, et même vous *payer* pour cela, tandis que si, moi, je m'avise de vous rendre la pareille – ce qui est sûrement mon droit, quand on pense à tout le fric que je vous allonge – alors vous devenez *furieux* et vous vous mettez à râler comme un gosse de sept ans?

– Je vous ai seulement dit d'arrêter les frais, précisément, étant donné les sentiments que je parais vous inspirer. Allez-vous-en. Fichez le camp. Claquez la porte. Envoyez-moi au diable.

– C'est ça! Pour que je reconnaisse que ces deux dernières années et les milliers de dollars qui ont changé de main entre nous n'ont servi à rien? répliquai-je. Que ça passe à l'as pour vous, peut-être, je le veux bien. Mais aller jusqu'à admettre que je me sois bercée d'illusions en pensant qu'il pouvait sortir quelque chose de positif de ces séances, c'est un peu plus dur à avaler pour moi, non?

– Vous démêlerez cela avec votre prochain psychanalyste, me dit Kolner. Vous pourrez faire la part de ce qui n'a pas marché... de votre point de vue.

– *Mon* point de vue! Et *vous*, vous ne voyez donc pas pourquoi tant de gens en ont jusque-là de votre foutue psychanalyse? C'est entièrement la faute de votre stupidité à vous, les psychanalystes. Vous vous arrangez pour donner l'impression à vos patients qu'ils sont faits aux pattes pour toujours. Ils n'en finissent pas de venir, les malheureux, ni de cracher leur fric, et chaque fois que vous êtes trop cons pour deviner ou comprendre ce qui leur arrive, ou que vous vous apercevez que vous ne pouvez rien pour eux, vous prolongez tranquillement le traitement de quelques années, ou alors vous expliquez que le mieux est d'aller voir un autre psychanalyste pour débrouiller ce qui n'a pas marché avec le premier. Et l'absurdité de tout ça ne vous frappe même pas?

– Ce qui me frappe surtout, c'est ce qu'il y a d'absurde à être assis là, à écouter vos tirades. Je ne peux donc que vous répéter ce que j'ai dit : si vous n'êtes pas contente, foutez le camp.

Comme en rêve (car jamais je ne m'en serais crue capable) je me levai du canapé (depuis combien d'années y étais-je allongée?), saisis mon portefeuille et pris la porte, sans m'accorder exactement tout mon temps (Dieu sait pourtant si j'aurais voulu me payer ce dernier luxe), mais en la refermant tout doucement. Surtout éviter de la claquer à la volée, comme Nora dans *Maison de poupée* – c'est trop attendu et cela gâche l'effet. Adieu, Kolner. Dans l'ascenseur, un instant je faillis verser un pleur.

Mais le temps de faire deux cents mètres dans Madison Avenue, et je jubilais. Fini les séances à 8 heures du soir! Fini de me demander à chaque fin de mois si le chèque monstre que je signais servait vraiment à quelque chose! Fini de m'empoigner avec Kolner comme une dirigeante de mouvement! J'étais libre! Et penser à tout ce fric que je n'aurais plus à verser!... Me précipitant dans le premier magasin de chaussures venu, je m'empressai de m'offrir une paire de sandales blanches à chaînette d'or, pour quarante dollars. J'en tirai plus de joie que ne m'en avaient jamais procuré cinquante minutes avec Kolner. Je n'étais peut-être pas entièrement libérée, d'accord (j'avais encore besoin de me consoler en m'achetant des trucs) – en tout cas j'étais débarrassée de Kolner. Il faut un commencement à tout.

Je les avais aux pieds pour le voyage, ces fameuses sandales, et je les regardai pendant que, à l'aéroport de Franfort, notre petite troupe regagnait le 747. C'était quel pied, le gauche ou le droit, qu'on devait avancer le premier, pour empêcher l'avion de s'écraser? Comment pouvais-je empêcher la catastrophe, si je n'étais même pas capable de me rappeler cela?

– Oh, ma mère, murmurai-je.

Quand je meurs de peur, c'est toujours ce mot qui me vient. Le drôle est que jamais je ne dis ni n'ai dit : « Mère » à ma mère. Elle m'a baptisée Isadora Zelda, et je fais l'impossible pour oublier mon second prénom. (A ce que je comprends, elle avait aussi envisagé Olympia, à cause de la Grèce, et Justine, à cause du marquis de Sade.) En échange d'un aussi redoutable cadeau pour la vie, je l'appelle Jude. Son vrai nom est Judith. A part ma sœur cadette, personne ne lui dit jamais : « Maman ».

Vienne. Le nom même fait penser à une valse. Mais, Dieu, que je l'ai exécrée, cette ville! On l'eût crue morte. Momifiée.

Nous arrivâmes à 9 heures du matin – juste pour l'ouverture de l'aéroport. Partout, on lisait : WILKOMMEN IN WEIN. En avant pour la douane, en file et traînant les pieds et nos valises, avec la sensation d'être drogués d'insomnie.

L'aéroport paraissait reluire, récuré à fond. Je songeai au degré de désordre, de saleté et de chaos auquel les New-Yorkais sont accoutumés. On a toujours un choc en revoyant l'Europe. Les rues semblent d'une propreté qui n'est pas naturelle. Anormaux aussi, dirait-on, les jardins et parcs publics, avec leurs bancs, leurs fontaines, leurs massifs de fleurs sauvés des vandales. Et les parterres, donc! Même les cabines téléphoniques de rue fonctionnent.

Vagues coups d'œil des douaniers à nos valises et, en moins de vingt minutes, nous étions dans le car loué à notre intention par l'Académie de psychiatrie de Vienne. Naïvement, j'espérais me retrouver très vite à l'hôtel et au lit. Comment me douter que le car allait naviguer à travers la ville et faire escale à sept hôtels avant d'accoster au nôtre, quelque trois heures plus tard. Cela faisait penser à ces rêves où il faudrait absolument qu'on arrive quelque part, pour éviter une catastrophe terrible, et où, mystérieusement, la voiture que l'on a prise s'obstine à tomber en panne ou à partir à reculons. Et puis, j'étais si abrutie et de si méchante humeur que tout m'irritait, ce matin-là.

Cela tenait en partie à la panique que je ressentais chaque fois que je retournais en Allemagne. J'avais vécu plus longtemps à Heidelberg que dans aucune autre ville, sauf New York. L'Allemagne (j'y inclus l'Autriche) était donc pour moi une sorte de seconde patrie. Je me sentais à l'aise avec la langue, bien plus à l'aise qu'avec toutes celles que j'avais pu étudier en classe; et la cuisine, les vins, les marques de produits, les heures de fermeture des magasins, les vêtements, la musique populaire, l'argot, les maniérismes m'étaient familiers. Tout comme si j'avais passé mon enfance en Allemagne, ou eu des parents allemands. Mais j'avais vu le jour en 1942, et si mes parents avaient été des Juifs allemands – et non américains – je serais probablement née (et sans doute morte) dans un camp de concentration, malgré mes cheveux blonds, mes yeux bleus et mon nez de paysanne polonaise. C'était là une chose que je ne pouvais oublier. L'Allemagne était pour moi comme une marâtre : aussi parfaitement familière que méprisée. D'autant plus méprisée, en réalité, qu'elle m'était familière.

Je me souviens d'avoir regardé, à travers la vitre du car, les vieilles dames aux joues rouges, avec leurs chaussures « rationnelles » et leur pot de fleurs tyrolien sur la tête. Et regardant aussi leurs gros poteaux de jambes et leur gros cul, je les avais détestées. Une affiche proclamait au passage :

SEI GUT ZU DEINEM MAGEN

(Soyez Bons pour Votre Estomac), et j'en avais voulu aux Allemands de ne penser qu'à leur fichue digestion – leur *Gesundheit* – comme si c'était eux les inventeurs de la santé, de l'hygiène, de l'hypocondrie. Oui, j'avais détesté leur obsession fanatique d'une illusion de propreté. Illusion pure, d'ailleurs, car en vérité ils ne le sont pas, propres. Les rideaux de dentelle blanche, les édredons qu'on aère aux fenêtres, les ménagères qui lavent à la brosse leur bout de trottoir devant chez elles, les boutiquiers qui n'en finissent pas de nettoyer les glaces de leurs vitrines, tout cela fait partie d'une façade soigneusement entretenue pour intimider les étrangers, à force d'hygiène agressive. Mais ouvrez la porte de n'importe quel W.C. en Allemagne : vous tomberez sur une installation unique au monde, avec un amour de petite plate-forme en porcelaine pour recueillir la merde, de sorte qu'on puisse bien l'examiner avant de la précipiter dans les abîmes liquides – et le fait est qu'il n'y a pas une goutte d'eau dans la cuvette avant qu'on ait actionné la chasse. Résultat : pas un W.C. au monde ne pue la merde comme les cabinets allemands. (D'expérience de globe-trotteuse chevronnée, j'en sais quelque chose.) Sans compter le chiffon crasseux accroché en guise d'essuie-mains collectif au-dessus d'un lavabo minuscule, doté d'un seul robinet (d'eau froide) avec quoi s'asperger chichement la main, gauche ou droite selon l'idiosyncrasie de chacun.

J'ai beaucoup réfléchi à cette affaire de W.C., à l'occasion de mes séjours en Europe. (Ce qui prouve à quel degré de dinguerie l'Allemagne m'avait conduite.) Même, une fois, j'ai fait une tentative de classification des peuples à partir des W.C. D'une plume optimiste, j'ai écrit en tête d'une page blanche de mon carnet de notes : *Du W.C. comme miroir de l'Histoire Universelle, Poème épique* (???).

Grande-Bretagne : Le papier hygiénique britannique : tout un mode de vie. Glacé. Se refuse à absorber, à mollir ou à ployer (voir Wellington : flegme et opiniâtreté). Propriété du gouvernement, souvent. Au stade ultime du service public, le p.h. va jusqu'à véhiculer la propagande officielle.

Le W.C. britannique comme dernier refuge du colonialisme. Cataractes d'eau précipitées de haut (chutes Victoria) et incitant à se prendre pour Livingstone. Sensation d'embruns sur le visage. Dans le bref instant où l'on tire la chasse, le rêve passe : Ah, quand la *Home Fleet* était maîtresse des sept mers!...

Elégance de la chaîne que l'on tire. Dans un château (ouvert au public le dimanche, pour les sous) c'était un cordon de sonnette, ancien, en tapisserie.

Allemagne : Les W.C. allemands observent les différences de classe. Dans les trains, en troisième : papier brun grossier. En première : papier blanc, dénommé *Spezial Krepp* (inutile de traduire). Mais la singularité du W.C. allemand gît dans son petit proscenium (le monde n'est-il pas tragédie ou comédie?) qui reçoit la merde tombante. Permet, outre l'examen de la matière même, et par analogie, de choisir parmi les candidats politiques et de songer à ce que l'on racontera à son psychanalyste. Serait idéal pour les ouvriers travaillant dans les mines de diamant et désireux d'escamoter des pierres en les avalant. Le W.C. allemand détient vraiment la clé des abominations du IIIe Reich. Qui peut concevoir pareille construction est capable de tout.

Italie : On arrive parfois à lire des bouts du *Corriere della Sera* avant d'utiliser pour torche-cul cette feuille d'informations. Mais, en général, le W.C. italien est la promptitude même : il engloutit la merde sans vous laisser le temps de bondir et de vous retourner pour l'admirer. D'où l'art italien. Les Allemands ont la possibilité de s'extasier sur leur merde. Faute de quoi, les Italiens se rattrapent en faisant des tableaux et des statues.

France : Dans les très vieux hôtels parisiens : orifice de puanteur, encadré par deux empreintes formidables qu'on croirait laissées par les pieds de Gargantua. Et, à Versailles, les orangers destinés à dissimuler jadis l'odeur des feuillées. *Il est défendu de faire pipi dans la chambre du Roy.* Aussi : cette façon du W.C. français de ne s'éclairer que quand on s'y enferme.

Etrange impossibilité pour moi de rien comprendre à la position de la philosophie et de la littérature françaises devant la merde. La France est le pays de la pensée abstraite, mais elle est aussi capable de produire des poètes aussi singuliers que Francis Ponge, auteur d'un poème épique sur le savon. Où est le lien avec le W.C. français – s'il y en a un?

Japon : De la position accroupie comme élément fondamental de la vie en Orient. W.C. à cuvette encastrée dans le sol. Décoration florale derrière. Rapport certain avec le Zen. (*Cf.* Suzuki.)

Il était midi passé quand enfin nous arrivâmes à l'hôtel – pour découvrir que l'on nous avait assigné une chambre minuscule au dernier étage. Je voulais protester, mais Bennett tenait surtout à se reposer. Baissant donc les stores contre le plein soleil, nous nous déshabillâmes et nous laissâmes choir sur les lits, sans même défaire nos valises. Malgré le changement de cadre, Bennett s'endormit comme une masse. Après avoir beaucoup gigoté et m'être battue avec l'oreiller de plume, je finis par dormir d'un sommeil agité, fragmenté, en rêvant de nazis et de catastrophes aériennes et en me réveillant je ne sais combien de fois, claquant des dents et le cœur battant. J'ai l'habitude : le premier jour où je me retrouve loin de chez moi, c'est la panique. Mais cette fois c'était pire, à cause du retour en Allemagne. Déjà, je regrettais d'être venue.

Vers 3 heures et demie de l'après-midi, réveillés, nous fîmes assez mollement l'amour sur l'un de nos petits lits à une place. J'avais la sensation de rêver encore et m'obstinais à prendre Bennett pour un autre. Mais qui? Je n'arrivais pas à m'en faire une image claire. Jamais je n'y parvenais. Qui était cet homme fantôme dont l'ombre hantait ma vie? Mon père? Mon psychanalyste allemand? Mon partenaire de baisage s.e.? Pourquoi ses traits restaient-ils obstinément brouillés?

Sur le coup de 4 heures, nous prenions le *Strassenbahn* et roulions vers l'université de Vienne, afin de nous inscrire sur la liste des participants au congrès. La journée était finalement très lumineuse, avec des étendues de ciel bleu et des touffes de nuages blancs absurdement duveteux. Et je bringuebalais avec les autres voyageurs, les pieds dans mes sandales à haut talon, détestant les Allemands, détestant aussi Bennett parce qu'il n'était pas l'inconnu du train, parce qu'il ne souriait pas, parce qu'il baisait bien, mais ne m'embrassait jamais, parce qu'il m'organisait des rendez-vous avec des jivaros, tests artisanaux ou électroniques à la clé, mais ne m'achetait jamais de fleurs. Ne me faisait pas la conversation. Ne me flattait plus la croupe. Ne me broutait plus jamais le buisson ardent. Mais que peut-on encore attendre, après cinq ans de mariage? Qu'*il* va continuer à rire dans le noir comme un adolescent? A jouer au pince-fesses? A vous faire minette? Au moins de temps à autre, non?... Que voulez-vous au juste, mesdames? Freud a eu beau se creuser la tête sur la question, il n'en a pas tiré grand-chose. Comment aimez-vous vous faire foutre, gentes créatures? Préférez-vous la gamahuche quand vous avez vos règles? Ou l'homme qui vous baise sur les lèvres sans pouvoir réprimer une grimace parce que vous n'avez pas encore eu le temps de vous laver les dents? Ou bien celui qui joindra ses ris aux vôtres après avoir éteint la lumière?

Un gros paulard bien dur, voilà ce qu'il nous faut, selon Freud, étant admis que nous faisons nôtre l'obsession de ces messieurs.

Je ne sais plus qui a qualifié un jour Freud de phallocentrique. Il pensait que le soleil tournait autour du pénis. Et la fille de l'homme aussi.

Et qui donc pouvait protester? Il a fallu que les femmes se mettent à écrire des livres pour que l'on entende l'autre son de cloche. Durant des siècles et des siècles, on a écrit les livres avec du sperme, jamais avec du sang menstruel. Jusqu'à l'âge de vingt et un ans, je jugeais mes orgasmes par rapport à ceux de Lady Chatterley en me demandant ce qui péchait dans mon cas. Jamais il ne me serait venu à l'esprit que Lady Chatterley était en réalité un homme – qu'elle s'appelait en vérité D.H. Lawrence.

Le phallocentrisme, voilà l'ennui avec les hommes. Avec les femmes aussi. Récemment, une de mes amies a trouvé cette maxime dans une de ces enveloppes que vendent les aveugles :

Sans les hommes la vie de l'homme serait du billard.
Celle de la femme également.

Une fois, à seule fin d'impressionner Bennett, je lui avais parlé des rites initiatiques des fameux Anges de l'Enfer. Et notamment de l'épreuve où l'initié doit faire mimi à sa compagne pendant qu'elle a ses règles, et sous le regard des copains.

Bennett ne réagit pas.

– Ça ne te semble pas intéressant? insistai-je lourdement. Ni même drôle? Ou excitant? Non?

Silence.

Je poursuivis mon harcèlement. A la fin il dit :

– Pourquoi ne t'achètes-tu pas un petit chien? Tu pourrais le dresser.

– Tu mériterais que je te dénonce à l'Ordre des Jivaros de New York, rétorquai-je.

La faculté de médecine de l'université de Vienne est un bâtiment à colonnade, froid, caverneux. Nous gravîmes un escalier interminable. En haut, des dizaines de jivaros s'écrasaient autour de la table où l'on s'inscrivait.

Une jeune Autrichienne trop zélée, en *Dirndl* rouge et avec des lunettes à monture papillon, compliquait la vie de tous, y compris la sienne, en réclamant à chacun des tas de papiers et de pièces justificatives. Elle parlait péniblement l'anglais vivant des lycées. J'aurais juré qu'elle était l'épouse légitime d'un des congressistes autrichiens. Elle ne pouvait avoir plus de vingt-cinq ans, mais elle arborait le sourire suffisant de la *Frau Doktor*. J'exhibai ma lettre de créance de *Voyeur Magazine*. Elle refusa de m'inscrire.

– Pourquoi?

– Nous ne sommes pas autorisés à admettre la presse, répondit-elle avec son sourire carnivore. Je suis vraiment *navrée*.

– Visiblement, dis-je.

Je sentais la colère s'accumuler sous mon crâne comme la vapeur dans un autoclave. « Sale nazie! grondais-je intérieurement. Bouffeuse de choucroute! » Bennett me lança un regard qui me conseillait : « *Du calme!* » Il a horreur de me voir exploser en public. Mais son effort pour tenter de me refréner eut l'effet exactement contraire.

– Ecoutez, dis-je à la fille, si vous ne me laissez pas entrer, ça me fera un beau sujet d'article.

Je savais que dès l'ouverture du congrès, avec ou sans macaron, j'aurais toute chance de pouvoir entrer comme dans un moulin – alors, quelle importance? Et puis, cet article que je devais écrire ne m'enthousiasmait guère : j'étais là comme un agent secret du monde extérieur, infiltré dans le royaume de la psychanalyse.

– Vous ne voudriez tout de même pas que je raconte à nos lecteurs que les psychanalystes ont *peur* d'admettre les journalistes à leurs réunions?

– Je suis vraiment navrée, s'entêtait à répéter la garce. Mais je n'ai réellement pas autorité pour vous admettre.

– Les ordres sont les ordres? dis-je.

– J'obéis aux instrukziônes.

– Comme Eichmann.

– Excusez?

Elle avait mal entendu. Mais quelqu'un d'autre avait l'oreille fine :

– Si vous vouliez bien oublier une seconde votre paranoïa et user de charme, au lieu de jouer les gros bras, je suis sûr que vous seriez irrésistible, dit une voix derrière moi.

Je me retournai et vis une espèce d'anglais, sous une broussaille de cheveux blonds et avec une pipe accrochée à la figure. Il me regardait avec ce sourire particulier qu'ont les hommes, lorsqu'ils restent vautrés sur vous après un foutrage super.

– Il n'y a qu'un psychanalyste qui puisse distribuer aussi gratuitement ce mot de paranoïa, dis-je.

Il sourit largement. Il portait un *kurtah* indien, en coton blanc presque transparent, et laissant voir les poils blond-roux qui frisaient sur sa poitrine.

– Et culottée avec ça, la petite garce! dit-il.

Puis, la main au panier, il me flatta affectueusement et longuement, par jeu, le cul.

– Vous avez une croupe adorable, dit-il. Venez, je vais m'occuper de votre admission.

Naturellement, il apparut – mais beaucoup plus tard – qu'il n'avait pas la moindre autorité en la matière. Il ne s'en démena pas moins avec une telle ardeur qu'on aurait pu le prendre pour le grand patron du congrès. Il avait beau présider effectivement aux débats d'une des préconférences, c'était insuffisant pour faire de lui une force de pression jouant en faveur de la presse. D'ailleurs, en fait de presse et de pression, je n'avais plus qu'une envie : sentir encore sa main sur mes fesses – le reste m'était bien égal! Je l'aurais suivi n'importe où. Même à Dachau ou à Auschwitz. De loin, regardant la table fatale, j'aperçus Bennett gravement absorbé dans une conversation avec un autre psychanalyste new-yorkais. Pendant ce temps, mon Anglais avait fendu la foule et travaillait pour moi la fille des inscriptions.

Il revint.

– Bon, dit-il. Elle prétend que vous devez attendre d'avoir vu Rodney Lehmann. Je le connais de Londres; c'est un ami et il va arriver d'une minute à l'autre. Le mieux serait encore d'aller boire une bière au café d'en face, pour voir s'il y est. Qu'en dites-vous?

– Laissez-moi le temps de prévenir mon mari.

Cette phrase allait devenir une sorte de refrain dans ma bouche au cours des jours suivants. Sur le moment, il eut l'air très content d'apprendre que j'étais mariée. Du moins n'en parut-il pas désolé.

J'invitai Bennett à nous rejoindre au café d'en face, s'il le désirait (dans l'espoir qu'il y mettrait le temps, cela va de soi). Il me fit signe d'aller. Il était trop occupé à parler de résistance de transfert.

Dans le sillage de la fumée de pipe de mon Anglais, je descendis l'escalier et traversai la rue. Elle semblait le remorquer, sa pipe, comme une locomotive. J'étais tout heureuse de jouer les fourgons, derrière.

Nous nous assîmes au café, devant un quart de litre de vin blanc pour moi et une bière pour lui. Il avait des sandales (indiennes comme sa chemise) et les orteils sales. Il n'avait rien du tout d'un jivaro.

– D'où êtes-vous? me demanda-t-il.

– De New York.

– C'est de vos ancêtres que je parle.

– Qu'est-ce que cela peut vous faire?

– Et vous, pourquoi esquivez-vous la question?

– Je ne suis pas forcée de vous répondre.

– C'est vrai.

Il tira sur sa pipe et regarda au loin. Cent minuscules rides plissaient le coin de ses yeux; sa bouche se retroussait en une sorte de sourire, même quand il ne souriait pas. J'étais sûre de dire oui à tout ce qu'il voudrait. Je n'avais qu'une inquiétude : que peut-être il ne se dépêchât pas assez de me demander des choses. Je dis :

– Mi-juive polonaise, mi-russe.

– C'est bien ce que je pensais. Vous avez *l'air* juif.

– Et vous, l'air d'un antisémite anglais.

– Allons donc! J'aime bien les Juifs.

– Je sais. Deux de vos meilleurs amis...

– Non. Les Juives sont sensationnelles au lit, c'est tout.

Impossible de trouver la moindre repartie spirituelle. Doux Jésus, pensai-je, incroyable mais vrai : c'était lui! Le baisage s.e. en personne et par excellence! Au nom du Ciel, qu'attendions-nous? Sûrement pas Rodney Lehmann.

– Les Chinois aussi je les aime bien, reprit-il. Votre mari a l'air très gentil.

– Vous voulez que je vous arrange ça avec lui? Pourquoi pas? Après tout, il est psychanalyste comme vous. Vous êtes faits pour vous entendre. Vous pourriez vous empaffer tant que vous voudriez sous la photo de Freud.

– Petite garce, dit-il. En fait, ce sont surtout les Chinoises qui m'attirent. Ce qui ne m'empêche pas de trouver follement excitantes les Juives new-yorkaises, avec leur manie de chercher la bagarre. Quand une femme est capable de faire la sortie que vous avez faite tout à l'heure à cette fille, m'est avis que ça promet.

– Merci.

Je sais au moins reconnaître les compliments. Ma culotte était si trempée qu'elle eût fait le bonheur d'un laveur de carreaux.

– Vous êtes bien la première personne de ma connaissance à me trouver l'air juif, dis-je, pour m'efforcer de ramener la conversation sur un terrain plus neutre.

Suffit pour le sexe, pensais-je, retour aux mômeries. Pourtant, le fait était que l'idée qu'il me trouvât l'air juif m'excitait – allez comprendre pourquoi!

– Vous savez, l'antisémite ce n'est pas moi, c'est vous, dit-il. Qu'est-ce qui vous fait penser que vous n'avez pas l'air juif?

– C'est simple : on me prend toujours pour une Allemande, et j'ai passé la moitié de ma vie à écouter les histoires juives qu'on me racontait à cause de cela.

– Ça, c'est une chose que je déteste chez les Juifs, répliqua-t-il. Les bonnes histoires antisémites sont leur monopole exclusif. Merde, c'est injuste! Pourquoi les Juifs auraient-ils le droit de se délecter de leur humour masochiste, et pas moi, sous prétexte que j'ai le tort d'être un *goy*?

Il n'y avait pas plus *goy* que sa façon de dire ce mot.

– La prononciation n'est pas bonne, fis-je observer.

– La prononciation de quoi? De *goy*?

– Non, ça, ça va. Mais masochiste, non. (Il prononçait le *a* comme un *é* maigre, sans desserrer ses lèvres d'Anglais autour du tuyau de pipe.) Surveillez-vous, quand vous employez des mots yiddish comme masochiste. Nous sommes terriblement susceptibles, nous autres Juifs.

Nous commandâmes « la même chose » au garçon. Mon compagnon continuait à feindre de chercher du regard Rodney Lehmann, et moi j'y allais de mon baratin super-professionnel en parlant de l'article que je devais écrire. Je finissais par y croire dur comme fer. C'est un de mes très gros problèmes. Quand je me lance à fond pour convaincre les autres, je n'y arrive pas toujours, mais, moi, j'en sors invariablement convaincue. Je ferais un lamentable escroc.

– Vous pouvez vous vanter d'avoir l'accent américain, dit-il avec son sourire d'après-baisage.

– Moi? Je n'ai pas d'accent, protestai-je. C'est vous.

– Ah, ah, fit-il, l'accent sur *cent. Accent.*

Il se moquait.

– Je vous emmerde, dis-je.

– Il y a mieux à faire, vous ne croyez pas?

– Comment vous appelez-vous déjà? (C'est, on s'en souvient peut-être, la phrase clé et le sommet de *Mademoiselle Julie*, la pièce de Strindberg.)

– Adrian Belamour, répliqua-t-il.

Sur quoi, il eut un mouvement brusque et renversa sur moi son verre de bière.

– Je suis désolé, affreusement désolé...

Il répétait son excuse tout en épongeant la table avec son mouchoir sale, puis avec la main et, pour finir, avec sa chemise indienne, qu'il ôta ensuite et me tendit, roulée en boule, afin que je m'en serve pour essuyer ma robe. La chevalerie même! Mais j'étais incapable de faire un geste. Je restais assise, là, fascinée par les poils blonds qui frisaient sur sa poitrine, et indifférente à la sensation de froid de la bière qui me coulait doucement entre les jambes.

– C'est sans importance, dis-je.

Je mentais. Au contraire, j'adorais ça.

Belamour, Belhomme, Bel Ami, Belfort,
Belvédère, Belmondo, Bellair, Belbouche,

Belgrand, Bellargent, Bellemain, Bellenfant, Bellencontre, Bellétoile, Bellac (l'Apollon de)...

On ne peut pas s'appeler Isadora White Wing (née Weiss, mais mon père avait anglicisé cette blancheur germanique en White, peu après ma naissance) sans gaspiller une assez bonne partie de sa vie à méditer sur les prénoms et les patronymes.

Adrian Belamour... Sa mère l'avait prénommé Hadrian. Son père avait imposé par la suite Adrian, parce que cela sonnait plus « anglo-normand » – c'était un homme imbu d'anglo-normandisme – sans le « h » aspiré.

– La bourgeoisie anglaise dans toute sa splendeur, disait Adrian de ses père et mère. Constipés comme des culs-bénits. Passent leur vie à avaler des petites pilules Carter à la santé de la reine, bien que leur cas soit désespéré : ils ont le trou du cul bouché en permanence.

En guise de ponctuation, il péta bruyamment et me sourit de toutes ses dents. Complètement ahurie, je le regardai et tentai d'ironiser :

– Vous êtes un vrai primitif. Une force de la nature.

Mais Adrian sourit de plus belle. Il savait aussi bien que moi que je venais enfin de rencontrer en lui la promesse idéale de baiser s.e.

Bien. Donc, je reconnais que j'ai le goût douteux en matière d'hommes. Et je n'ai pas fini d'en administrer la preuve. Mais qu'est-ce que le goût, en définitive? Et qui a jamais pu expliquer le coup de passion? Autant vouloir décrire le goût de la mousse au chocolat, la féerie d'un coucher de soleil, la raison pour laquelle on peut rester assise des heures durant à côté de son nouveau-né, à le guiliguiliter. Celui qui y arrivera avec des mots n'est pas encore né. Roméo, Julien Sorel, le comte Vronsky, même Mellors le garde-chasse – nous les acceptons en bloc, les yeux fermés. Et là, à côté de moi, ce sourire, cette tignasse blonde, cette odeur de pipe et de transpiration, ce verbe cynique, ce verre de bière renversé, cette façon exubérante de péter en public...

Mon mari a de magnifiques cheveux noirs et de longs doigts fins. Le soir où j'ai fait sa connaissance, lui aussi, il m'a mis la main au panier (tout en poursuivant notre discussion sur les tendances nouvelles de la psychothérapie). On dirait que, en général, j'aime bien les hommes capables de passer ainsi, en glissant et presque sans transition, de l'esprit à la matière. A quoi bon gâcher du temps, quand l'attrait existe vraiment? Et pourtant, si un homme qui me déplaît s'avisait de me tripoter, j'en serais probablement scandalisée et peut-être même complètement écœurée. Qui peut dire pourquoi le même acte vous dégoûte dans un cas et vous trouble délicieusement en d'autres circonstances? Et j'aimerais bien que l'on me définisse les raisons profondes du choix. Les branques de l'astrologie s'y essaient. Les psychanalystes aussi. Mais on a toujours l'impression qu'il manque quelque chose à la démonstration. Comme si l'on avait oublié l'essentiel.

L'engouement passé, on ratiocine. J'ai eu dans ma vie une adoration pour un chef d'orchestre qui ne prenait jamais de bain, dont les cheveux étaient raides de crasse et qui était congénitalement incapable de se torcher le cul; chaque fois, il laissait sa trace sur mes draps. Ce n'est pas le genre de choses dont je raffole, normalement. Pourtant, dans son cas, cela ne me posait pas de problème – et je me demande encore pourquoi. Si je suis tombée amoureuse de Bennett, c'est en partie parce que ses couilles laissaient aux lèvres un goût de propreté sans pareil. Elles sont parfaitement glabres et il ne transpire jamais. Pour peu qu'on en ait envie, on pourrait lui dévorer le trou de balle : il est aussi net que le carrelage de la cuisine de ma grand-mère. Bref, je suis l'inconséquence même en matière de fétiches, ce qui, en un sens, rend mes coups de passion encore plus incompréhensibles.

Mais Bennett a la manie de tout schématiser :

– Cet Anglais à qui tu parlais, me dit-il quand nous eûmes regagné notre chambre d'hôtel, tu lui as vraiment tapé dans l'œil, tu sais.

– Qu'est-ce qui te fait croire ça?

Il eut un regard cynique :

– Il te mangeait des yeux en bavant comme un chien, répondit-il.

– Moi, je l'ai trouvé d'une hostilité!... La plus belle peau de vache que j'aie jamais rencontrée. (Et il y avait du vrai dans cette définition.)

– Très juste. Mais l'hostilité chez un homme t'a toujours attirée.

– Tu penses à toi, sans doute?

Il m'avait prise dans ses bras et s'employait à me déshabiller. Je le sentais tout allumé par le gringue que m'avait fait Adrian. Et je l'étais autant que lui. Nous fîmes tous deux l'amour au fantôme d'Adrian. Veinard d'Adrian! Baisé par moi au recto, tringlé au verso par Bennett.

Du foutrage comme Miroir de l'Histoire Universelle. L'acte d'amour. La danse séculaire. Quel beau sujet de chronique! Cent fois mieux que *Du W.C. comme Miroir de l'Histoire Universelle.* Cela subsumerait (comme dit l'autre) tout. Baiser – est-ce que tout ne finit pas par revenir à cela, au bout du compte?

C'était la première fois que, Bennett et moi, nous faisions l'amour à un fantôme. Il y avait eu un temps où nous faisions l'amour sans fantôme interposé.

J'avais vingt-trois ans et déjà un divorce à mon actif (ou à mon passif) quand j'avais rencontré Bennett. Lui, il avait trente et un ans et il ignorait encore le mariage. Je n'avais jamais connu d'homme plus silencieux ni aussi bon. (Bon – du moins le pensais-je. Et quant au silence, qu'est-ce que j'en savais? Je viens d'une famille où la conversation autour de la table du dîner se traduit par un tel nombre de décibels que n'importe quelle oreille moyenne a toute chance d'en être endommagée à vie, et que la mienne doit en être là.)

C'est à une soirée au Village que nous nous étions

rencontrés. Nous ne savions même pas chez qui. D'autres gens nous avaient entraînés. C'était une soirée superchic – dans le style du milieu des années 60. L'hôtesse était une Noire (on disait encore « négresse ») et exerçait une de ces professions très en vogue et très courues, comme les relations publiques ou la publicité. Elle était habillée *design*, de pied en cap, les yeux ombrés d'or. On s'écrasait. Jivaros, publicitaires, gens qui donnaient ou faisaient dans le social, profs de l'université de New York qui avaient l'air de jivaros. En 1965 les hippies n'étaient pas nés, les ethnies non plus. Psychanalystes, publicitaires et professeurs en étaient encore aux cheveux courts et aux lunettes d'écaille, et se rasaient, tout comme les Noirs (qui étaient là pour le symbole) avaient les cheveux aplatis au pressing. (O souvenirs du temps passé!)

Une amie m'avait amenée. Bennett aussi avait suivi un ami. Mon premier mari ayant succombé à ses psychoses, quoi de plus naturel que de vouloir un psychiatre pour le second tour? En guise d'antidote, en quelque sorte. Pas question de me laisser reprendre au même genre d'aventure; une fois suffisait : le suivant détiendrait les clés de l'inconscient. Je fréquentais donc un maximum de psychanalystes. Ils me fascinaient, parce que je supposais qu'ils connaissaient tout ce qui mérite d'être connu. Et je les fascinais, parce qu'ils supposaient que j'appartenais à l'espèce « créatrice » (à preuve : une apparition dans un programme « d'essai » de la télévision, où j'avais lu de mes poèmes. Un jivaro peut-il souhaiter meilleure démonstration de « créativité »?).

Quand je jette un regard en arrière sur ce qu'a été ma vie avant la trentaine, je vois mes amants assis alternativement dos à dos comme quand on joue aux chaises musicales, chacun servant d'antidote contre son prédécesseur, chacun ayant représenté une réaction, un demi-tour complet, un rebond.

Brian Stollerman (mon premier amant et premier mari) était petit et trapu, enclin à avoir du ventre, velu et très brun. C'était aussi une sorte d'homme-canon et un intarissable discoureur. Il était perpétuellement en mouvement, perpétuellement en train de dévider des mots de cinq syllabes. C'était un spécialiste du Moyen Age, mais on n'avait pas le temps de dire : « Et la croisade des Albigeois? » qu'il vous racontait déjà toute sa vie – et avec quelle extravagance dans l'orgie de détails! Il donnait l'impression de ne jamais fermer la bouche. Impression fausse en partie, car il s'arrêtait tout de même en dormant. Mais du jour où, à la fin, il perdit les pédales (selon la formule polie qu'employa ma proche famille), ou donna des symptômes de schizophrénie (selon la formule d'un de ses nombreux psychiatres), ou prit conscience du sens réel de sa vie (selon sa propre formule), ou fit une dépression nerveuse (selon les mots du docteur en philosophie qui était son directeur de thèse), ou s'effondra, épuisé par son mariage avec son espèce de princesse juive de New York (selon ses parents), oui, de ce jour-là, il se mit à parler littéralement sans répit, même pour dormir. Le fait est qu'il ne dormit plus. Il me tenait éveillée toute la nuit pour me parler de la seconde venue du Christ et de son idée sur le sujet : Jésus revenant parmi nous dans la peau d'un spécialiste du Moyen Age, juif et habitant Riverside Drive.

Nous habitions Riverside Drive, c'est vrai. Mais c'était un tel enchantement que d'écouter Brian, il m'avait tellement enveloppée dans le cocon de ses imaginations, et je partageais si volontiers sa folie à deux, qu'il me fallut une semaine entière de nuits blanches, passées à boire ses paroles, avant que la pensée m'effleurât qu'il avait la ferme intention d'être *lui-même* la réincarnation du Christ. Et quand je lui fis remarquer que c'était peut-être une illusion, au lieu de réagir gentiment, tout juste s'il ne m'étrangla pas pour de bon en remerciement de ma contribution à la discussion. Lorsque j'eus repris haleine (je simplifie volontairement par souci de concision), il se livra à diverses tentatives, comme de prendre son essor à travers la fenêtre et, ainsi que je l'ai déjà dit, de marcher sur les eaux du lac de Central Park, avant d'être conduit de force à l'hôpital psychiatrique et calmé, grâce à toutes sortes de drogues en *zine* ou *cine* et autres inventions. A ce stade, moi-même à bout, je lâchai pied, fis une cure de repos dans l'appartement de mes parents (devenus étrangement sains d'esprit devant l'évidente folie de Brian) et pleurai pendant près d'un mois. Puis, un jour, je me réveillai, soulagée, dans la paix de notre appartement de Riverside Drive désert, et m'aperçus que, depuis quatre ans, je ne m'entendais plus penser. Je compris du même coup que jamais je ne reprendrais la vie commune avec Brian – même s'il cessait de se croire Jésus-Christ.

Exit donc mari *numero uno*. Entre un curieux cortège de personnages représentant autant de pôles opposés. Du moins savais-je ce que je cherchais dans le *numero due :* L'image solide et rassurante du père, un psychiatre pour me guérir de mon psychopathe, un brave agnostique baisant sans problème pour me faire oublier la ferveur religieuse de Brian (qui semblait exclure tout baisage), un homme silencieux pour effacer son contraire, un *goy* sain d'esprit pour gommer un Juif dingue.

Bennett m'apparut comme en rêve. Comme porté par un zéphyr, pourrait-on dire. Grand, beau, insondablement oriental. Des doigts longs, fuselés; une merveilleuse rotation des hanches quand il instrumentait – exercice auquel il semblait infatigable. De plus, il était muet et, au point où j'en étais, son silence était une musique pour mes oreilles. Comment me douter que, au bout de quelques années, j'aurais l'impression de faire l'amour avec Helen Keller?

Wing. J'adorais le nom de Bennett. Il était doux et léger comme le zéphyr qui l'avait apporté dans ma vie. Il lui donnait des ailes – non pas aux omoplates, mais au zizi. Il s'envolait et planait, en baisant. Puis il redescendait en piqué et s'enfonçait comme un tire-bouchon – terrible! Il restait une éternité sans mollir. C'était la première fois que je voyais un homme incapable, eût-on dit, de faire flanelle, même déprimé ou en colère. En revanche, il n'embrassait jamais – pourquoi? Et pourquoi ne parlait-il pas non plus? Je jouissais, jouissais, interminablement, et j'avais la sensation d'orgasmes à zéro degré.

Si c'était différent au début? Oui, je le crois. J'étais éblouie par tant de silence, comme j'avais été emportée par les stupéfiants torrents d'éloquence de Brian. Juste avant Bennett, il y avait eu le chef d'orchestre (qui adorait sa baguette, mais ne se torchait pas le trou de balle), un galant Florentin : Alessandro le Gras (-veleux), un beau-frère incestueux (j'anticipe, il n'était pas encore mon beau-frère à ce moment-là) et arabe, un professeur de philosophie (de l'université de Californie) et je ne sais combien de « divers » qui se confondaient dans le noir de mes nuits. J'avais traversé l'Europe derrière mon chef d'orchestre, en le regardant faire son numéro et en portant ses partitions – moyennant quoi, il finit par s'envoler et me plaquer pour une ancienne maîtresse parisienne.

Autant dire que je me retrouvais avec trois plaies ouvertes, l'une par la folie, les deux autres par les mélanges « divers » et la musique. Bennett le Silencieux fut mon thaumaturge. Médecin du cœur, psychanalyste du con. Il baisa à tout va dans un silence d'apocalypse. Il écouta. Il était bon psychanalyste. Il devina tous les symptômes de Brian, avant que j'aie eu le temps de les décrire. Il devina tout ce que j'avais enduré. Le plus étonnant fut que, même après que je me fus entièrement racontée à lui, il persista à vouloir m'épouser. Je lui disais :

– Tu ferais mieux de te trouver une jeune et charmante Chinoise.

Ce n'était pas du racisme de ma part – simplement ma façon fantasque de voir le mariage. Tant de permanence me terrifiait. Même la première fois, avec Brian, c'était pleine d'effroi que je m'étais mariée, contre mon jugement le plus avisé. Mais Bennett repondait :

– Je ne veux pas de jeune et charmante Chinoise. C'est toi que je veux.

(Il apparut ensuite que, de toute sa vie, Bennett n'était jamais sorti avec une Chinoise – quant à baiser, n'en parlons pas. Il avait l'esprit braqué sur les Juives. A croire que je suis vouée à ce genre d'hommes.)

Et je disais :

– Je suis contente que ce soit moi que tu veuilles.

Contente? Reconnaissante, oui. Réellement.

A quel moment précis avais-je commencé à faire comme si Bennett avait été un autre? Quelque part vers la fin de notre troisième année de mariage. Et pourquoi? Personne n'était capable de me l'expliquer.

Question : Cher docteur Reuben, pourquoi arrive-t-il toujours un moment où, quand on baise, c'est comme si on mangeait de la crème de gruyère?

Réponse : Vous m'avez l'air de nourrir en vous un fétichisme alimentaire, autrement dit, dans notre parler psychanalytique, une fixation orale. Avez-vous déjà envisagé de recourir à l'aide d'un professionnel?...

Je serrai les paupières et fis comme si Bennett avait été Adrian. Je tranformai B en A. Je jouis la première; Bennett suivit; après quoi, nous restâmes allongés, à suer, sur l'affreux lit d'hôtel. Bennett souriait. Je me sentais très malheureuse. Quelle truqueuse je faisais! L'adultère véritable ne pouvait être pire que ces tromperies nocturnes. Baiser un homme en pensant à un autre et garder le secret de la duperie, c'est pire, oui, infiniment pire que de baiser un autre homme à portée de vue de son mari. Je ne voyais pas de trahison plus grave.

Bennett eût probablement dit : « Fantasme pur... comme tous les fantasmes. Et des fantasmes, *tout le monde* en a. Il n'y a que les psychopathes qui traduisent en actes jusqu'au bout leurs fantasmes, pas les gens normaux. »

Mais moi, j'ai plus de respect que cela pour l'imagination. On est ce que l'on rêve. Ce que l'on rêve *éveillé*.

Les graphiques et les statistiques des Masters et Johnson, leurs voyants lumineux, leurs pénis en plastique nous révèlent tout de la sexualité et de l'amour et cependant n'en disent rien. Parce que la sexualité et l'amour sont entièrement dans notre tête. L'accélération du pouls et les sécrétions n'ont rien à y voir. C'est pourquoi tous ces manuels du sexe et de la sexualité qui se vendent comme des petits pains aujourd'hui ne sont que de vulgaires arnaques. Ils apprennent aux gens à baiser avec le pelvis, pas avec la tête.

Quelle importance si, techniquement, j'étais « fidèle » à Bennett? Quelle importance si, depuis que je l'avais rencontré, je n'avais pas baisé avec un autre? En pensée, je lui étais infidèle au moins dix fois par semaine – et, sur ces dix fois, il y en avait au moins cinq qui se situaient pendant que nous étions en train de faire ça.

Peut-être Bennett simulait-il aussi vis-à-vis de moi. Bon et après? C'était son affaire à lui. Sans doute 99 pour 100 des êtres humains baisent-ils des fantômes. Très probablement. Ce n'était pas une consolation. Je me méprisais pour ma duplicité. Je me méprisais tout court. J'étais déjà une femme adultère; la lâcheté seule me retenait sur le chemin de la consommation. Non seulement une femme adultère (adulteresse?), mais une lâche (lâchesse?). Du moins, si je couchais avec Adrian, ne resterait-il plus que la femme adultère (adulte?).

3

CLIC CLAC CLOQUE

Le sexe, ainsi que je l'ai dit, peut se réduire à deux P et un O : procréation, plaisir, orgueil. Vue à long terme – perspective que l'on doit toujours prendre en considération – la procréation est de loin l'élément le plus important, puisque, sans elle, il ne pourrait plus y avoir continuation de la race... Bref, l'orgasme de la femme n'est que l'apogée nerveuse des rapports sexuels... et tel quel, du point de vue de la nature, il est un luxe relatif. On peut le tenir pour une sorte de bonus de plaisir, comme les primes des paquets de céréales ou de lessive. Tant mieux s'il y en a une dans la boîte, mais cela ne change rien à la qualité des céréales ou de la lessive.

MADELEINE GRAY
La femme normale (sic), 1967

Dans mon rêve, Adrian et Bennett étaient juchés chacun à un bout d'une balançoire du terrain de jeux de Central Park, où j'allais m'ébattre enfant.

– Peut-être devrait-on la faire psychanalyser en Angleterre, disait Bennett tout en s'élevant dans les airs avec la balançoire. Je vous passerais son passeport et son certificat de vaccination.

Adrian touchait des pieds le sol, maintenant, et il secouait la balançoire comme un grand qui joue les terreurs avec les petits, dans une cour de récréation. Et moi je criais :

– Arrêtez! Vous lui faites mal!

Mais Adrian continuait à ricaner et à secouer la balançoire. J'essayais de hurler :

– Puisque je vous dis que vous lui faites mal! Assez!

Mais, comme dans tous les rêves, les mots changeaient de sens dans ma bouche. J'étais terrorisée à la pensée qu'Adrian allait faire tomber Bennett de là-haut et lui rompre le dos. Je ne priais plus, je suppliais :

– S'il vous plaît, arrêtez!

– Qu'est-ce qu'il y a? marmonna Bennett. (Je l'avais réveillé; en général je parle en dormant, et il répond, régulièrement.) Qu'est-ce qui se passe?

– Tu étais sur une balançoire avec quelqu'un. J'ai eu très peur.

– Ah...

Bennett roula sur le côté. Normalement, il m'aurait prise dans ses bras. Mais nos lits individuels et étroits étaient en outre séparés par la largeur de la pièce. Il se rendormit.

Pour ma part, j'étais complètement réveillée et j'entendais tout un tapage d'oiseaux montant du jardin derrière l'hôtel. D'abord, cela me réconforta. Puis je me souvins que c'étaient des oiseaux allemands, ce qui me déprima. Secrètement, je déteste les voyages. A la maison, j'ai la bougeotte; mais à peine ai-je pris du champ, que je sens une épée de Damoclès suspendue au-dessus de mes actes les plus banals. Que signifiait ce retour en Europe, d'ailleurs? Ma vie était en miettes. Depuis deux ans, je couchais avec Bennett en pensant à d'autres hommes. Depuis deux ans, je me demandais que faire : avoir un enfant ou, étant donné ce que cela suppose, reprendre ma liberté et courir encore un peu le monde avant de me ranger définitivement de façon ou d'autre. Comment décide-t-on d'avoir un enfant? C'est si impressionnant, une telle décision, que la question me tourmentait. Quelle *arrogance*, en un sens! Prendre sur soi la responsabilité d'une vie nouvelle, quand on n'a aucun moyen de savoir ce que cela donnera. Je supposais que la plupart des femmes se retrouvent enceintes sans y avoir pensé; sinon – si elles avaient réfléchi une seule seconde à ce que cela signifie vraiment – le doute l'eût emporté en elles, à coup sûr. Elles s'en remettent à la chance, avec une foi aveugle qui me manquait. J'ai toujours voulu tenir bien en main mon destin. Etre enceinte m'apparaissait comme une abdication de cet empire sur soi-même. Quelque chose pousse en dedans de vous, qui finirait par usurper votre propre vie. Par la force des choses, je me servais depuis si longtemps d'un diaphragme, qu'une grossesse n'aurait jamais pu être un simple accident dans mon cas. Même durant les deux années où je pris la pilule, je le fis chaque jour, ponctuellement. Si négligente que je sois en général, j'ai toujours été la conscience même dans ce domaine. De toutes mes amies, je devais être à peu près la seule à ne s'être jamais fait avorter. Pourquoi? Parce que j'étais anormale? Non, simplement je n'éprouvais pas ce besoin typiquement femelle, et plus fort que tout, d'attraper la cloque. Je me voyais d'ici, moi, avec ma bougeotte, mes rêves de baisages s.e. et d'inconnus dans le train, clouée sur place par un bébé! Comment souhaiter cela à un enfant?

« Sans toi j'aurais été une grande artiste », me répétait souvent et furieusement ma rouquine de mère. Elle avait étudié les beaux-arts à Paris, appris l'anatomie et le dessin d'après la bosse, l'aquarelle et le graphisme, et même appris à broyer ses couleurs. Elle avait rencontré toutes sortes de célébrités : artistes, écrivains, musiciens et parasites (à l'entendre). Elle avait dansé nue au Bois de Boulogne (à l'entendre), trôné aux Deux Magots, drapée dans une grande cape en velours noir (à l'entendre), parcouru les rues de Paris, juchée sur des capots de Bugatti (à l'entendre), découvert les îles grecques trente-cinq ans avant Jacqueline Onassis (à l'entendre) – et tout cela pour, finalement, se rapatrier, épouser un comédien des monts Catskill sur le point de faire un malheur dans des affaires de *tzatzka*, de bibeloterie, donner le jour à quatre filles et les baptiser très poétiquement : Gundra Miranda, Isadora Zelda, Lalah Justine, Chloé Camille.

Qu'est-ce que j'y pouvais?

Et pourtant, depuis toujours, je vivais dans le sentiment que c'était ma faute. Et peut-être était-ce vrai, d'une façon? Entre parents et enfants, le cordon ombilical n'est pas une vaine attache, même hors du ventre maternel. Ils restent liés par des forces mystérieuses. Si ma génération doit vraiment passer son temps à vilipender les parents, la justice ne serait-elle pas d'accorder à ceux-ci le même temps de réponse?

« Et dire que, sans vous, mes petites, j'aurais été une artiste célèbre! » nous disait ma mère. Et je l'ai crue longtemps.

Naturellement, il y avait aussi le problème de son père : encore un artiste, et férocement jaloux de son talent! Elle était venue à Paris pour lui échapper. Mais alors pourquoi, ensuite, revenir s'installer chez lui, à New York, et vivre avec lui jusqu'à la quarantaine? Ils partageait tous deux un atelier et, de temps à autre, le père peignait ses propres tableaux sur les toiles déjà peintes de la fille (sauf, bien entendu, s'il en avait lui-même de vierges). A Paris, elle avait donné dans le cubisme, et elle était en passe d'acquérir un style très personnel, dans la ligne d'une des tendances de l'époque; mais Papa, pour qui la peinture commençait et finissait avec Rembrandt, s'était moqué d'elle jusqu'à ce qu'elle renonçât. Elle s'était contentée désormais d'être souvent enceinte. « Ces foutus modernes, c'est de la bave d'escargot, leur peinture! disait Papa. De la couille et du toc! »

Rien ne forçait ma mère à rester avec lui. Je le dis, sachant parfaitement que c'est un argument boomerang; car, alors, peut-être ne serais-je jamais née.

Mes sœurs et moi, nous avons grandi dans un appartement démesuré : quatorze pièces sur Central Park Ouest. Il pleuvait à travers le toit (c'était le dernier étage); tous les plombs sautaient quand on mettait une tranche de pain dans le grille-pain; les baignoires avaient le pied griffu et la tuyauterie crachait la rouille; le fourneau de la cuisine ressemblait à ceux que l'on voit à la télévision, dans les publicités pour les Bonnes Confitures de Grand-Mère; les châssis de fenêtres étaient si vieux, si rongés par je ne sais quelle maladie honteuse, que le vent sifflait à travers. Mais l'immeuble était « signé Stanford White » et l'appartement comportait « deux ateliers bonne exposition plein nord », une bibliothèque « entièrement lambrissée, avec fenêtres à petits carreaux sertis de plomb à l'ancienne », et dans le grand salon le plafond – « longueur treize mètres » – était « doré à la feuille pur or ». Toute mon enfance a résonné de ces formules immobilières. « A la feuille pur or »... J'imaginais une feuille d'érable en or. Mais comment s'y prenait-on pour coller ça au plafond? Et pourquoi ça ne ressemblait-il pas à de vraies feuilles? Ou peut-être est-ce qu'on les broyait, les feuilles, pour en faire de la peinture? Et des « pur or », où pouvait-on bien en ramasser ou en cueillir? Est-ce qu'elles poussaient sur des arbres en pur or aussi? Même les branches et les rameaux?

J'étais de ces gosses qui connaissent des mots comme « rameau ». En fait, il y avait dans la bibliothèque de mes parents un gros livre imprimé très serré et intitulé *Le rameau d'or.* Et je tournais en vain ses pages dans l'espoir d'y trouver trace ou mention de « feuilles en pur or ». Au lieu de cela, c'était plein de trucs cochons. (A la même époque, je cachais dans un tiroir de ma commode, sous mon linge de corps, un autre livre : *L'Amour sans crainte.*)

Nous sommes donc restées avec ma mère et Papa (celui de ma mère), à cause de la « bonne exposition plein nord » et du plafond « doré à la feuille pur or » – du moins à ce que disait ma mère tout en fabriquant des enfants et faisant des scènes à *sa* mère et à *son* père. Pendant ce temps, le mien (de père) voyageait autour du monde pour son commerce de *tzatzka.* Il inventait des modèles de seaux à glace qui ressemblaient à des chopes à bière, et inversement. Il inventait aussi des familles d'animaux en céramique enchaînés ensemble par de fines chaînettes d'or. Grâce à quoi, chose assez étonnante, il ramassait énormément d'argent. Il nous eût été facile de déménager; mais, de toute évidence, ma mère ne voulait ou ne pouvait pas s'y résoudre. Une petite chaînette d'or la tenait enchaînée à sa mère, comme moi à elle. Tout notre malheur s'est tressé autour de cette même chaîne d'or – un or qui se ternissait rapidement.

Ma mère, cela va de soi, avait une explication logique pour l'ensemble de la situation – une explication selon la logique patriarcale, la logique séculaire des femmes qui bouillonnent de talent et d'ambition mais se font cloquer sans arrêt. Elle disait : « Pour une femme, c'est de deux choses l'une. Elle doit choisir : ou être une artiste, ou avoir des enfants. »

Avec un nom comme Isadora Zelda, c'était clair : j'étais censée choisir tout ce que la vie avait offert à ma mère et qu'elle avait laissé passer.

Comment aurais-je pu retirer mon diaphragme pour le plaisir d'être enceinte? Ce que d'autres femmes font sans y penser, ou presque, était pour moi un acte d'une haute – que dis-je? – d'une formidable importance. Cela revenait à renier mon nom, ma destinée, ma mère.

Mes sœurs étaient différentes. Gundra Miranda était devenue « Randy » et s'était mariée à dix-huit ans. Elle avait épousé un physicien libanais de l'université de Berkeley, sur la côte Ouest, donné le jour à quatre fils, en Californie, puis déménagé toute la famille pour s'installer à Beyrouth et se mettre en devoir d'accoucher de cinq filles. Malgré toute la révolte que semblait représenter, pour une bonne Juive de Central Park Ouest, le mariage avec un Arabe, elle menait à Beyrouth la vie de famille la plus banale que l'on puisse imaginer. Tout juste si elle ne se faisait pas une religion de la devise nazie pour les femmes : *Kinder, Küche, Kirche (les enfants, le fourneau, l'église).* Surtout *Kirche* – elle allait à l'église catholique, pour bien prouver aux Arabes sa « non-juivité ». Non qu'elle nourrît une telle affection pour le catholicisme, mais cela valait mieux que l'autre possibilité. Comme Pierre, mon beau-frère, elle croyait en Konrad Lorenz, Robert Ardrey et Lionel Tiger comme en la sainte trilogie Jésus-Bouddha-Mahomet. « L'instinct! disait Pierre avec un reniflement de défi. L'instinct, il n'y a que ça. Le pur instinct animal. » Ils avaient fini par détester les beatniks de Berkeley et de leur belle jeunesse et par prêcher l'appartenance au milieu, l'immoralité du contrôle des naissances et de l'avortement et l'inéluctabilité de la guerre. Parfois, on avait l'impression qu'ils croyaient sincèrement à la Grande Chaîne de la Vie et à la Monarchie de Droit Divin. Et pendant ce temps ils continuaient bonnement à procréer.

(« Pourquoi ceux qui ont des gènes *supérieurs* recourraient-ils au contrôle des naissances, quand on pense à tous ces indésirables dont la prolifération conduit le monde à sa fin? » – tel était le refrain de Randy chaque fois qu'elle annonçait une nouvelle grossesse.)

Lalah (l'autre sœur intermédiaire avec moi, et ma cadette de quatre ans) est mariée avec un Noir. Mais là encore, comme pour Randy, le non-conformisme du choix fait illusion. A Oberlin, où elle faisait ses études, elle avait rencontré Robert Goddard, de loin le Noir à l'esprit le plus blanc de blanc qui ait jamais existé; car, si Bob, mon beau-frère, est de teint chocolat, il pense et raisonne blanc comme le membre d'un membre du Ku Klux Klan. (Quant à son membre à lui, j'ignore sa couleur.) Comment il avait échoué dans un établissement aux prétentions artistes et intellectuelles comme Oberlin me laisse assez perplexe; peut-être, lui-même, ne l'avait-il pas très bien compris non plus. Sorti de l'université, il entra à la faculté de médecine de Harvard et se décida très vite pour la branche où l'on fait le plus de fric : la chirurgie orthopédique. Aujourd'hui, quatre jours par semaine il réduit des fractures de jambes, revisse des hanches et touche d'énormes sommes d'argent des compagnies d'assurances. Les trois jours qui restent, il monte à cheval dans un club très fermé du faubourg chic (mais non raciste) de Boston, où il vit avec Lalah.

Et il faut voir comment ils vivent! Entourés d'un formidable déploiement d'électronique, digne de la C.I.A. : broyeurs de glace, rafraîchisseurs de vin, machines à faire des bruits de mer synthétique au presse-bouton dans les chambres, guillotines à décapiter automatiquement les œufs, humidificateurs, déshumidificateurs, cocktail-shakers minute, tondeuses à gazon télécommandées, tondeuses à haies programmées pour telle ou telle taille ornementale, machines à baratter l'eau dans les baignoires et précipiter la giration dans les bidets, miroirs pour se raser jaillissant tout éclairés des murs, téléviseurs couleur masqués par des reproductions encadrées des graphismes modernes les plus banals, bar sortant mécaniquement du mur du petit salon dès que retentit la sonnette de la porte d'entrée – laquelle sonnette, soit dit en passant, fait entendre les premières mesures du célèbres *spiritual* « When the Saints Come Marching in » – seule et unique concession de Bob à sa négritude.

Avec tous ces gadgets, *plus* les chevaux, *plus* trois voitures (une pour monsieur, une pour madame, une pour la bonne – une Sud-Américaine blanche), nous pensions tous qu'ils n'auraient même pas le temps d'*envisager* d'avoir des enfants, et ce, au grand soulagement de mes parents, j'imagine. (Des petits-enfants arabes, déjà ce n'est pas rien; mais, au moins, ils n'ont pas le cheveu crépu).

Quoi qu'il en fût, nous nous trompions. En réalité, après avoir pris pendant deux ans des pilules contre la stérilité (comme elle nous l'apprit ensuite, en même temps qu'à toute la presse), elle donna naissance, au bout du compte, à des quintuplés. Le reste, comme on dit, appartient à l'histoire. Peut-être se souviendra-t-on de l'article que le magazine *Times* consacra aux « Quintuplés Goddard », en disant d'eux (filles et garçons, notez) qu'ils étaient « très mignons, café-au-lait et pas mal encombrants ».

– Terrible! s'écria maman Lalah Justine Goddard (née White), vingt-quatre ans, à la nouvelle qu'elle avait accouché de quintuplés.

Et maintenant, Lalah et Bob sont pris à plein temps, entre les fractures, les gadgets, les chevaux, l'ascension mondaine et les quintuplés – auxquels ils ont donné, d'ailleurs, les noms les plus communs qu'ils aient pu trouver : Timmy, Susie, Annie, Jennie, Johnnie. Et le Dr Bob ramasse plus d'argent que jamais, puisqu'il semble bien que le plus sûr moyen de se faire une grosse clientèle médicale, depuis l'invention des piqûres de vitamines B, soit d'avoir des gosses café-au-lait. Quant à Lalah, elle m'écrit une fois par an pour me demander quand je me déciderai à « ne plus péter dans la poésie » et à « faire quelque chose qui ait un peu de sens » – par exemple : avoir des quintuplés.

Après l'Arabe de Randy, le Noir de Lalah et mon mari qui se prenait pour Jésus-Christ, mes parents poussèrent un vrai soupir de soulagement quand j'épousai Bennett. Cependant, s'ils n'avaient absolument rien contre sa race, ils en voulaient puissamment à sa religion : la psychanalyse. Ils supportaient mal l'impression erronée que Bennett pût lire dans leurs pensées. En fait, les moments où il avait l'air le plus pénétrant, le plus inquiétant, le plus insondable, étaient en général ceux où il songeait à faire vidanger l'huile de sa voiture, à savourer un bouillon de poule au vermicelle à déjeuner, ou à poser culotte. Mais jamais je n'ai pu en convaincre mes parents. Ils s'entêtaient à croire qu'il les scrutait jusqu'au fond de l'âme et qu'il y lisait tous les affreux secrets qu'ils auraient bien voulu oublier.

Reste, pour achever le compte, Chloé Camille, née en 1948 et de six ans ma cadette. Le bébé de la famille. Chloé à l'esprit mordant, à la langue acérée – mais quant à s'en servir, quelle fatigue!... Chloé, belle, bien en chair, avec sa chevelure brune, ses yeux bleus, la perfection de son teint et la seule paire de roberts vraiment fabuleux de toute la famille qui manque plutôt de relief à cet égard. Chloé qui, naturellement, a épousé un Juif. Et pas américain, non : d'importation. (Aucune d'entre nous ne s'abaisserait jusqu'à épouser tout bêtement le fils des voisins.) Abel, le mari de Chloé, donc, est un Israélien aux ancêtres juifs allemands. (Certains membres de sa famille avaient été propriétaires, autrefois, du casino de jeu de Baden-Baden.) Et Abel, cela va de soi, est entré dans le commerce de *tzatzka* de mon père. Dans une branche des affaires dominée par d'anciens comédiens des monts Catskill, il apportait le fruit de Hautes Etudes économiques et commerciales. Après avoir commencé par se révolter, mes parents l'adoptèrent virtuellement, en considération de l'enrichissement général. Abel et Chloé eurent un fils, Adam, unique, blond aux yeux bleus, favori incontestable des grands-parents. A Noël, quand toute la famille se regroupait dans l'appartement de mes parents, Adam tranchait sur la foule : il avait l'air du seul petit aryen perdu au milieu d'une marmaille du tiers monde s'ébattant sur un terrain de jeux.

J'étais donc l'unique sœur *ohne Kinder*, et pas une seconde on ne me permettait de l'oublier. Le dernier séjour de Pierre et de Randy à New York, en compagnie de leur progéniture, coïncida exactement avec la publication de mon premier livre. Au cours d'une de nos habituelles et bruyantes disputes (née d'un de ces motifs stupides qui vous sortent ensuite de la mémoire), Randy qualifia ma poésie de « masturbatoire » et d'« exhibitionniste » et me reprocha ma « stérilité » :

– Tu te conduis dans la vie comme si écrire était la chose la plus importante du monde! me lança-t-elle.

Je m'efforçai de rester calme et raisonnable et de me comporter en bonne psychanalysée vis-à-vis de ma famille, c'est-à-dire que je contenais péniblement l'explosion que je sentais venir.

— Randy, plaidai-je, je ne peux faire autrement que de croire que rien n'est plus important au monde en effet. Sinon, pourquoi *continuer?* Mais nul ne te forcera à partager mon idée fixe, pas plus que moi à partager la tienne, que je sache.

— En tout cas, je te défends de nous mettre dans tes saletés de bouquins, moi, mon mari et mes enfants, tu entends? Si j'y relevais la moindre allusion à moi, je te tuerais. Et si je ne m'en chargeais pas moi-même, ce serait Pierre. Tu as bien compris?

Suivit une longue discussion à tue-tête sur le thème du choix entre autobiographie et fiction au cours de laquelle je citai au passage les exemples de Hemingway, de Scott Fitzgerald, de Proust et de James Joyce — apparemment en vain.

— Tu n'as qu'à les publier à titre posthume tes saloperies de livres, s'ils contiennent ne serait-ce qu'un seul mot, prêtant même tant soit peu à confusion entre un personnage et moi! glapit Randy.

— Bien sûr! Pour que tu n'aies rien de plus pressé que de me tuer, afin de hâter la publication?

— C'est de notre mort à nous que je parle, pas de la tienne.

— Ah bon? Tu tiens à ce que je sois là, le jour où on te coupera le cou?

— Tu peux te garder tes allusions littéraires et te les mettre où je pense. Madame se croit maligne, hein? Tout ça parce que tu réussissais en classe, à force de bûcher et de gratter du papier. Et parce que tu es ambitieuse et que tu baises à droite et à gauche avec des fausses-couches d'intellectuels qui ont l'air d'épouvantails. Mon talent d'écrivain valait bien le tien, et tu le sais. Seulement, *moi,* jamais je ne me serais abaissée jusqu'à m'étaler en public comme toi. Pour rien au monde je ne voudrais que les gens soient au courant de mes fantasmes cachés, *moi.* Je ne suis ni une dégoûtante ni une exhibitionniste, *moi,* voilà tout... Et maintenant fous le camp d'ici! Fous le camp! Tu entends?

– Il se trouve que tu es ici chez Jude et chez Papa, et pas chez toi.

– Sors d'ici! Par ta faute, j'ai déjà une migraine à devenir folle!

Et, se tenant les tempes à deux mains, elle se précipita vers la salle de bains. L'inévitable feinte psychosomatique – la petite danse de l'esquive qu'exécute tout membre de la famille à la première occasion. Par ta faute j'ai une migraine à devenir folle! Ah, tu peux te vanter de m'avoir donné une belle indigestion! Ça y est, grâce à toi j'ai du prurigo à l'aine! Je pense que je dois te remercier d'avoir des hallucinations auditives! Si j'ai un infarctus ou un cancer, tu n'auras qu'à t'en prendre à toi!...

Randy sortit de la salle de bains, affichant un visage peiné. Elle s'était ressaisie; maintenant, elle s'essayait à la tolérance.

– Je n'ai pas envie de me disputer avec toi, me dit-elle.

– Ah! fis-je.

– Non, je t'assure. Mais que veux-tu... tu restes pour moi la petite sœur et je trouve que tu dérailles et que tu as pris la mauvaise voie. Enfin, quoi, sérieusement : tu devrais t'arrêter d'écrire pour avoir un enfant. Tu verrais, c'est *tellement* plus satisfaisant!

– C'est peut-être de ça que j'ai peur, justement.

– C'est-à-dire?

– Ecoute, Randy, cela peut paraître absurde à une mère de neuf enfants, mais je te jure que le fait de ne pas en avoir ne m'affecte nullement. Comprends-moi... *j'adore* les tiens, comme ceux de Chloé et de Lalah; seulement, mon travail me rend vraiment heureuse pour le moment, et je ne demande rien de plus, je ne veux pas d'autre satisfaction... pour l'instant, je dis bien. J'ai mis des années à apprendre à m'asseoir à ma table de travail sans me relever toutes les deux minutes, à supporter la solitude et la terreur de l'échec, l'épouvante du silence et de la feuille blanche. Et maintenant que je n'ai plus peur... maintenant que je peux enfin m'y coller... ça me démange, tu n'imagines pas! Je ne veux pas d'obstacle sur mon chemin. Plus tard, peut-être. Seigneur! Quand je pense au temps qu'il m'a fallu pour arriver jusque-là...

– Alors, vraiment, tu comptes passer ainsi le reste de ton existence? Assise dans une pièce? A écrire des poèmes?

– Et pourquoi pas? En quoi est-ce pire que d'avoir neuf marmots?

Elle me considéra avec mépris :

– Tu n'as pas la moindre idée de ce que c'est, que d'avoir des enfants, dit-elle.

– Ni toi, de ce que c'est que d'écrire.

De retomber à ce degré d'enfantillage m'écœurait. Avec Randy, je finissais toujours par avoir l'impression de raisonner comme une gamine de cinq ans.

– Tu adorerais ça, s'obstinait-elle. Je te jure.

– Je t'en prie! Sans doute as-tu raison; mais, bon, c'est toi la reine de la fécondité de la famille – une seule suffit; que diable veux-tu que nous fassions d'une autre? Et d'ailleurs pourquoi *moi,* qui suis dévorée de doute à cet égard? Pourquoi me *forcerais-je?* Pour le bien de qui? Le tien? Le mien? Celui de mes enfants en puissance? On croirait l'espèce humaine à la veille de s'éteindre parce que je n'ai pas d'enfant!

– Tu n'as même pas la curiosité de savoir ce que c'est?

– Si probablement... mais, à vrai dire, pas au point d'en crever d'impatience. Après tout, j'ai le temps.

– Tu approches de la trentaine. Cela passe plus vite que tu ne penses.

– Bon Dieu, dis-je, *vraiment* tu ne peux pas supporter que l'on n'agisse pas en tout comme toi? Pourquoi devrais-je copier ta vie et tes erreurs? Enfin, quoi, je suis bien libre de me tromper, non?

– *Mes* erreurs? Lesquelles?

– Eh bien, élever tes enfants en leur racontant qu'ils sont des catholiques, mentir au sujet de ta religion, te renier...

– Je te tuerai! hurla Randy en s'élançant vers moi, les bras levés.

Je plongeai dans la grande penderie de l'entrée – que de fois je m'y étais réfugiée dans mon enfance! (Il y avait des jours où Randy m'administrait régulièrement la raclée.) Une chose est sûre : s'il m'arrive d'être mère, jamais je ne commettrai l'erreur d'avoir plus d'un enfant. On a beau prétendre que, psychologiquement, un enfant unique souffre terriblement de n'avoir ni frère ni sœur, pour ma part je ne souhaitais rien d'autre quand j'étais petite...

– Pierre! Pierre! entendais-je Randy crier, de l'autre côté de la porte de la penderie.

Je mis le verrou et tirai sur le cordon de la lampe; puis, reculant jusqu'au manteau de zibeline de ma mère qui m'enveloppa de sa douceur et de ses relents surannés et croupis de *Joy* et de *Diorissimo*, je m'assis, jambes croisées sous moi, parmi les paires de chaussures. Au-dessus de ma tête, deux autres étages de portemanteaux surchargés escaladaient très haut le mur. Vieux manteaux de fourrure; manteaux d'enfants anglais accompagnés de guêtres de cuir; blousons fourrés pour le ski; capes imperméables; trench-coats; cirés couverts des signatures des camarades de camps de vacances; blazers d'écolière, avec la marque à notre nom cousue à l'intérieur du col et, oubliées dans une poche, des clefs à patins; manteaux du soir en velours; manteaux de brocart; cabans; visons... Trente-cinq années de mode changeant avec l'âge de quatre filles... trente-cinq années d'achats, de dépenses, d'enfants élevés à grands cris... Et qu'en restait-il à ma mère? Sa zibeline, son vison, et du ressentiment?...

– Isadora!

Cette fois, c'était Pierre qui frappait à la porte.

Assise par terre, je berçai mes genoux. Je n'avais nulle intention de me lever. Cela sentait trop bon le *Joy* et la naphtaline.

– Isadora!

Franchement, pensai-je, oui, il y avait des moments

où j'avais envie de faire un enfant. Une petite fille pleine d'esprit et d'astuce et qui, en grandissant, deviendrait la femme que je serais toujours incapable d'être. Une petite fille très indépendante, l'âme et le cerveau vierges de toute trace de blessure. Qui ne serait pas plus servile ni lèche-cul qu'enjôleuse. Une petite fille qui dirait ce qu'elle penserait et penserait ce qu'elle dirait. Qui ne serait ni garce ni trop chatte, parce qu'elle ne détesterait ni sa mère ni elle-même...

– Isadora!

Ce dont j'avais vraiment envie, c'était de me donner le jour à moi-même – à la petite fille que j'aurais peut-être été dans une famille et un monde différents. Je serrai plus fort mes genoux contre moi. J'éprouvais un étrange sentiment de sécurité dans cette penderie, la zibeline maternelle au-dessus de ma tête.

– Isadora!

Quel besoin perpétuel avaient-ils, tous, de me bousculer pour essayer de me faire entrer de force dans les mêmes moules qu'eux – alors qu'ils en étaient sortis malheureux? J'aurais un enfant, mais le jour où j'y serais prête. Et si ce jour ne devait jamais venir, eh bien! je n'en aurais pas. Un enfant, est-ce une assurance contre la solitude ou la souffrance? Qu'est-ce qui vous protège de cela? S'ils étaient si contents de l'existence, tous, qu'était-ce donc qui les poussait à faire constamment du prosélytisme? Pourquoi voulaient-ils à tout prix qu'on les imitât? D'où leur venait cette foutue démangeaison de jouer les missionnaires?...

– Isadora!

Pourquoi mes sœurs et ma mère semblaient-elles se liguer pour tourner en ridicule les fruits de mon travail et me donner l'impression qu'ils s'inscrivaient en fait à mon passif? Ce livre que j'avais publié, même moi je pouvais supporter de le relire. Six années durant, j'avais écrit, raturé, récrit, corrigé, en m'efforçant de creuser et de descendre toujours plus au fond de moi-même. Et des lecteurs, des lectrices m'avaient adressé des lettres et téléphoné au milieu de la nuit pour me dire que c'était un livre qui comptait, un livre courageux et honnête, et qui était aussi preuve de courage et d'honnêteté de ma part. Du courage, moi, toute recoquillée là, dans ce débarras? Moi qui n'étais qu'une ratée aux yeux de ma famille, parce que je n'avais pas d'enfants? C'était absurde. Absurde, oui, je le savais. Et pourtant, au fond de moi-même, une voix me ressassait le catéchisme et murmurait des excuses à tous ceux qui avaient loué mes poèmes – et cette voix disait : « *Ah, mais c'est que je n'ai pas d'enfant, ne l'oubliez pas!* »

– Isadora!

La trentaine ou presque. Quand on ne me connaît pas, il arrive que l'on me donne vingt-cinq ans. Mais je sais discerner la marque sans pitié de l'âge qui vient, du lent commencement de la mort, de la préparation progressive au néant. Déjà, mon front présente de légers sillons. Je peux les effacer en tirant sur la peau avec les doigts; mais, à peine lâchés, ils reprennent le pli. Sous les yeux, il y a le début d'un fin réseau de rides : de minuscules canaux, comme ceux d'une lune en miniature. Aux coins de ces mêmes yeux, une, deux, trois rides minces, comme faites au Rapidographe et à l'encre sympathique. Presque imperceptibles – sauf pour l'œil de l'artiste. Et la bouche – plus prise qu'autrefois à ses propres maniérismes. Le sourire met plus longtemps à s'effacer. Comme si l'âge était, avant tout, rigidité. La façon dont le visage s'organise selon des modèles préformés – présage discret et esquisse légère de la future rigidité cadavérique. Oh, le menton tient encore assez bon... mais que vient faire, au milieu et tout autour du cou, cette fine chaîne, presque invisible? Et si les seins sont encore hauts, combien de temps tiendront-ils? Et le con? S'il n'en reste qu'un, ce sera celui-là. Il sera encore en pleine forme quand plus personne ne voudra de mes autres restes.

Curieux, comme, en dépit de ma répugnance à m'imaginer enceinte, je semble vivre à l'intérieur de mon con. Comme si j'avais à voir avec toutes les saisons et modifications de mon corps. Jamais elles ne passent inaperçues de moi. A croire que je sais exactement quand se produit l'ovulation. Dans la seconde semaine du cycle, je sens un tout petit *ping!* suivi d'une sorte de fourmillement un peu douloureux dans le basventre. Quelques jours plus tard, souvent je découvre une tache de sang, minuscule, sur la *yarmulke* en caoutchouc du diaphragme. Une petite tache d'un rouge vif – seule trace visible de l'œuf qui aurait pu devenir un bébé. Alors, je suis envahie par une tristesse presque indéfinissable. Mélange de regret et de soulagement. Est-ce bien vrai que mieux vaut ne pas naître?

Le diaphragme est devenu pour moi une sorte de fétiche. Un objet sacré, qui fait barrière entre l'homme et ma matrice. L'homme! Je ne sais pourquoi l'idée de porter l'enfant de ce *genre* d'être m'indigne. Il n'a qu'à porter ses propres enfants! Si j'en ai un, je veux qu'il soit *tout à moi*. Que ce soit une petite fille comme moi – en mieux. Une fille capable d'avoir aussi ses enfants *à elle*. Ce n'est pas le fait même d'avoir des enfants qui ait l'air d'une injustice – c'est le fait de les avoir pour un homme. Pour que celui-ci leur donne un nom. Histoire de nous enchaîner, *sous* prétexte d'amour, à un homme que l'on doit contenter et servir, *sous* peine d'être abandonnée. Et l'amour, après tout, est la plus forte des chaînes. Celle qui use le plus et s'use le moins. Autrement dit, cela signifierait pour moi être piégiée pour de bon. Otage de mes propres sentiments et de mon propre enfant...

– Isadora!

Mais peut-être l'étais-je déjà, otage – de mes fantasmes, de mes peurs, de mes définitions erronées. Au fond, être une femme, cela voulait dire quoi? Ressembler en tout point à Randy et à ma mère? Alors, non, je n'en voulais pas. Déborder de rancœur et réciter des homélies sur les joies de l'enfantement? Zéro. Tout plutôt que *ça* – oui, tout, même si cela signifiait être une intellectuelle vivant comme une nonne.

Mais rester toute sa vie une intellectuelle vivant comme une nonne n'a rien de particulièrement drôle non plus. Cela manque de suc. S'il y avait d'autres choix possibles, pourquoi personne ne me les indiquait-il?

Je levai la tête et caressai du menton la zibeline de ma mère.

– Isadora!

– D'accord, je sors.

Ce que faisant, je me retrouvai nez à nez avec Pierre.

– Fais des excuses à Randy, me dit-il sévèrement.

– Pour quelle raison?

– Pour toutes les vacheries et les obscénités que tu m'as dites! glapit Randy. Je veux des excuses!

– J'ai dit que tu te reniais et que je n'avais pas envie de te ressembler – et après? En quoi cela appelle-t-il des excuses?

– Je *veux* des excuses! (Un ton au-dessus.)

– Pourquoi, je te le demande?

– Et moi je te demande depuis quand tu tiens tellement à être juive? Depuis quand es-tu si confite en piété? Oui ou merde, vas-tu me le dire?

– Je ne suis pas confite en piété, répondis-je.

– Alors pourquoi faire tant d'histoires? dit Pierre, prenant maintenant son accent câlin de Libanais francophone.

– Tout de même, dis-je, qui est parti en croisade pour convertir l'infidèle à la vraie foi? Ce n'est pas moi, c'est toi. Je n'essaie pas de te convertir à quoi que ce soit. J'essaie de mener comme je peux ma chienne de vie, dans la mesure où j'arrive à m'y retrouver dans tout ce bordel.

– Mais, ma chère Isadora, susurra Pierre, que faisons-nous, si ce n'est d'essayer de vous y *aider?*

4

DANS LES PARAGES DE LA FORET-NOIRE

Les enfants d'âge encore tendre étaient invariablement exterminés, puisqu'ils étaient incapables de travailler en raison de leur jeunesse... Très souvent, les femmes dissimulaient leurs enfants sous leurs vêtements, et il va de soi que, si nous découvrions la supercherie, les enfants étaient bons pour l'extermination. Nous devions procéder à celle-ci dans le plus grand secret, à cela près que, naturellement, la puanteur atroce et écœurante que dégageait l'incinération continuelle de tant de corps, imprégnait l'air, loin alentour, et que tous les habitants des collectivités voisines savaient que l'on exterminait les gens à Auschwitz.

Déposition sous serment du
S.S. Obersturmführer Rudolf Hess,
le 5 avril 1946, à Nuremberg.

(Dans le train de 8 h 29 pour Francfort)

Velours poilu tout poussiéreux c'est ça l'Europe,
première classe dans les trains
avec poussière à l'avenant.
Et rose et rond comme un cochon
en massepain le contrôleur
défile au pas de l'oie dans le couloir.

FRAULEIN!
dit-il en y mettant quatre trémas
tandis que sur son torse épais
le rouge baudrier de cuir verni
gifle l'air et l'étoffe
comme un élastiquë hargneux.
Et sa casquette par-devant monte
telle une tiare et paraît s'élancer
pour invoquer devant le Ciel
quelque absolue délégation
de droit divin dévolue de là-haut
aux contrôleurs du *Bundesbahn.*
FRAULEIN!
E pericoloso sporgersi,
Nicht hinauslehnen,
Il est dangereux,
répètent les roues.
Me prend-il donc pour une idiote?
Je sais le point où s'arrêtent les voies,
où le convoi devient fantôme
pour s'enfoncer dans le silence.
Aucun nom je le sais aussi
ne marquera la gare.
Mes cheveux sont aryens
autant que beaucoup d'autres.
Mon nom descend de la païenne Isis.
Et j'ai pour passeport mes yeux
plus bleus que le ciel de Bavière.
Mais il peut voir
dans mon nombril
l'Etoile de David.
Cahin. Grrr. Caha.
Je l'ai gardée en prévision
de l'ultime strip-tease.
FRAULEIN!
Une main sur mon bras me tire de mon rêve,
et ma main en retour
par pleutrerie manque de saluer
ce petit uniforme important

qui se prend pour un homme.
Schönes Wetter heute,
dit-il en me montrant
d'un mouvement de crête
la campagne qui court
fuyant notre illusion de l'immobilité.
D'un geste sec et méthodique
il perce mon billet et puis il penche
un sourire qui fend son visage de pâte
et que maintenant baigne une lumière
d'une bénignité soudaine
pareille au velouté d'un bouillon de poulet.

Avant de vivre à Heidelberg, je n'avais pas particulièrement la conscience aiguë d'être juive. Oui, je garde encore certains souvenirs. Ma grand-mère me savonnant abondamment les mains et les frottant entre les siennes, puis m'expliquant que c'était pour tuer les « germes de la peste brune » (qu'elle appelait aussi « bacilles de Boche » quand elle était d'humeur badine). Ma sœur Randy disant : « On va jouer à *Echapper aux Allemands* » – jeu de son invention où nous revêtions nos habits les plus chauds, empaquetions la petite Chloé dans le landau à poupée, préparions des sandwiches à la compote de pomme, que nous mangions ensuite, assises dans les profondeurs parfumées de la petite lingerie, avec l'espoir que nos réserves tiendraient jusqu'à la fin de la guerre et l'arrivée des Alliés. J'ai aussi un souvenir isolé de ma meilleure amie, Gillian Battcock (cinq ans et de religion épiscopalienne), me déclarant qu'elle ne pourrait pas prendre de bain avec moi, parce que j'étais juive et que les Juifs « font toujours pipi dans l'eau du bain ». Mais, en général, j'ai eu une enfance plutôt œcuménique. Les amis de la famille étaient un bariolage de couleurs, de religions et de races; les miens aussi. Je devais pisser encore dans ma culotte, que déjà la phrase « l'Humanité est une Grande Famille » m'était sûrement familière. On avait beau parler chez nous le yiddish, à l'occasion, on eût dit que c'était seulement comme une sorte de langage secret entre grandes personnes, pour que la bonne ne comprenne pas. Parfois, c'était aussi pour tromper les enfants; mais, grâce à cet excellent radar qui n'appartient qu'à l'enfance, justement, même si les mots nous échappaient, nous devinions le sens – avec le résultat que nous n'avons guère appris le yiddish. J'avais quatorze ans, quand j'assistai pour la première fois à une *bar mitzvah* (celle d'un cousin germain, à Spring Valley, dans l'Etat de New York), en l'absence de ma mère retenue à la maison par une migraine. Mon grand-père était un ex-marxiste, persuadé que la religion est l'opium du peuple. Après avoir interdit à ma grand-mère toute « fumisterie religieuse », il m'accusa ensuite (dans l'ardeur d'un sionisme découvert à quatre-vingts ans) de n'être qu'une « foutue antisémite ». Ce que je n'étais nullement. Simplement, je n'avais pas le sentiment d'être plus juive qu'une autre et n'arrivais pas à comprendre pourquoi mon grand-père – et surtout lui – s'était mis soudain à parler comme Chaïm Weizmann. Mon adolescence avait connu les temps heureux où un Noir était immanquablement élu président de classe, en dernière année, et où le mélange des races dans les amitiés et les flirts était signe éclatant de haut standing social. Non que je n'eusse conscience de l'hypocrisie de cette discrimination raciale à rebours, même à l'époque – n'importe, je faisais ma part d'honnête intégration. Je me tenais pour une internationaliste, pour une socialiste fabienne, pour une amie de l'Homme (l'Homme, c'était toute l'humanité en ce temps-là, où l'on ne parlait pas encore de la femme) – bref, pour une humaniste. Je me hérissais quand j'entendais des Juifs ignares et chauvins se vanter de la juiverie de Marx, de Freud et d'Einstein, et raconter que les Juifs étaient des êtres supérieurs par les gènes et le cerveau. Il me semblait évident que de se croire supérieur était un signe certain d'*infériorité*, comme de se croire extraordinaire, un signe sûr de banalité.

Depuis l'âge de deux ans, j'ai toujours vu chez nous

un sapin pour Noël. Seulement, au lieu de célébrer la naissance de Jésus, nous fêtions (disait ma mère) « le Solstice d'Hiver ». Gillian l'épiscopalienne, qui avait une crèche au pied de son sapin et une étoile des bergers au-dessus, contestait furieusement cette vision des choses. Je tenais bon, répétant selon ma mère : « Le Solstice d'Hiver, c'était déjà là bien avant Jésus-Christ. » Quant à la mère de Gillian, pauvre femme, elle ne démordait pas de son petit Jésus et de son immaculée conception.

A Pâques, c'était la chasse aux œufs peints. Nous ne célébrions pas la résurrection du Christ; nous fêtions « l'Equinoxe de Printemps », la vie qui renaît, les rites du renouveau. A écouter ma mère, on aurait pu nous prendre pour des druides. Je lui demandais :

– Que se passe-t-il quand on est mort?

– On ne meurt pas vraiment, répondait-elle. On retourne à la terre et, au bout de quelque temps, on renaît, sous forme d'herbe, ou même de tomate.

Je trouvais cela étrangement inquiétant. Va pour « on ne meurt pas vraiment » – ça, bon, c'était plutôt réconfortant. Mais se changer en *tomate*, qui en avait envie? C'était ça, le sort qui m'attendait? Renaître tomate, avec plein de jus qui gicle et de pépins?

Toujours est-il que personne ne me demanda mon avis et que telle fut ma seule éducation religieuse. Juifs, nous ne l'étions pas réellement. Païens et panthéistes, oui. Nous croyions à la réincarnation, à l'âme des tomates et même (depuis longtemps, depuis les années 40) à l'écologie. Et pourtant, en dépit de tout, dans l'instant où je foulai pour la première fois le sol allemand, j'eus le sentiment, qui ne cessa de croître, d'être furieusement juive et furieusement paranoïaque.

Soudain, mes compagnons d'autobus me semblaient regagner des foyers où l'on gardait avec amour d'astucieuses petites collections de dents en or et d'alliances... Les abat-jour, dans les salons de l'hôtel Europa, avaient un grain d'une finesse suspecte... La savonnette des toilettes du Silbener Hirsch avait une drôle d'odeur... Même les wagons de chemin de fer les plus propres devenaient des wagons à bétail humain, suffocants et puants... Le contrôleur de train, avec son visage rond de cochon rose en massepain, allait sûrement m'interdire de descendre... Le chef de gare, avec sa haute casquette nazie à visière, allait inventer un prétexte à fourrer le nez dans mes papiers, pour mieux me remettre ensuite entre les mains d'un de ces agents de police en capote verte, bottes noires et matraque assortie... Quant à ce douanier, il allait certainement m'arrêter au passage de la frontière, découvrir la cache où je serrais ma petite provision d'élixir parégorique, de comprimés de ceci et de cela, de stimulants et de tranquillisants (provenant du dispensaire de l'armée et représentant la ration habituelle de gâteries pour qui se rend en Italie) – puis me conduire de force dans une caverne secrète s'enfonçant sous les Alpes, où l'on me torturerait de mille manières ingénieuses et cruelles, jusqu'à ce que j'avoue que, sous mon paganisme, mon panthéisme et ma connaissance pédantesque de la poésie anglaise, je dissimulais une Juive aussi cent pour cent juive qu'Anne Franck.

Avec le recul de l'histoire, il devient évident que, Bennett et moi, nous avons dû notre présence à Heidelberg (comme, en fait, notre mariage) aux mensonges avec lesquels le gouvernement américain endormait le bon peuple, ainsi que l'ont révélé plus tard les fameux Papiers du Pentagone. En d'autres termes, notre mariage a été la conséquence directe de l'appel de Bennett sous les drapeaux – lequel résulta directement de l'effort militaire de 1965-1966 au Vietnam, qui lui-même découla directement de la façon dont le gouvernement endormait le bon peuple. Seulement, qui s'en fût douté à l'époque? On le soupçonnait; mais, sans preuves?... Certains grands titres nous assuraient ironiquement que cet effort avait pour but de « terminer la guerre pour bâtir une paix durable ». Et il y avait aussi des trouvailles comme celle-ci : « Pour sauver ce village, il n'y a eu d'autre solution que de le détruire. » Et puis, nous avons eu nos activistes, qui ont dit ce qu'ils avaient à dire aussi bien que d'autres par la suite. Mais encore une fois il manquait les preuves, noir sur blanc, à la « une » du *New York Times*.

Donc, Bennett, spécialisé dans la psychiatrie infantile et parvenu à mi-chemin de sa formation psychanalytique, se trouva sous les drapeaux à l'âge de trente et un ans. Il y avait trois mois que nous nous connaissions. Outre le désastre de mon premier mariage, je sortais comme lui d'aventures malheureuses, et nos échecs nous avaient rapprochés. Nous en avions soupé de la solitude du célibat; elle nous terrifiait. Et nous étions heureux ensemble au lit. Mais l'avenir nous faisait peur. Nous nous sommes mariés la veille du départ de Bennett pour Fort Sam Houston.

Dès le début, ce fut un étrange mariage. Chacun de nous attendait le salut de l'autre. Et nous étions là, moi cramponnée à lui, et lui à moi, et nous noyant de conserve. En quelques jours, les rapports avaient tourné à l'hostilité. Très vite, nous étions passés des duels de mots au silence total, entrecoupé de séances de lit qui, assez étonnamment, ne souffraient absolument pas du reste. Ni l'un ni l'autre, nous ne savions ce qui nous avait pris de nous mettre dans cette situation – mais laquelle exactement? Nous l'ignorions aussi.

Avant notre arrivée à Heidelberg, le décor de nos deux premiers mois de vie conjugale fut aussi étrange que les raisons de notre mariage. Purs produits de Manhattan tous les deux, nous nous retrouvions soudain déversés, transplantés, à notre erreur, dans le Texas, à San Antonio. Le crâne tondu, empaqueté dans des treillis de l'armée, Bennett était contraint de passer des heures et des heures, le cul sur une chaise, à ingurgiter des discours enflammés sur l'art de devenir médecin militaire – autant de choses qu'il détestait de tout cœur.

Pour ma part, je restais « à la maison », dans un motel aseptisé de la banlieue de San Antonio, à regarder la télévision, bricoler mes poèmes, bouillir de rage et d'impuissance. Comme la plupart des filles nées à New York, je n'avais pas appris à conduire. A vingt-quatre ans, j'étais perdue dans mon motel du Texas sur un segment d'autoroute, cuit et recuit par le soleil, entre San Antonio et Austin. Je dormais jusqu'à 10 heures et demie du matin; réveillée, je regardais la télévision, tout en me maquillant soigneusement (en l'honneur de qui?), puis descendais de ma chambre pour me repaître d'un petit déjeuner de midi à la texane (crêpes, saucisses, gruau d'avoine), enfilais mon maillot de bain (qui rétrécissait de jour en jour) et me rôtissais au soleil pendant deux ou trois heures. Ensuite, cinq minutes de piscine, et retour à ma chambre pour affronter mon « travail ». Mais travailler m'était presque impossible. La solitude de l'écrivain me paralysait de peur. N'importe quel prétexte m'était bon pour y échapper. Il me manquait le sentiment d'être un écrivain et la confiance dans mon talent. A l'époque, je ne me rendais pas compte que j'avais passé toute ma vie à écrire. J'avais commencé à huit ans, en composant et illustrant de petites histoires. Depuis ma dixième année, je tenais mon journal. A treize ans, j'étais devenue (pour le rester) une épistolière insatiable, maniant l'ironie et imitant sciemment ensuite, durant l'adolescence, les lettres de Keats et de Bernard Shaw. A dix-sept ans, accompagnant mes parents et mes sœurs au Japon, j'avais traîné avec moi mon Olivetti portative et passé les soirées à récapituler mes impressions du jour dans un cahier à feuilles mobiles. J'avais commencé à publier des poèmes dans de petites revues littéraires au cours de ma dernière année à l'université (où j'avais raflé presque tous les prix de poésie, et dont j'avais dirigé la revue littéraire). Et cependant, écrire avait beau être pour moi, manifestement, une idée fixe, et j'avais beau publier des textes, recevoir des lettres d'agents littéraires me demandant si je ne « travaillais pas à un roman », au fond je ne croyais pas du tout au sérieux de mon engagement.

Au lieu de cela, je m'étais laissé égarer vers la préparation de diplômes. C'était censé représenter la sécurité. Censé être la chose qu'on devait « se caler sous la ceinture » (comme un enfant?), avant de se mettre à écrire pour de bon. Quelle escroquerie, quand j'y pense aujourd'hui – cela crève les yeux! Mais, alors, cela semblait être la prudence, la sagesse, la raison mêmes. J'étais une fille « si bien », si pleine du sens du devoir, que mes professeurs me faisaient toujours miroiter une bourse de recherche ou une autre. Je mourais d'envie de refuser, sans en avoir le cran. Tant et si bien que j'ai gâché deux années et demie à passer un diplôme de lettres et la moitié d'un doctorat de philosophie, avant que l'idée m'effleure que toutes ces études supérieures constituaient une sérieuse entrave à mon éducation.

Mon mariage avec Bennett fit sauter l'entrave. Je pris un congé pour le suivre à l'armée. Que faire d'autre? Mais ce fut l'Histoire qui me donna le coup de pied au cul nécessaire – nullement l'envie de renoncer à ma bourse d'études. Le mariage m'éloigna tout à la fois de ma mère, de New York, de la faculté des lettres de l'université Columbia, de mon ex-mari, de mes anciens béguins – comme si ces éléments de ma vie n'avaient plus fait qu'un, au bout du compte, dans mon esprit. J'avais besoin d'air. D'évasion. Et Bennett me servit de véhicule. C'est dire combien notre mariage était grevé au départ. Qu'il tînt le coup était assez miraculeux; d'autres ont capoté à moins.

A Heidelberg, nous nous installâmes dans un vaste camp de concentration américain, dans les quartiers neufs construits après la guerre – rien de commun, tant s'en faut! avec la vieille ville, si belle autour de son *Schloss*, que voient les touristes. Pour voisins, nous avions surtout des capitaines « et Madame » et tutti quanti. A quelques rares exceptions près, c'étaient les gens les plus aimables parmi lesquels j'aie jamais vécu. A peine entriez-vous, que les épouses vous offraient une tasse de café. Les enfants étaient d'une gentillesse et d'une politesse folles. Les époux ne faisaient qu'un bond pour vous aider galamment à extraire votre voiture d'une congère ou à monter chez vous de lourds paquets. Si bien que l'on n'en revenait pas d'entendre ensuite ces gens proclamer que l'on vivait pour rien en Extrême-Orient, protester que l'on se demandait ce qu'attendait l'Amérique pour bombarder le Nord-Vietnam, et expliquer, pour finir, que le rôle d'un soldat est de faire son boulot et de ne pas avoir d'opinions politiques. On nous regardait, Bennett et moi, comme deux extraterrestres – sentiment que nous n'étions pas loin de partager.

En face, il y avait nos autres voisins : les Allemands. En 1945 – époque où ils étaient encore militaristes – ils avaient d'abord eu de la haine pour le vainqueur américain. En 1966, ils étaient pacifistes (pour les autres, du moins) et ne pardonnaient pas aux Etats-Unis leur présence au Vietnam. C'était d'une ironie si diverse et constante à la fois que l'on n'avait pas le temps de s'y faire. Le Texas et San Antonio avaient été déjà étranges; Heidelberg l'était mille fois plus. Pris entre l'arbre et l'écorce, nous étions si malheureux tous les deux que la double hostilité du monde extérieur déteignait sur nous.

Je n'ai qu'à fermer les yeux pour me rappeler l'heure du dîner à notre Village Mark Twain, au camp. L'odeur des repas-télé dans les allées et les couloirs. La Radio des Forces Armées braillant les scores des matches de rugby et le bilan (gonflé) des pertes Viet-Cong, de l'autre côté du globe. Cris aigus d'enfants. Mères de famille du Kansas baladant leurs vingt-cinq ans, leurs taches de rousseur, leur robe d'intérieur et leurs bigoudis, dans l'attente éternelle de la fabuleuse nuit qui méritera de les voir, nouvelles Cendrillon, déployer leurs boucles et leurs ondulations. Vaine attente, bien sûr. En guise de Prince Charmant, défilent les vendeurs, qui traquent le client, sonnent aux portes, vendent n'importe quoi, des assurances mutuelles aux encyclopédies en images (et en langage simplifié) et aux tapis d'Orient. Outre les épaves d'Américains, les résidus d'Anglais et les étudiants pakistanais, qui « font de la gratte à la sauvette », il faut compter avec une véritable *Bundeswehr* de gnomes allemands colportant un monde de produits : aussi bien tableaux « à l'huile et à la main », avec paysage alpestre rose bonbon et coucher de soleil pur miel, que chopes à bière musicales, jouant « Dieu bénisse l'Amérique », ou que pendules à coucou de la Forêt-Noire carillonnant sans relâche. Et c'est fabuleux, les monceaux de trucs que peuvent acheter les gens, dans l'armée! Les femmes achètent pour combler le vide de leur existence, se créer une illusion de foyer au sein de la laideur qu'elles habitent, et lubrifier un peu plus le monde à l'huile de dollar. Les gosses achètent des casques, des jouets belliqueux et des treillis taille junior, afin de pouvoir s'adonner à leur jeu favori – Viets contre bérets verts – et se préparer à l'avenir. Quant aux maris, ils achètent de grosses perceuses électriques pour comprendre leur sentiment d'impuissance. Et tous achètent des coucous, comme pour se confirmer dans la pensée du gâchis de temps et de vie que représente l'armée.

Je ne sais qui lança un jour le bruit, au Village Mark Twain, que ces pendules allemandes valaient une fortune « au pays du grand PX »; mais le fait est que, du capitaine au sergent en passant par le lieutenant, tous, ils se mirent en devoir d'en ramener au moins une trentaine là-bas. Deux années durant, les coucous s'ajoutèrent aux coucous sur les murs, concoutant et carillonnant à intervalles différents, et rendant femmes et enfants aussi dingues que l'armée le faisait pour les maris et les pères. Et comme les murs des bâtiments étaient minces comme du papier, même les « non-concouteurs » comme nous étaient soumis vingt-quatre heures sur vingt-quatre à un feu roulant de coucouteries et de carillonnades. Et dans les interstices des rafales, se glissait toujours autre chose : les fausses notes d'un enfant s'acharnant à jouer l'injouable « Star Spangled Banner » sur un orgue électrique acheté sans douleur à tempérament (ce qui faisait mal, c'était d'être forcé de l'entendre), ou les vociférations d'un sous-off breveté appelant au rapport, d'un bout à l'autre de la grande cour carrée, ses gosses (deux jumeaux baptisés Wayne et Dwayne, quand ils n'étaient pas, collectivement et plaisamment, qualifiés de « vermines » par leur père). Cela dit, lorsque le coucou ne me mettait pas hors de moi, le symbolisme de toutes ces pendules m'amusait. Car ces gens passaient leur temps à compter les jours et les minutes : encore huit mois à tirer avant de permuter, encore trois mois avant que le mari parte pour le Vietnam, encore deux années avant d'être porté sur les listes d'avancement, encore trois mois avant que la femme et les enfants puissent rejoindre le mari... Pas une minute, pas une heure de cette longue marche vers l'oubli et le néant qui échappassent aux coucous.

Hormis le fait que nous n'avions pas de pendules, notre appartement ne différait guère du logement type de n'importe quel jeune officier de ce camp. Le mobilier était de ce style hideux, lourd, accablant, affectionné par les Allemands après la guerre, et dont ils faisaient bénéficier les Américains au titre des réparations. Sans doute était-il encore plus laid que d'habitude, exprès, par vengeance. D'un beige pâle et malsain à l'origine, il avait fini, après vingt ans de travaux forcés, par se culotter et unifier sa crasse et ses taches en les fondant tant bien que mal dans un jaune couleur d'urine, dont les marbrures avouaient les traces de nombreux animaux domestiques et humains de tous âges et de toutes tailles, ainsi que de multiples bières gerbées aux petites heures du matin. Nous avions fait de notre mieux pour recouvrir ces canapés hippopotamesques et ces fauteuils éléphantesques de châles, de coussins et de tapisseries colorés et gais. Aux murs, nous avions mis des affiches; aux fenêtres, des bacs de fleurs. Sur les étagères, se pressait la majeure partie de notre bibliothèque (expédiée de New York à grands frais par les soins du gouvernement). Mais rien n'y faisait : l'ensemble restait déprimant. Heidelberg est lugubre, comme peut l'être la plus belle des villes s'il y pleut dix mois par an. Pendant des jours, le soleil lutte pour se montrer, y parvient péniblement pour une ou deux heures, puis se replie en désordre. En outre, nous avions l'impression de vivre en prison. Enfermés dans un ghetto de l'âme et de l'esprit d'où nous ne pouvions sortir sous peine d'être, littéralement, jetés en taule.

Bennett ne savait plus où il en était, pas plus de l'armée que de sa propre dépression. Il ne pouvait rien pour moi – et je le lui rendais bien. Je me promenais, seule sous la pluie, dans les rues de la vieille ville. Je passais des heures à errer dans les magasins, à tripoter des choses que j'étais sûre de ne pas acheter, à rêver parmi la foule, à surprendre de longues conversations dont je ne comprenais d'abord que des bouts, à écouter le baratin des démonstrateurs vantant les vertus de telle ou telle marque de perruques, d'ongles postiches, de couteau à découper, de hachoir à viande, de billot... « *Meine Damen und Herren...* » aboyaient-ils pour commencer, et ensuite chaque phrase un peu longue était entrelacée de cette formule. Au bout d'un certain temps, elle vous hante l'oreille.

Autour de moi, se pressaient des dames en forme de pomme de terre, qui m'entouraient d'une solide muraille de loden gris. L'Allemagne est parcourue par d'innombrables patrouilles de dames en manteau gris, coiffées de chapeaux tyroliens, « chaussées sport », et dont les bajoues sont cramoisies de couperose. Vue de près, la peau des pommettes semble tissée d'un minuscule feu d'artifice dont le bouquet final aurait été fixé, juste à la seconde où il s'épanouissait, sur la pellicule photographique. Elles sont partout, ces veuves vigoureuses, tantôt portant des filets à provisions hérissés de bananes, tantôt étalant leurs énormes fesses sur d'étroites selles de bicyclette, ou prenant le train rayé de pluie, de Munich à Hambourg, de Nuremberg à Fribourg. Tout un monde de veuves. La solution finale que promettait le rêve nazi : un monde déjuivé, sans un mâle.

Parfois, rôdant sans but, me laissant porter par le *Strassenbahn,* m'arrêtant pour boire une bière et manger des bretzels dans un café, ou m'attabler dans un *Konditorei* et commander : « *Kaffee und Kuchen* », j'imaginais que j'étais le fantôme d'une juive assassinée dans un camp de concentration le jour même de ma naissance. Qui m'eût contredit? J'inventais des histoires compliquées, en feignant pour moi-même de remuer des idées pour une série de contes surréalistes que j'allais écrire. Mais c'était plus que de simples fables, et je n'écrivais rien du tout. Il y avait des moments où je me croyais au bord de la folie.

Pour la première fois de ma vie, je me pris de passion pour l'histoire des Juifs et pour celle du IIIe Reich. Je devins une habituée du Centre d'information américain et de la bibliothèque des services spéciaux; je me plongeai dans toute sorte de livres qui décrivent en détail l'horreur des déportations et des camps de la mort. J'en appris long sur les *Einsatzgruppen.* Je me voyais creusant ma propre tombe, debout devant la fosse béante et géante, et serrant contre moi mon enfant, pendant que les officiers nazis braquaient leurs mitrailleuses. J'entendais les cris d'effroi, le bruit sourd des corps qui s'affalaient. Je m'imaginais blessée, roulant dans la fosse parmi les corps qui tressaillaient encore, puis sentant les pelletées de terre tomber sur moi. Comment eussé-je pu protester que j'étais panthéiste et non pas juive? Et plaider que ma religion célébrait le Solstice d'Hiver et les rites du Renouveau? Par rapport aux fins du nazisme, j'étais aussi juive que des millions d'autres. Allais-je retourner à la terre pour renaître fleur ou fruit? Qu'était-il advenu des âmes des milliers de Juifs assassinés le jour de ma naissance?

Par les rares journées ensoleillées, je hantais les marchés. L'Allemagne est un pays dont les marchés aux fruits me fascinent par leur diabolique beauté. Il s'en tenait un, le samedi, sur la petite place du XVIIIe siècle derrière l'antique église du Saint-Esprit. Il y avait là des auvents à raies rouges et blanches et des monceaux de fruits que l'on eût dits tout saignants de sang humain. Framboises, fraises, prunes violettes, myrtilles. Masses de roses et de pivoines. Couleur de sang partout. Rien que des choses saignantes dans leurs cageots de bois ou jusqu'en haut des étagères des étals. Etait-ce là-dedans qu'étaient passées les âmes des enfants juifs massacrés? Etait-ce à cause de cela que la passion des Allemands pour le jardinage me troublait tant? A cause de ce respect mal placé du caractère sacré de la vie? A cause de ce débordement d'amour canalisé dans les trésors de sollicitude pour les fleurs, les fruits, les animaux? « *Mais nous ignorions tout de ce qu'on faisait aux Juifs,* me répétait-on sans cesse. *Ce n'était pas écrit dans les journaux. Et puis ça n'a jamais duré que douze ans.* » Et je les comprenais, en un sens. Mais j'aurais voulu pouvoir les regarder mourir lentement, d'une mort atroce. Oui, c'était la sanglante beauté des marchés – avec leurs vieilles taupes qui vous pèsent leurs fruits sanguinolents, et leurs *Fraülein* blondes (des dures!) qui vous débitent des roses – c'était cela qui ne manquait jamais de remuer toutes mes violences de sentiment devant l'Allemagne.

Par la suite, j'ai pu dire sur le papier ce que j'en pensais et exorciser en partie les démons, j'ai pu me faire des amis allemands, et même trouver des choses aimables dans la langue et la poésie de ce peuple. Mais, toute cette première année de solitude, il me fut impossible d'écrire une ligne et je n'eus que peu d'amis. Je vivais en solitaire, lisant, déambulant, me figurant que mon âme s'évadait sournoisement de mon corps et que j'étais en proie à celle d'un être humain mort à ma place.

J'explorais Heidelberg à la manière d'une espionne, repérant toutes les traces du IIIe Reich volontairement omises dans les guides touristiques. Je retrouvai l'endroit où s'était élevée la synagogue, avant qu'on l'incendiât. J'appris à conduire et je pus étendre mes explorations à la campagne. Je découvris une voie de garage abandonnée, avec un vieux wagon de marchandises marqué « REICHSBAHN » sur le côté (tous les beaux wagons neufs portaient l'inscription « BUNDESBAHN »). Pour un peu, je me serais prise pour un de ces Israéliens fanatiques qui traquent les nazis jusqu'en Argentine. Seulement, c'était mon propre passé que je traquais, ma propre juiverie, à laquelle je n'avais jamais pu croire jusqu'alors.

Ce qui provoquait le plus ma fureur, c'était probablement la façon dont les Allemands avaient changé de masque – la façon dont ils parlaient de paix et d'humanitarisme, dont ils prétendaient tous s'être battus sur le front russe. C'était leur hypocrisie que j'abhorrais. Au moins, s'ils avaient eu la franchise de dire : « *Oui, nous l'aimions, Hitler* », on eût pu supputer en eux la part de l'humain-trop-humain et celle de l'honnêteté, et peut-être pardonner. J'ai vécu trois années en Allemagne et n'y ai rencontré alors qu'un seul homme qui m'ait fait cet aveu. C'était un ancien nazi. Il est devenu mon ami.

D'un petit bureau situé dans la vieille ville, Horst Hummel dirigeait une imprimerie. Son bureau disparaissait sous les piles de livres, de papiers, d'objets hétéroclites, et il était toujours pendu au téléphone ou en train de hurler des ordres à ses trois *Assistenten* courbés en deux de peur. Il devait mesurer un mètre cinquante-deux ou trois, avait une grosse bedaine et portait des lunettes aux verres très épais et ambrés, qui accentuaient encore les cernes sous ses yeux. Après notre première rencontre, Bennett ne l'appela plus entre nous que « le Gnome ». *Herr* Hummel (comme, de mon côté, je l'appelai d'abord) s'exprimait surtout en anglais, et bien; mais il lui arrivait de faire des bourdes qui démolissaient le bel effet de son aisance habituelle. Un jour où je lui disais que je devais rentrer pour préparer le dîner de Bennett, il rétorqua : « Si votre *Mann* a faim, alors c'est votre devoir de regagner le foyer pour cuisiner mari. »

Hummel imprimait tout, menus de restaurant, prospectus publicitaires, et jusqu'à la *Lettre d'Information du Club des Femmes d'Officiers de Heidelberg – un bulletin de quatre pages, sur papier glacé, bourré de coquilles typographiques, de vers de mirliton sur le triste sort de la femme de soldat, et de photographies d'épouses d'officiers imposantes : chapeau à fleurs, orchidée agrafée au chemisier et lunettes-papillon étincelantes de strass. Elles s'entredistribuaient constamment récompenses et médailles pour services divers rendus à la collectivité.*

Pour son amusement personnel, Hummel imprimait une petite revue hebdomadaire, sous le titre de *Heidelberg Alt und Neu* – Heidelberg hier et aujourd'hui – qui consistait essentiellement en placards publicitaires pour des restaurants et des hôtels, en horaires de trains, en programmes de cinémas, etc. Mais, à l'occasion, Hummel (qui avait participé à la bataille d'Anzio comme correspondant de guerre) écrivait un éditorial sur un problème municipal, ou interviewait, pour la drôlerie, une personnalité de la ville ou un visiteur.

Après une année de chasse au nazisme et d'occupations décousues (toute une série d'emplois étranges qui ne firent qu'accroître ma dépression), je tombai sur Hummel qui m'invita à lui servir de « rédactrice américaine » et à l'aider à élargir la vente de *Heidelberg Alt und Neu* parmi le public anglophone. L'idée était de leurrer le lecteur avec une chronique sur un sujet d'attrait touristique, pour lui « vendre » ensuite les produits des annonceurs : porcelaines Rosenthal, statuettes Hummel (sans lien de parenté), gadgets domestiques, vins et bières du cru. Je devais rédiger cette chronique moyennant 25 DM (soit 7 dollars ou 35 NF d'alors); Hummel fournirait les illustrations et la traduction allemande sur la page d'en face. J'étais libre d'écrire ce qui me passerait par la tête. N'importe quoi. Naturellement, je sautai sur l'emploi.

Je commençai par traiter des sujets anodins – châteaux en ruine, fêtes du vin, vieux restaurants célèbres, petites curiosités des annales (vraies ou fausses) de Heidelberg. La chronique servait à ma propre instruction. Elle me poussait à fourrager en des lieux où je n'aurais jamais mis le nez, autrement. Parfois je prenais ma plume satirique pour tourner en ridicule des événements comme la Semaine d'Amitié germano-américaine ou le Bal du Mardi-Gras à l'hôtel de ville. D'autres fois, je critiquais telle exposition de peinture ou tel opéra, je discutais d'architecture et de musique, j'évoquais certains visiteurs historiques, comme Goethe et Mark Twain. J'apprenais toute sorte de choses intéressantes sur la ville, j'enrichissais mon vocabulaire d'allemand courant, je devenais moi-même une petite célébrité en ville et au sein de notre garnison. Les restaurants, friands d'une citation dans ma chronique, me gavaient de spécialités et de bons vins. La disparité entre mon sentiment profond sur l'Allemagne et mes chroniques brillantes et drôles sur les plaisirs de Heidelberg n'en était pas moins criante. Peu à peu, je m'enhardis et je parvins, tant bien que mal, à aligner plus ou moins mes textes sur mes sentiments. L'enseignement que je tirais de ces chroniques présageait ce que j'apprendrais plus tard, en écrivant « pour de bon ». J'avais commencé par cultiver l'astuce, le clinquant, la malhonnêteté. A mesure que venait la hardiesse, j'ôtais graduellement le masque. Plus exactement : j'ôtai *les* masques, l'un après l'autre : celui de l'ironie, celui du « on-ne-me-la-fait-pas », celui du pseudo-blaséisme, celui de l'indifférence.

Dans ma chasse sournoise aux fantômes, je finis par découvrir celui qui devint le plus tenace de tous : un amphithéâtre nazi, niché dans les montagnes qui entourent Heidelberg. M'y rendre devint chez moi une obsession. A Heidelberg, personne n'avait l'air de vouloir connaître son existence, et ce refus conférait un attrait de plus à ce monument. Qui sait? Peut-être même n'existait-il que dans mon esprit. Je ne me lassais pas d'y retourner. Il datait de 1934 ou 1935, et il était l'œuvre de l'Organisation du Travail des Jeunes. Je n'avais pas de peine à imaginer ces adolescents blonds, torse nu, *Deutschland über Alles* aux lèvres, charriant les blocs de grès rose de la vallée du Neckar, pendant que de rougeaudes filles de Rhin leur distribuaient les chopes où les tonneaux de bière avaient pissé brun. La construction était blottie au creux du ventre du *Heilenberg* – la Montagne Sacrée – où s'était élevé jadis un sanctuaire de Wotan, disait-on. Pour atteindre cet amphithéâtre, en partant de la vieille ville, je traversais la rivière, empruntais une large avenue menant aux faubourgs, puis gravissais la Montagne Sacrée selon les panneaux indiquant le chemin des ruines de la basilique Saint-Michel. Celui de mon monument n'était signalé par rien – détail d'assez sinistre augure. La route serpentait à travers bois; les grands sapins vert-noir filtraient la lumière. Dans ma Volkswagen qui soufflait et haletait, je me faisais l'effet d'une Petite Poucette moderne qui eût oublié de faire provision de cailloux. Souvent, tandis que je m'enroulais autour de la pente avec le ruban de la route, songeant à la cruauté des contes de fées allemands, pleins de forêts sombres et de petites filles terrifiées, ma voiture calait en troisième. De peur de dévaler à reculons, je passais en seconde – pour caler de nouveau. Finalement, je devais achever la grimpée en première. Au sommet du *Heilenberg,* se dressait une petite tour en grès rouge, avec un escalier à vis, tout usé et moussu, conduisant à une plate-forme de guet. J'empruntais les marches glissantes pour m'offrir le panorama de la ville. Elle était là, avec la bigarrure des bois alentour, la coulée luisante de la rivière, la masse rosâtre du château. Pourquoi les historiens et chroniqueurs du IIIe Reich ne laissent-ils rien dans l'ombre, de l'Allemagne, sauf sa beauté? Y a-t-il là une ambiguïté morale gênante? Beauté de la nature et laideur humaine face à face. Sommes-nous vraiment incapables d'affronter ce genre d'ironie?

Je descendais de la tour et m'enfonçais encore plus

avant dans la forêt, en passant devant un petit restaurant – le *Waldschenke* (la Taverne de la Forêt) – où l'on voyait des bourgeois fessus buvant de la bière en plein air, l'été, et du vin chaud aux épices, l'hiver, à l'intérieur. Là, je devais laisser la voiture pour continuer à monter, à pied, à travers les grands arbres (feuilles crissant sous les pas, aiguilles des sapins frôlant le front, soleil masqué par les feuillages). Comme les gradins de l'amphithéâtre étaient taillés à même le versant de la montagne, on entrait par en haut. Brusquement, l'architecture s'ouvrait, béante, à vos pieds : rangée sur rangée de gradins envahis par les herbes, jonchés de tessons de bouteilles, de capotes anglaises, d'enveloppes de bonbons. La base était constituée par une sorte de proscenium flanqué de mâts destinés à recevoir le svastika ou l'aigle allemand, avec, de chaque côté, un passage permettant aux orateurs de faire leur apparition, entourés de gardes du corps en chemise brune ou noire. Mais le plus étonnant était le décor – ce gigantesque bol creusé dans la paix surnaturelle d'une forêt de conte de fées. Le sol était sacré. On y avait adoré Wotan, puis le Christ, puis Hitler.

Je descendais en courant et en sautant de gradin en gradin, jusqu'en bas, et, debout au centre du proscenium, je récitais de mes poèmes à un auditoire d'échos.

Un jour, je déclarai à Horst que je voulais consacrer une de mes chroniques à cet amphithéâtre.

– Pourquoi? demanda-t-il.

– Parce que tout le monde fait comme s'il n'existait pas.

– Cela vous paraît une raison suffisante?

– Oui.

A la grande bibliothèque municipale de Heidelberg, j'entrepris de passer au crible tous les guides disponibles. Presque tous étaient la banalité même : photos bien léchées du *Schloss* et vieilles gravures montrant les visages bouffis des princes électeurs du Palatinat. A la fin, j'en trouvai cependant un, sous reliure de la bibliothèque, texte allemand et traduction anglaise face à face, sur papier maigre et jaunissant, imprimé en caractères gothiques et illustré de photos en noir et blanc. Date de publication : 1937. Caractéristique : toutes les dix ou quinze pages, un paragraphe, une photo ou un petit bloc de texte étaient recouverts d'une mince pellicule rectangulaire de bois de chêne. Et ces petites plaquettes étaient collées si étroitement qu'on ne pouvait en soulever les coins. Mais, dès l'instant où je les découvris, je sus que je n'aurais de cesse que je ne les eusse décollées, pour voir ce qu'il y avait dessous.

J'empruntai le livre pour l'emporter chez moi – avec quatre autres, pour ne pas éveiller les soupçons de la bibliothécaire – et rentrai en courant. Puis, avec infiniment de soin, je décollai les caches scandaleux, en exposant les pages incriminées à la vapeur qui s'échappait du bec de ma bouilloire. La révélation de ce que le censeur avait jugé bon de censurer était intéressante. La liste comprenait :

● Une photographie de l'amphithéâtre dans toute sa gloire : drapeaux frémissant au vent, bras s'envolant pour le salut hitlérien, centaines de minuscules points lumineux (figurant des têtes aryennes – ou peut-être des cerveaux aryens).

● Un passage décrivant l'amphithéâtre comme « L'une des constructions monumentales du IIIe Reich, Giantesque (*sic*) Théâtre de Plein Air ayant pour but de réunir des milliers de Compatriotes Allemands aux heures de Fête ou de Solennité, afin de communier dans la Fidélité à la Mère Patrie et dans l'Inspiration de la Nature ».

● Un paragraphe décrivant *l'Autobahn* (l'autoroute) Heildelberg-Francfort (qui n'était plus que plaies et bosses) comme « la Création Giantesque (*sic*) et Monumentale de l'Ere Nouvelle si riche de Promesses ».

● Un paragraphe décrivant l'Allemagne comme « Cette Nation chérie des Dieux et placée aux Premiers Rangs des plus Grandes Puissances... ».

● Une photographie de la grande salle de réunion de l'université, avec des svastikas accrochés à chaque arche gothique.

● Une photographie de la *mensa* (le grand réfectoire) avec des svastikas accrochés à chaque arche romane...

Et ainsi de suite, d'un bout à l'autre du livre.

Scandalisée, folle de rage et d'indignation morale, je m'assis à ma table de travail et rédigeai dans la fièvre une chronique furieuse, sur le thème de l'honnêteté et de la malhonnêteté devant la toute-puissance de l'Histoire. Je réclamai priorité pour la vérité sur la beauté, pour l'Histoire sur la beauté, et pour l'honnêteté pardessus tout. J'écumais, la colère me giclait par tous les pores. Je dénonçai les caches en bois de chêne et l'offense qu'ils représentaient, comme autant d'exemples de ce qu'il y a de plus odieux dans la vie et dans l'art. Je les comparai aux feuilles de vigne collées par l'hypocrisie bourgeoise sur les sculptures grecques, aux draperies peintes au XIXe siècle sur les fresques érotiques du *Quattrocento*. Je fis allusion à la façon dont Ruskin avait brûlé les toiles de Turner représentant les bordels de Venise, et dont les arrière-petits-enfants de Boswell avaient tâché de cacher les passages trop gaillards du journal de leur aïeul, et je comparai ces entreprises aux efforts des Allemands pour renier leur histoire. Que de péchés par omission! Et le tout ne rimant à rien! Car rien de ce qui est *de* l'homme ne mérite qu'on le renie. Même de la plus indicible laideur, n'y a-t-il pas de leçon à tirer? Oui ou non? C'est là une chose qui n'a jamais fait de doute dans mon esprit. La vérité, j'en étais certaine, nous donnerait la liberté.

Le lendemain matin, je tapai ma chronique à deux doigts (mais la fureur leur donnait des ailes) et courus la porter en ville à Horst. Je la déposai rapidement et repartis comme j'étais venue. Trois heures après, il me téléphona :

– Vous voulez vraiment que je traduise cela?

– Oui.

Et de crier aussitôt au scandale, en lui rappelant sa promesse de ne jamais me censurer.

– Je n'ai qu'une parole, répliqua-t-il. Mais vous êtes jeune et vous ne comprenez rien aux Allemands.

– C'est-à-dire?

– Les Allemands *adoraient* Hitler, répondait-il calmement. S'ils se mêlaient d'être honnêtes, ce que vous entendriez ne vous plairait pas du tout. Mais ils ne sont pas honnêtes. Voilà vingt-cinq ans que cela dure. Ils n'ont jamais pleuré leurs morts de cette guerre, pas plus qu'il n'ont pleuré Hitler. Ils ont pris le balai et tout poussé sous le tapis. Même *eux* ils ne connaissent pas leurs véritables sentiments. Leur honnêteté, si elle existait, vous la trouveriez encore plus détestable que leur hypocrisie.

Puis il me raconta tout ce que cela avait signifié, d'être correspondant de presse sous Hitler. C'était une position quasi militaire, et toutes les nouvelles étaient censurées d'en haut. La corporation des journalistes savait beaucoup de choses que l'on cachait au grand public et qu'elle-même gardait secrètes, délibérément. Les milieux de presse étaient au courant des déportations et des camps de la mort. Néanmoins, ils avaient continué à mouliner de la propagande.

– Mais comment avez-vous pu faire une chose pareille? m'écriai-je.

– Comment pouvais-je *l'éviter*, voulez-vous dire?

– Vous pouviez quitter l'Allemagne, entrer dans la Résistance, est-ce que je sais, moi?

– Je n'ai jamais rien eu d'un héros, et je n'avais pas envie de devenir un émigré. J'avais une profession : journaliste.

– Et alors?

– La plupart des gens n'ont rien de héros, pas plus qu'ils ne sont honnêtes. Voilà tout. Je ne prétends pas être quelqu'un de bien ni d'admirable. Je dis seulement que je ressemble à la plupart des gens.

– Mais *pourquoi?*

C'était un gémissement.

– Parce que c'est comme ça, répondit-il. C'est tout.
Cela me laissait sans réplique, et Horst le savait.

J'en venais maintenant à me demander si, moi aussi, je ressemblais à presque tout le monde. Aurais-je été plus héroïque que lui? Je songeais à tout le temps que m'avaient pris mes chroniques et mes petites astuces sur les châteaux en ruine – sans compter les sonnets gentiment troussés sous l'inspiration d'un coucher de soleil, d'un chant d'oiseau, d'un murmure de source. Je n'avais pas besoin du fascisme pour être malhonnête. Pas besoin du fascisme pour me censurer moi-même. Je me refusais le droit de transcrire sur le papier mes véritables sentiments : mes réactions violentes devant l'Allemagne, le côté malheureux de mon mariage, mes fantasmes sexuels, les problèmes de mon enfance, mon négativisme à l'égard de mes parents. Même sans le fascisme, on avait rudement du mal à rencontrer l'honnêteté. Même sans le fascisme, j'avais collé d'imaginaires languettes de bois de chêne sur certaines zones de ma vie, en refusant obstinément de les regarder en face. Du coup, je décidai de ne plus jouer les justicières avec Horst tant que je n'aurais pas appris à être honnête devant moi-même. Peut-être ne pouvait-on comparer nos péchés par omission, mais, dans notre cas à tous les deux, l'impulsion était la même. A moins d'arriver à fournir dans mes écrits une preuve de mon honnêteté, quel droit avais-je de fulminer contre la malhonnêteté de Horst?

L'article fut imprimé tel quel. Horst le traduisit fidèlement. Je crus que la ville de Heidelberg ne résisterait pas à ce texte incendiaire. Hélas! les écrivains exagèrent toujours l'importance de leurs œuvres. Il n'arriva rien. Quelques personnes de ma connaissance ironisèrent sur ma tendance à prendre les choses au tragique. Ce fut tout. Je finissais par me demander si quelqu'un lisait jamais *Heidelberg Alt und Neu*. La réponse était probablement : non. Ecrire mes chroniques, c'était comme expédier des lettres pendant une grève des postiers, ou comme tenir un journal qu'on enferme au secret dans un tiroir. J'avais eu l'impression d'ouvrir le ventre de l'Histoire, mais à quoi bon? Personne ne cillait. Tout ce *Sturm und Drang* se perdait dans un puits de silence. C'était presque comme quand on publie des poèmes.

5

EN DIRECT DU CONGRÈS DU RÊVE, OU QU'EST-CE QUE CONGRESSION?

C'est moi Isadora.
Transportez-moi.

National Airlines

Le Dr Belamour préside la séance. Dans le sous-sol humide de l'université, une cave sans fenêtre servant d'amphithéâtre et dotée de sièges en bois horriblement bruyants, Adrian a arboré ses manières anglaises pour circonstances officielles (tout en gardant sa vieille chemise « aérée ») et articule des syllabes (anglaises) à l'intention des candidats (polyglottes) éparpillés sur les gradins. On dirait le Christ à la Dernière Cène. A sa droite comme à sa gauche sont assis des psychanalystes vêtus de sombre et portant cravate et veston. Penché vers le microphone et tirant sur sa pipe, le président Adrian résume la première moitié des débats, que nous avons ratée. Un pied nu se balance devant l'assistance, tandis que la sandale effrangée qu'il a abandonnée gît sous la table.

J'ai fait signe à Bennett que j'aimerais m'asseoir tout au fond, près de la sortie — aussi loin que possible de la source de chaleur intense qu'est Adrian. Bennett me regarde d'un air acide, donnant à entendre que cela ne lui convient pas du tout, et descend jusqu'à la travée de devant, où il s'affale à côté d'une candidate argentine aux cheveux teints au henné.

Je prends place dans la dernière rangée et regarde fixement Adrian. Il me rend ce regard. Il tète sa pipe comme s'il me suçait. Ses cheveux lui tombent sur les yeux; il les écarte de la main. Mes cheveux me tombent sur les yeux; je les écarte de la main. Il tire sur sa pipe; je suçote sa pine fantôme. On croirait que de petits éclairs relient nos yeux, comme dans les bandes dessinées qui racontent des histoires d'astronautes. On croirait aussi que de petites ondes de chaleur relient nos pelvis, comme dans une bande dessinée pornographique.

Et si, en fait, il ne me regardait pas du tout?

– ... évidemment, se pose toujours le problème de l'extrême dépendance du candidat ou de la candidate psychanalyste par rapport à *son* psychanalyste, poursuivait le jivaro assis à la gauche d'Adrian.

Le Dr Belamour me sourit.

– ... extrême dépendance uniquement tempérée par la réaction de la candidate ou du candidat à l'épreuve de la réalité, réaction qui, compte tenu de l'atmosphère kafkaïenne de l'Institut, a des chances d'être, à vrai dire, fort pauvre...

« Kafkaïenne »? Jusqu'alors j'étais convaincue que l'on disait : « kafkaesque »?

Je dois être le premier cas de ménopause à vingt-neuf ans jamais signalé. J'ai des vapeurs. J'ai la sensation que mon visage a viré au rose vif; mon cœur galope comme un moteur de voiture de course; les joues me picotent comme si on les avait transformées en pelotes d'aiguilles d'acuponcture. La moitié inférieure de mon corps me donne l'impression de fondre et de ruisseler doucement. Il n'est plus seulement question de mouiller – je me dissous.

Je saisis mon carnet de notes et commence à griffonner : « *Mon nom est Isadora Zelda et White*

Stollerman Wing, et j'aimerais qu'il soit Belamour. » Je biffe, puis j'écris encore :

Adrian Belamour
Dr Adrian Belamour
Mme Adrian Belamour
Isadora Wing-Belamour
Isadora White-Belamour
Isadora Belamour
A. Belamour
Mme A. Belamour
Sir Adrian Belamour, baronnet
et Dame Isadora Belamour, son épouse
Isadora Wing-Belamour,

Sir Adrian Belamour
Isadora et Adrian Belamour
vous souhaitent
un
~~*Noël*~~
~~*Chanuka*~~
Solstice d'Hiver
de rêve

Isadora White Wing et Adrian Belamour
sont littéralement
fous-perdus de joie
de vous faire part de
la naissance du
fruit de leur amour
Sigmunda Keats
Whitewing-Belamour
Isadora et Adrian
ont le plaisir de vous inviter
à pendre avec eux la crémaillère
dans
leur nouvelle crèche
35, avenue de la Dame-Jeanne
Hampstead
Londres NW3

On est prié d'apporter ses hallucinogènes.

Je me hâte de barrer le tout et de tourner la page. Je ne me suis pas laissée aller à ce genre d'absurdité depuis mon premier mal d'amour, à quinze ans.

J'espérais pouvoir parler à Adrian après sa séance, mais avant qu'il ait eu le temps de s'extirper des gens qui assiégeaient l'estrade, Bennett m'a enlevée. Déjà nous jouions aux trois coins; la baroquerie commençait. Sentant la poudrière des sentiments prête à sauter en moi, Bennett s'employait de son mieux à m'éloigner de l'université aussi vite que possible. Flairant lui aussi la mèche allumée, Adrian ne quittait pas des yeux Bennett pour deviner ce qu'il savait. Et moi, je me sentais déjà déchirée. Ce n'était pas leur faute, bien sûr. Ils incarnaient seulement ma lutte intestine. La solidité prudente, contraignante, génératrice d'ennui, de Bennett, correspondait à ma peur panique du changement, de la solitude, de l'insécurité. Les clowneries d'Adrian et sa main au panier correspondaient à cette partie de moi qui avait besoin d'exubérance avant tout. Je n'avais jamais pu faire la paix entre ces deux côtés de ma nature. Au mieux, j'avais plus ou moins réussi à renfoncer l'un d'eux (pour un temps) au détriment de l'autre. Les vertus bourgeoises – mariage, stabilité, travail d'abord, plaisir en second – n'avaient jamais fait mon bonheur. J'avais trop de curiosité et d'esprit d'aventure pour ne pas regimber sous ces contraintes. Mais je souffrais aussi de terreurs nocturnes et de crises d'affolement à la pensée de me retrouver seule. Voilà pourquoi je finissais régulièrement par vivre avec quelqu'un, ou par me marier.

En outre, j'aspirais vraiment de tout cœur à des liens durables et profonds avec un seul être. Je voyais très bien ce qu'il y avait de stérile dans cette façon de sauter de lit en lit et de multiplier les collages superficiels avec des personnages superficiels. D'expérience, je savais ce que représentent les réveils indiciblement sinistres à côté d'un homme auquel on ne peut supporter de parler – ce qui n'est certes pas non plus une libération. Mais tout cela n'empêchait pas qu'il n'y eût apparemment aucun moyen de s'offrir ce luxe suprême : concilier exubérance et stabilité tout ensemble dans la vie. Le fait que de plus grands esprits que le mien eussent médité le problème pour n'aboutir qu'à des réponses assez peu claires, n'était guère une consolation. Cela me confirmait seulement dans l'idée que mes préoccupations relevaient de la banalité courante. « Si tu étais réellement quelqu'un d'exceptionnel, me disais-je, tu ne passerais pas des heures à te tracasser à propos du mariage et de l'adultère. Tu sortirais tout simplement dans la rue et tu saisirais la vie à pleines mains, en envoyant au diable les remords et les sentiments de culpabilité. Ton sentiment de culpabilité, il ne sert qu'à montrer à quel point tu es bourgeoise et méprisable. Te ronger tristement toi-même en rongeant ce vieil os prouve seulement combien tu es ordinaire. »

Ce soir, début des festivités. Les candidats recevaient dans un café de Grinzing. Séance où le goût se faisait vivement remarquer par son absence. Plat de résistance : choucroute à la Freud, avec d'énormes saucisses pareilles à des phallus en batterie. Divertissement : chœur des candidats psychanalystes viennois (c'étaient eux nos hôtes) entonnant « *When the analysts come marching in...* » sur l'air de « *When the Saints Come Marching in...* » Paroles censément en anglais – ou du moins dans une sorte de langage conforme à l'idée de l'anglais que se font les futurs jivaros viennois.

Rires et applaudissements chaleureux et unanimes, pendant que, dans mon coin, pareille à Gulliver chez les Yahous, je fronçais les sourcils sur de sombres visions de fin du monde, où l'humanité entière était précipitée dans un enfer nucléaire pendant que cette bande de clowns continuait à chanter ses couplets sur ses maîtres en psychanalyse tout en vidant des chopes de bière. Pas gai du tout. D'Adrian, nulle trace.

Bennett discutait de formation avec un candidat (de l'institut de Londres celui-là) et j'ai fini par me laisser prendre à une conversation avec mon vis-à-vis, un psychanalyste chilien poursuivant des études à Londres également. Lorsqu'il a mentionné le nom de son pays, ma mémoire a répondu : « Pablo Neruda », et s'en est tenue là. Nous avons donc parlé de la poésie de Neruda. Sur quoi, naturellement, je me suis emballée et, dans un de mes paroxysmes d'enthousiasme, je lui ai dit qu'il ne connaissait pas sa chance d'être sud-américain, en ces temps où l'Amérique latine monopolisait les plus grands génies de la littérature. Intérieurement, je me traitais de fieffée menteuse, mais il était ravi, exactement comme si le compliment avait été pour *lui*. La conversation suivit cette veine d'absurde chauvinisme littéraire, et la discussion a dévié vers le surréalisme, spécialement par rapport à la politique sud-américaine – dont j'ignore absolument tout. Mais le surréalisme, oui, je sais ce que c'est, puisque, pourrait-on dire, c'est toute ma vie.

Juste comme je me lançais dans Borges et ses Labyrinthes, Adrian m'a donné une légère tape sur l'épaule. En fait de Minotaure, j'en avais un là, juste derrière moi. Cornu en diable. Mon cœur bondit si fort que je crus qu'il allait me jaillir par le nez.

Si j'avais envie de danser Oui, bien sûr – et aussi du reste, de tout!

– Je vous ai cherchée cet après-midi, me dit-il. Où étiez-vous?

– Avec mon mari.

– Il a un de ces airs... comme s'il était tombé à l'eau tout habillé, non? Qu'avez-vous fait pour le rendre malheureux?

– Vous suffisez, je le crains.

– Va falloir surveiller ça, dit-il. Pas bon, quand la jalousie relève son affreux museau. A éviter.

– Trop tard, c'est déjà fait, dis-je.

Nous parlions comme deux amants – ce que nous étions, en un sens. Si, seule, l'intention compte, nous étions aussi marqués par la fatalité que Paolo et Francesca. Mais nous n'avions pas d'endroit où aller, pas de moyen de nous esquiver en faussant compagnie aux gens qui nous observaient. Alors, nous avons dansé.

– Je ne suis pas très bon danseur, me dit-il.

C'était la vérité, il dansait très mal. Mais il se rattrapait en souriant comme le dieu Pan lui-même, même s'il s'emmêlait dans ses petits sabots fourchus. Mon rire était un tantinet hystérique.

– Danser c'est comme baiser, dis-je. L'important n'est pas de quoi on a l'air, c'est de se concentrer sur une seule chose : est-ce qu'on se sent bien ou mal?

Je pouvais bien jouer les affranchies – à quoi rimait mon petit numéro de femme à la page? J'étais mi-morte de peur.

Les yeux clos, j'ai plongé dans la musique et me suis laissé porter par elle. Je me cognais dans des choses, j'en écrasais d'autres, j'ondulais. Jadis, aux temps lointains du twist, l'idée m'était soudain venue que personne au monde ne savait bien danser ces espèces de danses – alors, pourquoi se gêner? Dans la danse sociale comme dans la vie sociale, il n'y a que le *chutzpah* qui compte. Dès lors, j'étais devenue une « bonne danseuse ». A tout le moins la danse me faisait-elle plaisir. Danser ressemble à baiser : c'est du tout rythme tout sueur.

Nous avons dansé les cinq ou six danses suivantes, jusqu'au moment où, épuisés, trempés, nous serions bien rentrés ensemble. Pour sauver les apparences – ce qui nous était de plus en plus difficile – j'ai encore dansé avec un des candidats autrichiens. Et ensuite avec Bennett, qui est un danseur merveilleux.

J'étais ravie de penser qu'Adrian me regardait pendant ce temps. Bennett dansait dix fois mieux que lui, et exactement avec le genre de grâce qui lui manquait. Adrian trottait cahin-caha, comme un cheval attelé à un boghei. Bennett était souple comme une mécanique bien huilée – une Jaguar XKE. Et quelle *gentillesse!* Dès la minute où Adrian était entré en scène, c'était fou comme Bennett était devenu plein de galantes attentions. Comme aux plus beaux jours où il m'avait fait la cour. Et c'était loin de simplifier la situation. Si seulement il avait pu être un salopard! Si seulement il avait ressemblé aux maris des romans – hargneux, tyranniques, dignes d'être cocus! Mais non, il était suave, exquis. Le diable était que sa douceur ne changeait rien à ma faim d'Adrian.

Sans doute cette faim était-elle sans rapport avec Bennett. Pourquoi fallait-il que ce fût l'un ou l'autre? J'avais envie des deux. L'impossible, c'était d'avoir à choisir.

Adrian nous a ramenés à l'hôtel dans sa voiture. Pendant que la route qui descend de Grinzing déroulait ses tournants, il nous a parlé de ses enfants, poétiquement baptisés Anaïs et Nikolaï, qui vivent avec lui. Ils ont dix et douze ans. Deux autres – des jumelles dont il ne nous a pas donné le nom, vivent avec leur mère, à Liverpool.

– Ce n'est pas drôle pour mes gosses de ne pas avoir de mère, a-t-il dit. Mais je ne fais pas une si mauvaise maman pour eux. Même, j'adore cuisiner des petits plats. Mon curry est sacrément bon.

Ses fiertés de ménagère me charmaient et m'amusaient. J'étais assise à côté de lui, à l'avant de sa Triumph. Bennett avait pris la petite banquette arrière. Si seulement il avait pu disparaître, s'envoler de la voiture découverte et s'évaporer dans les bois. Et en même temps, évidemment, je m'en voulais de souhaiter une chose pareille. Pourquoi la vie est-elle si compliquée? Qu'est-ce qui nous empêchait de parler de cela ouvertement, entre amis? « Je te prie de m'excuser, chéri, je vais faire un tour... le temps de baiser ce bel inconnu. » Pourquoi tant de sérieux? Un peu de simplicité et de franchise, voyons! Pourquoi jeter toute une vie dans la balance à cause d'une malheureuse affaire de baisage, s.e.?

Devant l'hôtel, nous nous sommes séparés. L'hypocrisie de monter dans sa chambre avec un homme que l'on n'a pas envie de baiser, pendant que l'autre, avec qui on voudrait faire l'amour, sèche sur pied – l'hypocrisie, ensuite, de frétiller d'excitation et de s'envoyer le premier, comme si c'était lui l'autre! Voilà ce qu'on entend par fidélité. Et c'est ça la civilisation, avec toutes ses insatisfactions.

Hier soir (deuxième jour), ouverture officielle du congrès, elle-même ouverte par un cocktail vespéral avec buffet, dans la cour du *Hofburg* – palais du XVIIIe siècle parmi tant d'autres à Vienne. L'intérieur du bâtiment a été rénové de telle façon que les salles et pièces dont l'accès est permis au public dégagent le charme de cette institution américaine par excellence : le réfectoire de motel. Mais la grande cour reste toute baignée des brumes du passé.

Nous sommes arrivés à l'heure pourpre : 8 heures, un soir de juillet. De longues tables cernaient l'intérieur de la cour. Des serveurs circulaient dans la foule, portant très haut leur plateau de coupes de champagne (du sec doux, à l'allemande, hélas! après vérification). Dans le crépuscule mauve, même les psychanalystes parvenaient à briller d'un certain éclat. Rose Schwamm-Lipkin avait revêtu un haut de jersey rose emperlé *made in* Hong Kong, une jupe de satin rouge et chaussé ses sandales orthopédiques les plus élégantes. Judy Rose ondulait dans un ensemble de lamé d'argent qui moulait ses formes et ses seins nus dessous. Le Dr Schrift allait jusqu'à porter un smoking en velours prune et un énorme nœud papillon en satin rose azalée. Et le Dr Frommer se promenait en habit à queue et chapeau claque.

Bennett et moi, nous fendions la foule, cherchant des yeux un visage familier. Nous avons erré ainsi, à l'aventure, jusqu'au moment où un serveur nous a proposé une occupation – en l'espèce une coupe de champagne, comme descendue du ciel sur son plateau. J'ai bu très vite, dans l'espoir d'être ivre tout de suite – rien de plus facile pour moi. Au bout d'une dizaine de minutes, je rôdais parmi des brumes encore plus empourprées; des bulles de champagne me dansaient au coin des yeux, et j'étais en quête, officiellement, des toilettes pour dames et, en réalité, très évidemment, d'Adrian.

Je le trouvai en effigie – des milliers d'effigies se dédoublant à l'infini, loin, très loin, dans une galerie des glaces baroque, juste avant les toilettes pour dames. Il chatoyait partout dans les glaces. Il était à lui seul toute une multitude infinie d'Adrian en pantalon de velours beige, veste de daim marron et pull-over prune à col cheminée. Toute une multitude infinie d'ongles d'orteil sales et de sandales indiennes. Toute une multitude infinie de pipes en écume de mer, vissées entre autant de lèvres magnifiquement ourlées. Mon beau b.s.e.! Mon amour clandestin! Multiplié comme les amants de *L'année dernière à Marienbad,* comme les mille et un bouddhas du temple de Kyoto. (Chaque bouddha a six bras; chaque bras, un « troisième œil »... Combien de pines avaient-ils, ces millions d'Adrian, chacune symbolisant l'infinie sagesse et l'infinie compassion de Dieu?)

– Bonsoir, mon canard, dit-il en se retournant vers moi.

– J'ai un petit cadeau pour vous, dis-je, en lui tendant l'exemplaire dédicacé de mon livre que je traîne avec moi depuis le matin (les pages commencent à s'effranger sur les bords, la sueur de mes paumes aidant).

– Mon cœur! dit-il en prenant le livre.

Il passe son bras sous le mien et nous partons parmi les glaces. « *Galeatte fu il libro e chi lo scrisse* », comme dirait mon vieux copain Dante. Les poèmes faisaient la retape de l'amour; l'auteur aussi. Le livre de mon corps est ouvert et le second cercle de l'enfer n'est plus loin.

– Vous savez, dis-je, il y a de fortes chances que nous ne nous revoyions jamais plus.

— C'est peut-être la raison de ce qui arrive, dit-il.

Nous trouvons la sortie du palais et pénétrons dans une autre cour, qui sert surtout de parking en la circonstance. Parmi des fantômes d'Opel, de Volkswagen et de Peugeot, nous tombons dans les bras l'un de l'autre. Bouche à bouche, ventre à ventre. Personne dans l'histoire de l'humanité n'a jamais dû donner de baisers plus mouillés que cet homme. Sa langue est partout, comme l'océan. Nous larguons les amarres. Son pénis (qui gonfle sous le pantalon de velours) est comme la haute cheminée rouge d'un grand transatlantique. Et moi, comme le vent du large, je l'enveloppe de mes gémissements. Et je dis toutes les idioties qu'on peut prononcer, la nuit, dans un parking en plein air, quand on est pelotée et qu'on pelote et qu'on essaie d'exprimer tant bien que mal l'inexprimable (sans doute n'y a-t-il que la poésie qui puisse traduire une telle immensité de désir). Les piètreries qui s'envolent alors des lèvres! J'aime ta bouche, j'aime tes cheveux, j'aime tes oreilles, j'ai envie de toi, envie de toi, envie de toi. N'importe quoi, pourvu, surtout, que l'on évite de dire : « Je t'aime. » Parce que c'est presque trop beau pour être de l'amour. Trop miam-miam et délicieux pour ressembler à rien d'aussi grave et bien tempéré que l'amour. On a la bouche entière qui devient liquide. La langue qui la pénètre a plus de saveur que n'en a le sein pour le petit enfant. (Et ne t'avise pas de me jeter à la figure tes interprétations psychiatriques, Bennett, sinon je te retourne aussi sec le compliment! Infantilisme. Régression. Tendances foncièrement incestueuses. D'accord. Mais je donnerais ma vie, rien que pour pouvoir continuer à embrasser ainsi cet homme — et que dit-elle de ça, ta psychanalyse?) En attendant, il a moulé ses paumes sur mes fesses. Il a posé mon livre sur le pare-chocs d'une Volkswagen, mais sa main n'est pas restée libre longtemps. N'est-ce pas pour cela que j'écris? Pour être aimée? Je ne sais plus. J'ai oublié même mon nom.

— Tu as un cul sans pareil, dit-il.

Et cette remarque m'emplit de plus de joie et de fierté que si l'on venait de créer, pour me le donner, le Prix mondial du Meilleur Livre. Le Prix mondial du Meilleur Cul – c'est tout mon rêve. Le Prix Transatlantique du Plus Beau Cul 1971.

– Je me fais l'effet d'être Mme Amérique au congrès du rêve, dis-je.

– Mais c'est ce que tu es, dit-il, et j'ai envie de t'aimer aussi fort que possible. Après quoi, adieu ma belle!

Une femme avertie en vaut deux, paraît-il. Mais qui se souciait d'écouter? Je n'entendais que le martèlement de mon cœur.

Le reste de la soirée n'a été qu'un rêve de miroitements, de coupes de champagne et de verbiage psychiatrique dingue. Nous nous sommes frayé un chemin jusqu'à la galerie des glaces. Nous étions dans un tel état de surexcitation que nous ne nous souciions guère de tirer des plans pour nous revoir.

Bennett, sourire aux lèvres, donnait le bras à sa postulante argentine. J'ai vidé encore une coupe de champagne et fait un autre tour avec Adrian. Il m'a présentée à la bande des psychanalystes londoniens, tout en parlant à tort et à travers de mon futur article. « Vous n'allez tout de même pas lui refuser une interview?... La presse, vous savez, ce n'est pas inintéressant... » Et, tout le temps, il me tenait par la taille, parfois même plus bas. Nous manquions pour le moins de discrétion. Tout le monde nous voyait. Son psychanalyste. Mon ex-psychanalyste. Le psychanalyste de son fils. Celui de sa fille. L'ex-psychanalyste de mon mari. Mon mari. Un des vétérans de la profession à Londres s'est enquis :

– Est-ce à Mme Belamour que j'ai le plaisir?...

Adrian :

– Non, mais c'est dommage. Si j'ai beaucoup de chance, peut-être le deviendra-t-elle.

Moi, je planais, la tête pleine de champagne et de rêves de mariage. Je me voyais disant adieu à New York sous sa croûte d'ennui et bonjour à Londres – là était le charme, là on vivait dans le vent! J'avais perdu la tête. J'entendais mes amies new-yorkaises dire, non sans une pointe d'envie : « Elle a filé avec un Anglais. » Elles traînaient toutes un boulet : les enfants et le problème de leur garde, la préparation d'un diplôme quelconque, un boulot d'enseignante, un psychanalyste ou des patients. Tandis que moi, sur mon balai de sorcière d'emprunt, je prenais mon essor dans le ciel empourpré de Vienne. C'était sur moi qu'elles comptaient pour écrire leurs rêves, mes belles amies. Sur moi qu'elles comptaient pour raconter, dans mes livres, des histoires drôles sur leurs anciens amants. Elles m'enviaient en public et se gaussaient en privé. Mais je me plaisais à imaginer le compte rendu de ces événements dans le *Bulletin des Anciennes* :

> *Isadora White* Wing et son nouvel épousé, le *Docteur* Adrian Belamour, ont élu domicile à Londres, dans les parages de Hampstead *Heath* – ne pas confondre avec le *Heath*cliff de Hurlevent, avis à nos mathématiciennes ignares. Isadora serait ravie d'avoir des nouvelles des anciennes de Barnard vivant à l'étranger. Elle se consacre activement à la rédaction d'un roman et à la mise au point d'un nouveau recueil de poèmes. A ses instants de loisir, elle participe à la vie (ou faut-il dire : aux congressions?) de l'Internationale psychiatrique...

Tous mes fantasmes comportaient le mariage. A peine me figurais-je fuyant un homme, que, déjà, je me voyais m'enchaînant à un autre. J'étais pareille à un navire qui ne peut se passer de faire escale. Je ne pouvais me concevoir sans homme. Sinon, je me sentais aussi perdue qu'un chien sans maître, qu'un arbre sans racine; j'étais une créature sans visage, une chose indéfinie.

Mais qu'est-ce que le mariage a donc de si extraordinaire? J'étais passée deux fois par là. La chose a du bon, mais aussi du mauvais. Les vertus du mariage sont essentiellement négatives. Pour une femme, rester célibataire en ce monde masculin est une telle bagarre que mieux vaut n'importe quoi. Même le mariage. Pourtant... Rudement futée, me disais-je, cette façon dont les hommes se sont arrangés pour mener la vie si dure aux femmes célibataires que, pour la plupart, elles sont tout heureuses de se marier, même mal. Oui, n'importe quoi, ou presque, semble valoir mieux que d'avoir à se battre pour mendier son pain dans un emploi mal payé, et à se battre encore, le reste du temps, pour tenir à distance les hommes que l'on n'aime pas, tout en s'efforçant désespérément de ferrer ceux que l'on aime. Je ne doute pas que le célibat soit une solitude aussi grande pour *le* célibataire – *moins,* tout de même, le rude inconvénient supplémentaire du danger en permanence et le fait que cela n'entraîne pas pour lui, automatiquement, la misère, et, socialement, le statut de paria.

La plupart des femmes se marieraient-elles, si elles savaient ce que cela signifie? Je songe à ces jeunes femmes qui suivent leur mari, quel que soit le lieu où, lui-même, il suit son emploi. Je pense à ce que ce doit être pour elles, que de se retrouver loin de leurs amitiés et de leur famille. Que de vivre quelque part où elles sont dans l'impossibilité de travailler et où elles ignorent la langue du cru. Et que de mettre au monde des enfants sans savoir pourquoi, par solitude et par ennui. Je pense aux maris également, harcelés et épuisés sans trêve par la hantise perpétuelle du fric. Je songe à ce que ce doit être, pour les uns comme pour les autres, que d'avoir moins le temps de se voir après qu'avant le mariage, et que de s'affaler dans le lit, trop fatigués pour baiser, que de se retrouver plus séparés au bout d'une année de mariage qu'ils ne l'avaient jamais cru possible à l'époque où ils découvraient leur amour. Et alors je pense aux fantasmes qui commencent, avec Lui qui lorgne les postnymphettes de quatorze ans en bikini, pendant qu'Elle jette des regards concupiscents sur le réparateur de télé. Et quand le bébé tombe malade, Elle se paie le pédiatre, tandis que

Lui s'envoie sa petite secrétaire masochiste, qui, parce qu'elle lit *Cosmopolitan,* se croit dans le vent. La question n'est pas : Quand cela a-t-il mal tourné? Non, mais : Quand cela a-t-il jamais tourné rond?

Pas gai, le tableau. Tous les mariages ne sont pas ainsi. Prenons celui dont je rêvais, dans l'idéalisme de l'adolescence (au temps où je pensais que Virginia et Leonard Woolf formaient un couple parfait). Que savais-je, en ce temps-là? « Réciprocité totale », « compagnie pour la vie », « égalité » – voilà ce dont je rêvais. Est-ce que je me doutais que les hommes restent collés à leur chaise et à leur journal pendant que vous débarrassez la table? Qu'ils vous racontent qu'ils sont adroits comme un manche quand vous leur demandez de presser une orange dans le mixer? Qu'ils ramènent des amis à la maison en s'attendant que vous improvisiez gaiement un banquet, mais que, eux, ils se sentent en droit de faire la tête et de se réfugier dans une autre pièce, si c'est vous qui invitez *vos* amis? Quelle est l'adolescente idéaliste qui irait se figurer choses pareilles tout en lisant paisiblement Bernard Shaw et Virginia Woolf? Et pourtant, je connais, oui, de bons mariages. Mariages en second, presque tous, et où les partenaires ont passé le stade imbécile – « Moi Tarzan, toi faible femme » – et s'efforcent seulement d'aller leur train de vie en s'aidant mutuellement, en étant bons l'un pour l'autre, en s'acquittant des corvées comme elles se présentent, sans trop se soucier de savoir qui fait quoi. Il y a des hommes qui atteignent cet état de délicieuse aisance dans les rapports vers la quarantaine ou après deux ou trois divorces. Peut-être l'âge mûr est-il idéal pour le mariage, parce que, alors, on dépouille l'absurdité et l'on comprend que mieux vaut s'aimer mutuellement, puisque, de toute façon, un jour viendra où l'on mourra l'un et l'autre.

Nous étions tous beurrés en diable (moi surtout), quand nous nous sommes empilés dans la Triumph verte d'Adrian – direction : une discothèque. Nous étions cinq, serrés comme des sardines dans la minuscule voiture : Bennett, Mary Wikleman (une de mes anciennes camarades d'université, forte en seins, que Bennett avait plus ou moins levée à la réception – elle était psychologue de son métier), Adrian (qui conduisait, en quelque sorte), moi (tête renversée, telle l'autre Isadora, la grande, après strangulation) et Robin Phipps-Smith, le timide postulant britannique, frisé comme un mouton et qui, avec ses lunettes à monture allemande, n'ouvrait la bouche que pour exprimer sa haine pour « Honnie » Laing – ce qui le rendait cher à Bennett. Adrian, de son côté, était un disciple de Laing, qui avait été son professeur et dont il imitait excellemment l'accent écossais – du moins le pensais-je, n'ayant jamais connu Laing.

Nous avons zigzagué à travers Vienne, en rebondissant sur les pavés et les rails de tramway, puis traversé le Danube boueux et brun. Qu'on ne me demande pas le nom de la discothèque, ni de la rue ni rien. Il m'arrive d'être dans un état où mes yeux ne discernent plus, du monde extérieur, que ses habitants mâles, et où je ne suis plus consciente que de ceux de mes organes (cœur, ventre, bouts de seins, con) qu'ils font palpiter. La discothèque était tout argentée. Feuilles de chrome sur les murs. Projecteurs de lumière blanche. Jeux de glaces partout. Tables de verre sur piédestal de chrome. Sièges en cuir blanc. Musique de rock à vous crever le tympan. Le nom... le nom... n'importe... le Palais des Miroirs, le Septième Cercle, la Mine d'Argent, la Sphère de Glace... Un nom français, en tout cas, cela je me le rappelle – très dans le vent et donc aisément oubliable.

Bennett, Mary et Robin annoncèrent qu'ils s'asseyaient pour commander les boissons. Adrian et moi, nous avons commencé à danser, nos girations ivres se reflétant sans fin dans les glaces. Pour finir, nous avons cherché une niche entre deux miroirs, où nos mille regards seraient seuls à nous regarder nous embrasser à l'infini. De fait, je me souviens d'avoir eu la sensation distincte d'embrasser ma propre bouche – comme quand j'avais neuf ans et que je mouillais de salive un coin de l'oreiller, pour l'embrasser en essayant d'imaginer à quoi pouvait ressembler un baiser « qui va jusqu'à l'âme ».

Quand nous avons voulu retrouver la table de Bennett et des autres, nous nous sommes tout à coup égarés dans un labyrinthe de cloisons et de stalles tapissées de glaces et donnant l'une dans l'autre. Nous n'en finissions plus de buter contre nous-mêmes. Comme dans un mauvais rêve, aucun des visages autour des tables n'appartenait à un personnage familier. J'avais l'impression d'être transportée dans un pays de merveilles miroitantes où, telle la Reine Rouge, j'aurais beau courir, courir, courir... je ne ferais que reculer. Bennett n'était nulle part.

En un éclair, je compris : il était parti avec Mary pour coucher avec elle. J'étais terrifiée. Après tout, je l'avais provoqué et poussé. Fini, j'étais fichue. Je passerais le reste de mes jours dans la solitude et le célibat, sans enfant, au rebut.

– Allons-nous-en, dit Adrian. Ils ne sont plus ici, ils ont filé.

– Peut-être n'ont-ils pas trouvé de table et attendent-ils dehors?

– Pourquoi ne pas jeter un coup d'œil? dit-il.

Mais je savais à quoi m'en tenir. J'étais une femme abandonnée. Bennett était parti pour de bon. En ce moment même, il avait la main sur le gros cul triste de Mary. Il tringlait l'esprit freudien de cette fille.

A dix ans, lors de ma première visite à Washington, je m'étais retrouvée séparée de ma famille en visitant le bâtiment du F.B.I. Se perdre dans le bâtiment du F.B.I. – il faut le faire! Service des Personnes Disparues. Lancer avis de recherches... C'était à l'apogée de l'ère maccarthyste, et un type du F.B.I., aux lèvres minces et serrées, nous expliquait laconiquement les grands principes de la méthode pour capturer les communistes. J'étais piquée devant une vitrine – les spécimens d'empreintes digitales qu'elle exhibait me faisaient rêver – et le groupe des visiteurs disparut au tournant d'un couloir. J'errai un peu partout, regardant mon reflet dans les vitrines et m'efforçant de dominer ma frayeur. Jamais on ne me retrouverait : je laissais encore moins de traces qu'un assassin ganté. Si on me prenait, des agents du F.B.I. aux cheveux taillés en brosse m'interrogeraient pour me forcer à avouer que mes parents étaient communistes (et c'était vrai qu'ils l'avaient été, à un moment donné); tous, nous finirions comme les Rosenberg, en chantant « *Dieu Bénisse l'Amérique* » sur la paille humide des cachots et en imaginant ce que ça devait être que de s'asseoir sur la chaise électrique. Là-dessus, je me mis à hurler, hurler, jusqu'à ce que tout le groupe des visiteurs, revenant sur ses pas au galop, me trouvât plantée au beau milieu d'une salle pleine d'indices de toutes sortes.

Mais maintenant, pas question de crier. D'ailleurs, la musique de rock eût tout couvert de son vacarme. Brusquement, j'avais envie de Bennett, aussi fort que j'avais eu envie d'Adrian quelques minutes auparavant. Et Bennett était parti!

Nous avons quitté la discothèque pour retourner à la voiture d'Adrian. Sur le chemin de la pension de famille où il logeait, il est arrivé une chose curieuse – ou dix choses curieuses, plutôt. Nous nous sommes perdus dix fois. Et jamais de la même façon – jamais en nous trompant au même endroit et en tournant en rond, veux-je dire. Maintenant que nous étions bons pour le collage à perpétuité, l'impatience de baiser était moins impérieuse en nous.

– Je ne vais pas vous énumérer tous les hommes avec qui j'ai fait l'amour, ai-je dit bravement.

– Bravo! a-t-il répondu en me caressant le genou.

Puis, pour combler la lacune ainsi laissée par moi, il s'est mis en devoir de me parler de toutes les femmes qu'il avait baisées, lui. Quelqu'un, non?

Il y avait d'abord une Chinoise (qui ressemblait beaucoup à Bennett) : May Peï.

— C'était il y a une paye? demandai-je.
— Oui, mais ça s'est payé cher, répondit-il.
— Je n'en doute pas. Reste à savoir qui a payé.
— Oh, bien, finalement c'est moi, dit-il. Et très cher. Elle m'a baisé jusqu'à l'os, et pendant des années, après ça.
— Vous voulez dire qu'elle a continué à vous baiser, même après que vous avez cessé de la voir? Ce n'est pas donné à tout le monde. Le baisage fantôme. Qu'attendez-vous pour déposer le brevet? Comment baiser avec les grandes figures du passé : Napoléon, Cromwell, Louis XIV... un peu comme Faust avec la Belle Hélène, vous me suivez?
J'adorais faire l'idiote avec lui. Il dit :
— La ferme, petite conne. Attends que j'aie fini de parler de May.
Puis se tournant vers moi au milieu d'un grand crissement de freins :
— Bon Dieu, que tu es belle!
— Gardez vos bon Dieu d'yeux pour la route, dis-je, ravie.

Mes conversations avec Adrian ressemblaient toujours à des citations de *A travers le miroir*. Exemples :
Moi : On dirait que nous tournons en rond.
Adrian : On ne saurait être plus exact.
Ou bien :
Moi : Cela vous serait égal de tenir mon porte-documents?
Adrian : A condition que vous promettiez de ne rien tenir pour moi dans l'immédiat.
Ou encore :
Moi : Mon premier mari était complètement dingue, c'est la raison essentielle de mon divorce.
Adrian (fronçant ses sourcils psychanalytiques) : Il me semble que ce serait plutôt une excellente raison *d'épouser* quelqu'un, que de divorcer.
Moi : Tous les soirs il était cloué devant la télévision.

Adrian : Oh, alors, je vois pourquoi vous avez divorcé.

Mais pourquoi donc May Peï avait-elle baisé Adrian jusqu'à l'os?

– Elle m'a plaqué sans crier gare, pour retourner à Singapour, où elle avait un gosse qui vivait chez le type avec lequel elle l'avait eu, et l'enfant avait été pris dans un accident de voiture. Elle était *forcée* de rentrer. Elle aurait pu au moins m'écrire. Des mois durant, j'ai traîné le sentiment que le monde était peuplé d'automates. Jamais je n'ai été aussi déprimé de ma vie. La garce a finalement épousé le pédiatre qui soignait le gosse, un pauvre mec, un Américain.

– Pourquoi ne l'avez-vous pas rattrapée, si elle comptait tant que cela pour vous?

Il me regarda comme si j'avais perdu la tête ou que l'idée ne l'eût jamais effleuré :

– La rattraper? Comment ça?

Il brûla du caoutchouc dans un tournant – le mauvais, une fois de plus.

– Mais parce que vous l'aimiez!

– Connais pas ce mot.

– Du moment que vous vous en *sentiez*, pourquoi ne pas y aller?

– Mon travail ressemble à l'élevage des poules, dit-il. Il faut bien que quelqu'un soit toujours là pour balayer la merde et distribuer le grain.

– De la crotte! dis-je. C'est le refrain des médecins : ils se réfugient derrière leur travail pour ne pas être humains. Je connais la musique.

– Je veux bien que ce soit de la crotte, mon canard. Mais de la crotte de poulette.

– Si vous vous croyez drôle! dis-je en riant tout de même.

A May Peï avait succédé tout une O.N.U. de filles venues de la Thaïlande, de l'Indonésie, du Népal... Et aussi une Africaine (du Botswana), plus deux psychanalystes françaises, ainsi qu'une actrice, également française et qui avait « passé un certain temps chez les fondus de l'ordo ».

– Les quoi?

– Les fondus de l'ordinateur... les dingues. Dans un hôpital psychiatrique, si tu veux.

Adrian idéalisait la folie en des termes dignes de la bouche de son bon maître Laing : il n'y avait de vrais poètes que schizophrènes; tous les fous à lier étaient des Rilke ou des Rimbaud, et il voulait que nous écrivions ensemble des tas de livres. Sur la schizophrénie.

– Je savais bien que vous attendiez de moi quelque chose, dis-je.

– C'est vrai. Je veux que tu mettes à mon service ton index et son perpétuel opposant et compère : Tom Pouce.

– En fait de service, vous pouvez vous les mettre où je pense, oui!

Nous nous lancions sans arrêt des insultes, comme des gosses de dix ans. C'était notre seule façon d'exprimer notre tendresse.

Le passé d'Adrian quant aux femmes aurait presque pu lui permettre d'entrer dans ma famille. Sa devise semblait être : « Ne baise jamais que des étrangères à ta race. » La dernière en date de ses petites amies (pour l'instant elle s'occupait de ses deux enfants, m'apprit-il) était celle qui se rapprochait le plus d'une autochtone par rapport à lui : une jeune Juive de Dublin.

– Molly Bloom, sans doute? demandai-je.

– Qui ça?

– Vous ne savez pas qui est Molly Bloom?

Je n'en croyais pas mes oreilles. Penser qu'il n'avait même pas lu James Joyce, lui dont les lèvres distillaient naturellement ce pur anglais d'origine. (C'est vrai que, de mon côté, j'ai sauté de longs passages de l'*Ulysse* de Joyce, mais cela ne m'empêche pas d'expliquer aux gens que c'est mon livre de chevet. Même chose pour *Tristram Shandy*.)

– Je ne suis qu'un anal-phabête, dit-il, ravi de son

double jeu de mots, tandis que je me disais : « Encore un de ces abrutis de médecins » (car, comme la plupart des Américains[caines], je me figurais naïvement qu'un pur accent anglais est synonyme de culture).

Mais bon, me disais-je aussi, songe au nombre d'hommes cultivés et lettrés qui finalement sont des salauds, ou alors de vraies coliques. N'empêche, j'étais déçue. Comme le jour où mon psychanalyste m'avait avoué n'avoir pas la moindre idée de qui était Sylvia Plath – et moi qui, depuis des jours, lui parlais de la façon dont elle s'était suicidée et lui expliquais que je rêvais de l'imiter : écrire de beaux poèmes, puis me mettre la tête dans le four à gaz et ouvrir le robinet. A quoi avait-il bien pu penser, tout ce temps-là? A un moka glacé?

Qu'on le croie ou non, la petite amie d'Adrian s'appelait Esther Bloom, à défaut de Molly. Elle était très brune et rebondie, avec « les petites misères propres à tous les Juifs, disait-il. Terriblement sensuelle et névrosée ». Une princesse juive de Dublin, en quelque sorte.

– Et votre femme... à quoi ressemblait-elle? (Nous nous étions si bien perdus entre-temps que, en désespoir de cause, il venait de se ranger le long d'un trottoir et d'arrêter la voiture.)

– C'était une catholique, répondit-il. Une papiste de Liverpool.

– Que faisait-elle?

– Elle était sage-femme.

L'information était pour le moins curieuse. Tout d'abord je n'ai su que dire. Je m'imaginais écrivant : « Il avait épousé une sage-femme catholique de Liverpool. » (Dans mon roman, Adrian porterait un autre nom, plus exotique, et il serait encore beaucoup plus grand.)

– Pourquoi l'aviez-vous épousée?

– Parce qu'elle m'emplissait d'un sentiment de culpabilité.

– Vous parlez d'une raison!

— Parfaitement. Quand j'étais à la fac de médecine, je n'étais qu'un petit bougre bourré d'un gros complexe de culpabilité. La poire rêvée pour la morale protestante. Par exemple, je me souviens, il y avait des filles avec lesquelles je me sentais bien. Et de me sentir bien avec elles me flanquait une sainte frousse. Je me souviens d'une, surtout... elle louait parfois une énorme grange où elle invitait le monde entier, et c'était la grande foutrerie. Je me sentais bien avec elle — autant dire que je me méfiais. Ma femme, elle, me bourrelait de remords — alors, naturellement, c'est elle que j'ai épousée. J'étais comme toi : je me méfiais de mes impulsions et de l'appel du plaisir. J'avais une trouille bleue du bonheur. Et quand j'avais peur, je me mariais. Tout comme toi, mon canard.

— Qu'est-ce qui vous permet de penser que j'ai obéi à la peur en me mariant?

J'étais indignée, car il avait raison.

— Oh, tu finissais probablement par couchailler à tort et à travers, tu ne savais plus dire non; même, il y avait sans doute des moments où tu aimais plutôt ça. Et tu t'es reproché de t'amuser. L'être humain est programmé pour la souffrance, pas pour la joie. On nous forme au masochisme dès l'âge le plus tendre. Nous sommes censés travailler et souffrir. L'ennui, c'est que nous y croyons. Mais moi je te dis que c'est de la connerie. J'ai mis trente-six années à comprendre que ce n'était que ça : un monceau de connerie. Et s'il est un service que j'aie envie de te rendre, c'est de t'épargner d'avoir à le découvrir toi-même.

— Eh bien, vous en avez des projets pour moi! Vous voulez m'apprendre la liberté, le plaisir, écrire des livres avec moi, me convertir... Pourquoi les hommes veulent-ils toujours me convertir? Est-ce que j'ai vraiment un air à ça?

— Tu as l'air de crier au secours, mon canard. Tu en redemandes. Tu es là, à lever vers moi tes grands gros yeux de myope comme si j'étais le Papa Bon Dieu de la psychanalyse. Tu avances dans la vie en cherchant un maître à penser, et quand tu en trouves un, tu finis par dépendre tellement de lui que tu ne tardes pas à le détester. Ou alors tu guettes ses faiblesses, et quand elles se montrent tu le méprises — et pourquoi? Parce qu'il devient un homme comme les autres. Tu es là dans ton coin, à épier, à noter dans ta petite tête, à voir dans les gens des personnages de roman ou des cas. Je connais ça. Tu te racontes que tu engranges, que tu étudies la nature humaine. L'art d'abord, la vie après, c'est la règle. Encore une hypocrisie de cette connerie de puritanisme. Seulement tu entortilles ça différemment, tu changes l'enveloppe, c'est tout. Tu te prends pour une épicurienne, parce que tu bats des ailes et que tu volettes avec moi. Mais la saleté de morale, elle, reste la même : travail d'abord! Car ce que tu as dans la tête, c'est de me mettre dans un livre. Si tu n'appelles pas ça *travailler!...* Autant dire que, quand tu baises avec moi, tu fais de la poésie. L'astuce est bonne. Magnifique façon de te donner le change, mon canard!

— Dites donc, vous n'y allez pas de main morte avec vos analyses psychologiques à la flan! dis-je. Vous faites ça à la tonne. On croirait le jivaro de service de la télé.

Il éclata de rire.

— Ecoute, mon canard, je n'ai qu'à me regarder pour te connaître. Psychanalyste ou écrivain, c'est du pareil au même. Même jeu, même coup. Tout ramener à un cas et à son étude. Et ajoute à cela une peur affreuse de la mort — comme les poètes. Les médecins détestent la mort, c'est pour cela qu'ils font de la médecine. D'où crois-tu que leur vient ce besoin perpétuel de tout changer constamment et de bosser comme des dingues? C'est leur moyen de se prouver qu'ils sont encore en vie, voilà tout. Tu penses si je le connais, ton petit jeu : c'est le même que le mien, je te dis! Rien n'est moins mystérieux, contrairement à ce que tu penses. Il n'y a pas plus transparent que toi.

Qu'il eût sur mon compte une opinion plus cynique que moi me mettait en fureur. Je crois toujours me protéger contre le jugement des autres en prenant soin de me voir le plus en noir possible. Jusqu'au moment où je m'aperçois brusquement que même tant de noirceur finit par être flatteuse. Blessée, je me réfugie dans mon français de lycée. J'ai donc pris mon meilleur accent pour dire :

– Vous vous moquez de moi.

– Plutôt! Non mais, regarde-toi... si tu es assise à côté de moi dans cette voiture, c'est parce que ta vie est malhonnête et que ton mariage est une chose morte ou peu s'en faut, ou en tout cas n'est plus qu'un paquet de mensonges. Et de mensonges que tu t'es fabriqués toi-même. Tu as bel et bien besoin qu'on te tire de là. C'est ta vie que tu es en train de foutre en l'air, pas la mienne.

– Je croyais vous avoir entendu dire que c'est vous que je veux pour sauveur?

– C'est ce que tu voudrais, oui. Seulement, si tu te figures que je vais me laisser prendre au piège comme ça!... Tu verras, je te décevrai ou je te trahirai un bon coup et tu te mettras à me haïr encore plus que ton mari.

– Mais je ne hais pas mon mari!

– D'accord. Il t'ennuie, et c'est pire, non?

Je suis restée silencieuse. Cette fois, j'étais déprimée pour de bon. Les vapeurs du champagne se dissipaient. Tout de même, je dis :

– Pourquoi voudriez-vous me convertir avant même de m'avoir baisée?

– Parce que c'est ce que tu veux, au fond.

– Connerie, Adrian. Ce dont j'ai vraiment envie, c'est de coucher et de foutre la paix à mon intelligence.

C'était un mensonge, et je le savais.

– Chère madame, dit-il en tournant la clé de contact, si tel est votre désir, vous coucherez... Ça me plaît de t'appeler « chère madame », tu sais.

Mais je n'avais pas de diaphragme, et lui, pas d'érection et, le temps d'arriver à la fin des fins à la pension, après nous être perdus et reperdus, nous étions lessivés. Nous nous sommes allongés sur le lit d'Adrian, dans les bras l'un de l'autre, examinant nos nudités respectives avec un mélange de tendresse et d'amusement. Le principal avantage de faire l'amour avec un autre homme après tant d'années de mariage était la redécouverte du corps masculin. Le corps de votre mari, vous le connaissez par cœur, c'est presque le vôtre, jusque dans les odeurs et le goût, ici, là, et les rides, le poil, les marques de naissance. Adrian, c'était un pays neuf. Ma langue faisait du tourisme en liberté sur lui. Commençant par les lèvres, elle suivait la pente : le cou, fort et brûlé par le soleil; la poitrine, couverte de poils blond-roux et frisés; le ventre, un brin pansu (rien de commun avec celui, large et sans un pouce de graisse, de Bennett); le pénis, rose et recroquevillé, qui refusait de se redresser dans ma bouche; les couilles, poilues et encore plus roses, que je pris l'une après l'autre entre mes lèvres; les cuisses, musclées; les genoux, bronzés; les pieds (que je n'embrassai pas); les ongles des pieds (même abstention de ma part). Après quoi je recommençai depuis le début : les lèvres, humides, merveilleuses...

– De qui tiens-tu ces petites dents pointues?

– De l'espèce d'hermine d'été qui me servait de mère.

– L'espèce de quoi?

– D'hermine d'été.

– Oh...

J'ignorais s'il y avait une hermine d'hiver et en quoi elle était différente de l'autre, mais cela m'était égal. Nous goûtions l'un à l'autre, tête-bêche, et sa langue jouait de mon con comme d'une guimbarde.

– Tu as un con merveilleux, me dit-il, et le cul le plus sensationnel que j'aie jamais vu. Dommage que tu aies de si petits seins.

– Merci pour le compliment.

J'avais beau le téter tant que je pouvais, à peine commençait-il à bander que ça retombait.

– Cela ne fait rien, je n'ai pas vraiment envie de baiser, dit-il.

– Pourquoi?

– Sais pas... m'en sens pas, c'est tout.

Il voulait être aimé uniquement pour lui-même, et non pour ses cheveux jaune sable ou sa pine rose. En fait, c'était plutôt touchant. Il ne voulait pas être une machine à baiser.

– Même les championnes ne me font pas peur, quand je m'en sens de baiser, dit-il d'un air de défi.

– Je n'en doute pas un instant.

– Personne ne t'a demandé de prendre ta voix de bonne âme, dit-il.

C'était vrai que j'avais joué les bonnes âmes à deux ou trois reprises, au lit. Par exemple avec Brian, mon premier mari, après sa sortie de l'hôpital psychiatrique et alors qu'il était trop bourré de tranquillisants (et trop schizophrène) pour pouvoir tringler qui que ce fût. Tout un mois, nous nous étions tenus la main, au lit : « Comme frère et sœur », disait-il. C'était plutôt charmant. Angélique, à côté de ce qu'eussent fait les petites filles modèles et le bon petit diable de la comtesse de Ségur dans une barque sur la Marne. C'était aussi une forme de soulagement, après la phase maniaque de Brian, où il avait été à deux doigts de m'étrangler, et même par rapport à ce qui avait précédé, avant que sa raison eût craqué. Ses préférences sexuelles étaient tant soit peu bizarres. Il aimait à sucer, uniquement, pas à baiser. A l'époque, j'étais bien trop inexpérimentée pour me rendre compte que tous les hommes ne lui ressemblaient pas. J'avais vingt et un ans et Brian en avait vingt-cinq. Me rappelant ce qu'on m'avait raconté – que les hommes sont à l'apogée de la sexualité à seize ans, et les femmes, à trente – je supposais que la faute incombait à l'*âge* de Brian. Il était sur le déclin, il descendait la pente. N'empêche, j'étais devenue une artiste de la pipe.

Les bonnes âmes, je les avais aussi jouées avec Charlie Fielding, le chef d'orchestre dont la baguette magique s'était révélée assez peu pleine d'entrain. Il en avait été tout éperdu de reconnaissance. « Quelle trouvaille vous êtes! » n'avait-il cessé de me répéter, la première nuit. (Par quoi il entendait qu'il n'en revenait pas d'être encore là, quand il s'était attendu à être jeté à la rue.) Par la suite il s'était rattrapé : ce n'était que les soirs de « première » qu'il perdait ses moyens.

Mais Adrian? Adrian le *Sexy*? Il était censé incarner mon rêve du b.s.e. Que se passait-il? Le plus curieux était que, vraiment, je m'en fichais. Il était très beau, tel quel, sur ce lit, et son corps sentait très bon. Je songeais à ces siècles au cours desquels l'homme avait adoré la femme pour son corps, tout en méprisant en elle l'esprit. Autrefois, au temps de mon culte pour le ménage de Virginia Woolf, cette attitude m'avait semblé inconcevable. Maintenant, je la comprenais, parce que c'était le genre de sentiment que j'éprouvais souvent devant les hommes. C'était à désespérer de leur intelligence, tant elle est brouillonne. Mais, Dieu! que leur corps est aimable! Leurs idées sont insupportables; mais leur pénis – satin pur! Depuis toujours j'étais féministe (mon extrémisme date d'une certaine nuit de 1955 où, dans le métro, le jeune abruti de collégien snob et bourgeois avec qui je sortais alors me demanda si j'avais l'intention d'être secrétaire, plus tard). Le gros problème était de savoir comment faire coller le féminisme avec l'inextinguible faim de corps masculins. Pas commode. Et puis, avec l'âge, on s'aperçoit de plus en plus clairement que, au fond, l'homme est terrifié par la femme, qu'il l'avoue ou non. Quoi de plus poignant qu'une femme affranchie, nez à nez, si l'on peut dire, avec une pine qui ne veut rien entendre? Les plus formidables problèmes de l'histoire humaine ne sont plus rien en comparaison de la confrontation de ces deux objets quintessentiels : l'éternel féminin face à un éternel masculin qui refuse de bander.

– Est-ce que je te fais peur? demandai-je à Adrian.

– Toi?

– Je connais des hommes qui disent avoir peur de moi.

Adrian éclata de rire :

– Tu es un amour, dit-il. Un vrai petit chaton, comme on dit dans ton lointain pays. Mais là n'est pas la question.

– Tu as souvent ce genre de problème?

– *Nein, Frau Doktor,* et merde pour l'interrogatoire. Tout cela est absurde. je n'ai pas de problème; je ne suis pas impuissant... simplement, je suis frappé de respect religieux par la stupéfiante beauté de ton cul et je ne m'en sens pas de baiser...

La voilà bien la suprême vacherie du mâle roi : la pine qui fait la grève sur le tas. L'arme sans réplique dans la guerre des sexes : la pine qui ne veut rien entendre. Le drapeau qui flotte sur le camp adverse : la pine en berne. Le symbole de l'apocalypse : la pine à ogive nucléaire qui s'autodétruit. C'est *cela* l'iniquité fondamentale, que rien ne peut jamais redresser : non pas que le mâle dispose d'un merveilleux appât supplémentaire, nommé « pénis », mais que la femelle ait un con miraculeusement tous temps. Tonnerre, grêle ou nuit noire, rien ne saurait l'effrayer. Il est là, toujours présent, toujours prêt. Quoi de plus terrifiant, quand on y pense? Etonnez-vous, après cela, de la haine de l'homme pour la femme! Etonnez-vous qu'il ait inventé le mythe de l'inégalité des sexes!

– Je refuse de me laisser épingler et étiqueter comme le dernier des cons, dit Adrian sans se rendre compte de l'image que suscitaient ces mots pris à la lettre. Je refuse d'être enfermé dans une catégorie. Le jour où tu te décideras à t'asseoir devant ta table pour me mettre dans un livre, tu ne seras pas fichue de dire si je suis un héros ou un anti-héros, un fumier ou un saint, incapable de me classer dans une catégorie.

Et, dans l'instant, je suis tombée follement amoureuse de lui. Avec sa pine molle, il m'avait touchée bien plus profondément qu'avec la plus raide des tringles.

6

DES PAROXYSMES DE LA PASSION, OU DE L'HOMME CACHÉ SOUS LE LIT

De toutes les formes de courage absurde, celui des jeunes filles est la plus remarquable. Sinon, il y aurait beaucoup moins de mariages et encore moins de ces folles aventures qui passent outre à tout, même au mariage...

COLETTE.

Non que de tomber éperdument amoureuse fût le moins du monde insolite dans mon cas. J'avais passé l'année précédente à tomber amoureuse : d'un poète irlandais, qui élevait des porcs dans l'Iowa; d'un romancier mesurant un mètre quatre-vingts, qui avait l'air d'un cow-boy et qui écrivait des allégories sur les effets de la radio-activité; d'un critique littéraire à l'œil bleu, qui avait raffolé de mon premier recueil de poèmes; d'un peintre hargneux (dont les trois femmes s'étaient suicidées); d'un professeur de philosophie de la Renaissance italienne, très insinuant, fleurant la colle, et qui baisait les étudiantes de première année; d'un interprète des Nations unies (hébreu, arabe et grec), qui avait cinq enfants, une mère malade et sept romans non publiés, le tout dans un immense appartement de Morningside Drive; d'un pâle biochimiste de pure souche puritaine, qui m'invitait à déjeuner au club des anciens de Harvard et avait déjà épousé deux autres femmes écrivains, toutes deux enclines à la nymphomanie.

Mais tout cela n'avait mené à rien. Oh oui, il y avait eu des caresses appuyées, sur la banquette arrière d'une voiture ou d'une autre, et de longs baisers ivres, dans des cuisines new-yorkaises pleines de cafards et par-dessus des chopes pleines de Martini tiède. Et aussi des flirts, à la faveur de déjeuners trop riches (passés en notes de frais) et des pince-fesses à la sauvette parmi les rayons de bibliothèques municipales. Et des embrassades après des lectures publiques de poèmes. Et des pressions de mains à des vernissages d'expositions. Et de longues conversations téléphoniques chargées de sens ou des lettres gorgées de sous-entendus. Il y avait même eu des propositions franches et ouvertes (venant habituellement d'hommes qui ne m'attiraient pas du tout). Tout cela ne menant à rien, encore une fois. Régulièrement, je rentrais chez moi pour écrire des poèmes à l'homme qui était mon véritable amour (quel qu'il pût être). Après tout, j'avais fait l'amour avec assez de types pour savoir qu'il n'y a pas tellement de différence entre une pine et une autre. Qu'est-ce que je cherchais donc? Et pourquoi toute cette fièvre? Peut-être refusais-je la consommation de tous ces flirts parce que je savais que l'homme dont je rêvais vraiment continuerait à me filer entre les doigts, et que la chose se terminerait pour moi par une déception. Mais qui était-il, cet homme dont je rêvais tant? La seule chose que je savais, c'était que je lui courais après, désespérément, depuis l'âge de seize ans.

Quand j'avais seize ans et que je me prenais pour une socialiste fabienne, quand j'avais seize ans et que je refusais de me laisser peloter par les garçons qui « aimaient Ike », quand j'avais seize ans et que je mouillais de larmes mon exemplaire des *Rubbaiyyat,* quand j'avais seize ans et que je tachais de mes pleurs les sonnets d'Edna Saint Vincent Millay, j'avais coutume de rêver d'un homme idéal baisable corps et âme également. Il avait le visage de Paul Newman et la voix de Dylan Thomas. Il avait le corps du *David* de Michel-Ange (« avec ce friselis de petits muscles sous le marbre », disais-je à ma meilleure amie, Pia Wittkin, dont la statue de mâle favorite était le *Discobole* – nous étions toutes deux des ferventes de l'histoire de l'Art). Il avait l'esprit de George Bernard Shaw (du moins tel que le concevait mon esprit de seize ans). Il adorait le troisième Concerto pour piano de Rachmaninov et *In the wee small hours of the morning* de Frank Sinatra, plus que tout autre musique au monde. Il partageait ma passion pour les tapisseries de la Dame à la Licorne, pour *Plus fort que le diable,* pour le romantisme des Cloisters, ce monastère apporté avec toutes ses pierres d'Europe à New York, pour *Le Deuxième Sexe* de Simone de Beauvoir, la sorcellerie et la mousse au chocolat. Il partageait mon mépris pour le sénateur McCarthy et son maccarthysme, et pour Elvis Presley et mes philistins de parents. Je ne l'ai jamais rencontré; mais, à seize ans, le fait de le chercher en vain me semblait insupportable. Par la suite j'ai appris à ne pas croire qu'une hirondelle fait forcément le printemps et à pousser la voiture sans m'occuper du ruban du chapeau de la gamine. Le contraste entre mes fantasmes (Paul Newman, Laurence Olivier, Humphrey Bogart, le *David* de Michel-Ange, etc.) et les adolescents au visage boutonneux que je connaissais était risible. A cela près que j'en pleurais, tout comme mon amie Pia. Nous compatissions mutuellement dans le lugubre appartement de ses parents, Riverside Drive.

– Moi, je l'imagine comme une sorte de... tu sais... de mélange de Laurence Olivier dans *Hamlet* et de Humphrey Bogart dans *Plus fort que le diable,* avec des dents très blanches et très sauvages, et un corps terrible, fantastique!... Assez comme le *Discobole.*

Et elle montrait son ventre à elle, plutôt bien rembourré.

– Et tu es habillée comment? demandais-je.

– Je me vois en... tu sais? Genre mariée du Moyen Age. Avec cette espèce de coiffe blanche et pointue, et le voile de gaze qui flotte... et une robe de velours rouge... ou peut-être cramoisi... et des chaussures très pointues...

Elle me dessinait les chaussures à l'encre noire, avec la plume de son Rapidographe. Puis elle dessinait le costume en entier : robe à taille Empire, très décolletée, et longues manches étroites. Le tout porté par un mannequin superbe dont les seins bombaient voluptueusement hors de la robe. (A l'époque, Pia elle-même était rondelette, mais avait la poitrine plate.)

– Et je vois tout à fait la cérémonie se dérouler dans les Cloisters, poursuivait-elle. Je suis sûre qu'on peut louer les Cloisters, si on s'adresse là où il faut.

– Et où habiterais-tu?

– Tu sais, je me vois très bien dans une de ces vieilles bâtisses hantées du Vermont... un monastère abandonné ou une abbaye, ou quelque chose de ce genre... (Pas plus qu'elle, je ne mettais en doute l'existence de monastères ou d'abbayes abandonnés dans le Vermont...) Il y aurait de ces planchers très rustiques en bois brut et une lucarne dans le toit. Et ça ne ferait qu'une seule grande pièce, qui serait à la foi studio et chambre à coucher, avec un immense lit rond, juste au-dessous de la lucarne... et des draps de satin noir. Et on aurait des tas de chats siamois, qu'on appellerait... tu sais?... Dylan, Thomas, Emily, Brontë... tu me suis?

Oui, bien sûr; du moins, je le croyais.

– N'importe... (poursuivait-elle)... Moi, je me vois assez comme Gina Lollobrigida et Sophia Loren mélangées... (Pia avait des cheveux presque noirs...) Qu'est-ce que tu en penses?

Elle ramassait ses cheveux gras au sommet du crâne et les y tenait solidement, tout en tétant ses joues de l'intérieur, pour les creuser, et en écarquillant au maximum ses grands yeux bleus. Je disais :

– Moi, je te trouve plus près du genre Anna Magnani... les pieds sur la terre, très instinctive et animale, mais terriblement sensuelle.

– Tu as peut-être raison, disait-elle pensivement, en prenant la pose devant la glace.

Puis, après un petit moment :

– C'est *répugnant!* Jamais nous ne rencontrons personne qui soit *digne* de nous...

Le tout accompagné d'une horrible grimace.

Au cours de notre dernière année à l'école de musique et de peinture, Pia et moi, nous avions entrouvert la porte de notre club à deux, terriblement fermé et hostile au monde extérieur, à quelques rares autres inadaptées. Ce fut la première et seule fois que se constitua plus ou moins autour de nous une bande. Il y avait dans le groupe une fille avec de gros seins, du nom de Nina Nonoff, dont les titres distinctifs étaient une passion nécrophilique pour le fantôme de Dylan Thomas (toujours lui), une érudition invérifiable en matière de jurons et de grossièretés en chinois et en japonais, et un « contact » avec un vrai étudiant de Yale, membre de l'équipe de rugby de cette université (d'où, pour la bande, de folles perspectives de week-ends sportifs et stadiques – à cela près que le « contact » se révéla être l'ami d'une amie d'une connaissance du frère de Nina). Quant à la mère de Nina, elle possédait une collection imposante de « livres sur le sexe », parmi lesquels nous rangions un ouvrage sur *L'accession à l'âge adulte aux îles Samoa* et un autre sur *Sexualité et Tempérament* (n'importe quel bouquin contenant le mot de puberté était oké). Enfin, le père était l'auteur d'un feuilleton radiophonique célèbre dans les années 40, et cela seul conférait une classe folle à Nina. A l'inverse, Jill Siegel avait été admise dans la bande par charité, beaucoup plus que pour sa classe. Son apport sur le plan du raffinement était quasiment nul, mais elle compensait cette carence par une loyauté aveugle à notre égard et par sa façon flatteuse de singer nos maniérismes les plus outranciers. Membre à éclipse du club, Grace Baratto se destinait à des diplômes de musique; nous n'avions guère de respect pour son intelligence, mais elle était pleine d'histoires sensationnelles sur ses exploits érotiques. Malgré ses dénégations, nous nous disions en secret que, probablement, elle s'était déjà « jetée à l'eau ». Pia me confia un jour :

— Au maximum c'est une demi-vierge.

J'avais hoché la tête d'un air entendu. Rentrée chez moi, j'avais bondi sur le dictionnaire.

Deux garçons seulement étaient admis dans le groupe, et nous les traitions avec le plus de dédain possible, pour bien leur donner à comprendre qu'ils étaient là uniquement par tolérance. Comme il s'agissait de camarades « d'école » et non « d'université », il ne devait pas y avoir d'ambiguïté : ils ne seraient jamais que des amis « platoniques ». John Stock était le fils de vieux amis de ma famille. Il était joufflu, blond, et écrivait des nouvelles. Sa formule favorite était : « Au paroxysme de la passion. » On la retrouvait au moins une fois dans chacune de ses nouvelles. Ron Perkoff (que nous surnommions, naturellement, Merdkoff) était amoureux de moi. Grand, la peau sur les os, le nez fort et crochu, le visage offrant un assortiment vraiment insensé de points noirs et de boutons (que je mourais d'envie de presser), il était anglophile, abonné à *Punch* et à l'édition du *Manchester Guardian* servie à l'étranger par avion; il portait, par n'importe quel temps, un parapluie étroitement roulé, prononçait banal (un de ses mots préférés) *bânal,* et poivrait ses discours d'expressions comme « sapré saligaud » et « gâcheuse ».

Après le supplice des examens d'entrée et l'attente des bulletins d'admission, nos activités de « gâcheuses » et de « gâcheurs » consistèrent principalement, ensuite, à tuer l'oisiveté de l'interminable trimestre de printemps avec de longues stations dans l'appartement de mes parents, dans l'attente impatiente, cette fois, de la distribution des diplômes. Assis par terre tous les six dans le grand salon, nous consommions des tonnes de fruits, de fromages, de sandwiches au beurre de cacahuète et de gâteaux secs, en écoutant les albums de disques de Frank Sinatra et en écrivant collectivement des poèmes épiques, où nous essayions de mettre autant de pornographie que notre expérience limitée nous le permettait. Nous improvisions sur mon Olivetti portative, qui passait de giron en giron. Chaque fois que John était là, les « paroxysmes de passion » étaient à l'ordre du jour.

Peu de ces créations collectives ont échappé à la destruction. Pourtant, récemment, j'ai retrouvé par hasard un fragment qui exprime assez bien l'esprit de tous ces chefs-d'œuvre perdus. Nous avions coutume de plonger droit dans l'action, en réduisant au minimum les préliminaires, en sorte que l'allure générale du récit était plutôt hachée. Entre autres règles, il était convenu que chaque auteur avait droit à trois minutes avant d'être forcé de passer la machine à écrire à la suivante ou au suivant – ce qui ne pouvait qu'accentuer le caractère spasmodique de la prose. Comme, d'ordinaire, c'était Pia qui commençait, elle avait le privilège d'ébaucher les traits du personnage dont nous serions bien contraints de nous accommoder à sa suite.

Dorian Fairchester Faddington, quatrième du nom, était un méchant rimeur, dont même ses meilleurs amis disaient qu'il « mélangeait les genres » et « courait de couche à sonnet ». Bien qu'il fût sexuellement omnivore et préférât à l'occasion les chameaux, comme neuf médecins sur dix, d'habitude il était porté par goût vers les femmes. Hermione Fingerforth était femme – du moins aimait-elle à le croire – et chaque fois que le hasard mettait Dorian sur son chemin presque aussitôt leurs lèvres se rencontraient en une succession de poses intéressantes.

– La peau est l'organe de première grandeur du corps humain, lui fit-elle remarquer nonchalamment,

un jour où, nus, ils prenaient ensemble un bain de soleil, sur la terrasse de l'élégant « grenier » d'Hermione.

– Parle pour toi! s'exclama-t-il en se jetant sur elle, en un soudain paroxysme de passion.

– Hors d'ici! Hors de ma cramouille, sapré saligaud! clama-t-elle, en le repoussant et en abritant sa virginité tant vantée sous le bouclier d'un réflecteur solaire.

– Si je comprends bien, vous aimeriez que je réfléchisse à mes actes? plaisanta-t-il.

– Jésus Seigneur, quelle croix! dit-elle avec colère. Les hommes ne s'intéressent aux femmes que par giclées.

A l'époque, nous trouvions que c'était le morceau de prose le plus drôle qu'on eût jamais écrit. Le dialogue ne s'en tenait pas là, d'ailleurs – il était ensuite question d'un hélicoptère de la sécurité routière, avec deux speakers de la radio à bord, qui se posait sur le toit, à la suite de quoi toute la scène tournait à l'orgie. Mais il ne restait rien de cette partie. Il n'empêche que le fragment retrouvé rend assez exactement notre état d'esprit à tous les six, à ce stade de notre vie. Sous les airs de cynisme et de sagesse à la manque et sous la pseudo-sophistication, se cachait le plus beau romantisme à la guimauve qu'on ait pu imaginer depuis le temps où Edward Fitzgerald, le traducteur d'Omar Khayyam, se prenait pour la réincarnation du bon poète persan. Toutes les deux, Pia et moi, nous cherchions quelqu'un avec qui chanter dans le désert le duo de la vie, et nous savions parfaitement que John Stock et Ron Perkoff ne correspondaient pas tout à fait à notre idéal.

Nous étions l'une et l'autre des souris de bibliothèque et, quand la réalité nous décevait, nous nous retournions vers la littérature – du moins vue à travers les films. Nous considérant nous-mêmes comme des héroïnes, nous n'arrivions pas à comprendre où était passée toute cette foule de héros : les livres en regorgeaient, les films en étaient pleins, et ils restaient singulièrement absents de notre existence.

DE L'HISTOIRE ET DE LA LITTÉRATURE
CONSIDÉRÉES SUBJECTIVEMENT
A L'AGE DE SEIZE ANS

I

Dorian Gray avait le cheveu chantourné dans l'or
[blond.
Rhett Butler avait tout : la beauté, le panache et le
[front.
Julien Sorel connaissait tout des passions.
Le comte Vronsky était charmant de slave façon...
Pour eux je me ferais joie de ma damnation,
Si tous dans leurs romans ils n'avaient tant d'occu-
[pations.

II

Juliette à seize ans par sa mort réconcilia Vérone.
Nana connut le Tout-Paris des bars et des ivrognes.
Hélène fut, dit-on, la perdition de mille flottes.
Salomé pour triompher n'eut qu'à montrer sa culotte.
Esther sauva son peuple par l'effet de sa beauté.
La gloire de Marie par tous les clochers est chantée.
Louis dut d'avoir tête tranchée à sa reine bergère.
Mais de mes seize années le monde ne se soucie guère.

La métrique est un peu heurtée, mais le message, clair. Nous nous fussions fait joie de notre damnation, si seulement nous avions pu trouver les hommes dignes de nous voir nous rouler à leurs pieds.

Les garçons que nous avons rencontrés ensuite à l'université étaient pires, en un sens. John et Ron étaient de gentils casse-pieds et nous adoraient. Ils n'avaient ni le cerveau de Bernard Shaw ni le corps du *David* de Michel-Ange, mais ils nous étaient dévoués et nous regardaient comme des créatures éblouissantes d'esprit et de raffinement intellectuel – alors que, à l'université, la guerre des sexes faisait vite rage et que l'abîme se creusait rapidement entre le cerveau et le corps.

Je découvris mon premier mari au cours de ma première année d'étudiante et l'épousai quatre ans plus tard, après avoir cueilli mes diplômes – et après, aussi, quelques brèves caracoles et aventures. A vingt-deux ans, j'étais déjà ancienne combattante, rescapée d'un mariage qui avait cédé sous l'assaut de très pénibles circonstances. Pia, de son côté, s'était déniché une série de grands et petits salopards qui la déçurent après l'avoir baisée. De l'université, elle m'envoyait de longues épîtres dans le style épique, tracées de sa minuscule écriture baroque et décrivant en détail chacun des salopards en question – mais sans que je parvinsse à les distinguer les uns des autres, malgré sa minutie. Ils semblaient tous avoir les joues creuses et des cascades de cheveux blonds. Elle en tenait pour le type *chagetz* des grandes plaines du Middle West, exactement comme certains Juifs n'en pincent que pour la *chikse*. A croire que Pia tombait régulièrement amoureuse du même gars. Une sorte de Huckleberry Finn moins le radeau : blond comme les blés, jeans bleus, bottes de cow-boy. Et tous finissant par la plaquer.

A force, nous perdions illusion après illusion. Il fallait s'y attendre, avec nos imaginations absurdes du début. Pourtant, je ne pense pas que nous ayons beaucoup différé de millions d'autres adolescentes – sauf que nous étions plus versées dans la littérature et prétentieuses. Notre seul désir était de pouvoir tout partager avec un homme. Pourquoi était-ce donc tant demander? Cela venait-il d'une incompatibilité foncière entre les sexes? Ou simplement de ce que nous n'avions pas encore mis la main sur le bon numéro?

Quand vint l'été de 1965 – nous avions toutes les deux vingt-trois ans et faisions le tour de l'Europe – nous avions atteint un tel degré de désenchantement que, si nous couchions, c'était surtout pour nous vanter entre nous du nombre de scalps accrochés à nos ceintures respectives.

A Florence, Pia paraphrasa ainsi le poète Robert Browning :

Ouvre mon con, tu y liras
Gravé ce seul mot : Italie.

Nous avons couché dans cette ville avec des individus qui vendaient des portefeuilles à la sortie du musée des Offices, avec deux musiciens noirs qui habitaient une *pensione* de l'autre côté de la *Piazza,* avec les employés d'Alitalia qui nous ont vendu nos billets d'avion, avec les agents de l'American Express à qui nous allions réclamer notre courrier. J'ai eu une aventure d'une semaine avec mon fameux Alessandro, cet Italien marié qui aimait que je lui chuchote à l'oreille « merde foutre con » pendant que nous baisions. J'étais prise alors d'un tel fou rire que je perdais tout intérêt pour le foutrage. Ensuite, une autre aventure, d'une semaine aussi, avec un Américain d'une quarantaine d'années, professeur d'histoire de l'art, et qui signait ses lettres d'amour « Michel-Ange ». Il était également marié, avec une Américaine alcoolique installée à Fiesole. Son crâne chauve luisait, il portait le bouc et avait une passion pour la *granità di caffè.* Son rêve était d'attraper du bout des dents, pour les manger, des quartiers d'orange entre les lèvres de mon con, parce qu'il avait lu cela dans *Le jardin des parfums.* Et puis il y eut le jeune Italien, élève du conservatoire de chant (section ténors), qui me déclara, à notre second rendez-vous, que son livre de chevet était *Justine,* du marquis de Sade, et me demanda si je voulais bien en jouer des scènes pour de vrai avec lui. Pur amour de l'expérience sur le vif, nous en étions convaincues, Pia et moi. Tout de même, je ne le revis pas.

La crème de ces aventures semblait être les crises de

rire qui nous prenaient quand nous nous en faisions le récit entre nous. Hormis cela, elles étaient sans joie, pour la plupart. Les hommes nous attiraient; mais, dès qu'il s'agissait de compréhension mutuelle et de conversation bien honnête, c'était sur nous seules que nous devions compter. Finalement, les hommes étaient réduits à l'état d'objets sexuels.

Et c'est une chose très triste. Au bout du compte, nous en venions à admettre si bien le mensonge, la comédie et le compromis, qu'ils finissaient par passer à l'as, même à nos yeux. Machinalement, nous en venions, oui, à dissimuler certains détails à nos hommes. Impossible, par exemple, de ne pas leur cacher que nous parlions d'eux entre nous, que nous comparions leurs façons de baiser, que nous singions leur démarche et leur voix.

Les hommes ont horreur, depuis toujours, des commérages entre bonnes femmes, parce qu'ils soupçonnent la vérité : que l'on y prend leurs mesures pour les confronter. Dans les sociétés les plus paranoïaques (l'arabe, la juive orthodoxe), on force la femme à rester emmitouflée (ou affublée de perruques) et le plus possible à l'écart du monde extérieur. Cela n'empêche pas les commérages. C'est la première et la plus simple de toutes les formes d'éveil de la conscience. Libre aux hommes d'en rire; ils n'y peuvent rien. Le commérage est l'opium des créatures opprimées.

Mais où étaient-elles les créatures opprimées? Nous étions, Pia et moi, des « femmes libres » (mots qui, privés de leurs guillemets, n'ont pas de sens). Pia était peintre; moi, écrivain. Les hommes étaient loin d'être tout, dans notre vie. Il y avait le travail, les voyages, les amitiés. Pourquoi, alors, notre existence paraissait-elle se résumer en une longue succession de chansons tristes sur l'homme? Et de chasses à l'homme. Où étaient-elles, les femmes vraiment *libres,* qui ne passaient pas leurs jours à rebondir de mâle à mâle, qui avaient le sentiment d'être entières, avec ou sans mâle? Nous nous tournions vers nos héroïnes vacillantes pour chercher secours et, las! hélas! que voyions-nous? Simone de Beauvoir, incapable de bouger le petit doigt sans se demander *Qu'en penserait Sartre*? Lillian Hellman, se voulant aussi virile que son Dashiell Hammett, afin qu'il ait pour elle autant d'amour que pour lui-même. L'Anna Wulf de Doris Lessing, incapable de jouir si elle n'est amoureuse (ce qui lui arrive rarement). Et les autres – femmes écrivains ou peintres? Des parangons de timidité, de reculade, de schizophrénie, presque toutes. Timides dans la vie, braves uniquement dans leur art. Et Emily Dickinson, les sœurs Brontë, Virginia Woolf, Carson McCullers? Et Flannery O'Connor, élevant des paons et vivant avec maman. Sylvia Plath se collant la tête dans le fameux four à gaz. Georgia O'Keefe dans son désert, avec ses airs d'unique survivante. Mais de Rabelais femme, point! Non, pas la moindre gaillarde débordante de sucs, de jus, de joie, d'amour, et aussi de talent. Où nous tourner dans notre recherche d'une gouverne? Vers Colette, avec sa coiffure afro-gallique? Vers Sappho et vers le mystère que reste sa vie? « De grands désirs me meurs et de langueur », disait-elle. Et nous de même! Presque toutes les femmes que nous admirions le plus étaient des vieilles filles ou des suicidées. Tout cela pour en arriver *là?*

Et la quête de l'homme impossible continuait...

Pia ne s'est jamais mariée. Quant à moi, mes deux mariages n'avaient pas mis fin à ma course-poursuite. N'importe lequel de mes nombreux jivaros eût expliqué que j'étais à la recherche de mon père. Comme tout le monde, n'est-ce pas? L'explication ne me suffisait pas. Non qu'elle me parût fausse. Trop simple, tout bonnement. Peut-être la poursuite était-elle vraiment une sorte de rituel, où la démarche même avait plus d'importance que la fin. Peut-être était-ce une espèce de quête religieuse? Peut-être l'homme en question n'existait-il pas du tout et n'était-il qu'un mirage, magiquement né de notre sentiment de vide et de nos désirs?

Quand on a faim en se couchant, on rêve de mangeaille. Quand on se met au lit la vessie pleine, on rêve qu'on se relève pour pisser. Quand on s'endort en ayant le feu dans son pyjama, on rêve qu'on se fait trancher. Peut-être l'homme impossible n'était-il qu'un spectre, émanation de nos ardentes nostalgies? Peut-être était-ce lui, l'audacieux intrus, le violateur fantôme que les femmes s'attendent à trouver sous leur lit ou derrière les rideaux de leur alcôve? Qui savait même si ce n'était pas lui, le suprême, l'ultime amant, le Squelette à la Faulx? Dans un de mes poèmes je le voyais comme « l'homme caché sous le lit » :

L'homme qui sous le lit
Guette caché là depuis des années
L'homme à l'affût d'un éclair blanc de mon pied nu
Plus silencieux que poussière chevauchant vent de nuit
Plus léger d'haleine qu'haleine de papillons blancs
Celui dont je pressens le souffle dans le téléphone
Et qui noircit de sa buée le miroir argenté
L'homme d'os qui dans les penderies joue aux billes
Avec la naphtaline
L'homme tout au bout de l'autre bout de la ligne
Je l'ai comme toujours rencontré cette nuit
Debout dans l'air ambré d'un bar à l'autre
Où les crevettes ont l'air de doigts qui font signe
Et d'hippocampes embrochés qui traversent le vide.
Lorsque la glace craque et que le trou va me happer
Il organise son visage à l'entour de ses creux
Et ses yeux ouvrent sur moi leur absence
Depuis le temps qu'il attendait le moment de ma chute
Voici pourtant que ce soir à l'en croire
Il n'espérait au plus que me raccompagner chez moi
Nous valsons dans la rue comme la vierge des légendes
Avec l'Homme à la Faulx
Fantômes dansants nous traversons les murs de ma chambre

S'il est mon rêve il se refermera dans la nuit de mon corps
Son souffle trace sur la transparence de mes joues
Des lettres embrumées
J'enroule autour de lui le noir manteau de mes ténèbres
Et mon haleine exhalée dans sa bouche
Lui insuffle la vie et la réalité.

7

D'UNE CERTAINE TOUX NERVEUSE

Il manque à nos souvenirs le dur rebord de la réalité. En chemin, pour nous aider, nous nous faisons de petits romans, des scénarios hautement subtils et personnels, qui clarifient et modèlent l'expérience vécue. L'événement devenu souvenir se change en fiction, en structures destinées à loger et servir tel ou tel sentiment. C'est là pour moi une évidence. N'étaient ces structures, l'art serait bien trop personnel pour que l'artiste pût créer, sans parler de l'impossibilité plus grande encore d'être compris par le public. Même le cinéma, le moins imaginatif de tous les arts, ne peut se passer de montage.

JERZY KOSINSKI.

Bennett dort. Visage de gisant. Bras allongés contre le corps. Pas de Mary Winkelman dans le lit. Je me faufile entre mes draps. A travers la fenêtre, filtre une lueur bleutée. Je suis trop heureuse pour trouver le sommeil. Mais que vais-je dire à Bennett, au réveil? Etendue, je pense à Adrian, reparti après m'avoir déposée et qui, maintenant, doit tourner désespérément en se trompant de chemin. Je l'adore. Plus il se perd, plus parfait il m'apparaît.

Réveillée à 7 heures du matin, je reste couchée encore deux heures, en attendant que Bennett ouvre à son tour l'œil. Il gémit, pète et se lève. Sans un mot, il commence à enfiler des vêtements, en ébranlant le sol d'un pas de cuirassier. Moi, je chantonne et j'ai l'air de sauter à la corde tout en allant et venant entre la chambre et la salle de bains. Allègrement, je demande :

– Tu as disparu, hier soir. Où étais-tu passé? Nous t'avons cherché partout.

– J'ai disparu, moi? Où cela?

– A la discothèque, tu sais bien... Brusquement, on ne t'a plus vu. J'ai regardé partout avec Adrian Belamour.

– .Parce que c'est *toi* qui m'as cherché partout? dit-il, une grosse pointe d'amertume et de sarcasme dans la voix. Toi et tes *liaisons dangereuses!* reprend-il, avec un si mauvais accent français sur les deux derniers mots qu'il me fait pitié. Tâche d'inventer mieux.

Pas de meilleure défense qu'une bonne offensive, me dis-je. Pas de meilleur conseil que celui de la Femme de Bath des *Contes de Canterbury* : toujours accuser la première son mari.

– Enfin, quoi, où diable étais-tu passé avec ta Mary Winkleman?

Il me jette un regard noir :

– Où nous étions? *Là!* Si bien là, même, que nous t'avons vue! Tout juste si tu ne faisais pas l'amour en dansant. Ensuite, vous vous êtes envolés.

– Tu étais *là?*

– Juste derrière la cloison, oui, assis à une table.

– La cloison? Je n'ai pas vu de cloison.

– Je me demande bien ce que tu voyais! dit-il.

– Je t'ai cru parti. Nous avons roulé *des heures* en te cherchant. Puis nous sommes revenus, en nous perdant tout le temps.

– Tu m'étonnes!

Il s'éclaircit nerveusement la voix, selon son habitude. Cela ressemble presque à un râle d'agonisant, mais sourd, comme étouffé. Il n'est rien que je déteste plus dans notre vie conjugale. C'est le leitmotiv des pires moments de notre ménage.

Nous expédions le petit déjeuner sans échanger une parole. A demi recroquevillée sur ma chaise, j'attends les coups qui vont tomber. Mais Bennett ne poursuit pas ses accusations. L'œuf à la coque et le coquetier s'entrechoquent sous ses doigts; la petite cuiller tinte contre le bord de la tasse quand il remue son café. Dans le silence de mort, chaque son, chaque geste ou mouvement prend une apparence d'outrance, comme un gros plan de film. L'acte de décalotter l'œuf prend des dimensions d'épopée à la Andy Warhol. Titre : *L'Œuf.* Six heures d'une main d'homme amputant un œuf de sa calotte. Le tout au ralenti...

Le fait était que son silence, je m'en souviens, m'apparaissait d'autant plus étrange que, en d'autres occasions, j'avais eu droit à des suifs terribles pour des vétilles – parce que j'avais oublié de faire le café à l'heure dite, le matin, ou de m'acquitter d'une course, ou de lui signaler un panneau indicateur dans une ville inconnue où nous étions perdus. Mais cette fois-ci : néant. Il continuait seulement à s'éclaircir nerveusement la gorge, penché en avant, l'œil fixe, sur son œuf décalotté. Ce léger toussotement était son unique protestation, mais il me ramenait à l'une des pires circonstances de notre vie conjugale.

C'était le premier Noël de notre mariage, et nous le passions à Paris. Bennett était horriblement déprimé, et ce, depuis la première semaine de notre union, ou presque. Il détestait l'armée, je l'ai dit. Détestait l'Allemagne. Détestait Paris. Me détestait, semblait-il, comme si j'avais été responsable de tout ce qui lui arrivait, pour ne pas dire plus. Il s'entourait de glaciers de griefs qui s'étendaient très, très loin au-dessous de la surface de la mer. Pendant tout le long trajet en voiture de Heidelberg à Paris, tout juste s'il m'avait adressé deux fois la parole. Il n'est pas d'instrument plus contondant que le silence. Ses coups de masse vous font rentrer sous terre, vous renfoncent encore plus profondément dans votre sentiment de culpabilité, prêtent aux voix intérieures dix fois plus de méchanceté accusatrice que ne pourrait en contenir n'importe quel jugement de l'extérieur.

Je le revois sur l'écran de ma mémoire, cet épisode, comme un film en noir et blanc photographié avec une cruelle netteté. Mise en scène d'Ingmar Bergman, vraisemblablement. Chacun de nous deux joue son rôle dans cette version cinématographique. Si seulement nous pouvions échapper au cercle vicieux, ne plus avoir à jouer, toujours, notre rôle!

Veille de Noël à Paris, donc, après une journée blanche et grise. Le matin, ils ont visité Versailles et plaint les statues toutes nues. D'un blanc quasi furieux, les statues. Leurs ombres portées : vert ardoise. Autour, les haies taillées, aussi plates que leurs ombres à elles. Froid et perçant, le vent. Ils avaient les pieds gourds. Leurs pas sonnaient creux comme le vide de leur cœur. Ils ont beau être mariés, ils ne sont pas amis.

Nuit, maintenant. Quelque part entre l'Odéon et Saint-Sulpice. Ils gravissent un escalier du métro. L'écho de leurs pas gèle à mesure.

Ils sont américains tous les deux. Lui, grand, mince, la tête petite. Type oriental, forte crinière de cheveux noirs. Elle, blonde, petite, malheureuse. Elle trébuche souvent. Lui, jamais. Il lui en veut de ses trébuchements. Voilà, vous savez tout. Non, manque encore l'intrigue.

Vue plongeante, du sommet de l'escalier en spirale d'un hôtel de la rive gauche, qu'ils vont gravir jusqu'au cinquième étage. Elle tourne et tourne derrière lui. On voit le haut de leur crâne qui a l'air de s'élever par petits sauts. Puis on découvre les deux visages. Elle, mélange d'irritation et de tristesse. Lui, mâchoires figées dans l'entêtement. Il ne cesse de s'éclaircir nerveusement la gorge.

Ils parviennent au cinquième, où on leur a donné une chambre. Il ouvre la porte, qui ne fait pas de difficulté. La pièce est conforme à l'image familière de tant de chambres de n'importe quel hôtel minable de Paris.

Tout y a l'air moisi. Le couvre-lit de chintz est fané. La moquette est rongée dans les coins. Derrière une cloison qu'on dirait en carton, un lavabo et un bidet. Les fenêtres donnent peut-être sur les toits, mais elles sont lourdement tendues de velours marron. Il s'est remis à pleuvoir; sur le rebord des fenêtres, la pluie tapote doucement son message dans son morse secret.

Elle note mentalement que tous les hôtels parisiens à vingt francs semblent avoir le même décorateur imaginaire. Elle ne peut pas lui communiquer ce genre de remarque – il penserait qu'elle est une enfant gâtée. Mais elle se le dit à elle. L'étroit lit à deux places avec sa rivière au milieu lui fait horreur. Tout comme le traversin au lieu d'oreiller. Et la poussière qui lui vole dans les narines quand elle soulève le couvre-lit. Et Paris.

Il se déshabille en frissonnant. On ne manquera pas d'être frappé par l'extrême beauté de son corps : le dos parfaitement droit, lisse et sans un poil, les mollets aux muscles longs et bruns, sans un pouce de graisse, les doigts d'une très grande finesse. Mais ce corps n'est pas pour elle. La façon dont il met son pyjama est un reproche. Elle est debout, nue sauf ses bas. Elle dit :

– Pourquoi faut-il que tu sois toujours comme ça avec moi? Je me sens tellement seule à cause de toi.

– Tu n'as qu'à t'en prendre à toi-même.

– A moi-même? Pourquoi? J'avais très envie d'être heureuse, ce soir. C'est Noël. Pourquoi m'attaques-tu? Qu'est-ce que j'ai encore fait?

Silence.

– Je te demande ce que j'ai fait.

Il la regarde comme si cette ignorance était une insulte de plus.

– Ecoute, dormons, veux-tu, pour l'instant. Oublions ça, c'est plus simple.

– Oublions quoi?

Il ne répond pas. Elle enchaîne :

– Le fait que tu m'as attaquée? Le fait que tu me

punis sans raison? Que je me sens toute perdue et que j'ai froid? Que c'est Noël et que tu m'auras gâché mon plaisir une fois de plus? C'est cela que tu voudrais que j'oublie?

– Je ne me sens pas d'humeur à discuter.

– Discuter quoi? *Qu'est-ce* que tu n'as pas envie de discuter?

– Assez! Je n'ai surtout pas envie qu'on t'entende dans tout l'hôtel.

– Si tu savais comme je m'en fiche que tu en aies envie ou pas! J'aimerais que tu me traites poliment. J'aimerais que tu aies au moins la courtoisie de m'expliquer pourquoi tu as les grelots comme ça. Et je te défends de me regarder de cette façon.

– De quelle façon?

– Comme si le fait d'être incapable de lire dans tes pensées était le plus noir de mes péchés. Comment veux-tu que je lise dans tes pensées? J'ignore totalement ce qui te rend si furieux. Tout de même, je ne peux pas constamment deviner tes désirs! Si c'est ça que tu cherches dans le mariage, tu t'es trompé de numéro.

– Cela n'a rien à voir.

– Alors c'est quoi? Dis-le, je t'en supplie.

– Cela semble aller de soi.

– Seigneur! Tu veux vraiment dire que je suis censée lire dans tes pensées? C'est cela que tu attends de *maman?*

– Si tu avais seulement un peu de compréhension à mon égard!...

– Mais je *n'ai* que ça! Seulement, va te faire fiche, tu ne me laisses pas la moindre chance!

– Tu changes tout le temps de longueur d'onde. Tu n'écoutes pas.

– C'est à cause de cette scène dans le film, avoue.

– Dans le film? Quelle scène?

– C'est ça, voilà l'interrogatoire qui recommence! Pourquoi faut-il que tu me passes à la question comme si j'étais une criminelle?... C'est de la mort de la mère que je parle, et de la scène de l'enterrement... Avec le plan du petit garçon qui regarde la morte. C'était plus fort que toi. C'est après avoir vu cela que tu as commencé ta déprime.

Silence.

– Oui ou non, ai-je raison?

Silence.

– *Vraiment,* Bennett! Tu me fais sortir de mes gonds. Je t'en prie, parle... je t'en supplie!

– Eh bien, qu'est-ce qu'elle avait donc, cette scène, de plus fort que moi?

(Il a laissé tomber chaque mot comme un petit cadeau, ou comme un petit étron constipé.)

– Assez de questions! Réponds, toi.

(Elle l'entoure de ses bras. Il l'écarte. Elle s'affale par terre et se raccroche à la jambe de pyjama contre laquelle elle a glissé. L'ensemble – elle qui tombe, lui qui lui abandonne à contrecœur le soutien de sa jambe – donne moins l'impression d'une embrassade ou d'une étreinte que d'une scène de sauvetage involontaire.)

– Relève-toi!

Elle (*sanglotant*) : Pas tant que tu ne m'auras pas répondu.

Lui (*dégageant brutalement sa jambe*) : Je vais me coucher.

Elle (*pressant son visage contre le froid du sol*) : Bennett, je t'en *prie,* non, pas ça! S'il te plaît, réponds!

– Je suis bien trop en colère.

– Je t'en supplie...

– Impossible.

– Je t'en supplie!...

– Plus tu insistes, plus tu me glaces.

– Je t'en supplie!...

Ils sont maintenant couchés avec leurs pensées, dans le lit à deux places. Elle est secouée de frissons et de sanglots et elle achève de tremper son côté du traversin. Il n'a pas l'air d'entendre. S'il leur arrive de rouler vers la rivière au milieu du lit, chaque fois il est le premier à se retirer vivement. Et cela se répète souvent. Ce n'est pas un lit, c'est un canoë!

Elle aime la chaleur et la dureté musclée de son dos. Elle aimerait le prendre dans ses bras, oublier leur scène précédente, faire comme s'il ne s'était rien passé... jamais. Lorsqu'ils font l'amour, toujours ils se retrouvent pour un temps et ne font alors plus qu'un. Mais il s'y refuse. Violemment, il repousse la main qu'elle a glissée dans la braguette de son pyjama. Et il la refoule tout entière. Elle roule de son côté, et lui du sien, jusqu'à l'extrême bord. Il dit :

– Ce n'est pas une solution.

On entend tomber la pluie. De la rue, montent parfois les cris de gens jeunes (des étudiants, peut-être?) rentrant chez eux, ivres. En bas, les pavés mouillés doivent luire. C'est fou comme Paris peut être humide. En sortant du cinéma, ce soir, ils sont allés à Notre-Dame. Perdus dans la foule, pris en sandwich entre des manteaux de laine humide et des fourrures humides. Messe de minuit. Bouts de parapluie dégouttant dans leurs chaussures. Impossible de faire un seul pas en avant ou en arrière. Toute une populace coincée là, engorgeant les allées. *Paix dans le monde,* avait nasillé une voix haut perchée dans des amplificateurs. Rien de pire que l'odeur de fourrure mouillée.

Il est chez lui, là-bas, à Washington Heighs. Son père vient de mourir. Il ne ressent rien. Curieux, qu'il ne ressente rien. Quand quelqu'un meurt, c'est censé vous faire quelque chose, non?

Je t'ai déjà dit que je ne ressentais rien – pourquoi reviens-tu tout le temps là-dessus? Parce que j'ai besoin de te connaître. Tu n'as jamais perdu personne, jamais vu mourir quelqu'un. C'est pour cela que tu me détestes? Tu habitais Central Park Ouest pendant que nous vivions d'allocations de chômage. Est-ce ma faute? Tu connais Pell Street? Tu as déjà vu dans cette rue l'entreprise de pompes funèbres pour Chinois? Quand nos gens meurent, ils retournent à leur peuple. Racistes dans la mort. Il n'avait jamais cru en Dieu. N'avait jamais mis les pieds dans une église. On disait les prières en chinois. Et je pensais : Merde, je n'en comprends pas un mot. Le cercueil était ouvert. Détail important. Sinon, comment croire à la mort? Psychologiquement, ça se défend. Cela dit, c'est plutôt sinistre. Après, la parenté est venue et a raflé le peu d'argent qui nous restait. Le commerce pourvoira à tout, disaient-ils. Mais le commerce a sombré. Je faisais mon avant-dernière année de lycée. Attends d'avoir ton diplôme de fin d'études secondaires avant de travailler, me conseillait l'assistante sociale. Moi je pensais : c'est ça, pour finir garçon de café. Et même pas dans un bistrot chinois, puisque je ne connais pas la langue. Je ne serai jamais qu'un instrument, une pauvre cloche. Il *faut* que j'entre à l'université. Toi, pendant ce temps, tu habitais toujours Central Park Ouest. Et pour le week-end, tu allais à Cambridge, voir les étudiants de Harvard. A la fac de médecine, j'étais chargé de nourrir les animaux du laboratoire. Noël, parlons-en. Pendant que les autres s'amusaient, j'ai passé la soirée, seul, au labo, à faire bouffer ces saloperies de rats.

Elle est allongée à côté de lui, parfaitement immobile. Elle doit se palper pour bien s'assurer qu'elle n'est pas morte. Elle songe aux deux premières semaines où elle s'était retrouvée avec une jambe dans le plâtre. Elle avait pris l'habitude de se masturber régulièrement, pour se convaincre qu'elle pouvait encore avoir d'autres sensations que la douleur. La douleur était sa religion, alors. Le plus total des engagements.

Sa main glisse sur son ventre. L'index droit caresse le clitoris, pendant que le gauche s'enfonce en elle, jouant les pénis. Qu'est-ce que ça peut bien ressentir, un pénis, avec toute cette douceur de chair qui l'enveloppe et qui cède et se creuse? Trop petit, ce doigt. Elle en ajoute un second et écarte les deux en fourche. Mais les ongles sont trop longs et font mal.

Et s'il se réveillait?

Peut-être est-ce cela qu'elle aimerait — qu'il se réveille et voie comme elle se sent seule.

Seule, seule, seule. Elle bouge les doigts au rythme de ce mot et sent ceux qui sont à l'intérieur devenir doux et crémeux, tandis que le clitoris se hérisse, dur, rouge. Rouge... le bout des doigts est-il sensible aux couleurs? Rouge, c'est comme ça qu'elle le sent, au toucher, tandis que la caverne, les doigts la sentent pourpre. Pourpre royale. Comme si le sang, là en bas, était bleu.

— A quoi pensez-vous en vous masturbant? lui demandait son phychanalyste allemand.

Il prononçait : *A quoi pensez-fous?* (Je pense fou donc je suis.)

A vrai dire, elle ne pense à personne en particulier. Si, à tout le monde, plutôt. A son psychanalyste et à son père. Non, pas à son père. Impossible. A un homme dans le train, oui. Ou caché sous le lit. Un homme sans visage. Un homme avec un grand blanc à la place de la figure. Et le pénis qui a un œil, unique et qui pleure.

Elle sent les convulsions de l'orgasme téter avidement l'extrémité et le pourtour de son doigt. Puis ses mains retombent le long de son corps et elle sombre dans un sommeil de mort.

Elle rêve qu'elle est revenue à l'appartement de son enfance. Mais, cette fois, c'est un architecte de rêve qui a tracé les plans. Les grands vestibules conduisant aux chambres à triples murailles décrivent des méandres pareils à ceux d'un lit de rivière asséchée, et l'office, à côté de la cuisine, est une soufflerie, avec des placards suspendus fixés trop haut pour qu'on puisse les atteindre. La tuyauterie fait des bruits de vieilles gens qui se gargarisent; les planchers se soulèvent comme une poitrine qui respire. Dans sa chambre, la porte en verre dépoli grouille de visages hurlant leur angoisse à la lune, la bouche en O. Une longue syllabe de clair de lune coule sur le plancher, y laissant une trace d'argent, puis vole en éclats dans un fracas de verre brisé. Les visages dans la porte sont des gueules de loup. Du sang caillé vernit le coin de leurs babines.

La salle de bains de la bonne est dotée d'une baignoire aux pieds griffus, du genre de celles où, enfant, on imagine que l'on va se noyer. Quatre lanternes de cuivre pendent au plafond du grand salon, qui monte à des altitudes vertigineuses et qui est recouvert de feuilles d'or terni. Droit au-dessus du salon, est posé un balcon dont les balustres ouvragés laissent juste assez d'espace entre eux pour qu'un enfant puisse s'y glisser et se mettre à planer dans les airs.

Encore une volée d'escalier, et elle se retrouve dans l'odeur de térébenthine de l'atelier. Là, le plafond ressemble à un chapeau pointu de sorcière. Un lustre à fers de lance se balance en plein centre au bout d'une chaîne noire. Il oscille légèrement sous le vent, qui passe en sifflant de la fenêtre nord à la fenêtre sud, toutes deux en forme de trapèze. A un mur, un plâtre du masque mortuaire de Beethoven, paupières closes faisant dôme que, grimpée sur une chaise, elle effleure des doigts. Une trace de suie noire souille le plâtre. Voilà maintenant qu'elle a laissé ses empreintes digitales sur les yeux de Beethoven! Il va sûrement arriver quelque chose d'atroce.

Sur la table, un crâne. A côté, un cierge. Son grand-père a composé cette nature morte. Ça existe vraiment, les natures mortes?

Sur le chevalet, un tableau inachevé représentant le crâne et le cierge. Qu'est-ce qui est le plus mort? Le crâne ou la nature morte dudit? De ces deux morts, laquelle résistera le plus longtemps?

Dans un angle de la pièce, une armoire. Dedans, pendue, inhabitée, la tunique verte d'officier de son mari. Les manches battent au vent. Serait-il mort? Elle est prise d'effroi. En courant, elle plonge par la trappe d'accès à l'atelier, dans le plancher, dégringole les marches de l'escalier – tombe soudain, certaine de mourir quand elle heurtera le fond. Elle se débat, cherchant à arracher un cri à sa gorge, et ce violent effort la réveille. A son étonnement, elle se retrouve à Paris, et non dans l'appartement familial... Il est toujours allongé à côté d'elle, comme mort, comme un gisant.

Elle regarde le visage de sommeil, la longue bouche aux commissures retroussées, l'esquisse des sourcils pareils à une calligraphie chinoise, et elle songe que, l'année prochaine à la même époque, ils ne seront plus ensemble, ou alors ils auront un enfant qui ne ressemblera pas à elle.

– Joyeux Noël, dit-il en ouvrant les yeux.

Ils font l'amour en espérant pour le mieux.

Il gèle. La pluie de la nuit s'est changée en verglas dans les rues. Ils s'habillent et vont se promener. Il a beau la serrer contre lui, elle glisse sans arrêt. Il la semonce :

– Marche à tout petits pas.

– Je n'ai pas des pieds de Chinoise! réplique-t-elle.

Cela ne le fait pas rire.

Ils longent les quais de l'île Saint-Louis, en admirant l'architecture. Ils se montrent les vieilles pierres sculptées au premier étage des façades. Ils s'arrêtent pour contempler trois vieillards qui pêchent des petits poissons frétillants, dans le gris de la Seine gonflée. Ils gobent deux douzaines d'huîtres dans un restaurant alsacien, puis dévorent des tartes à l'oignon tout en se grisant de vin. Les revoici patinant dans les rues, cramponnés l'un à l'autre comme s'il y allait de leur vie. Où me réfugier, si je l'abandonnais? se demande-t-elle. Le décor de son rêve lui revient par bribes. Elle sait qu'elle ne peut plus y retourner. Elle n'a nulle part où se refugier. Nulle part. Elle se serre contre lui et dit :

– Je t'aime.

Quand le soir tombe, ils s'arrêtent pour manger une bûche de Noël et boire un café dans un petit bistrot en face de Notre-Dame, rive gauche. Songe-t-il à la quitter? Elle ne sait jamais ce qu'il pense. Ils font comme s'ils avaient passé une bonne journée, pleine de bonheur et d'insouciance. Pas un instant, il ne manque de la tenir par la taille, solidement, sur les trottoirs verglacés. Et sans cesse il répète :

– Marche à tout petits pas, je te dis. Tu vas te rompre le cou et me faire tomber aussi.

– Je me demande ce que je deviendrais sans toi, dit-elle.

Il s'éclaircit nerveusement la gorge, sans répondre...

Là pourrait s'arrêter le film – sur la note de cette petit toux. Mais je me rapelle encore les événements qui ont suivi : la voiture rendant l'âme; le train qu'il a fallu prendre pour rentrer à Heidelberg; les soldats français qui partageaient notre compartiment de couchettes de seconde classe, et qui ont roté et pété jusqu'en Allemagne, au point qu'on aurait presque cru que c'était eux la force motrice qui faisait avancer le train; mon saut dans le précipice, du haut de ma couchette (troisième étage) – saut que je dus réitérer non moins de six fois dans la nuit en raison d'une violence crise de colique (et, l'une de ces fois, je mis le pied en plein dans le bas-ventre du soldat français qui occupait la couchette du bas, et qui, tout bien considéré, se montra des plus gracieux). Et puis, Heidelberg retrouvé, et du même coup – adieu Noël – être la proie, à nouveau, de l'armée. (En vacances, nous tâchions de feindre d'être un couple américain comme tant d'autres, vivant en Europe – « et merde, c'est comme ça, voilà tout ».)

Et soudain, le jour de l'an, le télégramme – déformé comme il arrive souvent à ce genre de messages, et tombant de la grisaille d'un lugubre samedi après-midi, où toute la population mâle de notre *Kleine Amerika* s'employait fiévreusement à laver et astiquer la voiture familiale, pendant que la partie femelle de ladite population traînait partout ses bigoudis et que les Allemands, de l'autre côté de la Goethestrasse, dépucelaient déjà leur première bouteille de *Schnaps,* pour se préparer à l'année nouvelle...

GRAND-PERE MORT SIX QUINZE MARDI STOP RANIME SUITE MASSAGE STOP DEFAILLANCE CARDIAQUE STOP HEMORRAGIE RECTALE STOP RIEN A FAIRE STOP ENTERREMENT QUATRE JANVIER STOP TENDRESSE MAMAN

Je fus la première à lire ces lignes, puis je tendis le

télégramme à Bennett. Je me souviens d'avoir eu la sensation de nausée que j'éprouve toujours, quand je sais que l'on va me faire endosser la responsabilité de quelque chose de grave. J'étais sûre que Bennett inventerait de toute façon un moyen de rejeter sur moi la faute de cette mort. Mes grands-parents maternels étaient encore en vie.

Je pris Bennett dans mes bras. Il se dégagea. Je me rappelle aussi avoir pensé que c'était moins la mort de ce grand-père qui m'attristait que l'idée de la punition qui me ferait, moi, mourir un tout petit peu.

Bennett s'était assis sur le canapé de notre living-room, penché en avant, le télégramme dans les mains. Je m'assis près de lui et relus le texte par-dessus son épaule, en songeant : « Machinal, le doigt bouge et se trompe d'orthographe. » Je connaissais à peine le grand-père de Bennett (très, très vieux Chinois de combien?... quatre-vingt-dix-neuf-ans? cent ans? et qui ressemblait à une statue d'ivoire et ne connaissait pas plus de dix mots d'anglais). Je fis comme si ç'avait été mon propre grand-père qui était mort, et me mis à pleurer. En réalité, c'était moi que je pleurais – moi qui me mourais lentement à l'âge de vingt-cinq ans.

Quant à Bennett, il avait la marque de la mort inscrite sur lui. Il était même enfoncé dedans jusqu'au cou. Il portait sa tristesse sur les épaules comme une giberne invisible. S'il s'était tourné vers moi, s'il m'avait permis de le consoler, j'aurais pu prendre ma part du fardeau. Mais non, c'était ma faute. Et son accusation me donnait envie de partir. Seulement, j'avais peur de partir. Et je suis restée, tout en devenant de plus en plus secrète, en me réfugiant de plus en plus dans mes imaginations et dans mon travail d'écrivain. Et c'est ainsi que j'ai commencé à me découvrir moi-même. Bennett se retirait au fond de sa tristesse, s'y barricadait, pendant que je cherchais asile dans ma chambre, pour écrire. Tout le long de cet hiver interminable, il pleura son grand-père, son père, sa mère, sa sœur morte à l'âge de seize ans, son frère, anormal de naissance et mort à dix-huit ans, son ami mort de la polio à quatorze ans, et sa propre pauvreté, et son silence. Il pleura sa condition militaire et l'existence qu'il avait laissée là-bas, à New York. Il pleura ses morts et sa crainte de la mort. Il pleura ses pleurs. La rigidité sévère dont son visage était empreint était une sorte de masque mortuaire. Pensez, cela en faisait, des êtres chers (mais détestés, aussi) qui étaient morts! Pour eux, il avait mis son masque de pénitent. Pourquoi fallait-il qu'il fût encore vivant, quand, tous, ils n'étaient plus? Dans ces conditions, sa vie *se devait* de ressembler à la mort. Et sa mort était également la mienne.

C'est alors que j'ai appris à me garder en vie en écrivant. Oui, c'est cet hiver-là que je me suis mise à écrire frénétiquement, comme si je n'avais plus eu d'autre espoir de survivre ni de m'évader. J'écrivais depuis toujours, en quelque sorte. Depuis toujours, tous les auteurs étaient pour moi des dieux. J'embrassais leur image au dos du livre quand je le refermais. A mes yeux, n'importe quel texte imprimé était une sainte relique, n'importe quel auteur, une créature possédant la science infuse et débordante d'un esprit surhumain. Pearl Buck, Tolstoï, Carolyn Keene et sa Nancy Drew – sa blonde détective de seize ans qui ravissait notre douzième année – n'importe! je ne faisais pas de ces distinctions stupides que l'on vous fourre dans le crâne, plus tard. Je pouvais sauter gaiement de *A travers le miroir* à une histoire de vampire en bandes dessinées, des *Grandes Espérances* ou du *Jardin secret* à *Mad Magazine.*

Durant ma croissance au milieu du pêle-mêle familial, j'eus tôt fait de comprendre qu'un livre soigneusement disposé en écran devant un visage est un bouclier à l'épreuve des balles, un mur d'amiante, un manteau magique qui rend invisible. J'appris à chercher asile derrière les livres, à devenir – comme disaient mes parents – « le professeur distrait ». Ils me criaient des choses, mais j'étais sourde : je lisais, j'écrivais. J'étais en sécurité.

Le grand-père de Bennett – ce vieil homme courageux, débarqué de Chine à l'âge de vingt ans, converti au christianisme par un missionnaire (lequel lui avait promis de lui enseigner l'anglais et n'en fit jamais rien), ce vieillard, donc, qui, après avoir prêché la bonne parole aux travailleurs chinois, dans les camps de mineurs du Nord-Ouest, avait fini ses jours en tenant une boutique de cadeaux dans Pell Street, tout en n'ayant jamais, je le répète, appris, au cours de ses quatre-vingt-dix-neuf ou cent années d'existence, à prononcer plus de quelques mots d'un anglais inintelligible (et quant à écrire, n'en parlons pas) – eh bien, oui, ce fut ce vieillard qui, en mourant, me catapulta dans ma carrière d'écrivain. Il arrive que la mort soit un commencement.

Pendant que Bennett traînait en silence son deuil universel durant le long hiver, j'écrivais. Je jetai à la poubelle tous mes poèmes d'étudiante, même ceux qui avaient été publiés. Je jetai tous mes départs manqués d'auteur de nouvelles ou de romancière. Je voulais être neuve, me bâtir une vie neuve en écrivant. Je me plongeai dans les œuvres des autres. Je commandais des livres à une grande librairie de Londres et m'en faisais envoyer de New York par des amis ou par mes parents. J'étudiais les romanciers et les poètes contemporains – un par un. Je lisais et relisais les textes, j'analysais l'évolution d'une œuvre à l'autre, j'imitais tel style pendant deux ou trois mois, avant de passer au suivant. Et, tout le temps, j'étais morte d'effroi et je me prenais pour une ratée. Vers dix-huit ou dix-neuf ans, alors que la trentaine m'apparaissait comme le seuil de la vieillesse, je m'étais juré de me suicider si je n'avais pas publié au moins un livre à vingt-cinq ans au plus tard. Et voici que je les avais déjà, mes vingt-cinq ans, et que je ne faisais que commencer!

Il était hors de question d'envoyer un seul de mes textes aux magazines et aux revues. J'avais eu beau être poète lauréat à l'université, maintenant j'étais convaincue que rien de ce que j'écrivais ne méritait d'être soumis à qui que ce fût. Je me représentais les directeurs de revues trimestrielles comme des demi-dieux, qui n'eussent même pas daigné abaisser leur regard sur tout ce qui n'était pas au moins un chef-d'œuvre. C'était chez moi une conviction, bien que je fusse abonnée à quantité de ces revues et que je lusse religieusement les œuvres qu'elles imprimaient. Souvent mauvaises, ces œuvres, je devais l'avouer – n'importe, j'étais sûre que les miennes ne pouvaient être que pires, cent fois pires.

Je vivais dans un monde peuplé de fantômes. J'avais des amours imaginaires avec des poètes dont je lisais régulièrement les poèmes dans ces fameuses revues. Certains noms finissaient presque par prendre les apparences de la vie à mes yeux. Je lisais les notices biographiques des écrivains et j'avais le sentiment de les connaître. Curieux, le degré d'intimité que l'on peut atteindre, avec quelqu'un que l'on n'a jamais rencontré – et combien l'on peut aussi se tromper dans ses impressions. Plus tard, quand, rentrée à New York, je publiai mes premiers poèmes, j'ai rencontré certains de ces porteurs de nom magique. La plupart n'avaient rien de commun avec l'image que je m'étais faite d'eux. Tel, qui faisait figure de bel esprit, noir sur blanc, pouvait fort bien n'être qu'un abruti dans la réalité. Tel autre, auteur de poèmes lugubres sur la mort, se révélait être plein de chaleur et de drôlerie dans la vie. Et cet écrivain charmant? L'homme le moins charmant du monde. Ce romancier généreux, altruiste, compatissant : la pingrerie, la dureté, l'envie incarnées... Non que ce fût la règle générale; mais, d'ordinaire, le personnage en chair et en os réservait des surprises. Rien n'est plus dangereux que de juger la nature d'un écrivain sur ses écrits.

Mais toute cette réalité s'est fait jour plus tard. A mon époque heidelbergienne, je nageais dans un monde littéraire de mon invention qui, fort agréablement, était très loin de la réalité sordide. Mes curieux rapports avec le *New Yorker* en sont l'illustration.

A l'époque dont je parle, le *New Yorker* (entre autres imprimés « ordinaires ») traversait l'Atlantique par bateau. C'était probablement pourquoi ce magazine arrivait toujours par gros paquets de trois ou quatre numéros (tous vieux d'au moins trois semaines). Et j'arrachais les bandes qui les entouraient dans un état de transe. J'observais tout un rituel pour aborder ce magazine, lui-même imbu de ses propres rites. Il n'avait pas de sommaire, en ce temps-là – ce qui était le type même du snobisme à rebours des blablas habituels, avec leur accompagnement d'« accroches » et de fausses modesties. Je plongeais dans le tas, en commençant par la fin et en cherchant d'abord les signatures au bas des grands articles, puis en passant au crible les noms d'auteurs en tête des nouvelles et en parcourant, haletante, les poèmes. Tout cela, le cœur battant et le front et les paumes moites de sueur froide, dans la terreur de tomber peut-être sur un poème, une nouvelle, un article de quelqu'un que je *connusse* – quelqu'un qui passait autrefois pour un idiot ou une idiote à l'université, ou pour un voleur ou une voleuse d'idées, ou encore qui alliât à l'un ou l'autre de ces traits l'avantage d'être *plus jeune* que moi, fût-ce d'un ou deux mois.

Non seulement je lisais le *New Yorker* – je le vivais. Je m'étais fabriqué un petit monde « à la *New Yorker* » et à mon usage personnel (situé quelque part à l'est de Westport et à l'ouest des Cotswolds), où Peter de Vries (jouant doucement avec les mots) brandissait éternellement la même chope de bière brune (Piesporter), tandis que Niccolo Tucci (en smoking de velours prune) flirtait en italien avec Muriel Spark, que Nabokov sirotait un très vieux porto dans un verre à prisme et à pied (un de ces papillons dits « vulcains » perché sur le petit doigt), et que John Updike, après avoir trébuché sur les chaussures suisses du Maître, se confondait en excuses charmantes et répétait à satiété que tous les écrivains de langue anglaise jouissant actuellement de la nationalité américaine ne sont que pâleur lunaire à côté de l'astre Nabokov. Pendant ce temps, les littérateurs de l'Inde, agglutinés dans un coin, pendja(b) cassaient à tout va, dans une Babel d'accents à la Peter Sellers, et les mémorialistes irlandais (en chandail de marin et l'haleine fleurant le whis*key)* s'employaient activement à snubber leurs confrères anglais (très pincés dans leurs tweeds).

Bien sûr, je m'étais bâti des mythes autour d'autres magazines et publications littéraires; mais, depuis l'enfance, je vouais un culte tout particulier au *New Yorker*. (La revue *Commentary,* par exemple, s'incarnait pour moi dans des réunions assez minables, où des Sémites au teint bilieux – et répondant tous au nom d'Irving – se répandaient entre eux en jérémiades devant le mur des lamentations de la Condition Juive, de la Négritude et de la Prise de Conscience, tout en piochant ferme dans les saladiers d'émincé de foie et les plats de saumon fumé. Ces soirées m'amusaient, mais c'était au *New Yorker* que je réservais ma religion. Jamais je n'aurais osé soumettre à son aréopage mes misérables tentatives littéraires. D'où mon étonnement scandalisé, quand il m'arrivait de rencontrer une « connaissance » dans les pages du magazine.

De toute façon, « être un auteur » prenait à mes yeux une signification sublime au plus haut point. J'imaginais une confrérie secrète de mortels, déambulant d'un pas plus souple et plus léger que le commun de l'humanité, comme si des ailes invisibles leur avaient poussé dans le dos. Un sourire mi-figue mi-raisin aux lèvres, ils se reconnaissaient entre eux grâce à un moyen mystérieux – peut-être quelque chose d'analogue au système radar avec lequel sont équipées, dit-on, les chauves-souris. Un signe comme la poignée de main des francs-maçons eût été bien trop simple et trop grossier.

Bennett était mêlé à mon travail, si indirectement que ce fût et même s'il était rare qu'il lût un mot de ce que j'écrivais. D'ailleurs, je n'avais vraiment besoin de personne pour remplir cet office, à l'époque, mes écrits d'alors étant surtout une préparation à l'œuvre à venir. En revanche, j'avais terriblement besoin de quelqu'un pour approuver en moi *l'acte* d'écrire. Et c'était ce qu'il faisait. Parfois on avait du mal à dire exactement si son approbation n'était pas simplement destinée à m'empêcher de le déranger dans sa délectation morose, ou s'il était ravi de se prendre pour Henry Higgins jouant les Pygmalion, avec moi dans le rôle d'Eliza Doolittle. Le fait est qu'il a cru en moi bien avant que, moi-même, j'en fusse arrivée là. Tout se passait comme si, durant toute cette longue et mauvaise période de notre mariage, nous nous étions tendu la main par l'intermédiaire de mon activité d'écrivain. Sans même lire ensemble le produit de mes efforts, nous étions réunis par lui dans un refus commun du monde qui nous entourait.

Nous partions tous les deux à la pêche dans l'inconscient – c'était une véritable initiation. Pareil à ce qu'eût été sa statue assise, ou à peu près, Bennett, dans le living-room, ruminait la mort de son père, la disparition de son grand-père, tous les deuils qui s'étaient accumulés sur ses épaules, alors qu'il n'était encore guère en âge de savoir où il en était lui-même de sa propre existence. Et moi, dans ma chambre-bureau, j'écrivais. J'apprenais à descendre au fond de moi-même et à sauver des bribes et des bouts de passé. J'apprenais à guetter et à traquer l'inconscient, à happer les pensées et les imaginations qui avaient l'air de passer par là comme par hasard. En m'excluant de son univers, Bennett m'en avait ouvert toutes sortes d'autres, enfermés sous mon crâne. Peu à peu, j'en vins à me rendre compte que pas un seul de mes sujets de poème n'engageait mes sentiments les plus profonds, qu'un abîme séparait ce qui me tenait à cœur et ce qu'exprimaient mes ébauches littéraires. Pour quelle raison? Et de quoi avais-je peur? De moi-même principalement, semblait-il bien.

Je commençai deux romans, à Heidelberg. Dans tous

les deux, le narrateur était mâle. Je partais tout bonnement de l'hypothèse que, l'opinion d'une femme, les gens n'en avaient cure. Et puis, je ne voulais pas courir le risque de me retrouver affublée de toutes les épithètes réservées aux femmes écrivains (même les meilleures) : « Intelligente, spirituelle, brillante, émouvante, mais manque d'envergure. » Je voulais écrire *Guerre et paix* – c'était tout ou rien. Et j'y fourrerais des pagailles de batailles, de courses de taureaux et de chasses aux grands fauves dans la jungle. A cela près que mes connaissances en matière de batailles, de corridas et de safaris étaient (comme pour beaucoup d'hommes) zéro. Je languissais, en proie au sentiment de frustration le plus extrême. Je me disais que les sujets qui m'étaient familiers étaient « banals » et « trop féminins », alors que tout ce qui flattait mon ignorance était « profondeur » et « masculinité ». Quoi que je fisse, j'avais l'impression d'être vouée à l'échec. Que ce fût en écrivant ou pour n'avoir pas écrit. C'était la paralysie.

Grâce à ma chance, à ma tristesse, à mes étranges rapports avec mon mari, à ma détermination et à mon entêtement (dont je ne soupçonnais pas l'existence en moi, alors), je me débrouillai pour écrire trois recueils de poèmes dans les trois années qui suivirent. J'en jetai deux au panier et le troisième fut publié. Alors, se présenta une tout autre série de problèmes. Ne fût-ce que cela, je dus apprendre à affronter ma peur du succès, à laquelle il était presque plus difficile de se faire qu'à la crainte de l'échec.

Du moment que j'avais appris à écrire, pourquoi ne pas apprendre aussi la vie? Apparemment, c'était cela qu'Adrian avait envie de m'enseigner. Bennett, lui, semblait-il, aurait voulu m'enseigner la mort. Des deux, je ne savais même pas ce dont j'avais le plus envie. Ou peut-être me trompais-je dans l'attribution des étiquettes. Peut-être Bennett était-il la vie, et Adrian, la mort. Peut-être la vie n'était-elle inévitablement que compromis et tristesse, et l'extase, en revanche, débouchait-elle inéluctablement sur la mort. Toute manichéenne que j'étais, sans tableau de score j'étais incapable de choisir entre les joueurs. Je l'aurais pu si j'étais parvenue à faire la différence entre bien et mal, mais j'étais plus paumée que jamais.

8

DE LA FORET VIENNOISE ET DE SES LÉGENDES

Les liens du mariage sont si lourds qu'il faut être deux pour les porter – parfois trois.

ALEXANDRE DUMAS.

Et le carrousel commença. J'allais à des réunions avec Bennett, décidée en principe à n'en pas bouger, me jurant de ne plus jamais revoir Adrian, non, plus question, j'avais jeté ma gourme, suffisait, fini fini. Et puis je voyais Adrian, et adieu les belles intentions! Je me retrouvais agissant dans la plus pure tradition « fleur bleue », reprenant à mon compte les clichés des pires productions de Hollywood. Je défaillais, je nageais dans les vapes sitôt qu'il était dans les parages. Il était mon soleil. Nous nous tenions par le cœur, si je puis dire, comme on se tient par la main. S'il était dans la même pièce que moi, mon agitation devenait telle que j'avais le plus grand mal à demeurer assise. Cela tenait de la folie, presque de la possession. Je ne pensais plus à l'article que j'étais censée écrire. Je ne pensais plus qu'à lui.

Aucun des subterfuges dont j'avais usé sur moi-même auparavant ne semblait prendre, désormais. J'essayais bien de me forcer à garder mes distances en brandissant les mots de « fidélité » et d'« adultère », en me racontant qu'Adrian serait une entrave à mon travail; que, si je l'avais tout à moi, mon bonheur serait tellement grand que je n'aurais plus envie d'écrire; que je faisais mal à Bennett; que je me faisais mal; que je me donnais en spectacle. Tout cela était vrai, mais ne servait à rien. C'était vraiment de la possession. Dès l'instant qu'il pénétrait dans une pièce et me souriait, j'étais fichue.

Le premier jour du congrès, après le déjeuner, j'annonçai à Bennett que j'allais me baigner, et je filai avec Adrian. En voiture, nous rejoignîmes mon hôtel où je pris mon maillot de bain, mis mon diaphragme, raflai le reste du fourniment, puis repartis avec Adrian pour sa pension.

Dans sa chambre, je me déshabillai en moins de deux et m'allongeai sur le lit.

– Dis donc, ça a tout de l'énergie du désespoir? me fit-il remarquer.

– Oui.

– Mais pourquoi, bon Dieu? Nous avons tout le temps.

– C'est-à-dire?

– Tout le temps que tu voudras, répondit-il, non sans ambiguïté.

Bref, s'il me lâchait, ce serait ma faute. Voilà comme ils sont, les psychanalystes! Ne m'en parlez pas, mes chères petites; si j'ai un conseil à vous donner, évitez surtout de baiser avec ce genre d'individu.

D'ailleurs, c'était raté. Ou presque. Il n'était pas loin d'être en berne et, dans l'espoir de me le dissimuler, il me barattait furieusement. Le tout se termina de mon côté par un friselis d'orgasme et la sensation d'avoir le con à vif. Mais, en un sens, j'étais contente : maintenant, je vais pouvoir me débarrasser de lui, me disais-je; il baise mal; non, je n'aurai pas de peine à me débarrasser de lui.

— A quoi penses-tu? me demanda-t-il.

— Je pense que c'était vraiment bien.

Je me souvins d'avoir employé les mêmes mots autrefois, avec Bennett, mais de façon plus conforme à la réalité.

— Espèce d'hypocrite, tu mens, répliqua-t-il. A quoi bon? Je le sais parfaitement, que je t'ai mal baisée. Je peux faire beaucoup mieux.

Sa franchise brutale m'avait prise de court. J'avouai tristement :

— D'accord, c'est vrai : tu ne m'as pas bien baisée.

— Ah, j'aime mieux ça! Qu'as-tu donc à toujours vouloir jouer les bonne âmes? C'est pour ménager mon ego?

Je réfléchis un instant. A quoi rimait mon attitude? Tout bonnement, je partais de ce principe que c'est la seule façon d'agir avec les hommes, sous peine de les voir s'en aller en morceaux ou devenir dingues. Je trouvais suffisant d'en avoir déjà poussé un à la folie. Je dis :

— Je ne sais pas, moi... Sans doute ai-je toujours supposé que l'ego du mâle est trop fragile pour qu'il ne faille pas le prendre avec des gants.

— Oh, le mien n'est pas si fragile! Quand on me dit que j'ai mal baisé, merde! je suis capable de l'encaisser... surtout si c'est vrai.

— Alors, c'est que je n'avais encore jamais rencontré d'homme comme vous.

Il eut un sourire ravi :

— Oh ça, jamais, c'est vrai, mon canard, et je doute que tu en rencontres jamais un autre. Je suis l'antihéros, je t'ai dit. Mon rôle n'est pas de voler à ton secours pour t'enlever sur mon cheval blanc.

Pourquoi était-il là, dans ce cas? Certainement pas pour baiser.

Nous sommes allés nous baigner dans un grand *Schwimmbad* public des abords immédiats de Vienne. De ma vie, je n'avais vu tant de graisse étalée et cuisant au soleil. A Heidelberg, j'avais systématiquement fui les piscines et les saunas publics et, au cours de nos voyages, nous avions régulièrement fui aussi les plages fréquentées par les Allemands. Nous nous étions faits un principe de laisser de côté Ravenne et tous autres campements de Teutons. Mais avec quelle envie j'avais dévoré des yeux les beaux nombrils du midi de la France et les ventres fortunés et musclés de Capri. Cette fois, nous étions entourés de montagnes de *Schlag* et de *Sacher Torte* métamorphosées en lipides.

– On dirait *Le jugement dernier* de Michel-Ange, déclarai-je à Adrian. Vous savez? Tout au bout de la Sixtine.

Il me fit la grimace et me tira la langue.

– Quand je pense que tous ces gens ne font que s'amuser et prendre un bon bain, et toi, tu es là, à les regarder d'un œil satirique et à ne voir que dépravation et pourriture... tu mériterais que je t'appelle Madame Savonarole!

– Tu as raison, dis-je, contrite.

Je ne parviendrais donc jamais à regarder les choses et les gens autrement que pour les disséquer et les démolir? Non, jamais. Je repris :

– N'empêche qu'on dirait *Le jugement dernier*. Ce n'est pas ma faute si les Allemands ressemblent à des porcs : Ils se sont conduits comme des porcs, et Dieu se venge.

Car, par Dieu, oui, ils avaient l'air de porcs! Et s'il n'y avait eu que la graisse, les bides croulants, les bras flasques, les doubles mentons, les cuisses tremblotantes comme de la gelée – mais le tout était rose vif! Grésillant comme de la couenne! Rôti! Plus rouge que du porc chinois. Des cochons de lait à la broche. Ou encore, quelque chose comme ce fœtus de porc que j'avais dû disséquer en deuxième année de zoologie – opération qui avait failli tourner au Waterloo de ma carrière.

Nous nous sommes baignés et embrassés dans l'eau, parmi toutes ces âmes damnées. Je portais un maillot une pièce noir décolleté en V (comme vertigineux) jusqu'au nombril, et tous les yeux étaient braqués sur moi – ceux des femmes me fusillant, ceux des hommes me dévorant. J'avais la sensation un peu visqueuse du foutre d'Adrian qui me coulait doucement entre les jambes et sur les cuisses pour se diluer et se perdre dans l'eau chlorée. « Une généreuse bienfaitrice américaine fait don de semence anglaise aux Allemands. » En guise de supplément branquignolesque au plan Marshall. Que sa semence bénisse cette eau et baptise ces gens. Qu'elle les lave de leurs péchés. Saint Adrian-Baptiste. Et moi en Marie-Madeleine. Mais je me demandais également si, en me baignant tout de suite après avoir baisé, je ne courais pas le risque de me retrouver enceinte. Le pression de l'eau aidant, le sperme n'allait-il pas se faufiler sous le diaphragme? Soudain, j'avais une peur bleue d'être en cloque. Et tout aussi soudainement j'en mourais d'envie. Je n'en finissais pas d'imaginer le bel enfant que nous ferions ensemble. J'étais drôlement mordue.

Assis sur la pelouse, à l'ombre d'un arbre, nous avons bu de la bière en parlant de l'avenir – pour ce que cela voulait dire. Adrian avait l'air de penser que je devais quitter mon mari pour m'installer à Paris (d'un coup d'aile, il pourrait venir m'y rendre visite périodiquement). Je louerais un grenier, une soupente, et j'écrirais mes livres. Je ferais des sauts à Londres pour en écrire d'autres avec lui. Nous serions comme Simone de Beauvoir et Sartre : ensemble et séparés tout à la fois. Et pas question de jalousie, non, zéro! Nous ferions l'amour tous les deux, mais aussi avec tous nos amis. Zéro pour les biens de ce monde et l'esprit de propriété – fini! Plus tard, un jour ou l'autre, nous fonderions une communauté de schizophrènes, de poètes et de jivaros gauchistes. Nous vivrions en vrais existentialistes, pour de bon et plus seulement en paroles. Tous en chœur, nous habiterions des structures géodésiques.

– Genre Sous-marin Jaune des Beatles? dis-je.

– Mais oui, pourquoi pas?

– Tu es d'un romantisme incurable, Adrian... Lamartine et son lac, et tout et tout?

– Ecoute, je ne vois pas ce que tu trouves de si formidable à vivre dans l'hypocrisie comme tu le fais. Cela veut dire quoi? Feindre de croire à toutes les conneries sur la fidélité et la monogamie, te débattre dans un million de contradictions, te laisser entretenir par ton mari comme une femme-enfant de talent et gâtée, ne jamais voler de tes propres ailes, et ainsi de suite. Nous aurions au moins le mérite d'être francs. Nous vivrions ensemble en baisant avec le monde entier, sans nous cacher. Fini l'exploitation de l'homme par l'homme, fini le complexe de culpabilité parce qu'on sent qu'on dépend de quelqu'un...

– Des poètes, des schizophrènes et des jivaros, tu dis?

– Ça se vaut, non?

– Absolument.

En une semaine, à Paris, Martine, l'actrice française qui avait été enfermée chez les dingues, avait enseigné l'existentialisme à Adrian.

– C'est de l'enseignement accéléré, fis-je observer. L'existentialisme à la portée de tous. Quelque chose comme les bourrages à la Berlitz. Comment s'y prenait-elle, Martine?

Il me raconta en détail que, s'étant rendu à Paris pour la voir, à sa surprise il l'avait trouvée l'attendant à Orly en compagnie de deux amis : Louise et Pierre – l'idée étant qu'ils passeraient la semaine entière sans se quitter ni se séparer un instant, en se racontant tout les uns aux autres, en s'entrebaisant selon toutes les combinaisons imaginables et en ne cherchant ni ne faisant jamais « d'excuses stupides au nom de la morale ».

– Chaque fois que je parlais de mes patients, de mes enfants ou de ma maîtresse que j'avais laissés à Londres, elle disait : « Sans intérêt. » Et si je protestais que j'avais besoin de travailler, de gagner ma vie, de m'évader un peu de cette expérience d'une intensité trop soutenue, c'était aussi « sans intérêt ». Pas une des excuses habituelles n'y résistait. A vrai dire, au début c'était terrifiant.

— C'était plutôt facho, d'esprit, non? Tout ça au nom de la liberté, naturellement.

— Oui, je vois ce que tu veux dire. Et pourtant... non, ça n'avait rien de facho, parce que, en fait, l'idée c'était qu'on doit reculer aussi loin que possible les limites de l'endurance... aller jusqu'au bout de l'expérience, même si, finalement, c'est la terreur que l'on y trouve. Martine avait été folle. On l'avait hospitalisée et elle s'en était sortie toute seule, pleine d'illuminations nouvelles. Elle s'était ramassée elle-même à la cuiller, elle avait recollé les morceaux et s'était retrouvée beaucoup plus forte qu'auparavant. Eh bien, cette fameuse semaine m'a fait le même coup. J'ai bel et bien dû affronter le sentiment effrayant de vivre sans projets précis, d'ignorer où l'instant d'après nous conduirait, d'être privé de toute intimité, de dépendre constamment et dans chacun de mes actes de trois autres personnes. Cela réveillait en moi toutes sortes de problèmes datant de mon enfance. Et le côté sexuel, donc! Une vraie terreur, pour commencer. Baiser en commun, c'est plus difficile qu'on ne pense. Ça te met en face de ta petite homosexualité personnelle. Et ça, c'était une révélation, si tu veux mon avis.

— Et amusant, est-ce que ça l'était? Pas tellement, on dirait?

Pourtant, j'étais intriguée.

— Si, si, formidable... enfin, passé les deux ou trois premiers jours, qui étaient assez traumatisants. Nous allions partout bras dessus bras dessous. Nous chantions dans les rues. Nous partagions tout, nourriture, argent... Pas de travail, pas de responsabilités, tout le monde s'en fichait pas mal.

— Et tes gosses?

— Ils étaient à Londres, avec Esther.

— Je vois. A *elle* les tracas et les responsabilités,

pendant que tu jouais à l'existentialisme comme Marie-Antoinette à la bergerie.

– Non... rien de commun, au fond, et pour la bonne raison que ça n'a jamais été unilatéral. A Esther aussi, il est arrivé – et comment! – de s'envoyer en l'air avec d'autres zèbres en me laissant sur les bras les enfants. Non, non, c'est un système de réciprocité.

– Tout de même, ce sont *tes gosses,* il me semble?

– *Mes* gosses! Toujours le possessif! dit-il, regimbant contre cet ordre de question. Vous autres, princesses juives, vous êtes toutes les mêmes!

– C'est moi qui t'ai appris cette expression de « princesse juive », et tu n'as rien de plus pressé que de la retourner contre moi. Ma mère m'avait prévenue de me méfier des oiseaux de ton espèce!

Il posa la tête sur mes cuisses, le nez dans la fourche, tout contre mon con. Un couple gras ricana sous un arbre voisin. Je m'en moquais.

– Ça sent le stupre ici, dit-il.

– *Ton* stupre, rétorquai-je.

– Le nôtre, rectifia-t-il. (Puis il reprit tout à coup :) Ce que je veux, c'est t'apporter une expérience comme celle dont Martine m'a fait cadeau. T'apprendre à ne pas avoir peur de ce qu'il y a en toi.

Il me planta les dents dans la cuisse. Elles y laissèrent leur marque.

Il était 5 heures et demie de l'après-midi lorsque je regagnai l'hôtel. Bennett m'attendait. Il ne me demanda pas où j'étais passée; il m'entoura de ses bras et se mit à me déshabiller. Il me fit l'amour – en même temps qu'au stupre d'Adrian et qu'à notre triangle, au sens large, mais précis du terme. Il n'avait jamais été aussi tendre ni aussi passionné, ni moi aussi excitée. Qu'il fût bien meilleur amant qu'Adrian, nul doute. Et qu'Adrian eût changé quelque chose à notre façon de faire l'amour, au point que nous nous regardions et nous jugions avec des yeux neufs – nul doute non plus. Jamais contact n'avait été plus étroit entre nous. Brusquement, je devenais aussi précieuse pour Bennett que s'il avait attendu ce jour pour tomber amoureux de moi.

Dans la baignoire, où nous avons pris un bain ensemble, nous avons joué à nous éclabousser, à nous savonner réciproquement le dos. J'étais un peu épouvantée par tout cet étrange micmac en moi, qui me permettait de passer de l'un à l'autre tout en éprouvant un tel sentiment de chaleur et d'ivresse. Je savais de quelle dose de remords et de détresse je le paierais inévitablement, plus tard – une dose dont personne au monde ne pouvait m'administrer l'égale. Mais, pour le moment, j'étais heureuse. Pour la première fois, je me sentais appréciée à ma vraie valeur. Faut-il additionner deux hommes pour en obtenir un qui soit entier?

L'un des moments les plus mémorables du congrès fut la réception au *Rathaus* de Vienne. Mémorable, car elle fournit l'occasion unique de regarder deux mille et quelques psychanalystes se gaver comme s'ils avaient voulu se rattraper d'un séjour d'une année dans un pays affamé du tiers monde. Mémorable aussi, parce qu'elle fournit l'occasion, également unique, de regarder une douzaine de vieux psychanalystes rassis danser le frug – du moins à leur idée. Mémorable enfin, parce que toute la soirée ne fut pour moi qu'un tourbillon de valses où, de salle en salle, ma longue robe-chemise rouge sema dans son sillage tous les sequins dont elle était encore cousue en entrant. Tantôt je dansais avec Bennett, tantôt avec Adrian; mais j'en restais au même point d'indécision : impossible de choisir. En attendant, n'importe qui eût pu me suivre à la trace.

La petite bonne femme boulotte et mal fagotée qui servait de maire à Vienne prodigua ses *herzliche Grüsse* à Anna Freud et aux autres psychanalystes, et débita en allemand des cordes et des cordes de conneries pour proclamer la joie de ses concitoyennes et concitoyens de les voir tous de retour. Pas une allusion à la façon dont ils étaient *partis* en 1938, bien entendu.

Ce jour-là, on avait oublié de s'assurer les services d'un orchestre de cinquante musiciens pour jouer *Le Beau Danube bleu* en leur honneur, oublié de les abreuver de *herzliche Grüsse* et de *Schnaps* à gogo.

Sitôt les buffets approvisionnés et ouverts, des hordes et des hardes de jivaros en habit ou robe de soirée se ruèrent en meuglant ou en grognant comme des sangliers vers les tables. « Vite! Dépêchez-vous, ça monte à l'assaut là-bas devant », chevrota une solide bique, dont la voix fleurait encore son faubourg sous le vernis de l'ascension linguistique et sociale. « Ceux de la salle à côté en sont déjà au dessert », bêla une autre voix qui s'échappait de quatre-vingt-dix kilos de beauté cousus dans un tailleur-pantalon en satin jaune canari et scintillant de strass. « Ne poussez pas! » suppliait un psychanalyste d'âge plus vénérable, et à qui son smoking démodé et sa ceinture giletière écossaise conféraient une certaine distinction (ou peut-être *ex*tinction). Il succombait, entre une femme et un homme prêts à lui passer sur le corps, l'une pour se jeter sur la dinde froide, le second pour atteindre les plateaux de hors-d'œuvre. Tout le long des grandes tables, c'était une forêt de bras, lacérant l'air de griffes d'argent pour piquer à la fourchette dans la nourriture.

Durant tout ce spectacle étonnant, les violons n'ont cessé de déverser leur musique graisseuse, de leur perchoir à balustres qui dominait la salle principale. Des milliers de fausses bougies illuminaient le faux gothique des voûtes, tandis que quelques couples d'acharnés s'entêtaient à tournoyer au rythme des valses hésitation. Ah, les voyages, l'aventure, l'amour! Je me sentais resplendir de santé et de bien-être, comme toute femme qui, dans l'espace d'une journée, a baisé quatre fois avec deux hommes différents; mais mon esprit bouillonnait de tant de contradictions que rien ne parvenait à s'en dégager.

Par moments, prête à défier le monde, j'estimais avoir tous les droits et être libre de cueillir les plaisirs de tous ordres et de toutes natures que pourrait m'offrir mon bref passage ici-bas. Pourquoi ne pas être heureuse et jouir de la vie? Quel *mal* y a-t-il à cela? Je savais que les femmes qui tirent le maximum de l'existence (et des hommes) sont celles qui montrent le maximum d'exigence; que, plus on joue les créatures sans prix et désirables, plus on apparaît aux hommes sous ce jour; que, si l'on se refuse à servir de paillasson, on ne se fait marcher dessus par personne. Je savais qu'on foule aux pieds une femme servile, tandis que celle qui se donne des airs de reine est traitée comme telle. Mais sitôt retombées mes humeurs de défi, j'étais saisie d'un sentiment de désolation et de désespoir, terrifiée à la pensée de perdre Bennett et Adrian à la fois et de me retrouver seule, navrée pour Bennett, furieuse contre moi-même et maudissant ma déloyauté ou me méprisant férocement. Alors, j'avais envie de courir retrouver Bennett, d'implorer son pardon en me jetant à ses pieds, d'offrir de lui donner douze enfants à la file (surtout pour cimenter mon propre attachement), de promettre de le servir en bonne esclave fidèle, quels que fussent les termes du marché, du moment qu'ils me garantiraient la sécurité. Je deviendrais docile comme une chienne, écœurante de douceur comme un litre de saccharine. Bref, tout le paquet de fables qui passe aux yeux du monde pour correspondre à la définition de l'éternel féminin.

Le fait était que pas plus l'une que l'autre de ces attitudes n'avaient de sens, et que je le savais. Pas plus dominer qu'être dominée. Pas plus la garcerie que la servilité. Dans les deux cas, c'était le piège. Des deux façons, on débouchait sur la solitude qu'elles étaient censées permettre d'éviter. Que faire? Plus je me détestais, moins je me le pardonnais. C'était désespérant.

Je ne cessais de chercher dans la foule le visage d'Adrian. C'était le seul qui pût me satisfaire. Tous les autres me paraissaient grossiers et laids. Bennett avait conscience de ce qui se passait et se montrait d'une compréhension exaspérante :

– Tu as l'air de sortir droit de *L'Année dernière à Marienbad,* me dit-il à un moment. Y est? Y est pas? Seul, le psychanalyste de Madame pourrait le dire exactement.

Il était convaincu qu'Adrian représentait « seulement » mon père, auquel cas l'affaire était *cascher.* « Seulement »! Bref, je « jouais » tout simplement une situation œdipienne en même temps qu'un « transfert inachevé » sur mon psychanalyste allemand, le Dr Happe, pour ne pas parler du Dr Kolner, que je venais juste de quitter. Et cela, Bennett pouvait le comprendre – du moment qu'il s'agissait d'Œdipe et non d'amour, de transfert et non de passion.

Dans son genre, Adrian était pire. Je finis par tomber sur lui dans un petit escalier, sous une arche gothique. Lui aussi, il abondait en interprétations :

– Tu passes ton temps à galoper de ton mari à moi et inversement, me dit-il. Je serais curieux de savoir qui est papa, et qui, maman, de lui ou de moi.

J'eus une brusque et folle envie de faire mes bagages et de les fuir tous les deux. Peut-être le problème était-il, non de choisir entre eux, mais de leur échapper entièrement. En liberté surveillée sous ma propre garde. Assez cavalé d'un homme à un autre, ma fille, prends-toi en main, pour une fois. Qu'est-ce que cela a de si effrayant? Et les autres options – elles ne sont pas pires, peut-être? Toute une vie d'interprétations freudiennes ou toute une vie d'interprétations laingiennes, tu parles d'un choix! Autant te jeter dans les bras d'un fanatique religieux, d'un dingue de la scientologie, ou d'un marxiste orthodoxe. N'importe quel système devient une camisole de force, dès que l'on tient à y apporter une adhésion aussi totale et dénuée d'humour.

Je n'ai jamais cru à aucun système. Tout ce qui est humain porte le sceau de l'imperfection et, pour finir, de l'absurde... Oui, ma religion, c'était de rire des systèmes, des gens, de moi. De rire même du besoin que l'on peut avoir de rire tout le temps. De voir la vie comme un tissu de contradictions, un montage aux multiples facettes, infiniment varié, drôle, tragique, avec des moments d'une beauté scandaleuse – un énorme gâteau aux fruits, où voisinent les prunes les plus succulentes et les cacahuètes les plus rances, mais que l'on doit dévorer avidement tel quel, parce qu'il est impossible de se régaler de prunes sans, de temps à autre, s'empoisonner aussi avec des cacahuètes. (J'expliquai en partie cela à Adrian.)

– Un gâteau aux fruits! C'est fantastique comme tu es *orale,* dis donc! s'exclama-t-il, sur un ton de constatation plus que d'interrogation.

– C'est tout? Et tu en déduis quoi?

Il m'appliqua un gros baiser mouillé sur les lèvres, et sa langue compta pour une prune du gâteau.

– Tu vas continuer longtemps à me malmener comme ça? me demanda Bennett, quand nous fûmes de retour à l'hôtel. Il y a des limites à ma capacité d'encaisse.

– Excuse-moi, dis-je lamentablement.

– Si tu veux mon avis, nous devrions filer d'ici, sauter dans le prochain avion pour New York. Cette histoire insensée ne peut pas durer plus longtemps. Tu es dans un de ces états!... Tu es ensorcelée, tu as perdu la tête. Je veux que tu rentres avec moi.

Je me mis à pleurer. J'avais envie de rentrer; en même temps, je me disais : « Non, jamais! Plus jamais! »

– Je t'en prie, Bennett, je t'en prie, je t'en prie...

– Tu me pries de quoi? dit-il durement.

– Je ne sais pas.

– Tu n'as même pas le courage de rester avec lui. Si tu l'aimes vraiment, qu'attends-tu? Vas-y à fond, pars pour Londres, fais connaissance avec ses enfants. Mais non, tu n'es même pas capable de ça! Tu ne sais pas ce que tu veux. (Il reprit après un court silence :) Nous devrions rentrer immédiatement.

– A quoi bon? dis-je. Plus jamais tu n'auras confiance en moi. J'ai tout fichu en l'air. C'est sans espoir.

Et je crois que j'en étais réellement persuadée.

– Si nous rentrons et si tu reprends aussitôt tes séances de psychanalyse, si tu arrives à comprendre les *raisons* de ton attitude, et si tu t'en sors, il y a peut-être encore une chance de sauver notre mariage du naufrage.

– Si je recommence avec mon psychanalyste? C'est ça, la condition?

– Ce n'est pas pour moi, c'est pour toi. Pour que tu en finisses un bon coup avec ce genre d'histoire.

– Ah, parce que ça m'est déjà arrivé, selon toi? Vraiment? Même quand tu te conduisais de façon abominable avec moi? Même cette fois, à Paris, où tu as refusé de m'adresser la parole? Même pendant nos années de séjour en Allemagne, où j'ai été si malheureuse, où j'avais tant besoin de quelqu'un vers qui me tourner, tellement seule et exclue par toi avec ta dépression qui n'en finissait plus? Eh bien, jamais, tu entends? jamais, de tout ce temps-là, je n'ai rien eu à voir avec un autre homme. Dieu sait si tu m'as provoquée, pourtant! Tu répétais constamment que tu te demandais si tu avais vraiment envie d'être marié avec une femme écrivain, que tu ne te sentais pas d'empathie pour mes problèmes. Jamais tu ne m'as dit que tu m'aimais. Et quand je pleurais, à force d'être malheureuse et de réclamer seulement un peu plus d'intimité et de tendresse dans nos rapports, tu m'envoyais chez un psychanalyste! Pour toi, c'était le bon à tout faire, le psychanalyste! Chaque fois que nous nous rapprochions un petit peu trop, attention danger! tu m'expédiais chez lui.

– Et où diable en serais-tu aujourd'hui sans la psychanalyse? A récrire éternellement le même petit poème. A être incapable d'oser envoyer un texte à une revue. A vivre dans la terreur de tout. Quand je t'ai rencontrée, tu courais en rond comme une folle, tu n'étais pas fichue de t'atteler à un travail régulier, d'aller au bout d'une seule des idées dont tu fourmillais. Je t'ai donné un endroit où travailler, je t'ai remonté le moral quand, toi-même, tu ne pouvais plus te souffrir, j'ai cru en toi alors que tu n'y arrivais pas, j'ai réglé les honoraires de ton putain de psychanalyste pour te permettre de devenir adulte et de t'épanouir comme un être humain normal, au lieu de patauger dans la vie comme le reste de ta famille de cinglés. Et maintenant, c'est ma faute si tu as des problèmes! Moi, qui ai été le seul à te soutenir et à t'encourager! Et tout ce que tu trouves en échange, c'est de cavaler après un trou du cul d'Anglais, et de venir geindre ici que tu ne sais pas ce que tu veux. Fous le camp! Suis-le comme une chienne, où tu voudras, si ça te chante. Moi, je retourne à New York.

– Mais je te veux, *toi!* m'écriai-je en pleurant.

J'avais *envie* de le vouloir, et cette envie était plus forte que tout. Je pensais à toutes les heures que nous avions vécues ensemble, aux périodes difficiles dont nous étions sortis ensemble, au nombre de fois où nous avions été à même de nous consoler et de nous encourager mutuellement, à sa manière d'être *là,* derrière mon travail, et de me remettre d'aplomb quand je donnais des signes d'être prête à me jeter du haut d'une falaise, à la façon dont j'avais enduré l'armée avec lui, aux années vécues ensemble, à tout ce que nous savions l'un de l'autre, à la peine que nous nous étions donnée pour rester ensemble, à l'entêtement et à la détermination qui avaient préservé notre union, quand tout le reste craquait. Même les détresses que nous avions partagées semblaient nouer un lien plus fort que tout ce qui me rapprochait d'Adrian. Adrian était un rêve. Bennett était *ma* réalité. S'il n'était pas drôle, eh bien! et la réalité, est-ce qu'elle l'est? Que je vienne à le perdre, et je ne serais même plus capable de me rappeler mon propre nom!

Nous tombâmes dans les bras l'un de l'autre. L'instant d'après, nous baisions en pleurant.

— Je veux te faire un enfant ici, dit Bennett en me fourrant à grands coups profonds.

Le lendemain après-midi me retrouva étendue à côté d'Adrian sur une couverture, dans la forêt viennoise et sous le soleil tamisé par les arbres.

— Ton Bennett, il te plaît réellement, ou bien est-ce que tu te contentes d'énumérer ses vertus? me demanda Adrian.

J'arrachai une longue herbe verte et la mâchai.

— Pourquoi poses-tu des questions aussi incisives?

— Ça n'a absolument rien d'incisif. Tu es transparente comme du verre, voilà tout.

— Merveilleux! dis-je.

— Sérieusement... crois-tu vraiment qu'il n'y ait pas de place pour *l'amusement* dans la vie? Ou est-ce que, sorti de « je me fais psychanalyser, tu te fais psychanalyser, ah-chéri-aime-moi-toute-avec-mes-problèmes », il n'y a plus rien? Vous m'avez l'air de *geindre* énormément, Bennett et toi. Et de vous demander continuellement pardon. Tu as la tête pleine d'obligations et de devoirs et de tout ce que Bennett a fait pour toi. Et pourquoi diable ne ferait-il rien pour toi? Tu n'es pas un monstre, que je sache?

— Parfois je me le demande.

— Mais pourquoi, bon Dieu? Tu n'es ni laide ni stupide, tu as un con adorable, un très joli petit ventre rond, une masse de cheveux blonds et le cul le plus formidable qu'on puisse trouver entre Vienne et New York... pur lard! (Il souligna le tout d'une claque sur les fesses.) De quoi te plains-tu?

— De tout. Je suis incapable de me suffire à moi-même. Je perds régulièrement les pédales. Je pique des crises de dépression atroces, en me laissant à peine le temps de respirer dans l'intervalle. Et puis, qui a envie de s'encombrer d'une femme écrivain? C'est un vrai boulet à traîner; ça rêve éveillé quand c'est censé faire la cuisine; ça se soucie de livres au lieu d'enfants; ça oublie de faire le ménage...

– Moi, c'est ce que je ferais, en tout cas. Ecoute... il est clair que, tous les deux, vous êtes mûrs pour un petit brassage conjugal. Vous n'allez pas continuer à pleurer dans le giron l'un de l'autre toute votre vie. Je veux bien qu'il y ait des gens qui meurent à Belfast et au Bangladesh, mais raison de plus pour que vous appreniez à vous amuser un peu... La vie n'est pas censée être *tout* le temps triste! On croirait un couple de fanatiques : « Laissez là tout espoir, la fin des temps est proche! » Ne me dis pas que tu n'es bonne qu'à te tracasser... merde! ça n'en vaut pas la peine.

– Sais-tu de quoi il te traite? Devine... le pire de tout, dis-je en riant.

– Ah oui?

– D'« objet partiel »!

– Vraiment? Eh bien, tu lui diras de ma part qu'il en est un autre. Merde, le fumier! lui et sa psychologie!...

– Tu sais, la psychologie c'est aussi ton fort, mon chou, dis-je. Il y a des moments où je pense que je devrais vous laisser tomber tous les deux... UNE JEUNE FEMME EST RETROUVEE MORTE ETOUFFEE SOUS UN JARGON. LE MARI ET L'AMANT SONT GARDES A VUE POUR INTERROGATOIRE...

Adrian rit et me caressa la croupe. Et alors, là, fini de jargonner! L'objet est total. Que dis-je! A lui seul il en vaut bien un et demi. Jamais encore je ne m'étais sentie aussi heureuse d'avoir un gros cul. Miracle de la compagnie d'Adrian. Ah, si les hommes savaient! Toutes les femmes, même les plus jolies, se trouvent laides. L'homme qui comprendrait cela les tomberait à ne plus savoir qu'en faire, mieux que Don Juan. Oui, *toutes,* elles se figurent que leur con est laid; *toutes,* elles trouvent des défauts à leur corps : quand ce n'est pas le cul qui est trop gros, les seins sont trop petits, les cuisses, pleines de cellulite, les chevilles, trop épaisses. Même les mannequins, les actrices, les femmes que l'on croit si belles qu'elles n'ont pas à se faire de souci passent leurs jours à se tourmenter.

– J'aime ton gros cul, dit Adrian. Quand je pense à

tout ce que tu as dû manger pour l'engraisser! Miam-miam. (Et il y enfonça les dents, le cannibale! Puis :) L'ennui avec votre couple, dit-il comme parlant à mon cul, c'est que vous ne faites que *travailler*. Vous ne vous amusez donc jamais tous les deux?

– Bien sûr que si... Aïe! tu fais mal.

– Exemple? dit-il en se redressant. Donne-moi une idée de vos amusements. Des faits, des dates.

Je me creusai la cervelle... La dispute à Paris, l'accident de voiture en Sicile, la dispute à Paestum, la dispute sur le choix d'un appartement, la dispute parce que j'en avais assez de ma psychanalyse, la dispute à propos du ski, la dispute parce qu'on se disputait...

– S'il fallait compter toutes les occasions où nous nous sommes amusés!... Vas-y, soumets-moi à la question pendant que tu y es.

– Tu mens! Après cela, étonne-toi que l'on se demande à quoi sert de te faire psychanalyser, si c'est pour que tu continues sans arrêt à te mentir à toi-même.

– Au lit, nous avons beaucoup de plaisir.

– Quand cela? Toujours, ou hier grâce à moi? Et uniquement parce que je t'avais mal baisée, je parie?

– Veux-tu que je te dise, Adrian? La vérité est que tu meurs d'envie de briser mon mariage. C'est à cela que tu joues, n'est-ce pas? C'est ta petite drogue personnelle, c'est cela qui t'excite. Moi, c'est peut-être le complexe de culpabilité, et Bennett, le jargon. Mais toi, c'est le triangle. C'est cela ta spécialité. Martine vivait avec un autre, n'est-ce pas? Sinon, elle aurait eu moins d'attrait. Et Esther? Avec qui baisait-elle? Tu n'es qu'un vampire qui se nourrit du sang des couples. Un vautour.

– C'est vrai, quand je trouve des charognes, j'aime à m'en repaître. Je ne te l'ai pas fait dire. Un vautour, ma petite cane, je te laisse l'image, mais je prends la charogne... *ta* charogne, qui est *aussi* celle de Bennett.

– Je suis sûre que Bennett te plaît encore plus que tu ne l'avoues. Personnellement, je pense qu'il t'excite.

– En être, ou ne pas en être, *that is the question* que je me pose, hein? dit-il avec un grand sourire.

– Je parierais que oui.

– A ta guise, ma poulette. Que donnerais-tu pour éviter à tout prix de jouir de la vie et continuer à souffrir! Tu n'es pas la première, tu sais. La masochiste juive type. Quant à Bennett, oui, c'est vrai, je l'aime *bien...* sauf que, lui, il est le type même du masochiste *chinois*. La meilleure chose qui pourrait lui arriver serait que tu files sans lui. Cela lui prouverait peut-être qu'il n'a pas le droit de continuer à vivre ainsi, dans la souffrance perpétuelle et en prenant tout le temps Freud à témoin.

– Si je file, comme tu dis, je le perdrai.

– Alors, ce sera qu'il ne valait pas la peine.

– Pourquoi dis-tu cela?

– Parce que cela crève les yeux. S'il te plaque, c'est qu'il n'était pas fait pour toi. S'il te reprend, ce sera sur de nouvelles bases. Fini les simagrées. Fini les perpétuels chantages à la culpabilité, d'un côté comme de l'autre. Je ne vois pas ce que tu as à perdre. Et, en attendant, à nous le bon temps!

J'avais beau raconter à Adrian que son histoire ne me tentait pas, je mentais: la tentation était cruelle. Réflexion faite, c'était vrai que Bennett avait l'air de tout savoir sur la vie, sauf qu'il doit y entrer une part d'amusement. Elle semblait lui apparaître uniquement comme une longue maladie, bonne à traiter par la psychanalyse. Et si l'on n'en guérit pas, qu'importe! puisqu'on meurt de toute façon. Le sinistre canapé se referme sur vous pour se transformer en cercueil, et six psychanalystes vêtus de noir vous mettent en terre et jettent des poignées de jargon dans la tombe ouverte.

On ne pouvait rien apprendre à Bennett sur l'objet partiel et l'objet total, sur Œdipe ou Electre, la phobie de l'école et la claustrophobie, l'impuissance et la frigidité, le patricide et le matricide, l'envie du pénis et l'envie du sein maternel, la perlaboration et la libre association d'idées, l'affliction et la mélancolie, les conflits intrapsychiques ou extrapsychiques, la nosologie et l'étiologie, la démence sénile ou précoce, la projection et l'introjection, l'autopsychanalyse et la thérapie collective, la formation des symptômes et leur exacerbation, l'amnésie et la fugue, la pathologie des larmes et du rire dans les rêves, l'insomnie et l'abus de sommeil, la névrose et la psychose jusqu'au moment où elles vous sortent de partout; *mais* il semblait tout ignorer du bon rire et de la bonne plaisanterie, des jeux de mots et d'esprit, de l'embrassade et du baiser, du chant et de la danse – toutes choses qui, en deux mots comme en cent, donnent sève et valeur à la vie. Comme si l'on pouvait *vouloir* le bonheur dans la vie grâce à la psychanalyse! Comme si l'on pouvait aller son bonhomme de chemin sans jamais rire, du moment que l'on a ses séances chez le psychanalyste!... Adrian avait en lui le rire et, à ce stade, il n'en fallait pas plus pour me donner envie de vendre mon âme.

Le sourire... Qui donc a dit que le sourire est le secret de la vie? Adrian avait le sourire farce. Moi aussi, avec lui, je riais tout le temps. Ensemble, nous avions l'impression que rien au monde ne pouvait résister à notre rire.

– Il faut que tu échappes à ce type et que tu reprennes ta psychanalyse, disait Bennett. Il ne te vaut rien.

– Tu as raison, répondais-je.

Quoi? Qu'est-ce que tu viens de dire? Qu'il a raison, raison, raison? Oui, Bennett a raison. Et Adrian aussi, j'ai toujours plu aux hommes parce que je leur dis oui. Et je ne le dis pas seulement des lèvres. Sur le moment, c'est vraiment un accord profond.

– Sitôt le congrès fini, nous repartons pour New York.

– D'accord, acquiesçais-je sans mentir.

Je regardais Bennett en songeant que je le connaissais vraiment bien. Il était d'un sérieux et d'un rassis qui confinaient parfois à la folie; mais c'était aussi pour cela que je l'aimais. Pour la confiance totale qu'il inspirait. Pour sa conviction que la vie est un puzzle que l'on peut finir par reconstituer à force de travail et de volonté. Et je partageais avec lui cette façon de voir, de même que je partageais le rire avec Adrian. J'aimais Bennett et j'en étais consciente. Je savais que ma vie était à son côté, et non à celui d'Adrian. Alors, qu'était-ce donc qui me tirait si fort par la manche pour m'inciter à le quitter, lui, et à partir avec Adrian? Et pourquoi les arguments de celui-ci me touchaient-ils jusqu'à la moelle?

— Tu aurais pu t'envoyer en l'air à mon insu, disait Bennett. Je t'ai laissé suffisamment la bride sur le cou.

— Je le sais.

Et je courbais la tête.

— Tu as voulu me donner une leçon, c'est bien cela? Tu devais m'en vouloir terriblement.

— D'ailleurs, la plupart du temps il est impuissant...

Cette fois, ma trahison était complète : j'avais dévoilé à Adrian les secrets de Bennett, et à Bennett ceux d'Adrian. Je commérais de l'un à l'autre. Et je m'étais encore plus trahie qu'eux, en étalant en long et en large ma propre traîtrise. N'avais-je donc pas un pouce de loyauté? J'aurais voulu être morte. La mort est le seul châtiment que méritent les traîtres.

— Je n'avais pas besoin de toi pour le penser, qu'il est impuissant... sinon homoxexuel. En tout cas, c'est clair : il déteste les femmes.

— Qu'en sais-tu?

— Tu viens de le dire.

— Bennett, tu me crois quand je dis que je t'aime?

— Oui, et cela ne fait qu'aggraver le cas.

Nous étions debout face à face. Je poursuivis :

— Il y a des moments où je suis *lasse,* affreusement, d'être tout le temps sérieuse. J'ai envie de rire, envie de m'amuser.

— Il faut croire que le côté sombre de ma nature finit par faire peur à tout le monde, dit-il tristement.

Et il se lança dans l'énumération des filles qui

l'avaient lâché pour cette raison. Je les connaissais toutes par leur nom. Je l'entourai de mes bras.

– Oui, c'est vrai, j'aurais pu m'offrir des amants à ton insu. Je connais des tas de femmes qui le font... (En réalité, je n'en connaissais que trois, mais qui s'en étaient fait une habitude constante.)... Seulement, ce serait bien pire, en un sens... mener une vie double et revenir auprès de toi comme si de rien n'était – le coup serait encore plus dur pour toi. Moi, en tout cas, je ne pourrais pas le supporter.

– Peut-être n'ai-je pas assez compris à quel point tu pouvais te sentir seule, dit-il. Peut-être est-ce vraiment ma faute.

Après quoi, nous avons fait l'amour, sans que j'aie eu besoin de feindre que Bennett était un autre. Ce n'était pas nécessaire : c'était lui que je voulais.

Un peu plus tard, je me suis dis qu'il avait tort : le fiasco était ma faute à moi. Si je l'avais aimé comme je l'aurais dû, j'eusse guéri sa tristesse, au lieu de me laisser emprisonner par elle au point d'avoir envie de m'enfuir pour lui échapper.

– Rien n'est plus difficile que le mariage, dis-je.

– C'est ma faute, oui, c'est vraiment moi qui t'ai poussée, je crois, dit-il.

Puis, le sommeil nous a pris.

– Encore, s'il n'était pas si compréhensif! Mais, tel quel, c'est pire, en un sens. La vache, il me remplit de remords!

– C'est tout? dit Adrian.

Nous avions découvert une autre piscine, petite et charmante, relativement moins peuplée de gros Allemands, à Grinzing. Assis sur le bord, nous buvions de la bière.

– Tu ne me trouves pas assommante, à force de me répéter?

Pure rhéorique de ma part.

– Si, répondit Adrian. Mais j'aime bien que tu m'assommes. Ça m'amuse plus que quelqu'un d'amusant.

— Ce qui me plaît, quand nous sommes ensemble, c'est le cours de la conversation. Je me moque de l'impression que je peux te faire. Je te dis ce que je pense.

— Tu mens. Pas plus tard qu'hier, tu m'as fait tout un plat de la façon dont je baise, et tout était faux.

— C'est vrai, avouai-je.

Pas le temps de souffler — il reprenait déjà :

— Mais je comprends ce que tu veux dire. Nous avons de bonnes conversations. Sans heurt ni cahot. Esther, par exemple, elle disparaît au fond de longs tunnels de silence, sans que j'arrive à savoir ce qu'elle a dans la tête. Toi, tu es franche. Tu te contredis sans arrêt, mais ça me plaît assez. C'est humain.

— Bennett aussi s'enfonce dans de longs silences. Et je préférerais qu'il se contredise, mais il est trop parfait. Avant de s'engager dans une affirmation, il a besoin d'être sûr de ce qu'il avance. Ce n'est pas une façon de vivre, que de vouloir tout le temps du définitif. La mort aussi, c'est du définitif.

— On retourne à l'eau, décida Adrian.

— Pourquoi étais-tu si furieuse contre moi? me demanda Bennett, ce soir-là.

— Parce que j'avais l'impression que tu me traitais comme *ta* chose, et parce que tu ne me montrais pas un brin d'empathie. D'ailleurs, jamais tu ne me dis que tu m'aimes, jamais tu n'aurais idée de me faire minette; mais si, toi, tu es malheureux, tout de suite c'est ma faute. Et puis, il y a ces longs silences où tu te réfugies en refusant que je te console. De même que tu insultes mes amis, que tu t'enfermes pour refuser tout contact humain, et que c'est à cause de toi que j'ai l'impression que je vais mourir étouffée, étranglée.

— Si quelqu'un t'a étranglée, c'est ta mère, et pas moi. Je t'ai accordé autant de liberté que tu en voulais.

— Si ce n'est pas ce que l'on appelle une contradiction dans les termes... Quelqu'un à qui on doit « accorder » sa liberté n'est pas libre. Et d'abord, qui es-tu pour prétendre « m'accorder » ma liberté?

– Montre-moi une seule personne qui le soit entièrement, libre. Une seule, tu entends? Si tu étouffes, c'est à cause de tes parents, pas de moi, je te dis! Tu passes ton temps à m'accuser de tout ce que ta mère t'a fait.

– Et toi, à la moindre critique, tu réponds en me jetant à la figure une de tes fameuses interprétations psychanalytiques... une de plus! Quand ce n'est pas mon père, c'est ma mère... mais nos rapports à nous deux, non, jamais! Pourquoi est-il impossible de garder ce genre de choses entre nous?

– Personnellement, je ne demandais pas mieux. Mais les choses ont tourné autrement. Que tu le reconnaisses ou non, tu remâches sans arrêt ton enfance. Que fais-tu d'autre, avec ton Adrian Belamour? Il est le portrait craché de ton père... peut-être ne l'as-tu pas remarqué?

– J'aurais eu du mal : il n'a absolument *rien* de mon père!

Bennett renifla de mépris :

– Laisse-moi rire!

– Ecoute, dis-je, je ne vais pas me battre avec toi pour savoir s'il ressemble ou non à mon père; mais après tout, merde! c'est la première fois que tu montres une lueur d'intérêt à mon égard ou que tu agis comme si tu m'aimais le moins du monde. Il faut que je baise avec un autre sous ton nez pour que tu cesses un peu de te ficher complètement de moi. Tu ne trouves pas ça plutôt drôle, dis? Et la théorie psychanalytique, alors, elle n'a rien à dire là-dessus? Peut-être est-ce toi qui l'as, le complexe d'Œdipe? Peut-être suis-je ta mère et Adrian ressemble-t-il à ton père? Qu'attendons-nous pour nous asseoir en triangle, tous les trois, et pour jouer au furet psychanalytique? En réalité, mon opinion est que c'est de *toi* qu'Adrian est amoureux. Moi, je suis tout juste l'intermédiaire. C'est de toi qu'il a vraiment envie.

– Je n'en serais pas autrement surpris. Je te l'ai dit, à mon avis c'est une pédale.

— Alors, couchons tous ensemble, on verra bien!

— Très peu pour moi, merci. Cela dit, ne te gêne pas, si ça te chante.

— Je n'ai pas besoin de ta permission.

Il se mit à crier, avec une passion que je n'avais jamais connue dans sa voix :

— Eh bien, va! Vas-y! Fous le camp avec lui! Tu ne feras plus jamais rien de sérieux dans la vie. Sans moi, il y a beau temps que tu ne serais plus rien ni personne. Il n'y a que moi dans ton existence qui ai pu empêcher cela. Mais bon, vas-y, va-t'en! Seulement, la première et la seule à être salement baisée, dans l'histoire, ce sera toi, et à tel point que tu ne feras plus jamais rien de bien ni de bon, je te dis!

— Comment peux-tu espérer avoir des choses intéressantes à raconter dans tes livres, si tu as tellement peur des nouvelles expériences? me demanda Adrian.

Je venais de lui déclarer que je ne le suivais pas, que j'avais décidé de rentrer à New York avec Bennett. Nous étions assis dans sa Triumph, qu'il avait garée dans une petite rue proche de l'université. (Bennett était à une réunion sur « la Violence dans les groupes humains à forte densité ».)

— Moi? Mais j'y suis tout le temps jusqu'au cou, dans les expériences nouvelles. C'est bien l'ennui.

— Conneries! Tu es une petite princesse qui meurt de peur. Je t'offre la possibilité d'une expérience capable de te changer vraiment, de te fournir de vrais sujets de livres, et tu te dérobes. Retour à Bennett et à New York. Retour à la sécurité de la petite niche conjugale. Merde et merde! Je suis bien content de ne plus être marié, si c'est à ça que cela mène. Je croyais que tu avais plus de cran. Après avoir lu tes poèmes « sensuels et érotiques » — entre guillemets — je me faisais une plus haute opinion de toi.

Il me lança un regard écœuré.

— Si je passais tout mon temps à *être* sensuelle et

érotique, je n'aurais plus la force d'écrire des poèmes, plaidai-je.

– Du vent! dit-il. Du vent, voilà tout ce que tu es. Tu n'auras jamais rien de bon à raconter dans tes livres, si tu ne te décides pas à sortir de l'enfance. Le courage est le premier de tous les principes. Et toi, tu as la trouille, un point c'est tout.

– Ne me rudoie pas, veux-tu?

– Moi, te rudoyer? Je suis franc, sans plus. Tant que tu n'auras pas appris le courage, tu n'auras pas la moindre foutue idée de ce que c'est que d'écrire.

– Et toi, que diable en sais-tu?

– Ce que j'en sais? J'ai lu de tes œuvres : tu y livres des petits bouts de toi-même. Attention! Sinon tu deviendras un fétiche pour toutes sortes de refoulés et de frustrés. Tous les dingues de ce monde – tu en auras ton sac plein.

– C'est déjà fait dans une certaine mesure. Mes poèmes sont un joyeux terrain de chasse pour les esprits en perte d'équilibre.

Je pillais James Joyce, mais Adrian l'illettré ne pouvait s'en douter. Dans les mois qui avaient suivi la publication de mon premier livre, j'avais reçu des quantités de coups de téléphone et de lettres bizarres, d'hommes qui se figuraient que je faisais tout ce qu'on lisait dans mes poèmes, avec n'importe qui et n'importe où. Brusquement, j'étais devenue un petit domaine public. Etrange sensation. Dans une certaine mesure, on écrit pour séduire le monde, mais, dès lors que l'on y réussit, on a très vite l'impression de putasser. La disparité entre la vie et l'œuvre se révèle aussi grande qu'auparavant. Les gens séduits par l'œuvre le sont d'ordinaire uniquement pour les mauvaises raisons. A moins que ce ne soient les bonnes? Faut-il croire que tous les cinglés du monde savent où vous trouver? Et pas seulement par téléphone?

– Moi qui pensais que nous étions partis du bon pied, dit Adrian. Voilà que c'est fini, et pourquoi? Parce que tu es morte de frayeur. Merde, vraiment tu me déçois!... Mais après tout, il y en a eu d'autres, déjà. Le premier jour, quand jé t'ai vue discuter avec la fille du contrôle, je me suis dit : « Pour une fois, voilà une femme formidable... un vrai battant. Au moins, celle-ci ne courbe pas le dos, dans la vie. » Eh bien, je me trompais! Tu n'as rien d'une aventurière. Tu n'es qu'une princesse. Excuse-moi d'avoir voulu déboulonner ton petit mariage bien tranquille.

Il mit l'allumage et lança le moteur pour mieux souligner ces dernières paroles.

— Tu es un sale con, Adrian, va te faire foutre!

Cela manquait d'originalité, mais je n'avais pas trouvé mieux.

— Ce n'est pas moi le con, et c'est à toi de rentrer pour te faire foutre, dit-il. Retourne à ta bonne petite vie bien tranquille de bonne petite-bourgeoise qui écrit à ses moments de loisir.

Cette fois, il avait taillé dans le vif. Je criai presque :

— Et toi, pour qui te prends-tu? Pour un petit médecin bourgeois bien tranquille qui joue les existentialistes à ses heures de loisir?

— Tu peux crier tant que tu voudras, mon canard, ça ne me touche pas du tout. Si j'ai des comptes à rendre sur ma vie, ce n'est sûrement pas à toi. Je sais ce que je fais, moi. C'est toi qui es incapable de décision... incapable de décider qui tu es, d'Isadora Duncan, de Zelda Fitzgerald, ou de Marjorie Morningstar, née Morgenstern, qui rêvait de faire du théâtre et qui finit bobonne.

Il fit ronfler dramatiquement le moteur.

— Je veux rentrer chez moi, dis-je.

— Qu'à cela ne tienne, dis-moi seulement *où*.

Nous sommes restés silencieux un moment. Adrian continuait à emballer le moteur, sans faire mine de bouger, pendant que, muette sur mon siège, je me sentais déchirée entre mes démons jumeaux. Devais-je me résigner à être une ménagère écrivant à ses moments de loisir? Etait-ce là ma destinée? Allais-je persister à laisser passer l'aventure, quand elle s'offrait? Persister à vivre un mensonge de vie? Ou bien allais-je, ne fût-ce qu'une seule et unique fois, permettre à mes imaginations de rattraper la vie?

— Et si je changeais d'idée? demandai-je.

— Trop tard. Tu as déjà tout gâché. Ce ne sera plus jamais la même chose. Franchement, je me demande même si j'ai encore *envie* de t'emmener.

— La dureté, cela te connaît, hein? Une seconde d'indécision, et pour toi je n'existe plus. Tu attends de moi que je renonce à tout, vie, mari, travail, sans un instant d'hésitation, et tout ça pourquoi? Pour courir derrière toi à travers l'Europe et satisfaire les idées à la manque de ton M. Laing sur l'expérience vécue et l'aventure. Si au moins tu m'aimais!...

— Ne mêle pas l'amour à ça, tu foutrais tout en l'air. Dans le genre fausse excuse on ne fait pas mieux. Qu'est-ce que l'amour a à voir là-dedans?

— Mais... tout!

— De l'eau de bidet, oui! Quand tu dis *amour,* c'est *sécurité* que tu penses. Eh bien, la sécurité, ça n'existe pas. Même si tu regagnes ton foyer et que tu reviennes à ton petit mari tranquillisant, qui te dit que, demain, il ne tombera pas raide mort d'une crise cardiaque, ou qu'il ne décampera pas avec une autre fille, ou même, simplement, qu'il ne cessera pas de t'aimer? Tu es capable de lire dans l'avenir, toi? Qu'est-ce qui te permet de t'imaginer qu'elle est si assurée que ça, ta sécurité? La seule chose qui soit sûre, c'est que, si tu laisses passer cette expérience, ce sera aussi ta dernière chance. La mort, c'est du définitif, comme tu disais hier.

— Et moi qui croyais que tu n'écoutais pas!

— Cela prouve ta perspicacité.

Son regard était rivé au volant.

— Adrian, tu as raison sur tout, sauf pour ce qui est de l'amour. Ça *compte,* l'amour. Ça compte, que Bennett m'aime, et toi pas.

— Et toi, qui aimes-tu? T'es-tu jamais permis d'y réfléchir? Ou bien toute la question pour toi est-elle de savoir qui exploiter et manipuler? L'important dans ton cas, est-ce de savoir qui *donne* le plus? Tout cela se résumerait-il finalement à une question d'argent?

— Tu n'y es pas du tout, protestai-je.

— Vraiment? Parfois je me dis que cela tient uniquement au fait que tu me sais pauvre, que tu sais que j'ai envie d'écrire et que je me fous éperdument d'exercer la médecine... à la différence de tes richissismes médecins américains.

— Au contraire, ta pauvreté est un charme de plus pour mon snobisme à rebours. Ta pauvreté me plaît bien. D'ailleurs, pour peu que tu réussisses comme ton bon maî-aî-tre Laing, tu ne seras pas pauvre. Tu iras loin, fiston. Comme tous les psychopathes.

— Voilà qu'on croirait entendre Bennett, à présent!

— Mais tu *es* un psychopathe! Sur ce point, nous sommes bien d'accord.

— Nous, nous nous... Le *nous* de la journaliste et de la suffisance. Ah là là! ce qu'on doit se sentir bien, de dire *nous* comme ça, quand on est mariée et qu'on s'emmerde! Seulement, es-tu sûre que ce soit la bonne voie pour l'artiste? Sûre que tout ce bon bien-être ne mène pas à l'abrutissement intégral? Sûre qu'il ne soit pas grand temps pour toi de changer de vie?

— Iago... tu n'es qu'un Iago! Ou alors le serpent du jardin d'Eden, au choix, dis-je.

— Si ta vie est le paradis, alors Dieu soit loué de m'avoir épargné cette expérience!

— Il faut que je rentre.

— Où?

— Au paradis, pour y retrouver l'ennui de mon petit bien-être conjugal, et aussi mon *nous* de journaliste et mon abrutissement. J'en ai besoin pour mon équilibre.

— Oui, exactement comme tu as besoin de moi quand tu en as soupé de Bennett.

— Ecoute... c'est fini, non? C'est toi qui l'as dit.

— Absolument.

— Bien. Dans ce cas reconduis-moi à l'hôtel. Bennett ne va pas tarder à rentrer de son côté. Je n'ai pas envie d'être la dernière une fois de plus. Il était à une conférence sur « la Violence dans les groupes humains à forte densité », cela pourrait lui donner des idées.

– Il est bien petit, le nôtre, de groupe.

– Oui, mais sait-on jamais?

– Ça te plairait, hein? qu'il te flanque une vraie dérouillée? Pour le coup, pas de question, tu te sentirais une martyre..

– Possible.

J'avais singé sa tranquillité; je le sentis bouillir.

– Au fait... pourquoi ne pas tirer une bordée collective, hein? Toi, Bennett et moi. Nous pourrions sillonner le continent à trois?

– Va pour moi, mais il te restera à convaincre Bennett, et tu auras du mal. Les médecins bourgeois de son espèce, mariés avec une petite bobonne qui joue les écrivains à ses moments perdus, n'y vont pas gaiement comme toi. Et maintenant, s'il te plaît, ramène-moi.

Cette fois, il mit en marche pour de bon et démarra, attaquant notre itinéraire familier à travers le dédale des petites rues de Vienne, pour nous tromper à chaque tournant. Au bout d'une dizaine de minutes de ce cirque, nous avions du moins retrouvé le rire et la grande forme. Notre ineptie commune ne manquait jamais de nous enchanter l'un de l'autre. Même si cela ne pouvait durer, sur le moment c'était assez grisant.

Adrian arrêta la voiture, se pencha pour m'embrasser et dit :

– On ne rentre pas, on passe la nuit ensemble.

Je tins un bref débat intérieur. Oui ou non, étais-je vraiment une petite bobonne à demi morte de frayeur?

– D'accord, dis-je (en le regrettant dans l'instant).

Après tout, pour une nuit... qu'est-ce que cela changerait? De toute façon, je rentrerais à New York avec Bennett.

La soirée qui suivit se déroula elle aussi dans la même griserie de rêve. Nous commençâmes par boire dans un bistrot d'ouvriers, derrière la Ringstrasse, en nous embrassant à n'en plus finir entre deux chopes, lui buvant la bière à mes lèvres et moi aux siennes, tout en écoutant passionnément une dame, d'âge certain et fort ribaude, critiquer les budgets exorbitants du programme spatial américain et expliquer que, au lieu de foutre en l'air des milliards pour la lune, mieux eût valu les dépenser sur terre (à construire quoi? Des fours crématoires?); puis nous allâmes dîner (sans cesser de nous embrasser) dans un restaurant en plein air, en nous gavant mutuellement de folles bouchées de *Leberknödel* et de *Bauernschnitzel,* pour prendre enfin, très ivres, le chemin de la pension d'Adrian et y faire l'amour de façon réussie pour la première fois.

— Je crois que je serais capable de t'aimer, dit-il tout en me baisant, si je croyais à l'amour.

Un peu avant minuit, je me souvins que Bennett attendait à l'hôtel depuis une demi-douzaine d'heures; sautant hors du lit, je descendis pieds nus jusqu'à la cabine téléphonique de la pension, empruntai deux schillings au portier somnolent et composai le numéro. Bennett était sorti. Je laissai un message cruel : « *A demain matin* », en donnant à la standardiste tout loisir de noter le numéro de téléphone et l'adresse de la pension. Puis je remontai dans la chambre, où Adrian ronflait comme un porc. Durant une heure environ, je restai allongée, les yeux grands ouverts, en écoutant Adrian ronfler et en me reprochant violemment ma déloyauté, incapable de me détendre suffisamment pour trouver le sommeil.

Vers 1 heure du matin, la porte de la chambre s'ouvrit et Bennett fit irruption. D'emblée, je ne doutai pas qu'il eût l'intention de nous expédier tous les deux dans l'autre monde, et, secrètement je m'en réjouis : je méritais la mort, Adrian aussi. Au lieu de quoi, Bennett, après s'être déshabillé, me fit l'amour furieusement, sur le petit lit voisin de celui d'Adrian. Au beau milieu de cet étrange numéro, Adrian se réveilla et observa la scène, avec les yeux brillants d'un fana de la boxe assistant à un combat particulièrement sadique. Quand Bennett, ayant fini de jouir, retomba sur moi, hors d'haleine, Adrian se souleva puis se pencha pour lui caresser le dos, Bennett ne broncha pas. Entremêlés et transpirants, nous finîmes par nous endormir tous les trois.

J'ai raconté ces événements aussi prosaïquement que possible – tous les embellissements que je pourrais y ajouter ne parviendraient sûrement pas à les rendre plus scandaleux. L'épisode entier se déroula sans un mot, comme une pantomime à trois où le rôle de chacun, à force de représentation depuis tant d'années, fût devenu une seconde nature. Nous n'avions fait que nous acquitter de gestes maintes fois répétés en imagination. L'ensemble – de l'adresse laissée par moi à la standardiste jusqu'à la main d'Adrian caressant le beau bronze lisse du dos de Bennett – offrait en soi le caractère inéluctable de la tragédie grecque (ou d'un spectacle de Guignol). Je me souviens de détails précis : le ronflement sifflant d'Adrian; l'air fou de rage de Bennett pénétrant dans la pièce (puis, presque dans la foulée, me pénétrant); notre sommeil dans un entrelacs de bras et de jambes; le gros moustique qui, en s'engraissant de ce triple sang, ne cessa de me réveiller de ses piqûres.

Dans le clair-obscur bleuté du petit matin, j'ouvris les yeux pour m'apercevoir que j'avais roulé sur le côté en écrasant l'insecte à un moment quelconque de la nuit. Cela faisait sur le drap une belle tache d'encre rouge sang pour test de Rorschach – ou semblable à la trace menstruelle d'une Lilliputienne.

Le vrai matin venu, personne n'avait rien vu, ne savait rien. La nuit avait été sans événement. Tout le monde avait rêvé. A nous regarder descendre l'escalier baroque de la pension, on pouvait nous prendre pour des clients ayant dormi dans des chambres séparées et se rejoignant par le plus grand hasard à un tournant des marches.

Cinq postulants anglais et français prenaient leur petit déjeuner dans la grande salle du bas. Ils tournèrent la tête comme un seul homme et regardèrent. Je leur adressai un bonjour un peu trop cordial – surtout pour Reuben Finkel, un Anglais, rouquin, moustachu, doté d'un accent d'une terrible vulgarité. Son rictus de films d'épouvante m'avait surprise plusieurs fois en compagnie d'Adrian, à la piscine ou au café – je m'étais souvent demandé s'il ne nous épiait pas à la jumelle.

– Salut, Reuben! criai-je.

Adrian joignit ses bonjours aux miens. Bennett s'abstint. Il poursuivit son chemin sans s'arrêter, comme en transe. Adrian lui emboîta le pas. Un instant l'idée m'effleura que je n'avais peut-être pas vu tout ce qui avait pu se passer entre les deux hommes pendant la nuit. Mais je la chassai vivement de mon esprit. Pourquoi?

Dehors, Adrian s'offrit à nous reconduire à l'hôtel. Bennett refusa avec raideur. Puis, devant l'impossibilité de trouver un taxi, il finit par céder, sans même la courtoisie d'une parole ou d'un signe de tête à l'intention d'Adrian, qui, après un haussement d'épaules, prit le volant. Je me pliai en deux dans l'espèce de baquet du siège arrière. Cette fois, avec Bennett pour guide, nous ne nous perdîmes pas. Mais, hormis les indications qu'il donna, un pénible silence pesa sur nous jusqu'au bout du trajet. J'aurais voulu parler. Ce qui nous était arrivé à tous les trois était important, et il était vain de feindre d'ignorer l'événement. Entre Bennett et moi, cela pouvait signifier le commencement d'une forme de compréhension, d'entente; mais Bennett mettait un entêtement de mulet à le nier. Et Adrian n'était guère d'un plus grand secours. Tous leurs discours sur la psychanalyse et l'autopsychanalyse n'étaient que du baratin. Face à un événement réel survenant dans leur vie, ils n'étaient même pas capables d'en discuter. Facile, de jouer les voyeurs psychanalytiques et de disséquer les tendances homosexuelles des autres, leur triangle œdipien ou leur adultère – mais nez à nez avec leurs propres complexes, plus personne, mutisme complet! Ils regardaient droit devant eux. On eût dit deux frères siamois unis, à un point vital du cou, par une membrane invisible. Frères du même sang. Et moi, j'étais la sœur qui avait fichu le bordel entre eux. La femme, cause de leur chute. Pandore et sa boîte de malheur.

9

DE LA BOITE DE PANDORE, OU DE MES DEUX MERES

Toute femme est sa propre mère,
Et c'est la chose capitale

ANNE SEXTON.

Oui, c'est vrai que, au commencement, il y a eu ma mère : Judith Stoloff White, alias Jude. Rien d'obscur. Mais difficile à mettre sur le papier. Mon amour et ma haine pour elle sont si étroitement emmêlés que je m'y perds et que cela m'empêche presque de la *voir*. Je ne m'y reconnais plus : elle est moi, je suis elle, nous ne sommes qu'une. Le cordon ombilical qui nous relie n'a jamais été coupé; il s'est étiolé, il a pourri, noirci. Nous avons une telle faim l'une de l'autre que nous en sommes réduites à l'invective. Je ne sais ce qui nous retient de nous entre-dévorer, de nous entre-étrangler par amour. L'envie nous prend, comme une panique, de nous enfuir en hurlant, chacune de notre côté, avant que le pire se produise.

Quand je pense à ma mère, je trouve qu'Alexander Portnoy a bien de la chance. Si seulement, comme lui, j'avais une vraie mère juive — qu'on puisse étiqueter et ficher sans problème — une vraie propriété littéraire.

(Toujours, j'envie aux écrivains leur parenté : Nabokov, Lowell, Tucci, avec leurs armoires pleines d'élégants squelettes aristocratiques, Roth et Bellow et Friedman avec leurs papa-maman *pop,* sucrés et poisseux comme le vin de la pâque et gras comme le potage aux boulettes de *matzoth.*)

Ma mère fleurait le *Joy* ou le *Diorissimo* et faisait à peine la cuisine. Quand j'essaie de distiller le miel de ses enseignements sur la vie, voici ce qu'il en reste :

1. Avant tout, ne jamais être *ordinaire.*

2. Ce monde appartient aux rapaces. *Ergo :* dévorer et vite, plus vite!

« Ordinaire » était la pire des insultes pour tout. Je me revois l'accompagnant dans les magasins : de quel regard de dédain, chez Saks, Cinquième Avenue, elle glaçait les vendeuses qui faisaient les mijaurées et susurraient que telle robe ou telle paire de chaussures avaient « un é-norme succès... Nous en avons déjà vendu cinquante cette semaine ». Elle n'avait pas besoin d'en entendre plus :

– Non, disait-elle, ce genre *d'article* ne nous intéresse pas. Vous n'avez rien d'un peu moins *ordinaire?*

Sur quoi les bêcheuses lui déterraient toutes sortes de coloris insensés dont personne ne voulait – des « articles » tout juste bons pour des soldes, n'eût été ma mère. Ensuite, j'avais avec elle une effroyable bagarre, parce que je mourais d'envie d'être « ordinaire », aussi furieusement qu'elle de ne pas l'être.

– Cette coiffure est *impossible!* disait-elle quand je revenais de chez le coiffeur avec mon amie Pia, les cheveux coupés au carré comme sur les illustrations du magazine *Dix-Sept Ans.* C'est d'un *ordinaire!*

Ce n'était pas « laid », non; ni même « peu seyant ». Mais « ordinaire », cela oui. Donc, à fuir comme la peste, à tout prix. Et l'on s'en préservait en révisant souvent le décor de la vie. De fait, ma mère pensait que, en Amérique, tous les décorateurs d'intérieurs (ainsi que les dessinateurs de mode et les concepteurs d'accessoires) avaient monté un réseau d'espionnage pour surprendre ses toutes dernières idées, dans chacun de leurs domaines, et les vulgariser tout à coup. Et c'était vrai qu'elle pressentait les modes avec une intuition de sorcière (ou bien l'imaginais-je, conditionnée que j'étais par la puissance magnétique de son charme?). Elle décora l'appartement en vieil or, juste avant la vulgarisation de cette couleur dans les rideaux, les tapis et les revêtements de sièges. Après quoi, elle clama que tout le monde lui avait « volé » son idée. Elle pava la grande entrée de céramiques espagnoles, avant que cette mode eût pris chez « toutes les guenons de Central Park Ouest » – de la société desquelles elle s'excluait avec soin. Elle rapporta de Grèce des tapis de fourrure blanche, avant que les grands magasins en eussent commencé l'importation. Elle découvrit les lustres à fleurs en fer forgé pour salles de bains, bien avant tous les « décorateurs pédales », comme elle les appelait avec mépris. Elle cultivait la tête de lit ancienne, en cuivre, les stores de fenêtre assortis au papier mural et les serviettes de bain rouge et rose, à une époque où tout cela, et notamment l'alliance du rouge et du rose, passait pour terriblement avant-garde.

Sa peur de « l'ordinaire » se manifestait avec le plus de virulence dans ses vêtements. A mesure que nous grandissions toutes les quatre, elle accompagna de plus en plus mon père dans ses voyages d'affaires, et elle récoltait partout, au passage, les accessoires les plus bizarres. Elle allait au théâtre en pyjama de soie chinois, avec, aux pieds, des sandales, des anneaux balinais aux orteils et de minuscules bouddhas de jade en guise de boucles d'oreilles. Elle se protégeait des averses avec une ombrelle en papier de riz huilé et s'était fait tailler des culottes de matador dans de lourdes broderies japonaises. A un moment de mon adolescence, il m'est venu à l'esprit qu'elle aimait mieux avoir l'air insolite et laid que commun et joli. Et elle y réussissait souvent. Elle était grande, maigre comme un rail, la pommette haute, les cheveux longs et roux, et ses attifements étranges, joints à un maquilllage extrême, lui conféraient parfois des allures de personnages de Sarle. Bien entendu, je rêvais ardemment d'une maman aux cheveux blond platine, en manteau de vison et grande joueuse de bridge, ou à tout le moins d'une charmante brunette, piquante et boulotte, avec des lunettes à monture papillon et des souliers de cheftaine.

– S'il te plaît, mets autre chose, la suppliais-je, quand je la voyais revêtir, pour la fête du lycée, sa culotte de matador en tapisserie, un gilet de soie rose de chez Pucci et un *serape* mexicain. (Ma mémoire doit exagérer, mais l'idée générale y est.)

J'étais en septième année et au faite de mon désir passionné de ressembler à tout le monde..

– Pourquoi? Ça ne va pas, ce que je porte?

Si cela n'allait pas!... Je fouillais sournoisement dans sa penderie, cherchant en vain quelque chose « d'ordinaire ». (Un tablier! Une robe d'intérieur! Un ensemble de tricot en angora! N'importe quoi de convenable pour une mère conforme à la tradition des catalogues de grands magasins, une Mère avec un M majuscule.) La petite pièce sentait fort le *Joy* et la naphtaline. Il y avait des capes en velours ciselé, des boas en plume, des pantalons de daim, des cafetans aztèques en coton, des kimonos de soie japonais, des knickerbockers en tweed irlandais, mais rien, absolument rien, qui ressemblât à un ensemble de tricot en angora. Gauchement, timidement, je disais :

– C'est que j'aimerais tant que tu mettes quelque chose de moins... de plus simple... quelque chose qui ne tire pas les yeux des gens.

Son regard se chargeait d'orage et elle se redressait de toute sa taille – 1,70 m.

– Parce que tu as honte de ta mère? Dans ce cas, je te plains, Isadora. Oui, je te plains. Cela ne vaut rien, d'être *ordinaire*. Cela n'attire le respect de personne. En dernière analyse, les gens *courent* toujours après ceux qui sont différents, ceux qui se fient à leur propre goût et qui ne galopent pas avec le troupeau. Tu verras, plus tard. On ne gagne rien à céder aux pressions de la vulgarité collective...

Et nous partions pour le lycée dans un taxi d'où s'échappaient des effluves de *Joy,* tandis que des franges mexicaines flottaient (façon de parler) au vent de la course.

Quand je songe à toute l'énergie, à toute l'agressivité artistique mal placée, que ma mère déversait dans sa passion pour les bizarreries vestimentaires et dans ses innovations de décoratrice, je me dis : « Quel dommage qu'elle n'ait pas réussi comme artiste! Trois générations d'artistes frustrés : mon grand-père, qui baisait ses modèles, maudissait Picasso et s'obstinait à peindre dans le style de Rembrandt; ma mère, qui renonça à la poésie et à la peinture pour l'esthétisme de l'accoutrement et la manie furieuse et périodique de la tapisserie d'ameublement; ma sœur Randy, qui s'est adonnée à la procréation comme s'il s'était agi d'une nouvelle forme d'art de son invention (avec Lalah et Chloé qui l'imitent en disciples fidèles)... Cela fait beaucoup. »

Il n'y a rien de plus féroce qu'un artiste raté. L'énergie demeure, mais, faute d'exutoire, elle finit par imploser, et cela fait un formidable pet de rage, tout noir et qui enfume et obscurcit les fenêtres intérieures de l'âme. Si horribles que soient souvent les artistes qui ont réussi, il n'est rien de plus cruel ni de plus vain que l'artiste raté. Mon grand-père, je l'ai dit, peignait souvent ses propres tableaux sur ceux de ma mère, au lieu d'aller acheter des toiles neuves. Pour lui échapper, ma mère se tourna pour un temps vers la poésie, mais rencontra alors mon père, qui, écrivant lui-même des chansons, lui volait ses images poétiques pour s'en servir dans ses propres couplets. Qu'on ne me parle pas des artistes : « Ne te laisse jamais, au grand jamais, entortiller par un homme qui veut être un artiste », me répétait souvent ma mère, qui *savait.*

Autre aspect subsidiaire, mais non sans intérêt : tant ma mère que mon grand-père ont une façon bien à eux de couper court au efforts de quiconque paraît trouver son bonheur dans un travail ou réussir modérément dans son domaine. Je connais par exemple un romancier dont le talent se situe entre la moyenne et un degré au-dessus (je tairai son nom), et qui est un ami de mes parents. Il est l'auteur de quatre romans, dont aucun ne se distingue par le style, n'est un best-seller ni n'a obtenu de prix — ce qui ne l'empêche pas d'avoir l'air assez content de soi ni, apparemment, de bénéficier du double statut de « maître » dans les cocktails, et de détenteur de toutes les sagesses, tous les secrets du style pour je ne sais plus quelle petite université de New Jersey. Peut-être adore-t-il vraiment le métier d'écrivain. Il est ainsi des gens étranges.

— On se demande comment il fait pour continuer à pondre de cette façon, disait ma mère. C'est un écrivain si *ordinaire*... Non qu'il soit fou ni stupide... (Ma mère ne dit jamais de quelqu'un qu'il est « intelligent »; jamais elle ne s'engage au-delà de « pas stupide ».) Mais ses livres sont d'un *ordinaire!...* Et ils ne lui ont même pas rapporté d'argent jusqu'ici...

Et c'est là que le bât blesse. Car, si ma mère proclame bien haut qu'elle respecte d'abord et avant tout l'originalité, en réalité c'est à l'argent et aux récompenses publiques que va sa déférence. En outre, il n'est pas une de ses remarques sur un autre artiste qui ne sous-entende que l'on s'explique mal tant de persévérance de la part du malheureux, pour de si maigres fruits. Ah! si son ami romancier remportait le prix Pulitzer ou l'Oscar national du roman — ou bien s'il vendait un de ses bouquins au cinéma — ça, ce serait quelque chose. Bien sûr, cela ne l'empêcherait pas de le descendre tout de même en flammes, mais le respect n'en serait pas moins écrit en gros caractères sur son visage. En revanche, toute l'humilité du travail, de la *facture,* ne signifie rien pour elle — ni la découverte intérieure ni le plaisir de l'œuvre. Non, rien. Allez vous étonner si une attitude pareille l'a conduite, pour finir, à la tapisserie de meubles.

Autre chose : son côté prédateur. Elle a débuté, je crois, normalement, comme le voulait son temps : par le communisme de rigueur dans les associations d'étudiants en beaux-arts des grandes villes de province. Mais, peu à peu, à mesure que la gagnaient l'aisance et l'artériosclérose (simultanément, comme c'est souvent le cas), elle se convertit à sa propre mouture de religion : deux tiers de Robert Ardrey pour un tiers de Konrad Lorenz.

Cela dit, je doute fort que ces deux grands esprits aient jamais pensé que l'on extrairait un jour de leur pensée ce genre de concentré : une sorte de néo-hobbesianisme tendant à prouver que la vie est méchante, mesquine, brutale, et brève; la recherche du statut social, de l'argent et de la puissance universelle; l'instinct du territoire, féroce; l'égoïsme, par voie de conséquence, la loi cardinale de l'existence. (« Ne déforme pas ma pensée, je te prie, Isadora : même l'altruisme, comme on dit, n'est qu'un autre nom de l'égoïsme. »)

Que tout cela ait engorgé pour moi les avenues de la création et de la révolte inventive est clair :

1. Impossible d'être une *hippie,* puisque ma mère s'habillait déjà dans ce style (tout en croyant à l'instinct du territoire et au caractère universel de la guerre).

2. Impossible d'être en révolte contre le judaïsme, puisque je n'avais pas de raison de le faire.

3. Impossible d'ironiser à propos de ma mère juive, puisque le problème allait chercher beaucoup plus loin que la condition juive ou que la condition de mère.

4. Impossible d'être une artiste, sous peine de se faire recouvrir de peinture.

5. Impossible d'être poète, sous peine d'être rayée des contrôles.

6. Impossible d'être autre chose, parce que c'eût été *ordinaire.*

7. Impossible d'être communiste : ma mère était déjà passée par là.

8. Impossible d'espérer être une rebelle (ou à tout le moins une paria) en épousant Bennett, puisque ma mère estimait que *ça* n'était, « pour une fois, *pas* ordinaire ».

Que me restait-il, comme issue? Dans quel secteur surencombré pouvais-je encore jouer cette petite comédie que je baptisais présomptueusement « ma vie »? Je me sentais assez comme ces rejetons de parents marijuanesques qui deviennent de furieux conformistes. Peut-être, à la rigueur, me restait-il à voltiger à travers l'Europe avec Adrian et à ne plus jamais retourner à New York.

Et pourtant... j'ai une autre mère, très différente. Elle est grande et mince, mais ses joues sont plus douces que des chatons de noisetier et, quand je m'enfouis le museau dans son manteau de fourrure, dans la voiture qui nous ramène à la maison, j'ai l'impression que jamais rien ni personne ne pourra me faire de mal. Elle m'apprend le nom de chaque fleur. Elle me prend dans ses bras et me couvre de baisers, quand une petite brute de garçon (fils de psychiatre) m'arrache des mains mon beau tricycle anglais tout neuf et lui fait dévaler la pente du terrain de jeux pour qu'il aille s'écraser contre la barrière de clôture. Elle est là, vigilante à côté de moi, pendant que je lui lis mes rédactions d'écolière, et elle trouve que je suis le plus grand écrivain de tous les temps, bien que je n'aie que huit ans. Elle rit de mes plaisanteries, comme si j'étais Charlie Chaplin, Buster Keaton et Groucho Marx réunis. Elle m'emmène, avec Randy, Lalah et Chloé, patiner sur le lac de Central Park gelé, avec une dizaine de nos petites amies; et, alors que les autres mères restent chez elles pour jouer au bridge et envoient la bonne chercher les enfants, c'est elle qui, les doigts bleus de froid, lace nos patins, puis les siens, et s'élance avec nous sur le lac, nous montre le danger quand la glace est trop mince, nous apprend à tracer des huit, et rit, et bavarde, et devient toute rose. Et quelle fierté je sens!

Soutenue moi-même par Randy, je soutiens devant nos amies que notre mère, avec sa longue cascade de cheveux roux et ses grands yeux bruns, est si jeune qu'elle n'a pas besoin de se maquiller. A côté d'elle, toutes les autres ne sont que de vieilles rombières. Elle porte des pulls à col cheminée et des pantalons de ski comme nous. Ses cheveux longs sont tenus par un ruban de velours, comme les nôtres. Et nous ne lui disons même pas « Mère », tellement elle est drôle. Elle est unique.

Le jour anniversaire de ma naissance (26 mars, Bélier, Rites du Renouveau), j'ouvre les yeux et trouve ma chambre transformée en tonnelle fleurie. Autour de mon lit, des vases pleins de jonquilles, d'iris, d'anémones. Par terre, des monceaux de cadeaux, enveloppés dans les papiers de soie les plus fantaisistes et tout enguirlandés de fleurs de papier. Ma mère a peint de sa main des œufs de Pâques : on dirait de vrais œufs de Fabergé. Il y a des boîtes de chocolats et des œufs en gelée de fruit (« pour que l'année te soit douce », me dit-elle en me serrant sur son cœur), et chaque fois il y a aussi une carte de joyeux anniversaire, géante, peinte à l'aquarelle et me représentant dans toute ma gloire : ravissante (« la petite fille la plus ravissante du monde »), longs cheveux blonds, yeux bleus, masses de fleurs à plein bras. Flatterie? Idéalisation? Ou bien est-ce réellement ainsi qu'elle me voit, ma mère? Je suis enchantée et intriguée. Oui ou non, suis-je pour elle « la petite fille la plus ravissante du monde »? Et mes sœurs, alors? Et puis, pourquoi crie-t-elle si fort après moi, parfois, à croire que le plafond va me crouler sur la tête?

Mon autre mère ne crie jamais et je lui dois tout ce que je suis. A treize ans, je l'accompagne dans les musées d'Europe; à travers ses yeux je vois les orages de Turner, les ciels de Tiepolo, les meules de foin de

Monet, le *Balzac* de Rodin, le *Printemps* de Botticelli et la *Vierge aux Rochers* de Vinci. A quatorze ans, pour mon anniversaire, je reçois *Les œuvres poétiques complètes* d'Edna St. Vincent Millay, à quinze ans celles d'E.E. Cummings, à seize ans, celles de Yeats, à dix-sept ans, celles d'Emily Dickinson. (Quand j'aurai dix-huit ans, nous ne pourrons plus nous sentir toutes les deux!) Elle m'initie à Shaw, à Colette, à Orwell, à Simone de Beauvoir. Le soir, à table, nous avons de furieuses discussions sur le marxisme. Elle me donne des leçons de danse classique et de piano, ainsi que, toutes les semaines, des billets pour les concerts de l'orchestre philharmonique de New York, où je m'ennuie tant que je passe le plus clair de mon temps aux toilettes, à barbouiller mes lèvres d'adolescente de Lustrous Lipstick *Powder Pink* de Revlon.

Chaque samedi, je me rends à l'Association des étudiants en beaux-arts, et ma mère critique laborieusement mes dessins. Elle guide ma carrière, avec plus de vigilance que si c'était la sienne : il faut que j'apprenne à dessiner d'après la bosse et d'après nature, d'abord au fusain; ensuite, viendront les natures mortes, au pastel; enfin, l'huile. Quand je me présente aux examens d'entrée de l'Ecole de musique et des beaux-arts, elle prend part avec moi aux tourments de la préparation, m'accompagne, le jour venu, rassure mes inquiétudes tout en me faisant récapituler rapidement l'essentiel des diverses matières. Lorsque je décide que je veux être médecin en même temps qu'artiste, elle m'achète aussitôt des ouvrages de biologie. Dès que je me mets à la poésie, elle écoute chaque poème et le loue comme s'il était de Yeats ou de Saint-John Perse. Toutes mes divagations d'adolescente ne sont que beauté à ses yeux. Dessins, cartes de vœux, caricatures, affiches, peintures à l'huile — autant de présages de ma grandeur à venir. Pas une fille au monde ne pourrait avoir mère plus dévouée, mère plus follement désireuse de voir son enfant s'épanouir dans toute sa personnalité et devenir, puisque tel est son vœu, une artiste. Alors, d'où vient ma colère contre elle? Pourquoi faut-il qu'elle m'inflige de penser que je ne suis qu'une pâle copie d'elle? Que je n'ai jamais une seule idée personnelle? Que je n'ai ni liberté, ni indépendance, ni identité du tout?

Peut-être la sexualité avait-elle sa part dans ma fureur. Peut-être était-ce là ma vraie boîte de Pandore. Ma mère croyait à l'amour libre, aux danses nues au Bois de Boulogne et dans les îles grecques, à la célébration des Rites du Renouveau. Mais, en même temps, naturellement, elle n'y croyait pas. Sinon, pourquoi me raconter que les garçons ne me respecteraient que si je leur jouais les « dures à décrocher », qu'ils ne seraient pas à mes trousses si je « portais le cœur sur la manche », qu'ils ne me téléphoneraient pas si je me « dépréciais »?

Le sexe... La puissance de son empire me terrifiait. Cette énergie, cette stimulation, cette impression de devenir folle qu'il me donnait! Qu'en penser? Et comment le faire coller avec les histoires de « dure à décrocher »?

Le courage de poser franchement la question à ma mère m'a toujours manqué. Je pressentais, malgré sa bohème en paroles, qu'elle désapprouvait ce qui touchait au sexe, comme quelque chose dont on ne doit pas parler. Je me tournai vers D.H. Lawrence, vers *L'Amour sans crainte* et *L'Accession à l'âge adulte aux îles Samoa*. Margaret Mead n'était pas d'un grand secours. Qu'avais-je à voir avec tous ces sauvages? (Beaucoup de choses, certes, mais j'étais loin de le mesurer, à l'époque.) Eustace Chesser, docteur en médecine, valait le coup pour l'abondance des détails passionnants (« Comment bien conduire l'acte sexuel », pénétration, jeux préliminaires, prolongements glorieux, etc.); mais, apparemment, il n'avait pas grand-chose à dire sur mes dilemmes moraux : *jusqu'*où aller? Où s'arrêter? A l'intérieur ou à l'extérieur du soutien-gorge? A l'intérieur ou à l'extérieur de la culotte? A l'intérieur ou à l'extérieur de la bouche? Et si l'on doit avaler, quand? C'est d'une complication! – surtout pour les femmes..

Foncièrement, je pense que j'en voulais furieusement à ma mère de ne pas m'avoir appris à être femme, appris à faire la paix entre les deux faims qui me dévoraient, l'une, le con, l'autre, la tête.

Ce sont donc les hommes qui m'ont appris la femme. Je la voyais à travers les yeux des écrivains mâles – sans, bien entendu, les regarder le moins du monde comme des *mâles;* non, c'étaient des *écrivains,* des autorités, des dieux possédant la science infuse et méritant une confiance totale. Et je la leur accordais, même si cela impliquait l'aveu de mon infériorité. D.H. Lawrence, sous le déguisement de lady Chatterley, m'a appris ce qu'est l'orgasme. Par lui aussi, j'ai su que toutes les femmes adorent « le Phallos », comme il l'écrit très bizarrement. Shaw, lui, m'a appris qu'elles sont à tout jamais incapables d'être des artistes; Dostoïevski, qu'elles ignorent le sentiment religieux; Swift et Pope que, au contraire, elles en ont *trop* (et n'ont, en conséquence, aucune chance d'être jamais logiques); Faulkner, qu'elles sont en rapport étroit avec notre mère la Terre, comme avec la lune, les marées et les récoltes; Freud, qu'elles ont un surmoi déficient et sont toujours « incomplètes », faute d'être équipées avec la seule chose au monde qui vaille le coup : le pénis.

Mais, moi qui allais en classe et avais de meilleures notes que les garçons, moi qui peignais, qui écrivais, qui passais mes samedis à fabriquer des natures mortes à l'Association des étudiants en beaux-arts, et mes après-midi, pendant la semaine, à préparer le prochain numéro de la revue de l'école (rédactrice en chef *adjointe* – la rédaction en chef ayant jamais appartenu à une fille, et aucune d'entre nous n'ayant d'ailleurs jamais non plus songé à contester ce monopole) – oui, moi, que devenais-je là-dedans? Qu'est-ce que la lune, les marées, notre mère la Terre et le culte du « Phallos » lawrencien avaient à voir avec moi ou avec mon existence?

J'ai rencontré mon premier « phallos » à l'âge de treize ans et dix mois, sur le grand canapé, recouvert de soie vert avocat, de mes parents, et à l'ombre d'un avocat du même vert, lui-même issu d'un noyau d'avocat planté par ma mère, d'un maître coup de pouce (à l'ongle vert avocat aussi, cela va de soi). Ledit « phallos » appartenait à Steve Applebaum, qui était en troisième année (spécialité : beaux-arts), alors que j'étais moi-même en première année (même spécialité). Il offrait à la vue, quand on le regardait par-dessous, un très inoubliable lacis abstrait de veines bleues, sur fond d'un pourpre Kandinsky. Rétrospectivement, il m'apparaît comme un spécimen remarquable : circoncis, naturellement, énorme (mais que signifie « énorme » en l'absence de références et de points de comparaison?) et doué d'une vie propre, à un point étonnant. Dès qu'il manifestait sa présence rigide et vibrante, sous la braguette à fermeture à glissière du pantalon de toile de Steve (pendant que nous nous bécotions et pelotions « au-dessous de la ligne de flottaison », comme on disait), il défaisait la fermeture, doucement (pour ne pas coincer les poils?), et, de sa main libre (l'autre étant sous ma jupe et à l'intérieur de mon con), extrayait son gros truc pourpre de dessous les strates de caleçon, de pans de chemise bleue de chez Brooks et, pour finir, de la fente métallique, froide et luisante de sa braguette. Ensuite, je plongeais la dextre dans le vase de roses que ma mère, dans son culte des fleurs, entretenait en permanence sur la table basse et, la main enduite d'eau et de l'humeur un peu visqueuse des tiges, je me mettais en devoir de branler Steve en cadence. Comment m'y prenais-je exactement? A trois doigts? Avec toute la paume? J'ai dû commencer par être plutôt brutale – bien que, plus tard, je sois devenue experte. Il renversait la tête en arrière, en proie à l'extase (extase contrôlée, car mon père regardait la télévision dans la pièce voisine), et il jutait dans un pan de sa chemise de chez Brooks, ou bien dans un mouchoir prestement tiré à cet effet. La technique m'est sortie de la mémoire, mais l'impression demeure : de réciprocité pour une part (donnant, donnant : je te branle, tu m'astiques), mais aussi de puissance. Je savais que mon geste me conférait une sorte de pouvoir très spécial sur lui – et auquel le sentiment de puissance que donne la peinture ou l'écriture ne pouvait se comparer. Et puis je jouissais, moi aussi – peut-être pas comme lady Chatterley, mais tout de même...

Vers la fin de notre idylle, Steve (il avait alors dix-sept ans, moi, quatorze) voulut que je « le » prenne dans la bouche.

– Ça se fait? lui demandai-je.

– Un peu! répondit-il avec un minimum de nonchalance.

Et, sur les étagères à livres de mes parents, il se lança à la recherche du livre de Van de Velde (soigneusement caché derrière *Les trésors artistiques de la Renaissance).* Mais c'en était trop pour moi. Je n'arrivais même pas à prononcer le terme. Et si j'étais enceinte, après? À moins que mon refus n'ait été lié aux principes sociaux que ma mère continuait à m'inculquer, en même temps que les éléments de l'histoire de l'art. Steve habitait le quartier populeux du Bronx. Moi, un duplex sur Central Park Ouest. A tant faire que d'adorer un « phallos », pas question qu'il fût du Bronx. Trop commun. Il me fallait un « phallos » riche et élégant de Sutton Place, au moins.

Finalement je tirai ma révérence à Steve et me mis à la masturbation, au jeûne et à la poésie. Je ne cessais de me répéter que la masturbation était du moins une garantie de pureté.

Steve n'en continua pas moins à me faire la cour, à grand renfort de flacons de N° 5 de Chanel, de disques de Frank Sinatra et de citations merveilleusement calligraphiées des poèmes de W.B. Yeats. Il me téléphona chaque fois qu'il était saoul, ainsi que pour chacun de mes anniversaires, pendant les cinq années qui suivirent. (Etait-ce le seul souvenir de mes branlettes qui lui inspirait tant de fidélité?)

Dans le même temps, en repentir de ma trop grande complaisance pour mes passions, je passais par une sorte de conversion religieuse entraînant non seulement le jeûne (j'allais jusqu'à me refuser l'eau), mais l'étude de *Siddhartha* et la perte de dix kilos (ainsi que de mes règles). J'y récoltai aussi une poussée de furonculose digne de Job, qui me valut ma première visite à une dermatologue, dame réfugiée d'Allemagne, qui — chose mémorable — me déclara : « Le peau hest la miroir te l'âme » et me dépêcha au premier de mes nombreux psychiatres, petit médecin du nom de Schrift.

Le Dr Schrift (celui-là même que je devais retrouver dans l'avion de Vienne) était un disciple de Wilhelm Stekel. Il rentrait le bout de ses lacets le plus loin possible à l'intérieur de ses souliers, jusque sous les orteils, ou presque. (Je ne jurerais pas que cela fasse partie de la méthode stekelienne.) L'immeuble de Madison Avenue dans lequel il vivait était plein de vestibules et de corridors très sombres et étroits, aux murs tapissés de papier or à semis de coquillages, du genre de ce que l'on pourrait trouver dans les salles de bains de certaines vieilles maisons d'un faubourg comme Larchmont. En attendant l'ascenseur, je contemplais ce papier, et je me souviens de m'être souvent demandé si le propriétaire ne l'avait pas acheté pour rien, à l'occasion de la liquidation, pour cause de faillite, d'une fabrique de papiers pour sanitaires. Sinon, pourquoi tapisser tous ces murs de coquillages et de petits poissons roses sur fond or?

Le Dr Schrift possédait deux lithos d'Utrillo et une de Braque. (Comme c'était mon premier jivaro, je ne me doutais pas que ce sont les lithos types du psychanalyste, bénéficiant de l'imprimatur de l'Association de psychanalyse.) Il avait aussi un bureau de style danois moderne (également approuvé par l'Association de psychanalyse) et un canapé brunâtre en caoutchouc mousse, recouvert, au bout, de la petite housse en plastique de rigueur, et équipé, à la tête, avec un coussin dur, en forme de coin et protégé par une serviette en papier.

Il voulait à tout prix que le cheval que je voyais dans mes rêves fût mon père. J'avais quatorze ans et je jeûnais à en crever, pour me punir de m'être fait astiquer la bonbonnière sur le canapé de soie vert avocat de mes parents. Mais le Dr Schrift tenait absolument à ce que le cercueil que je voyais dans mes rêves fût ma mère. Quant à savoir pourquoi je n'avais plus mes règles, mystère.

– Parce que je ne veux pas être une femme. C'est trop compliqué. Shaw dit que les femmes artistes, ça n'existe pas. Il dit aussi que ça use, d'avoir des enfants. Et moi, je veux devenir une artiste. C'est mon seul désir depuis toujours.

Et puis, chose que je n'aurais pas su exprimer à l'époque, sentir le doigt de Steve à l'intérieur de mon con, c'était bon. En même temps, je savais que cette sensation bouillasseuse de fondre, c'était ça l'ennemi. Si j'y cédais, adieu à tout ce que je voulais dans la vie. « Il faut choisir », me disais-je sévèrement, à quatorze ans. *Get thee to a nunnery* – Va-t'en, fais-toi nonnain. *Ergo,* en bonne nonne, je me masturbais. « Comme cela, je suis sûre d'échapper au pouvoir des hommes », pensais-je en m'enfonçant solidement deux doigts dans le bénitier toutes les nuits.

Le Dr Schrift n'y comprenait rien : « Aczepptez t'être une femme », disait-il de sa voix un peu sifflante, invisible derrière le canapé. Mais, à quatorze ans, je ne pouvais voir que les désavantages d'être une femme. Pourquoi la lune ne pâlissait-elle pas, et les raz de marée ne balayaient-ils pas la surface de la terre? Où était mon garde-chasse? Non, être femme n'était qu'une escroquerie.

Je rôdais dans les salles du Metropolitan Museum, en quête d'une femme peintre qui me montrât le chemin. Mary Cassatt? Berthe Morisot? Pourquoi fallait-il que tant de femmes artistes, après avoir renoncé à avoir des enfants, n'eussent peint que des nativités ou des mères à l'enfant? C'était à désespérer. Si l'on était femme et que l'on eût du talent, où que l'on se tournât, la vie était un piège. Ou bien l'on sombrait dans la vie domestique (en s'évadant dans le rêve éveillé), ou bien l'on exprimait dans tout son art le désir nostalgique d'une telle vie. Impossible d'échapper à la condition femelle. On portait dans le sang la contradiction.

Pas plus ma bonne mère que ma mauvaise mère ne pouvaient m'aider à échapper au dilemme. La mauvaise me déclarait, que, sans moi, elle eût été artiste célèbre, et la bonne m'adorait et ne m'eût reniée pour rien au monde. Ce qu'elle m'apprenait venait plus de l'exemple que des exhortations. Et la leçon était claire : être femme signifiait être harassée, frustrée et perpétuellement en colère. Etre déchirée entre deux inconciliables.

– Peut-être, me disait ma bonne mère, feras-tu mieux que moi. Et dans les deux parties. Quant à moi, ma chérie, je n'ai jamais su.

10

LA MAISON DE FREUD

> *C'est vraiment la plus vaine des idées que de jeter la femme dans la lutte pour la vie au même titre que l'homme. Si, par exemple, j'allais imaginer ma douce et gentille petite fille changée par la compétition, je ne pourrais que finir par lui dire, comme il y a dix-sept mois déjà, que, de toute ma tendresse, je la supplie de rester à l'écart du combat et de se réfugier dans les activités calmes et pacifiques de mon foyer.*
>
> SIGMUND FREUD.

Adrian nous déposa sans un mot à l'hôtel et, dans un rugissement de la Triumph, s'en retourna se perdre dans les tournants. Nous montâmes nous laver des péchés de la nuit. Comme aucune des réunions ou conférences de l'après-midi n'intéressait Bennett, nous décidâmes d'aller faire un tour à la maison de Freud. Avant l'entrée en scène d'Adrian, nous avions projeté cette excursion; puis l'idée s'était noyée dans la confusion générale.

Vienne était d'une beauté digne de celle de la matinée. La grosse chaleur viendrait plus tard, mais le soleil et le ciel bleu étaient déjà au rendez-vous et la ville était pleine de passants à l'allure de fonctionnaires, qui se hâtaient vers le lieu de leur travail, attaché-case très administratif à la main (et ne contenant probablement, en fait d'administratif, que les gazettes du jour et les sandwiches du déjeuner). Nous flanâmes dans le Volksgarten en admirant la belle tenue des rosiers et des parterres de fleurs qui avaient l'air de sortir de chez le coiffeur. Nous échangeâmes des remarques sur le saccage inévitable de ces massifs transplantés à New York. Nous hochâmes gravement le chef en évoquant le vandalisme new-yorkais comparé à la vertueuse obéissance aux lois des grandes villes germaniques. Nous tînmes notre bonne vieille conversation sur la civilisation, la répression et le refoulement, par opposition à l'impulsion et à la libre expression. Un court moment, il y eut entre nous cette solidarité, bonne et chaude, qu'Adrian avait qualifiée d'« ennui conjugal ». En quoi il se trompait. En loup solitaire qu'il était, il ne comprenait rien au couple et ne pouvait voir qu'ennui dans le mariage. Il lui manquait cet instinct très particulier de l'accouplement, qui pousse deux êtres humains à se rapprocher, à s'unir, à réparer entre eux les dégâts de l'âme et à y puiser un regain de force. Il n'y a pas que le sexe qui joue dans l'accouplement; le besoin de s'apparier existe entre amis vivant ensemble ou dans de vieux ménages d'homosexuels qui ne font plus l'amour que rarement, comme dans certains ménages d'hétérosexuels. Deux êtres se soutenant en vol comme deux forteresses volantes, et dépendant l'un de l'autre, se chouchoutant mutuellement, se défendant mutuellement contre le monde extérieur. Parfois, le seul fait d'avoir sous la main une amitié sur laquelle s'appuyer au milieu de l'indifférence de ce monde – oui, ce seul fait compense les désagréments du mariage.

Bref, bras dessus bras dessous, nous avons pris, à pied, le chemin de la maison de Freud. Il était tacitement entendu qu'il ne serait pas question entre nous de la nuit passée. Après tout, la nuit, on rêve, et maintenant que nous nous retrouvions ensemble en plein soleil, le rêve s'évaporait avec la brume matinale.

Nous avons gravi l'escalier du cabinet de consultation de Freud, tels deux patients mûrs pour une cure de thérapie conjugale.

J'ai toujours eu de la dévotion pour les hauts lieux de la culture : la maison où est mort Keats, à Rome, celle qu'il habita à Hampstead, la demeure natale de Mozart à Salzbourg, la fameuse grotte incrustée de minéraux d'Alexander Pope, à Twickenham, la maison de Rembrandt dans le ghetto d'Amsterdam, la villa de Wagner au bord du lac des Quatre-Cantons, le maigre deux pièces de Beethoven à Vienne... Tout endroit qui a vu un génie naître, vivre, travailler, manger, péter, répandre sa semence, aimer, mourir, est sacré à mes yeux. Aussi sacré que Delphes ou que le Parthénon. Plus, même, car la merveille de la vie quotidienne me fascine encore plus que celle des hauts lieux et temples célèbres. Que Beethoven ait trouvé le moyen d'écrire sa musique (et quelle!) tout en vivant dans deux pièces minables, le voilà le miracle! J'avais contemplé avec un respect religieux les ustensiles qui le rattachaient à ce monde : la boîte à sel ternie, la pendule de quatre sous, le gros registre délabré. La banalité même de ses besoins et des articles de première nécessité qui y répondaient me réconfortait et me chargeait d'espoir.

J'aime à rôder et à renifler l'air dans les demeures des grands hommes, tel un chien policier, pour essayer d'attraper l'odeur du génie. Quelque part entre la salle de bains et la chambre à coucher, ou entre l'acte de manger un œuf et celui de chier, la muse descend du ciel et se pose. D'ordinaire, elle n'apparaît pas là où nos idées clichés à la Hollywood nous ont habitué à l'attendre : au cœur d'un somptueux coucher de soleil sur Ischia, dans le tonnerre des embruns du Pacifique à Big Sur, au sommet d'une montagne à Delphes (juste entre le nombril de la terre et le point où Œdipe tua son papa) – non, elle rapplique à tire-d'aile pendant que l'on épluche des oignons, que l'on mange une aubergine ou que l'on protège l'intérieur de la poubelle avec le supplément littéraire du *New York Times*. Les plus intéressants des écrivains modernes le savent parfaitement. Le Leopold Bloom d'*Ulysse* fait frire des rognons, s'installe sur le trône de ses gogues et, de là, considère l'univers. Francis Ponge voit l'âme humaine dans une huître (comme William Blake, avant lui, dans une fleur des champs). Sylvia Plath se coupe à un doigt, et c'est la révélation. Mais Hollywood s'obstine à imaginer l'artiste sous les traits d'une idole de galas, à l'œil embrumé de rêve et à la cravate avantageuse, se profilant sur fond musical de Dmitri Tiomkin et couronnée d'un virulent coucher de soleil orange. Et tous (y compris ceux qui devraient être plus avisés), nous nous efforçons de vivre conformément à cette image.

Bref, l'idée de m'envoler avec Adrian continuait à me tenter, et Bennett, le sentant, m'avait pour ainsi dire prise sous le bras, et hop! en route pour la maison de Freud, 19 Berggasse, pour essayer (une fois de plus) de me ramener au bon sens.

Oui, Freud avait le génie de l'intuition, je le concédais à Bennett; mais je rejetais le dogme psychanalytique de son infaillibilité : les génies sont toujours faillibles, sinon ils seraient des dieux. Et puis, qu'a-t-on à faire de la perfection? Ou de la logique? Une fois dépassé l'adolescence, Herman Hesse, le néo-mysticisme pleurard de Kahlil Gibran et la conviction que les parents sont l'incarnation du mal transcendantal, on ne devrait même plus vouloir entendre parler de logique. Hélas, tel n'est pas le cas pour beaucoup d'entre nous, constamment prêts à saccager leur vie faute de logique, justement. Moi la première.

Nous avons donc visité la maison de Freud, en quête de *la* révélation. Tout juste si nous ne nous attendions pas à voir Montgomery Clift, sous le costume et la barbe du Maître, plongé dans l'exploration des grottes humides de son inconscient. En fait, le spectacle était décevant. Presque tous les meubles avaient suivi Freud en Angleterre, à Hampstead, et étaient maintenant la propriété de sa fille. Le musée Freud de Vienne devait compenser le vide quasi total des pièces par des photographies. Freud avait vécu là près d'un demi-siècle, et il ne restait de lui ni trace ni odeur – rien que des photos et un salon d'attente reconstitué à grand renfort de meubles boursouflés de l'époque.

Il y avait une photographie du fameux cabinet, avec son canapé des aveux recouvert d'un tapis d'Orient, ses figurines égyptiennes et chinoises et ses fragments de sculptures antiques; mais le cabinet lui-même s'était évaporé en 1938, avec toute la période. Etrange idée, en un sens, que de prétendre que Freud n'avait jamais été chassé de là ou que, avec quelques photos jaunissantes, l'on peut recréer un monde. Cela me rappelait ma visite à Dachau : fours crématoires démolis et petits Allemands blond filasse galopant, riant et piqueniquant dans l'herbe nouvellement semée. « On ne peut juger un pays sur une douzaine d'années », me répétait-on à Heidelberg.

Nous avons exploré les pièces étrangement mortes, avec les laissés-pour-compte du magasin des accessoires freudiens : son diplôme de docteur en médecine, sa lettre de candidature à un poste de professeur adjoint, un contrat avec un de ses éditeurs, la liste de ses ouvrages et communications, jointe à une demande d'avancement. Puis, nous avons scruté de près les photographies : Freud, cigare à la main, avec le premier cercle de psychanalyse; Freud et son petit-fils; Freud et Anna Freud; Freud avant sa mort, à Londres, s'appuyant au bras de sa femme; le jeune Ernest Jones et son profil de charme; Sandor Ferenczi lorgnant impérieusement le monde, vers 1913; Karl Abraham ayant l'air de ce qu'il était : doux et gentil; Hans Sachs et son véritable embonpoint à la Robert Morley, *und so weiter*. La panoplie était là, mais l'âme de l'entreprise s'était envolée. De vitrine en vitrine, nous suivîmes la troupe, en nous interrogeant sur notre propre histoire, qui nous collait aux pattes et dont il restait à écrire la chronique.

Nous déjeunâmes rapidement tous les deux, en

essayant de réparer les dégâts de la veille. Intérieurement, je fis vœu de ne plus jamais revoir Adrian. Bennett me témoignait une extrême prévenance; j'en faisais autant à son égard. Nous nous appliquions à éviter tout sujet de discussion important. Nous nous cantonnâmes dans les anecdotes sur Freud. Selon Ernest Jones, le Maître était piètre juge en matière de caractères, piètre *Menschenkenner.* C'est un trait – cette dose de naïveté devant les gens – qui accompagne souvent le génie. Freud était capable de déchiffrer les secrets des rêves, mais il pouvait se laisser duper par le plus petit escroc. Il avait pu inventer la psychanalyse et, en même temps, accorder créance à des gens qui le trahissaient. Il était aussi très indiscret. Il lui arrivait souvent d'étaler devant des tiers des confidences dont on l'avait fait dépositaire, à la condition expresse qu'il gardât le silence sur elles.

Soudain, nous aperçûmes que nous recommencions à parler de nous. Il n'existait pas de sujet de conversation suffisamment neutre, cet après-midi-là. Tout nous ramenait à nous.

Après le déjeuner, nous sommes revenus au Hofburg pour écouter une communication sur la psychologie de l'artiste. Il s'agissait d'analyses posthumes de Vinci, de Beethoven, de Coleridge, de Wordsworth, de Shakespeare, de Donne, de Virginia Woolf et d'une inconnue anonyme qu'avait soignée l'auteur de la communication. L'accumulation accablante des preuves démontrait que les artistes, pris dans l'ensemble, sont des êtres faibles, dépendants, enfantins, naïfs, masochistes, narcissiques, mauvais psychologues, baignant jusqu'au cou, et sans espoir d'en sortir, dans les complexes œdipiens. A cause de leur extrême sensibilité enfantine et de leur besoin (dépassant celui de la moyenne des gens) de la mère, ils ont un sentiment de sevrage et de manque, quelle qu'ait été la tendresse maternelle dont ils aient bénéficié en réalité. A l'âge adulte, ils sont condamnés à chercher partout une mère et, faute de (jamais, au grand jamais) la trouver, ils tentent de s'en inventer une, idéale, à travers les artifices de leur œuvre. Ils cherchent à répéter et revivre leur histoire personnelle en l'idéalisant, même si la tentative se traduit, en apparence, par une forme de brutalisation plus que d'idéalisation. En résumé, la famille n'est pas l'incarnation du mal transcendantal, au point où l'imagine, pour ce qui le concerne, le romancier ou le poète d'aujourd'hui, dans ses entreprises autobiographiques. Ecorcher sa famille est, en définitive, une autre façon de l'idéaliser et prouve combien l'on reste enchaîné au passé.

Par la célébrité également, l'artiste cherche à compenser le sentiment de manque de son enfance. Mais cela ne colle jamais tout à fait. Etre adulé du monde entier ne tiendra jamais lieu de l'amour qu'aurait pu prodiguer un seul être – et d'ailleurs on sait à quoi s'en tenir sur l'amour du monde! Donc, la renommée aussi est une désillusion. Alors, en désespoir de cause, nombre d'artistes se jettent dans la drogue, l'alcool, la luxure, homosexuelle ou hétérosexuelle, la ferveur religieuse, la moralisation politique, le suicide et autres palliatifs – lesquels, non plus, ne collent jamais tout à fait. Sauf le suicide, qui colle toujours, d'une façon...

A ce stade, je me souvins d'une épigramme d'Antonio Porchia, que l'auteur de la communication n'aurait certainement pas eu l'esprit de citer :

Je suis sûr que l'âme vit de la substance de ses peines,
Car l'âme qui guérit de ses souffrances meurt.

Ce qui est vrai de l'artiste, bien plus encore.

Durant toute la description de la faiblesse, de la dépendance, de la naïveté, etc., de l'artiste, Bennett m'avait tenu très fort la main en me lançant de petits regards entendus : « Rentre au bercail, papa a tout compris. » Ah, comme j'en avais envie, du bercail et des bras de papa! Mais comme j'avais envie aussi de ma liberté!

« La liberté est une illusion », eût dit Bennett (d'accord pour une fois avec B.F. Skinner) et, dans une certaine mesure, je l'eusse approuvé. Santé morale, modération, travail opiniâtre, stabilité... j'y croyais, moi aussi. Mais quelle était cette autre voix intérieure qui ne cessait de me pousser vers le baisage s.e., les voitures de sport rugissantes, les longs baisers mouillés et le danger qui vous serre les tripes? Oui, quelle était cette autre voix qui ne cessait de me traiter de lâche et m'incitait à brûler mes vaisseaux, à avaler le poison d'un trait, et non goutte à goutte, à plonger jusqu'au fond de ma peur pour voir si j'arriverais à refaire surface?

Etait-ce une voix, ou plutôt un battement, une pulsation? Quelque chose de plus primitif encore que la parole, cette sorte de martèlement viscéral, que j'appelais « le pouls de la faim ». Comme si mon ventre s'était pris pour un cœur et que, de quelque façon que je le remplisse – d'hommes, de livres, de victuailles, de biscuits au gingembre en forme d'homme, de poèmes en forme d'homme, d'hommes en forme de poèmes – il eût toujours faim et refusât de se tenir tranquille. Insatiable, c'était cela. Nymphomane du cerveau. Affamée du cœur.

C'était quoi, ce martèlement en dedans de moi? Un tambour? Une formation complète d'instruments à percussion? Ou bien tout simplement de l'air sous une peau tendue? A moins que ce ne fût une hallucination auditive? Ou peut-être une grenouille? Etait-ce le tam-tam annonciateur du prince? Ou bien est-ce que *ça* se prenait pour un prince? Et étais-je condamnée à la faim à perpétuité?...

La communication terminée, tout le monde applaudit en faisant trembler les chaises dorées sur leurs pattes grêles, puis se leva et resta planté là, poliment, en bâillant. Je dis à Bennett :

– Je veux absolument le texte de ce rapport.

– Tu n'en as pas besoin, me répondit-il. C'est l'histoire de ta vie.

J'ai négligé, je crois, de signaler une partie de la conférence en question (l'auteur, si j'ai bonne mémoire, était un certain Dr Kœnigsberger). Il s'agit de la partie concernant la vie amoureuse de l'artiste, notamment la tendance de celui-ci à jeter le grappin (avec une incroyable férocité) sur des « objets d'amour » parfaitement inadéquats, et de les idéaliser aussi follement que la famille idéalisée qu'il est persuadé de n'avoir jamais eue. Ces « objets d'amour » inadéquats sont surtout des projections, de la part de l'artiste-amant. En fait, l'objet de sa passion est souvent la banalité même aux yeux des autres. Mais à ceux de l'artiste-amant le (la) bien-aimé(e) devient mère, père, muse, épitomé de perfection – perfection de garcerie ou de mal, parfois, mais toujours déité d'une sorte ou d'une autre, et omnipotence toujours.

A quoi rime ce genre de toquades, sur le plan de la création? Le Dr Kœnigsberger se posait la question, et toutes les têtes de l'assistance se tendirent en avant, dans l'attente de la réponse. En recréant la qualité de l'amour fou œdipien, l'artiste parvient à ressusciter son « roman d'amour familial » et à réveiller du même coup le monde idéalisé de son enfance. Les engouements nombreux, et souvent brusques et brefs, de l'artiste sont destinés à maintenir en vie l'illusion. Un violent renouveau d'engouement sexuel, à l'âge adulte, est ce qui ressemble le plus au sentiment passionné du petit enfant pour celui de ses parents qui appartient au sexe opposé au sien.

Bennett arbora un large sourire durant toute cette partie de l'exposé. Moi, je boudai.

Dante et Béatrice. Scott Fitzgerald et Zelda. Humbert et Lolita. Simone de Beauvoir et Sartre. King Kong et Fay Wray. W.B. Yeats et Maud Gonne. Shakespeare et la Dame Brune. Shakespeare et M.W.H. Allen. Ginsberg et Peter Orlovsky. Sylvia Plath et l'Homme à la Faulx. Keats et Fanny Brawne. Byron et Augusta. Dodgson et Alice. D.H. Lawrence et Frieda. Aschenbach et Tadzio. Robert Graves et la Déesse Blanche. Schumann et Clara. Chopin et George Sand. Auden et Kallmann. Gerard Manley Hopkins et le Saint-Esprit. Borges et sa mère. Moi et Adrian?

Cet après-midi-là, à 4 heures, mon objet idéalisé réapparut pour présider une séance dans une autre salle de conférences, également baroque. Ce devait être le dernier événement avant la clôture. Le lendemain matin, Anna Freud et son Illustre Troupe prendraient possession de l'estrade, pour tirer les conclusions générales à l'intention de la presse, des congressistes, des faibles, des estropiés et des aveugles. Puis, c'en serait fait du congrès : dislocation. Mais qui partirait avec qui? Bennett avec moi? Ou moi avec Adrian? Ou tous trois ensemble? Plan rataplan rataplan, trois psychanalystes en plan...

La réunion présidée par Adrian avait trait aux diverses propositions touchant le prochain congrès. Dans l'ensemble, c'était plutôt assommant. Je n'essayais même pas d'écouter. Mon regard allait de Bennett à Adrian et je m'efforçais de choisir. J'étais la proie d'une telle agitation que, au bout d'une dizaine de minutes, je dus me lever et sortir. Arpentant seule les couloirs, il fallut que – fatalité des fatalités! – je tombe sur mon psychanalyste allemand le Dr Happe. Il serrait dans ses bras Erik Erikson, à la fin, semblait-il, d'un petit entretien amical. Il me salua et me demanda si j'avais envie que nous bavardions un peu.

Justement, oui.

Le professeur et docteur en médecine Gunther Happe est grand, mince, avec un nez en bec de corbin et des masses de cheveux blancs ondulés. Il jouit d'une certaine célébrité en Allemagne, où il apparaît fréquemment à la télévision, écrit des articles dans les magazines à grand tirage, et est connu pour sa farouche hostilité au néo-nazisme. Il fait partie de ces Allemands de gauche, bourrelés de remords, qui passèrent à Londres la période du nazisme, mais revinrent ensuite pour tenter d'arracher l'Allemagne à la bestialité absolue. Il est aussi de ces Allemands dont on n'entend jamais parler : pleins d'humour et de modestie, et critiques en face de leur pays. Il lit le *New Yorker* et envoie de l'argent au Viet-Cong. Penser devient « penzer » dans sa bouche, et commerce, « kômmertz ». Et pourtant, il n'a rien de l'Allemand des caricatures ou des bandes dessinées.

Quand j'ai commencé à me rendre chez lui, à Heidelberg, et à m'allonger quatre fois par semaine sur le canapé de son cabinet haut de plafond et mal chauffé, j'avais vingt-quatre ans et une peur panique de tout : de prendre le tram, d'écrire la moindre correspondance, de noircir du papier en général. J'avais du mal à croire que l'on avait publié de mes poèmes et que j'avais décroché une licence et un diplôme de lettres avec de nombreuses mentions. Mes amis avaient beau m'envier mes airs de gaieté et d'assurance perpétuelles, en secret tout me terrifiait, ou presque. Les soirs où j'étais seule, j'inspectais les armoires, les cagibis, les placards, et malgré cela je n'arrivais pas à dormir. Je restais éveillée, des nuits, à me demander si, par ma faute, mon second mari n'allait par devenir fou comme le premier – ou si ce n'était qu'une *idée*.

L'une des petites autotortures les plus ingénieuses que je m'infligeais était la façon dont je m'y prenais – ou plus exactement ne m'y prenais pas – avec mon courrier, surtout celui qui avait trait à mon travail. Si, comme ce fut le cas deux ou trois fois, un directeur de revue ou un agent m'écrivait en exprimant le désir de lire de mes poèmes ma réaction était le désespoir le plus complet. Que dire? Que répondre à une requête aussi difficile? Comment tourner ma lettre?

Une de ces demandes moisit deux ans dans un tiroir, pendant que je délibérais, partagée entre diverses réactions! « *Chère Madame Jones* » – mais n'était-ce pas trop présomptueux? Peut-être « *Madame* » tout court valait-il mieux? le «*Chère* » pouvait donner l'impression de la flagornerie. Et pourquoi pas *rien* du tout? Pourquoi ne pas se lancer tout de go dans la lettre? Non, trop sec.

Si cette simple formule me donnait tant de tracas, on imagine le martyre qu'était le texte même :

« *Permettez-moi de vous remercier pour votre aimable lettre me demandant de vous soumettre des textes. Mais...* »

Non, cela n'allait pas : trop humble. La lettre n'était pas « aimable », et pourquoi cette lèche, pourquoi « remercier »? Un peu plus de confiance en soi et d'assurance, que diable!

« *Je reçois ce matin votre lettre me demandant de vous envoyer, pour examen, des poèmes...* »

Trop égocentrique. (Bruit de papier froissé. Zéro. Bon pour la corbeille.) Où donc avais-je lu cette règle : ne jamais commencer une lettre par un pronom personnel? Et d'ailleurs, comment prétendre avoir reçu cette lettre le matin même, alors que je la détenais depuis un an? A recommencer.

« *Votre lettre du 12 novembre 1967 retient mon attention depuis longtemps. Je suis désolée d'être si piètre épistolière, mais...* »

Trop personnel. Qu'est-ce qui te prend de vouloir pleurer sur l'épaule des autres? Que veux-tu que cela leur fasse, qu'une simple lettre te pose tant de problèmes que cela confine à la névrose?

A la fin, au bout de deux années, et de je ne sais combien de tentatives, je rédigeai une lettre d'excuses, écœurante d'humilité et de soumission, à la directrice de revue en question, la déchirai dix fois et la retapai donc onze fois, quatre de moins que mes poèmes (je les voulais sans une seule faute de frappe – une erreur et je jetais la page – et je ne savais pas taper à la machine!); après quoi, j'expédiai à New York la fichue enveloppe bulle. Par retour du courrier, je reçus une lettre débordante de vraie gentillesse (sur laquelle même ma paranoïa ne pouvait se méprendre), me signifiant l'acceptation de mes poèmes, avec chèque joint. Question : combien de temps eussé-je mis à rédiger une autre lettre, s'il s'était agi d'un refus? Telle était la créature éperdue de manque d'assurance qui était devenue la patiente du Dr Happe, à Heidelberg.

Peu à peu, j'appris à rester tranquillement assise à ma table de travail assez longtemps pour que ce fût fructueux. Peu à peu aussi, j'appris à envoyer des manuscrits et à écrire des lettres. J'avais l'impression d'être une hémiplégique dont la main réapprenait à tenir une plume, guidée par le Dr Happe. Il était la douceur, la patience, la drôlerie mêmes. Il m'enseigna à ne plus me détester. Il faisait exception parmi les psychanalystes comme parmi les Allemands. C'était moi qui en étais à répéter des insanités telles que : « Oh, après tout, je ferais aussi bien de renoncer à mes ambitions imbéciles d'écrivain, pour me contenter d'avoir un enfant », et c'était lui qui ne cessait de mettre l'accent sur l'erreur que représentait ce genre de « solution »...

Il y avait deux années et demie que je ne l'avais revu; entre-temps, je lui avais envoyé mon premier recueil de poèmes et il m'avait écrit à ce propos.

– *Also,* me dit-il (comme l'Allemand de caricature qu'il n'était pas), ye fois que fous n'afez plus te mal à écrire tes lettres?

– Non, mais ce qui est sûr, c'est que j'ai bien d'autres ennuis.

Et je déballai en vrac toute l'histoire de ce qui s'était passé depuis notre arrivée à Vienne.

Il me déclara qu'il n'avait pas l'intention de m'en fournir l'interprétation; il se contenterait de me remettre en mémoire ce qu'il m'avait déjà dit maintes et maintes fois :

– Vous n'êtes pas une secrétaire, vous êtes un poète, m'expliqua-t-il (je fais grâce de l'accent). D'où vous vient l'idée que la vie va se dérouler sans complication? Qu'est-ce qui vous donne à croire que vous pouvez éviter toute contradiction? Et toute souffrance? Ou toute passion? Il y a bien des choses à dire en faveur de la passion. Ne pouvez-vous donc jamais rien vous laisser passer, rien vous pardonner?

– On dirait que non. L'ennui, c'est que, au fond, je suis vraiment une puritaine. Tous les pornographes sont des puritains.

– Vous n'avez certainement rien d'une pornographe, rétorqua-t-il.

– Non, mais cela sonnait bien. J'aimais bien les deux « p »... l'allitération.

Le Dr Happe sourit. Connaissait-il ce mot d'« allitération »? je l'ignorais. Je me souvenais de lui avoir souvent demandé s'il comprenait mon anglais. Peut-être n'avait-il rien compris, pendant deux ans et demi?

– Mais vous *êtes* une puritaine, dit-il, et de la pire espèce. Vous en faites à votre tête, mais avec un tel sentiment de culpabilité que vous n'en tirez aucun plaisir. A quoi cela rime-t-il? – *that is the question.*

Au cours de son exil à Londres, Happe avait récolté ainsi quelques formules caractéristiques.

– C'est justement la question que je pose, dis-je.

– Le pire est cette façon que vous avez de toujours vouloir, coûte que coûte, normaliser votre existence. Ce n'est pas parce qu'on vous aura psychanalysée que votre vie en sera forcément simplifiée. Qu'est-ce qui vous permet de l'espérer? Peut-être cet homme dont vous parlez a-t-il son rôle à jouer? Pourquoi devriez-vous envoyer tout promener sans vous accorder le temps de décider? Vous ne pouvez donc pas attendre de voir ce qu'il en adviendra?

– Attendre, si, je le pourrais, à condition d'être prudente. Mais j'ai bien peur que la prudence ne soit jamais mon fort.

– Sauf pour ce qui est d'écrire des lettres, dit-il. Là, vous étiez vraiment très forte.

– Plus maintenant, dis-je.

Là-dessus, les diverses réunions et conférences dégorgèrent leur public. Nous nous levâmes et nous serrâmes la main en nous disant au revoir. Je me retrouvai seule pour me débrouiller de mon dilemme. Cette fois, pas de gentil papa pour venir à la rescousse.

Nous passâmes, Bennett et moi, une longue nuit de récriminations mutuelles, à nous demander si nous devions faire un essai de vie séparée ou nous suicider tous les deux, à nous crier notre amour, notre haine, notre ambivalence, à faire l'amour, vociférer, pleurer, faire encore l'amour. A quoi bon entrer dans les détails? Peut-être y avait-il eu un temps où j'aspirais à un mariage brillant, spirituel, pareil à une farce d'Oscar Wilde agrémentée de frêles fils astucieusement noués par Iris Murdoch; mais je devais reconnaître que nos empoignades étaient plutôt de l'ordre du *Huis clos* de Sartre ou des mélos sentimentaux de la télé.

Le matin venu, hagards, nous nous rendîmes au congrès, pour écouter les discours de clôture d'Anna Freud et des autres dignitaires sur l'agression – y compris un texte lu par Adrian et que j'avais rédigé pour lui quarante-huit heures auparavant.

A la sortie, tandis que Bennett bavardait avec quelques amis de New York, je tins un bref conclave avec Adrian.

– Pars avec moi, me dit-il. Tu verras cette odyssée! Une vraie fête.

– La tentation est grande, mais c'est impossible.

– Pourquoi?

– S'il te plaît, ne recommençons pas.

– Je serai dans les parages après le déjeuner, au cas où tu viendrais à changer d'idée, mon canard. Pour l'instant j'ai des gens à voir; ensuite je retournerai à la pension pour faire mes bagages. Sur le coup de 2 heures, je viendrai voir où tu en es. Si tu n'es pas là, j'attendrai une heure ou deux. Tâche de te décider, mon chou. N'aie pas peur. Naturellement, si Bennett veut venir aussi, il est le bienvenu.

Il eut son sourire farce et m'envoya un baiser du bout des doigts :

– Au revoir, chérie!

Il s'éloigna à grands pas pressés. A la pensée de ne plus le revoir, j'avais les genoux en coton.

Tout dépendait de moi, désormais. Il attendrait. Je disposais de trois heures et demie pour décider de mon sort. Du sien aussi. Et de celui de Bennett.

J'aimerais pouvoir raconter que je m'en tirai avec charme ou insousciance, ou même en vraie garce. La garcerie pure ne manque pas de branche ni d'allure ou d'élan, en tant que telle. Mais je ne suis même pas capable d'être garce. Je versai un pleur ou deux, me vautrai dans ma fange, délibérai, analysai. J'en avais assez de tout, y compris de moi.

Mon déjeuner avec Bennett au Volksgarten fut un supplice. Et la conscience de ce supplice était une autre torture. Même chose au bureau de l'Américan Express où, à 2 heures de l'après-midi, nous piétinâmes, tâchant de décider que faire : prendre deux billets pour où? New York? Londres? Ou un seul billet? Ou pas de billet du tout?

C'était d'un lugubre! Je songeais au sourire d'Adrian, au fait que je ne le reverrais peut-être plus jamais, à nos baignades par les après-midi ensoleillés, à nos rires, à l'ivresse de nos randonnées de rêve dans Vienne... Je me précipitai tout à coup hors de l'American Express, comme une folle, et, plantant là Bennett, me mis à courir dans les rues. Mes sandales à haut talon claquaient sur les pavés; une ou deux fois, je me tordis la cheville; je sanglotais sans retenue; le maquillage coulait sur mon visage crispé. J'étais sûre d'une chose : je *devais* revoir Adrian. Je pensais à ses taquineries sur ma façon de ne jamais prendre de risque, à ses paroles sur le courage, sur la nécessité de descendre jusqu'au fond de soi-même pour voir ce qu'on y trouverait. Je pensais à tous les principes de prudence et de « sagesse » qui avaient régi ma vie – bonne élève, fille respectueuse, épouse fidèle et cependant portant le remords d'adultères commis uniquement en esprit – et je résolus d'être brave pour une fois et de suivre mes sentiments, quelles qu'en fussent les conséquences. Je pensais aux paroles du Dr Happe : « Vous n'êtes pas une secrétaire, vous êtes une femme poète. D'où vous vient l'idée que la vie va se dérouler sans complication?... » Je pensais à D.H. Lawrence enlevant la femme de son directeur d'études, à Roméo et Juliette mourant d'amour, à Aschenbach pourchassant Tadzio dans Venise frappée par la peste, à tous les êtres réels et imaginaires qui avaient tiré au sec et brûlé leurs vaisseaux pour prendre leur essor dans la folle immensité bleue. Et voilà que j'étais de cette race! Moi, une petite bobonne effarouchée? Jamais! J'ouvrais mes ailes et je volais!

Ma seule crainte était qu'Adrian ne fût déjà parti sans moi. Plus vite, plus vite! Je me perdais dans les petites rues, je tournais en rond, je passais entre les files de voitures. J'avais vécu dans un tel brouillard, durant tout ce séjour, que je pouvais à peine me repérer d'un point à un autre, bien que j'eusse parcouru ces rues dans les deux sens, des douzaines de fois. Dans ma panique, j'étais incapable de voir une seule plaque indicatrice; je courais droit devant moi en cherchant des yeux des bâtiments familiers. Et tous ces fichus palais rococo se ressemblaient comme deux gouttes d'eau! A la fin, j'aperçus une statue équestre qui m'avait l'air vaguement connu. Ensuite, une cour et une ruelle (j'avais les poumons en feu), puis une autre cour et encore un passage (je ruisselais de sueur), et enfin une dernière cour pleine de voitures, au milieu desquelles je vis Adrian, frais et calme, adossé à sa Triumph et feuilletant un magazine. Je haletai :

– Me voilà! J'avais peur que tu ne partes sans moi!

– Chérie, tu me crois vraiment capable d'une chose pareille?

(Oh, oui! Oh, oui!)

Il dit encore :

– Tu vas voir comme ce sera adorable.

Il m'a conduite droit à l'hôtel, pour une fois sans se perdre. Dans la chambre, j'ai entassé mes vêtements dans ma valise – robe à sequins (celle du bal), maillots de bain, encore humides, shorts, chemises de nuit, imperméable, robes et tailleurs de voyage en jersey, le tout froissé, roulé en boule et jeté n'importe comment. Puis je m'assis pour laisser un mot à Bennett.

Que dire? La sueur se mêlait à mes larmes. Le « mot » ressemblait plus à une lettre d'amour qu'à un message du style : « *Mon cher John...* » Je déclarais à Bennett que je l'aimais (c'était vrai). Que j'ignorais ce qui me poussait à partir (vrai). Que je n'étais sûre que d'une chose : le sentiment que j'avais de ne pouvoir faire autrement (vrai). J'espérais qu'il me pardonnerait, que cela nous donnerait le temps de réfléchir à notre vie et d'essayer de recommencer. Je lui indiquais l'adresse de l'hôtel où nous avions envisagé, à l'origine, de descendre, à Londres. Je ne savais pas où j'allais, mais il y avait des chances pour que j'atterrisse dans cette ville. Je lui indiquais aussi les numéros de téléphone de tas de gens que j'avais l'intention d'aller voir, une fois à Londres. Je l'aimais. J'espérais qu'il me pardonnerait. (Le « mot » était maintenant long de plus de deux pages.) Peut-être continuais-je à écrire pour ne pas avoir à partir? Je disais que je ne savais pas ce que je faisais (vrai). Que j'étais affreusement malheureuse (vrai). Et, juste comme j'écrivais « *Je t'aime* » pour la dixième fois, Bennett entra.

– Je m'en vais, lui dis-je en pleurant. J'achevais de t'écrire un mot, mais ce n'est plus nécessaire.

Je commençai à déchirer la lettre.

– Non! s'écria-t-il en m'arrachant les feuillets. C'est tout ce qui me reste de toi.

Du coup, je me mis à sangloter, à longs hoquets atroces, et en le suppliant :

– Je t'en prie, je t'en prie, pardonne-moi!...

(Le bourreau sollicitant le pardon du condamné, avant d'abattre la hache.)

– Ce n'est pas de pardon que tu as besoin, dit-il sèchement.

Et, à son tour, il se mit à empiler ses vêtements dans

une valise, cadeau de noce de l'ami qui nous avait présentés l'un à l'autre. (« Puissiez-vous vivre heureux longtemps ensemble. Oui, bon et *long* voyage! »)

Avais-je manigancé toute la scène pour le plaisir de son intensité? Jamais je n'avais autant aimé Bennett. Jamais je n'avais autant désiré ne pas le quitter. Etait-ce pour cela que je devais partir? Pourquoi ne me disait-il pas : « Reste, reste... je t'aime »? Mais il se taisait.

— Je ne peux plus supporter cette chambre sans toi, dit-il en fourrant toutes sortes de guides et de trucs et de machins dans sa valise.

Nous descendîmes ensemble, traînant nos bagages. Je m'attardai avec Bennett pendant qu'il payait la note. Adrian attendait dehors. Si seulement il avait pu partir! Mais non, il attendait. Bennett tenait à savoir si j'avais des *traveler's checks* et ma carte de crédit de l'American Express. Tout allait bien? Il s'efforçait de me dire : « Reste, je t'aime. » C'était sa façon de me le crier, mais j'étais si ensorcelée que pour moi cela devenait : « Très bien! » Près de flancher, je répétai :

— Il faut que je parte pour quelque temps.

— Tu ne seras pas seule, tandis que moi...

C'était la vérité. Une femme vraiment indépendante s'en fût allée, seule dans les montagnes, pour méditer, au lieu de filer avec Adrian Belamour dans une vieille Triumph cabossée.

J'étais désolée et je n'en finissais pas de partir.

— Tu attends quoi, bon Dieu? Va-t'en... tout de suite!

— Et toi, que vas-tu faire? Où pourrais-je te joindre?

— Moi? Je vais de ce pas à l'aéroport. Je rentre. Peut-être passerai-je par Londres, pour voir si je peux me faire rembourser le billet de charter. A moins que je ne rentre tout de suite. Je m'en moque. Autant que toi, non?

— Je ne m'en moque pas, non, pas du tout, dis-je.

— Tu parles!

Là-dessus, j'empoignai ma valise et sortis de l'hôtel. Que faire d'autre? Je m'étais moi-même acculée au mur. J'étais moi-même l'auteur de ce lamentable scénario. Ce n'était plus qu'un pari, un défi, une histoire de roulette russe, une épreuve (« Montre-le, que tu es une Femme! »). Impossible de reculer. Immobile, très calme, Bennett sauvait la face. Il avait un pull à col roulé rouge vif. Pourquoi ne se précipitait-il pas dehors pour casser la gueule d'Adrian? Pourquoi ne se battait-il pas pour défendre son bien? Oui, ils auraient fort bien pu se battre en duel tous les deux dans les bois de Vienne, l'un brandissant les œuvres de Freud pour bouclier, l'autre, celles de Laing. Se livrer un duel d'éloquence, au moins. Un mot de Bennett, un seul, et je restais. Mais rien. Il considérait que c'était mon droit, de partir. Et je n'avais plus le droit de ne pas exercer ce droit, même si cela me faisait mal au cœur, maintenant.

– Tu as mis plus d'une heure, ma petite cane, m'a dit Adrian, en casant ma valise dans le coffre de sa voiture.

Puis nous avons filé vers la sortie de Vienne, comme deux bannis fuyant le nazisme.

Sur la grand-route, passé l'aéroport, j'ai eu envie de crier : « Arrête! Dépose-moi ici! Je ne veux pas partir! » J'imaginais Bennett avec son pull rouge, debout, seul, attendant le premier avion qui l'emmènerait... où? Mais il était trop tard. J'étais lancée dans cette aventure, pour le meilleur et pour le pire, et, moi non plus, je n'avais pas la moindre idée de l'endroit où j'atterrirais.

11

DE L'EXISTENTIALISME REVU ET CORRIGÉ

... les existentialistes le déclarent : Ils sont au fond du désespoir,
Mais ils n'en continuent pas moins d'écrire.

W. H. AUDEN

Le jour où je passai avec armes et bagages dans le camp d'Adrian Belamour, je pénétrai dans un univers où les seuls principes régissant notre existence étaient les siens – bien que, naturellement, il prétendît que c'était un univers sans principe. Exemple : défense de s'enquérir de ce que nous ferions le lendemain. « Demain » est un mot qui ne doit pas exister pour les existentialistes. A bannir du vocabulaire. Défense de parler de l'avenir ou d'agir comme s'il y en avait un. Avenir = 0. N'avaient d'existence que le paysage qui défilait, nos sites de campement, les hôtels, nos conversations, ce qui se passait devant le pare-brise (que nous appelions, lui, l'Anglais : « wind*screen* » – un écran –, moi, l'Américaine : «wind*shield* » – un bouclier. Deux mondes!). Derrière nous le passé – que nous évoquions de plus en plus, pour passer le temps et en rire réciproquement (à la manière des parents qui inventent des jeux géographiques ou des devinettes de titres de chansons pour distraire leurs enfants de la monotonie d'une longue randonnée). Cela donnait d'interminables histoires où nous embellissions chacun de notre passé, brodant, dramatisant, comme des romanciers. Bien entendu, nous prétendions dire la vérité, toute la vérité, rien que la vérité; mais personne – comme le fait observer Henry Miller – ne peut dire la vérité absolue. Même nos révélations offrant toutes les apparences de la plus parfaite autobiographie relevaient en partie de la fabrication – ou, en un mot, de la littérature. Nous nous payions l'avenir en parlant du passé. Parfois, j'avais l'impression d'être Schéhérazade amusant le sultan par de longues incidentes, pour empêcher l'histoire principale de finir abruptement. Chacun de nous avait le droit (théoriquement) de jeter l'éponge quand il le voudrait; mais je soupçonnais Adrian d'en être le plus capable de nous deux, et je craignais que ce ne fût à moi de le tenir constamment en haleine en l'amusant. Quand les mises sont faites, que la boule est lancée et que je me retrouve seule avec un homme durant des jours et des jours, c'est alors que je mesure plus que jamais combien je ne suis pas libérée. Par nature je suis encline à la lèche. Tout mon bel esprit de révolte n'est que réaction rhétorique contre ma servilité foncière.

C'est seulement à partir du moment où il est interdit de parler de l'avenir que l'on se rend soudain compte de la place énorme qu'il prend dans le présent, de la part énorme de la vie quotidienne que l'on passe d'ordinaire à tirer des plans et à tenter de prendre en main le futur. Et peu importe la vanité de la tentative – l'idée d'avenir est notre meilleur divertissement, notre meilleur amusement, notre meilleure arme pour tuer le temps. Qu'on vienne à nous l'ôter, et ne reste plus que le passé – et peut-être un bouclier contre le vent, souillé d'insectes morts.

Adrian fixait les règles, mais il avait aussi tendance à en changer fréquemment, selon son bon plaisir. A cet égard, il me rappelait ma sœur aînée, Randy, dans notre enfance. Elle m'avait appris à lancer les dés à l'âge de sept ans (elle-même en avait douze), mais elle avait coutume de modifier les règles du jeu, d'une minute à l'autre, selon le résultat du lancer. Au bout d'une séance de dix minutes avec elle, je me retrouvais dépouillée de tout le contenu soigneusement thésaurisé de ma tirelire, tandis qu'elle (complètement fauchée au départ) terminait pleine de blé comme un sac. Dame Chance avait beau me faire de grands sourires, je finissais régulièrement décavée.

– Deux... C'est moi qui gagne! jappait Randy.

– Mais tu avais dit!...

(Je mettais toujours de côté, comme la fourmi avare, mon dollar d'argent de poche hebdomadaire, tandis qu'elle gaspillait le sien comme la cigale; elle n'en sortait pas moins pleine aux as, et moi, nettoyée. Privilège de la primo- géniture – éternelle puînée que j'étais!)

Le fait est qu'Adrian était né la même année que Randy (1937) et qu'il avait aussi un frère puîné que, pendant des années, il s'était dûment exercé à tyranniser. Nous eûmes tôt fait de renouer les fils de ces comportements passés tout en faisant route à travers le labyrinthe de la vieille Europe.

Nous apprîmes à connaître la chiche pension autrichienne et son petit salon aux rideaux de dentelle blanche, ses rebords de fenêtres hérissés de cactus, sa patronne aux joues bien rouges (toujours la même, qui demandait combien d'enfants nous avions, comme si elle avait oublié ce que nous avions déclaré à son double, quelques kilomètres plus tôt), ses lits très particuliers, format *kingsize,* matelas divisé en trois secteurs horizontaux (les vallées se situant à certains points stratégiques du corps, comme les seins et les parties génitales, de sorte que l'on se réveillait inévitablement en pleine nuit avec un bout de sein, ou un testicule aussi bien, j'imagine, coincé entre les secteurs I et II ou II et III).

Nous apprîmes à connaître les lits de plume autrichiens, qui vous inondent de sueur pendant les premières heures de la nuit, vous déversent comme par enchantement sur le sol, à l'instant précis où vous alliez vous endormir profondément, vous forcent à passer le reste de la nuit à les retrouver et, finalement, vous rendent à la vie, les lèvres et les yeux monstrueusement enflés par des siècles d'antique poussière (et d'autres allergènes plus fatidiques encore) pris au piège de leur duvet.

Nous apprîmes à connaître le petit déjeuner « compris », petits pains rassis et durs, petites portions de confiture d'abricot mise en boîte à l'usine, maigres coquilles de beurre et gigantesques tasses de café au lait, avec la peau d'icelui qui a l'air d'une maladie. Nous apprîmes à connaître la catégorie la plus humble de terrains de camping, odeur d'égout qui imprègne tout, longue auge en fer-blanc pour se laver la figure et les dents, trou d'eau stagnante en guise de piscine, véritable bouillon de culture de moustiques destiné au bain (et dont Adrian se servait invariablement à cet effet), joviaux citoyens germaniques pleins de brillants propos sur la mini-tente anglaise d'Adrian (dont l'aura de nylon bleu baignait notre sommeil) et nous criblant de questions sur notre vie, avec une curiosité d'espions abominablement expérimentés. Nous apprîmes à connaître les restaurants « automatiques » de l'*Autobahn,* assiettes de choucroute et de saucisses, ronds de papier-buvard vantant la bière qu'ils épongeaient sous les chopes, W.-C. payants avec leur puanteur, distributrices à sous de savon, de serviettes de toilette et de capotes anglaises. Nous apprîmes à connaître le *Biergarten* germanique, tables qui collent sous la main, serveuses rebondies sous le *Dirndl,* routiers saouls qui lançaient des remarques obscènes au passage, tandis que je me rendais d'un pas incertain aux toilettes.

En général, nous étions ivres à partir de midi. Dans la Triumph avec sa conduite à droite, nous foncions sur l'*Autobahn,* vertigineusement attirés du mauvais côté, nous trompant à tous les carrefours. Nous avions droit aux queues de poisson de Volkswagen roulant à cent vingt à l'heure, de Mercedes-Benz déboulant à cent quatre-vingts et clignant agressivement des phares, de BMW essayant de battre de vitesse les Mercedes-Benz. Dès qu'un Allemand repérait nos plaques minéralogiques anglaises, il n'avait de cesse qu'il eût tout tenté pour nous faire verser dans le fossé. Adrian conduisait lui aussi comme un fou dangereux : il dépassait les lignes continues, se faufilait entre les voitures, déboîtait à tout bout de champ, se laissant échauffer la bile par les Allemands et s'efforçant de les doubler. J'étais aussi morte de peur que terriblement excitée. Nous vivions dangereusement! Même si je me répétais que nous avions toute chance de trouver la mort au milieu d'un amas de ferrailles, où s'effaceraient à jamais les traces de notre identité comme de nos péchés, du moins étais-je certaine de ne pas m'ennuyer.

Comme tous ceux que tourmente l'idée du trépas, qui détestent prendre l'avion, scrutent leurs plus minuscules rides dans la glace, ont la phobie des anniversaires, ne dorment plus à la pensée de succomber à un cancer, à une tumeur du cerveau ou à une brutale rupture d'anévrisme, en secret je suis amoureuse de la mort. Je peux souffrir morbidement, le temps d'un vol de routine de New York à Washington; mais, au volant d'une voiture de sport, je n'hésiterai pas à faire du cent soixante et j'adorerai chacune des terribles minutes qui passeront. L'excitation de savoir que l'on sera peut-être l'auteur de sa propre mort a plus d'intensité qu'un orgasme. Telle devait être la sensation qu'éprouvaient les kamikazes, artisans de l'holocauste qui les engloutirait, plutôt que d'attendre que l'holocauste vînt les chercher à domicile et dans la sécurité du lit, un surprenant matin, à Hiroshima ou à Nagasaki.

Nos puissantes beuveries avaient une autre raison, très précise : mes crises de dépression. Je passais de l'exaltation joyeuse au désespoir (aversion violente pour moi-même après ce que j'avais fait, sombre accablement à la pensée de ma solitude auprès d'un homme qui ne m'aimait pas, angoisse de cet avenir dont il m'était en principe défendu de parler). D'où les beuveries : parmi les gloussements et les bouffonneries de la soûlerie, le désespoir s'estompait. Il restait toujours confusément présent, mais devenait supportable. Exactement comme quand on boit, en avion, pour engourdir la peur d'être en l'air : on reste convaincu qu'on va mourir à chaque changement de régime des réacteurs, mais on s'en moque; tout juste si l'idée ne plaît pas; on s'imagine glissant de strate en strate de la ouate céleste pour s'enfoncer dans un océan de bleu, plein des souvenirs d'enfance que l'on chérit par-dessus tout.

Nous apprîmes à connaître les restaurants de routiers français, dont les machines à *espresso* italiennes servaient un café très fort et excellent. Nous apprîmes à connaître les délices de la bière alsacienne et des cageots de pêches achetés aux paysans au bord des routes. Nous avons su que nous étions en France quand les phares des voitures ont projeté une lumière jaune moutarde, et non plus blanche, et que le pain est devenu un régal. Nous apprîmes à connaître l'un des moins jolis coins de France : ce méchant pays proche de la frontière allemande, où les routes sont des pistes à deux voies, sinueuses et défoncées, que les Français refusent de réparer, sous prétexte que les Allemands arrivent déjà bien assez vite à Paris. Nous apprîmes à connaître des séries et des séries de petites auberges pas chères, ampoules de deux watts aux lampes et bidets piquetés de chiures de mouche (nous y pissions, tant nous hésitions à entreprendre la longue traversée du couloir, jusqu'aux affreuses chiottes à l'autre bout, où il fallait se casser un ongle sur la targette pour obtenir un peu de lumière). Nous apprîmes à connaître la catégorie « luxe » des campings, toilettes intérieures et bar à *juke-box* d'où s'échappaient des mugissements de Beatles. Mais, le plus souvent (car c'était le mois d'août et tous les citadins de l'Europe semblaient prendre leurs vacances sous la tente, avec leurs deux enfants et demi en moyenne), les meilleurs terrains étaient bondés et nous en étions réduits à planter nos piquets au bord des routes (et à chier à croupetons parmi les grandes herbes qui nous chatouillaient les fesses et le bourdonnement cruel des taons qui guignaient impatiemment, autour du trou de balle, la chute d'un étron tout chaud tout frais). Nous apprîmes à connaître l'*Autostrada del Sol* et ses fantasmagoriques « auto-grills » à la Pavese – visions felliniennes de bonbons sous cellophane, de montagnes de jouets, de monceaux de *panettone* enveloppé dans du papier d'argent, de pots de confitures cadeaux enrubannés, de triporteurs tous oriflammes de sucre d'orge au vent. Nous apprîmes à connaître la folie furieuse des Italiens menant leur Fiat 500 à cent vingt à l'heure, mais ne manquant jamais de s'arrêter devant un Christ de bord de route, pour se signer et mettre quelques lires dans le tronc. Nous apprîmes à connaître des dizaines d'aéroports, géants ou petits, tant en Allemagne qu'en France et en Italie, parce que, à ce moment de la journée où l'effet de notre deuxième tournée de bière s'émoussait, et où ma déprime réveillée se rebiffait une fois de plus, massivement, et relevait son horrible museau (avec accompagnement de symptômes secondaires : migraine et gueule de bois), je me prenais soudain de panique et ordonnais péremptoirement à Adrian de me conduire à l'avion le plus proche. Jamais il ne disait non. Certes, il devenait muet et jouait les grands déçus, mais jamais il ne s'opposait de front à aucun vœu de ma part, s'il était clairement exprimé. Et nous voilà roulant vers le *Flughafen,* l'aéroport ou l'*aeroporto* voisin, nous perdant en route et forcés de demander douze fois le chemin. Et parvenus à destination, inévitablement nous découvrions qu'il n'y avait pas de vol avant quarante-huit-heures, ou qu'il ne restait pas une seule place (*Europa im August* : tout le monde en vacances!) ou encore que l'appareil venait juste de décoller. Ensuite, comme il y avait nécessairement un bar à l'aéroport, en avant pour la bière! Adrian m'embrassait, blaguait, me pinçait tendrement la croupe et parlait de notre aventure commune. Et nous repartions gaiement, du moins pour un temps. Tout compte fait, je n'étais pas tellement sûre de savoir où aller, en dehors d'Adrian.

On pourrait difficilement qualifier notre randonnée de paisible partie de plaisir. Si nous tournions en rond ou décrivions des huit et des zigzags, c'était que notre itinéraire empruntait sa forme, non aux choses à ne pas manquer ni aux trois étoiles du guide Michelin, mais aux nombreux vertiges de mes humeurs – et de celles d'Adrian, dans une moindre mesure. Nous suivions la ligne brisée de mes accès de dépression, faisions des huit dans l'entrain de nos soûlographies, et des ronds pour y enfermer nos bons moments. Géographiquement, nos itinéraires n'avaient ni rime ni raison – bien que ce soit aujourd'hui seulement que je m'en aperçoive, avec la liste des sites que nous avons visités. Arrêt à Salzbourg, le temps de visiter la *Geburthaus* de Mozart, de nous bourrer de *Leberknödel,* de dormir par petits bouts. Ensuite, Munich. Méandres à travers la ville et les Alpes des environs. Visite de divers châteaux de Louis de Bavière le Roi Fou; virage sur virage pour grimper jusqu'au *Schloss Neuschwanstein,* sous une pluie d'orage nous trempant jusqu'aux os, et visite dudit château en compagnie d'une armée de *Hausfrauen,* pareilles à des sacs de pommes de terre montés sur chaussures orthopédiques, et qui nous bousculaient du coude en émettant des sons gutturaux dans leur langue melliflue, tout en devenant rouge betterave d'orgueil à la pensée de leur glorieux patrimoine national, de Wagner à la Volkswagen et au *Wildschwein* – au sanglier.

Je me souviens du paysage autour de Neuschwanstein, avec une netteté qui tient presque du cauchemar : les Alpes de carte postale, les nuages accrochés aux cimes en dents de scie, les doigts arthritiques des vieilles neiges éternelles sculptant les arêtes, les clarines silencieuses des pics défiant des fumées d'azur, le vert velouté des prairies dans les vallées (pentes pour skieurs débutants en hiver), et les chalets peints en brun et blanc et posés là comme les maisons d'un jeu de construction d'enfant.

Le plus célèbre de tous les châteaux allemands n'est pas à Schwetzingen ni à Spire, non plus qu'à Heidelberg ou à Hambourg, à Baden-Baden ou à Rothenburg, à Berchtesgaden ou à Berlin, à Bayreuth ou à Bamberg, à Karlsruhe ou à Kranichstein, à Ellingen ou à Eltz – non, il est en Californie, à Disneyland. Etonnant, comme Walt Disney et Louis de Bavière le Roi Fou se ressemblent, mentalement! Le Neuschwanstein de Louis est une résurrection bidon, en plein XIXe siècle, d'un Moyen Age qui n'a jamais existé. Le château de Disney est du bidon de bidon.

Je suis restée en extase devant la grotte en stuc de Louis, mi-chambre à coucher mi-bureau, avec son chauffage central, ses stalactites et stalagmites en plâtre, éclairées de *Siefgried* et de *Tannhäuser* (représentant des déesses grasses et blondes, aux seins lisses comme de la résine synthétique, et des guerriers à barbe blonde reposant sur des roches moussues au fond de vallons ombreux). Et le portrait de Louis avec son regard paranoïaque m'a hypnotisée. Partout dans le *Schloss* s'étalaient les preuves de tout le côté toquard, sentimental et écœurant en diable, de la culture allemande – notamment la croyance vantarde et complaisante en la spiritualité de la « race germanique » : nous sommes un peuple *geistig,* notre âme vibre aux choses, nous adorons la musique, et la forêt, et le martèlement des foules en marche.

Remarquables, les petits amours et les colombes voltigeant autour de Tannhäuser, qui, délicatement couché sur un rocher de plâtre gris, appuie un coude de satin peint sur la draperie superléchée glissant des hanches super-nourries de Vénus. Mais, plus remarquable encore, le fait que, sur ces tableaux, à l'intérieur de ce château, dans tout ce pays – tout comme à Disneyland – *rien* ne soit laissé à l'imagination. Chaque feuille est presque cassante de précision dans ses nervures et ses ombres, chaque sein braque sur le spectateur une pointe sans équivoque, pareille à l'œil d'un idiot de village, chaque plume des ailes de Cupidon donne l'impression qu'on la sent palpiter sous le doigt. Pas *ça* d'imagination! Est-il meilleure définition de la bête?

Après Munich et ses environs, nous sommes remontés vers le nord jusqu'à Heidelberg (non sans haltes, huit et zigzags). De là, l'*Autobahn* nous a conduits à Bâle (chocolat suisse, idiome suisse-allemand, austère cathédrale en grès dominant le Rhin). Puis, Strasbourg (foie gras et fantastique bière), une *furia* de zigzags par un tas de petites routes plus ou moins censées nous mener à Paris, descente et traversée du midi de la France, jusqu'en Italie (par la Riviera), plongée au sud jusqu'à Florence, puis remontée au nord : Vérone, Venise, les Alpes, le Tessin et retour en Autriche; nord encore et re-l'Allemagne, re-la-France et, pour finir — vraiment finir — Paris, où la vérité (*une* vérité) me fut révélée, sans que je fusse pour cela (sur le moment) libérée.

Si invraisemblable que puisse paraître cet itinéraire parfaitement vain, il le devient encore plus, dès lors que l'on sait que, dans le temps, il n'excéda pas deux semaines et demie. Nous n'avons presque rien vu. Le plus clair des journées se passait à rouler, parler, baiser. Adrian était impuissant quand j'avais envie de lui en privé, mais il devenait d'une virilité vorace dans les lieux les plus publics : cabines de plage, parkings, aéroports, ruines historiques, monastères, églises. Pour que cela l'intéressât, il fallait qu'il pût briser au moins deux tabous d'un coup. Le comble de l'excitation eût certainement été pour lui de sodomiser sa mère dans une église. Bénie sois-tu entre les femmes comme est béni le fruit de tes entrailles, etc.

Nous parlions, parlions, parlions... Psychanalyse à quatre roues. Souvenirs du passé... Histoire de tuer le temps, nous dressions des listes : de mes anciens bergers, de ses anciennes bergères, des différentes sortes de foutrage (foutrage partousard, foutrage par amour, foutrage par sentiment de culpabilité, etc.), des divers *endroits* où nous avions baisé (les toilettes d'un Boeing 707, la synagogue du paquebot *Queen Elizabeth,* les ruines d'une abbaye du Yorkshire, des barques sur l'eau, des cimetières, etc.) (Je dois avouer que j'y mettais une certaine dose d'invention, mais l'important était l'amusement, non la vérité à proprement parler. Et dans ces pages, croyez-vous *vraiment* que je ne dise *que* la *vérité*?)

Adrian, comme tous les jivaros que j'ai connus ou baisés, voulait à tout prix déceler des modèles dans ma vie. Des modèles d'autodestruction (de préférence) et récurrents – cela dit, pourvu qu'il y eût modèle, peu importait! Naturellement, je faisais de mon mieux pour complaire. Ce n'était guère difficile. En matière d'hommes, j'ai toujours manqué de cette vertu toute simple que l'on nomme prudence – à moins que ce ne soit « sens commun » qu'il faille dire. Je tombe sur des individus qui, automatiquement, donneraient à toute femme dotée d'un peu de respect de soi l'envie de fuir à l'autre bout du monde, et je m'arrange pour découvrir quelque chose d'attachant dans leurs côtés les plus douteux, une espèce d'attrait irrésistible pour leur folie. Adrian adorait ces histoires, à cela près qu'il s'excluait du groupe psycho-social de ces névropathes. Jamais l'idée qu'il pût entrer dans le cycle des modèles ne l'effleurait. Il me disait triomphalement :

– De tous les hommes que tu as connus, je suis le seul sur lequel tu ne puisses coller une étiquette.

Sur quoi, il attendait que j'en collasse sur les autres. Ce que je m'empressais de faire. Bien sûr (et je le savais), à m'entendre, ma vie se réduisait à des banalités de comédie musicale ou de goualante de music-hall, une histoire à pleurer de toutou sans collier, une mauvaise plaisanterie, un *petit numéro.* Je songeais à tous les élans, toutes les nostalgies, les souffrances, les lettres (envoyées ou non), les crises de larmes, tous les monologues au téléphone, les tourments, toutes les ratiocinations, les analyses, qui étaient entrés dans chacune de ces liaisons au fil des jours... fil en aiguille, fil à la patte, fil à retordre. Je savais que la description que j'en faisais était infidèle à la réalité de leur complexité, de leur humanité, de leur confusion. La vie ne suit pas de plan préétabli. Elle est infiniment plus passionnante que tout ce que l'on peut en dire; car le langage, par nature, met de l'ordre dans les choses – alors que la nature est désordonnée. Même les écrivains qui respectent la magnifique anarchie de la vie et s'efforcent de la rendre en entier dans leurs œuvres, finissent par lui prêter un aspect infiniment trop ordonné par rapport à sa réalité et, finalement, trahissent la vérité. La raison en est simple : aucun écrivain ne peut jamais dire la vérité sur la vie – à savoir que cette dernière est mille fois plus fascinante qu'aucun livre. De même qu'aucun écrivain ne peut dire la vérité sur les gens – à savoir qu'ils sont beaucoup plus intéressants que n'importe quel *personnage*.

– Bon, assez sur ta putain de littérature, parle-moi de ton premier mari, disait Adrian.

– D'accord, d'accord...

12

D'UN FOU

Les amants et les fous ont le cerveau si bouillonnant
De ses inventions que les froideurs de la raison
Jamais n'égalent par compréhension ce qu'il embrasse.
Le dément, l'amoureux et le poète
Sont d'imagination comme canon bourrés :
L'un voit plus de démons que n'en contiendrait tout l'enfer,
C'est le fol; l'amoureux, tout aussi frénétique,
Sous un front égyptien croit voir la belle Hélène;
Plein d'un noble délire, l'œil du poète va, court,
Vole, s'élance au ciel et revient sur la terre;
Et comme l'imagination prête forme et figure
A choses inconnues, la plume du poète
Donne corps elle aussi, faisant de l'impalpable
Etre en ses lieux fixés et portant propre nom.

WILLIAM SHAKESPEARE
(Le Songe d'une nuit d'été).

Il faut d'abord imaginer le personnage : petit et trapu, très brun, forte barbe presque noire – mélange de Peter Lorre, d'Alfred Drake et de Humphrey Bogart (comme eût dit mon amie Pia), ou parfois d'Edward G. Robinson en Little Caesar. Il aimait à parler comme les héros des films de sa jeunesse : des durs. Il était, selon sa propre définition, un cinémalcoolique; même étudiant, il lui arrivait d'aller voir jusqu'à deux ou trois films par jour, de préférence dans des « vomitoires », comme il appelait ces petites salles misérables de la 42e Rue, où les clochards venaient dormir, et les vicieux (la mère de Brian disait : « vécieux ») saliver, et dont les programmes affichaient deux, voire trois films : épopées guerrières, chevauchées héroïques du Far West, grands navets d'antiquités en toge.

Malgré son penchant pour le mauvais cinéma et les gestes à la Edward G. Robinson, Brian était un génie, un authentique gamin prodige, avec un maximum de quotient intellectuel (200+), qui avait débarqué à l'université Columbia nanti d'un palmarès record de prix de toutes sortes, de trophées de concours d'éloquence, de parchemins, de « citoyennetés d'honneur » (pour ce que cela vaut) de toutes les écoles, de tous les lycées de Californie qu'il avait fréquentés, ainsi que d'un score impressionnant d'avaries psychotiques à compter de l'âge de seize ans. Etant bien précisé que je n'eus connaissance de ce dernier fait que beaucoup plus tard, après notre mariage et sa nouvelle hospitalisation. Cette lacune dans mes informations venait moins d'une dissimulation de sa part que de la certitude absolue que c'était non pas lui, mais le monde, qui était fou. Point sur lequel j'étais sans aucun doute d'accord avec lui – et le restai sans défaillir, jusqu'au moment où il voulut s'envoler par la fenêtre en m'emmenant avec lui.

A l'origine de mon coup de foudre, il y eut probablement l'esprit étincelant de Brian et le feu d'artifice de sa conversation. C'était un merveilleux mime, un enchanteur de la parole, un de ces conteurs-nés et doués qui ont l'air de sortir droit d'un bistrot de Dublin ou d'une pièce de Synge ou d'O'Casey. Il avait le génie du jazz; il était le *Baladin du monde occidental* en personne, frais émoulu de Los Angeles. J'ai toujours accordé une grande valeur au verbe et souvent commis l'erreur de croire aux mots plutôt qu'aux actes. Mon cœur (et mon con) peuvent se laisser prendre à une expression succulente, une formule saisissante, un couplet bien troussé, une comparaison extra. Peut-être avez-vous entendu cette chanson rock intitulée *Baby let me bang your box,* qui fit trois petits tours sur les ondes, avant d'être interdite et confinée aux Limbes de la Radio. Les paroles disaient à peu près :

Baby let me bang your box
Bébé laiss'-moi t'craquer la boîte
Baby let me play
Bébé laiss'-moi jouer
On your pianer...
De ton piano...

Appliqué à mon cas, cela donnerait (à peu près aussi) :

Sweetheart let me screw your simile
Chéri laiss'-moi baiser ta comparaison
Sweetheart let me sleep in your caesura...
Chéri j'voudrais dormir dans ta césure...

Ce fut, sans conteste, du cerveau de Brian que j'eus le béguin. Il fallait voir à quoi ressemblaient les autres petits cérébraux de Columbia, à l'époque : chemise de flanelle avec batterie de vingt-cinq stylos-bille bavant l'encre à chaque poche de poitrine, lunettes à monture couleur chair et à gros verres, points noirs dans les replis de l'oreille, furoncles dans le cou, pantalon en accordéon, cheveux graisseux, et (parfois) *yarmulke* tricotée main, retenue par une seule et unique épingle à bigoudi. Du Bronx et de la soupe maternelle aux boulettes de *matzoh* (pâte à pain azyme), ils prenaient le métro avec leur carte d'abonnement et montaient gravement à l'assaut de Morningside Heights, jusqu'aux portes de l'université Columbia et des salles de cours de Moses Hadas et de Gilbert Highet, qui leur enseignaient brillamment tout ce qu'il faut de littérature et de philosophie pour décrocher des mentions « très bien », mais sans jamais rien perdre de leurs airs empotés, de leurs réflexes de défense d'écolier, de leur parfait manque de charme.

Brian décrochait les mêmes mentions qu'eux, et il avait en outre ce qui leur manquait : *l'allure.* Ses études n'avaient jamais l'air de lui coûter du temps. Quand il avait à remettre un essai d'une dizaine de pages, il prenait dix feuilles de papier, s'asseyait devant sa machine à écrire et tapait, sans discontinuer, d'un trait et directement, un essai bon pour la mention « très bien ». Il lui arrivait fréquemment de s'atteler à ces petites merveilles le matin même de leur remise. Et le champ, l'étendue, la quantité de ses connaissances! Encore, s'il ne s'était agi que de l'histoire du Moyen Age et de l'histoire romaine, de la philosophie de la Renaissance et des premiers Pères de l'Eglise, des cours d'amour et de la querelle des investitures, des cure-pipes et de la politique selon saint Augustin, de Richard Cœur de Lion et de Rollon duc de Normandie, d'Abélard et d'Alcuin, d'Alexandre le Grand et d'Alfred le Grand, de Burckhardt et de *Beowulf,* d'Averroès et d'Avignon, de la poésie goliardique et de la réforme grégorienne, d'Henri le Lion et du lion de Némée, de la nature de l'hérésie et des œuvres de Thomas Hobbes, de Julien l'Apostat et de Jacopone da Todi, du *Nibelunglied* et de la querelle des universaux – mais non! Il y avait aussi les crus de vins, les restaurants, les noms de tous les arbres de Central Park, le sexe des ginkgos de Morningside Drive, les noms des oiseaux, ceux des fleurs, les dates de naissance des enfants de Shakespeare, l'endroit précis où Shelley se noya, la chronologie des films de Charlie Chaplin, l'anatomie exacte des bovins (et donc l'art de choisir les meilleurs morceaux de bœuf au supermarché), les paroles de toutes les opérettes de Gilbert et Sullivan, le catalogue de Koechel des œuvres complètes de Mozart, les champions olympiques des vingt dernières années dans chaque discipline sportive, les scores moyens à la batte des principaux joueurs de base-ball du pays, les personnages de tous les romans de Dickens, la date à laquelle on vit apparaître sur le marché les premières montres Mickey Mouse, les dates et le style des marques de voitures célèbres, le nombre de spécimens qui en restaient et le nom des propriétaires (surtout de ses favorites : Bugatti, Hispano-Suiza), les sortes d'armures portées au XVIe siècle (et ce qui les distingue de celles du XIIIe), le mode de fornication des grenouilles et de fécondation des conifères, toutes les positions érotiques du *Kâmasutra,* le nom de tous les instruments de torture du Moyen Age, et ainsi de suite, etc., *ad infinitum.*

Trouve-t-on que je le montre sous un jour antipathique? C'était le qualificatif que lui appliquaient certaines gens. Mais tout le monde le trouvait amusant. C'était un clown-né, un comique de music-hall, un causeur impénitent. Il donnait l'illusion de péter perpétuellement d'énergie. En une seule journée, il était capable de faire plus que beaucoup d'autres en dix jours, et il avait constamment l'air de sauter hors de sa peau comme un diable d'une boîte. Naturellement je tombai sous le charme – avec cette faim qui battait du tambour dans mon ventre et cet appétit furieux d'expérience. Nous fîmes connaissance dans le courant de ma seconde semaine à l'université (première année) (lui-même étant en deuxième année), et dès lors nous devînmes presque inséparables. Oh, je me réservais bien le droit de sortir avec d'autres, de temps en temps; mais il veillait à me submerger de sa présence et de sa parole, à m'inonder de ses cadeaux et de ses services – comme de taper mes essais à la machine, de dévaster les bibliothèques pour me procurer les livres qui me manquaient – sans parler des lettres, des coups de téléphone, des fleurs, des poèmes me jurant amour toujours. Et le tout à un degré tel que, inévitablement, à côté de lui, les autres garçons faisaient figure de très pâles imitations.

En ce temps-là, les étudiants se divisaient en Grosses Braguettes et Grosses Têtes, Gars des Sociétés de ceci ou de cela et Indépendants. Brian ne se rangeait dans aucune catégorie et appartenait à toutes. C'était un original, un personnage, une encyclopédie vivante à tous égards, sauf peut-être pour ce qui était du sexe, où ses connaissances étaient, quand je le connus, plus théoriques que pratiques. Nous perdîmes ensemble notre virginité. Ou peu s'en fallait. Si je tiens à cette précision, c'est qu'il ne devait pas rester grand-chose de la mienne, après tant d'années de manipulations vigoureuses et de masturbation constante. Quant à Brian, à seize ans il était allé dans un bordel de Tijuana, une fois, en guise de cadeau d'anniversaire; son père l'y avait conduit lui-même avec une voiturée de copains, et avait payé leur coup à tous – ce n'est pas tous les jours que l'on a l'occasion de faire, de tendres couillards, de vrais petits hommes, et ça se fête!

Telle que Brian la décrivait, l'expérience s'était soldée par un fiasco. La putain répétait sans arrêt : « Grouille-toi! Grouille-toi! » et cela lui avait coupé l'érection. Son père (fidèle à la tradition œdipienne) avait baisé la fille avant lui, et les copains cognaient à la porte. Piètre initiation. La pénétration, comme disent les manuels de sexologie, n'avait pas été complète. Bref, sans doute peut-on conclure que, après tout, nous perdîmes bien ensemble notre virginité. Mes dix-sept ans me valaient d'être encore étiquetée « Danger! Mineure », comme disait Brian (qui avait dix-neuf ans) dans son langage imagé. Nous nous connaissions depuis deux mois – deux mois durant lesquels nous avions fait violence à nos instincts, dans Riverside Park, sous les tables de la Bibliothèque classique publique (où nous « travaillions ensemble ») sous les yeux blancs et vigilants de Sophocle, de Périclès et de Jules César, sur le grand canapé du grand salon de mes parents, parmi les rayons de la Bibliothèque Butler (où, plus tard, j'appris à mon grand scandale que des étudiants sacrilèges baisaient pour de vrai). Au bout du compte, nous nous accordâmes mutuellement nos « dernières faveurs » (pour employer cette charmante expression du XVIIIe siècle) dans l'appartement de Brian, un sous-sol de Riverside Drive, où les cafards (à moins que ce ne fussent des nèpes) étaient plus gros que mon poing (ou que son pénis) et où ses deux colocataires cognaient tout le temps à la porte sous prétexte de récupérer le *Sunday Times,* « si nous ne le lisions plus ».

La chambre de Brian – il y en avait six dans ce vaste « pied-à-terre » – avait un mur mitoyen avec la cave de la chaudière. C'était tout le chauffage. Ce mur était brûlant comme le diable, perpétuellement; les autres, plus froids que tétons de sorcière (l'expression était de Brian). Le seul moyen de régler la température était d'ouvrir la fenêtre (qui donnait sur une sorte de ravine en ciment, inférieure de quelque trois mètres au niveau de la rue) et de laisser entrer l'air froid. Comme le vent s'engouffrait en venant droit de la rivière, la frigidité ambiante avait tôt fait de neutraliser la canicule de la chaudière – mais pas la nôtre.

Voilà le décor romantique dans lequel nous goûtâmes l'un à l'autre. Nous fîmes geindre les ressorts du lit d'occasion que Brian, tremblant d'espoir, avait acheté deux semaines plus tôt à un brocanteur portoricain de Columbus Avenue.

Finalement, ce fut moi qui dus le violer – naturellement. Je suis sûre que rien n'a changé depuis le Jardin d'Eden. Ensuite, j'ai pleuré, dévorée d'un sentiment de culpabilité, et Brian m'a consolée (ni plus ni moins, probablement, que tous les garçons qui, à travers les siècles, ont séduit une vierge). A la lueur d'une flamme vacillante (dans son romantisme, ou peut-être à cause de son sens inné du symbole, Brian avait allumé un cierge sur la table de nuit, avant que nous commencions à nous déshabiller mutuellement) – à la lueur, donc, d'un cierge, nous restâmes ensuite allongés, écoutant les miaulements des chats en liberté dans la fosse en ciment, de l'autre côté de la fenêtre noire de suie. Parfois, une de ces bêtes, en sautant sur une poubelle trop pleine, faisait tomber une boîte à bière vide, et le son creux du fer-blanc roulant par terre se répercutait dans la chambre.

D'abord, notre roman d'amour fut beau, plein d'âme, adolescent. (Plus tard, l'écho de nos voix devait surtout faire penser à un dialogue d'une pièce de Strindberg.) Au lit, nous nous lisions des poèmes, nous discutions de ce qui distingue l'art de la vie, nous nous demandions gravement si, oui ou non, Yeats fût devenu un aussi grand poète, s'il avait été dûment marié avec Maud Gonne. Le printemps nous trouva suivant tous deux les mêmes cours sur Shakespeare – comme devraient le faire, j'imagine, tous les jeunes amants. Par une journée d'avril étincelante, mais légèrement glacée, assis sur un banc de Riverside Park, nous nous lûmes à deux voix *Un conte d'hiver :*

Quand commence à jaunir le narcisse des prés
Et que, hé! ho! là-bas il y a fille aux bois –
Alors le doux de l'an vient faire son entrée,
Car sous le pâle hiver le sang nouveau rougeoie...

L'alouette qui trille à tire-larigot –
Avec au loin, hé! ho! le loriot et le geai –
Pour mes tantes et moi chantent l'été, hé! ho!
Tandis que nous roulons culbutées dans les haies...

Brian était fort occupé à jouer Florizel déclamant à Perdita-moi :

« Ces pousses d'herbes inusitées en toutes parts de votre corps / Suggèrent certes vie – moins bergère pourtant que Flore / Perçant déjà dessous Avril... »

quand toute une tribu de marmots, petits Noirs et petits Portoricains de huit ou neuf ans, attirés par notre lecture à voix haute, envahit le reste du banc et l'herbe alentour, apparemment sous le charme de notre jeu et du texte. L'un de ces gosses s'assit à mes pieds, les yeux levés vers moi et pleins d'adoration – j'en avais des frissons. Ainsi donc, après tout, la poésie était bien la voix universelle! Il y avait en Shakespeare un charme capable de ravir même l'oreille la plus naïve, la moins éduquée! C'était la vérification de mes convictions les plus profondes. Je lus avec un regain d'âme :

Mais il n'est rien qui Nature améliore
Qu'elle-même d'abord n'ait conçu. Donc mieux que cet art
Qui selon vous en rajoute à Nature, elle a le sien,
De sa façon. Pour quoi ci voyez-vous, mignonne,
Gentil Scion marié par nous à l'arbre fol,
Pour que noblesse d'œilleton donne naissance
A rude écorce. Et certes c'est bien art
Qui corrige Nature – ou la change plutôt –
Mais art lui-même alors n'est autre que Nature.

(Serait-ce un plaidoyer de Shakespeare en faveur de l'union libre et (ou) du métissage?)

Au bout de quelques pages, cependant, les gamins commencèrent à donner des signes de bougeotte, et d'ailleurs il faisait maintenant trop froid pour rester immobile. Ramassant donc nos affaires, nous partîmes peu après avec les enfants. Tout en franchissant la grille du parc, je dis à Brian :

– C'était sensationnel, tu ne trouves pas, chéri?

Il éclata de rire et répondit :

– Dans la *vox populi,* c'est le porc qui grogne.

C'était une de ses maximes favorites; j'ignore où il l'avait pêchée. Un peu plus loin, je m'aperçus que mon portefeuille avait disparu de mon sac à main, que j'avais déposé, ouvert, sur le banc, pendant notre lecture publique. Etait-ce les gosses qui l'avaient soulevé, ou l'avais-je perdu auparavant, sans le remarquer? Un instant fou, l'idée me vint que Brian lui-même l'avait peut-être pris pour marquer un point en faveur de sa conception de « l'homme du commun ». Comme ma mère, Brian était un disciple de Hobbes – en attendant de découvrir qu'il était Jésus-Christ et de changer de personnage et de croyance.

Sa folie? Quels en furent les premiers signes? Difficile à dire. Une ancienne camarade d'études m'a dit récemment qu'elle avait tout de suite décelé une bizarrerie chez Brian et que, « de loin ni de près, elle n'eût jamais voulu avoir affaire à lui ». Mais c'était précisément ce qu'il y avait d'étrange en Brian qui me plaisait. Il était excentrique, il ne ressemblait à personne, il voyait le monde à travers des yeux de poète (bien qu'il fût peu doué pour écrire des vers.) Sa vision du monde était celle d'un univers animé, habité par des esprits. Les fruits lui parlaient : quand il pelait une pomme, elle gémissait, grâce à ses talents de ventriloque, dont il jouait aussi avec les mandarines, les oranges, voire les bananes : elles chantaient, parlaient, déclamaient des vers.

Il métamorphosait sa voix et son visage, selon ses humeurs. Tantôt il était Edward G. Robinson en Al Capone, tantôt Basil Rathbone en Sherlock Holmes, ou Noirfaucon le Lutin (personnage de notre invention), ou encore Shakihuahua (un de nos autres compagnons imaginaires, mi-Shakespeare, mi-petit chien confortable et laineux, sorte de fox-terrier poète)... Les longues heures que nous passions ensemble, de jour ou de nuit, étaient une succession de routines, de rôles, de petites pièces de théâtre, où Brian était le principal acteur. Moi-même, j'étais si bon public! Nous étions capables de faire des kilomètres et des kilomètres à pied – de l'université Columbia à Greenwich Village et, par le pont de Brooklyn (que nous traversions en récitant des poèmes de Hart Crane le Suicidé, cela va de soi), retour sans fin à Manhattan – sans nous ennuyer une seconde. Jamais nous ne restions assis à une table de restaurant ou de café, muets et sinistres comme tant de jeunes mariés. Nous ne cessions de bavarder et de rire...

... jusqu'à notre mariage, c'est-à-dire, qui fut la fin de tout. Quatre années de grand amour, de belle amitié, d'études shakespeariennes en commun, s'envolant en fumée dans le mariage! Je n'en voulais pas; il me semblait avoir la vie devant moi pour me marier. Une longue vie. Mais Brian voulait mettre la main sur mon âme; il craignait que je ne m'envole si elle ne lui appartenait pas. Il m'adressa donc un ultimatum : « Si tu ne m'épouses pas, je te quitte. » J'avais trop peur de le perdre, trop envie de m'évader de ma famille; je préparais mes examens et ne savais trop que faire d'autre. Je l'épousai donc.

Nous n'avions pas un sou, littéralement, en dehors de ma bourse d'études, d'un petit capital bloqué en banque, auquel je ne pouvais toucher avant plusieurs années, et de quelques actions, cadeau de mes parents pour mes vingt et un ans, et qui tombaient en chute libre en Bourse. De son côté, Brian avait lâché ses études à la suite d'une crise de rogne contre l'université; mais il se voyait contraint de chercher du travail, à présent. Notre existence changea radicalement. Nous ne tardâmes pas à mesurer combien mari et femme se voient peu entre eux, dès lors qu'il leur faut ramper pour avoir le droit d'entrer dans la stalle réservée à la vie bourgeoise. Notre idylle était finie. Les promenades, les études communes, les après-midi paresseux au lit – tout cela participait d'un âge d'or révolu. Brian passait désormais ses journées (et la plus grande partie de ses nuits) à s'échiner dans une petite société d'études de marché, où il suait sur les ordinateurs, dans l'attente anxieuse de leur réponse à des questions aussi formidablement capitales que de savoir si, oui ou non, une femme qui a son diplôme de bachelière achète plus ou moins de produits détergents qu'une licenciée. Il se donnait aux études de marché avec la même *furia* passionnelle qu'il mettait naguère à se jeter sur l'histoire du Moyen Age ou n'importe quel autre sujet. Il avait besoin de tout savoir, besoin de travailler plus dur que tout le monde, y compris son patron – qui vendit son affaire plusieurs millions de dollars *cash,* peu après l'admission de Brian à l'asile psychiatrique.

L'opération entière se révéla finalement n'être qu'un bluff et une escroquerie. Mais, dans l'intervalle, le patron de Brian avait eu le temps de s'installer en Suisse dans un vieux château, avec sa nouvelle jeune femme, et Brian lui-même, d'être « certifié conforme » aux normes de la folie. Malgré toute sa brillante intelligence, mon mari ignorait (ou refusait de savoir) à quel point son patron pouvait être un escroc. Je l'ai dit, souvent il veillait jusqu'à minuit pour surveiller ses ordinateurs. Et moi, pendant ce temps, je suais aussi parmi les rayons de la Bibliothèque Butler, en amassant le matériau d'une thèse ridicule sur l'obscénité dans le vocabulaire de la poésie anglaise (ou, selon le titre arraché par mon directeur de thèse à son cerveau constipé : « L'argot sexuel dans la poésie anglaise du milieu du XVIIIe siècle »). J'étais déjà un bas-bleu de la pornographie.

Notre mariage alla de mal en pis. Brian cessa de me baiser. Je le suppliais, je l'implorais de me dire ce qu'il me reprochait. Je me pris en grippe; j'en venais à me sentir laide, mal aimée, pleine d'odeurs corporelles — tous les symptômes classiques de l'épouse mal baisée. J'avais des fantasmes de baisage s. e. avec des concierges, des clochards, les serveurs du comptoir du West End Bar, des étudiants, voire (Dieu me pardonne!) des professeurs. Assise dans la salle de mon « groupe d'études dirigées » de littérature anglaise du XVIIIe siècle, tout en écoutant un licencié gluant discourir à perdre haleine sur Nahum Tate et sa version revue et corrigée des pièces de Shakespeare, je m'imaginais suçant l'un après l'autre les membres (hâhâ!) virils de la classe. Parfois même, je me voyais, oui, baisant avec le Pr Harrington Stanton, digne quinquagénaire originaire de Boston et descendant d'une excellente famille de la Nouvelle-Angleterre — famille tirant sa renommée de la politique, de la poésie et des psychoses. Le Pr Stanton avait le rire sauvage et la manie d'appeler William Shakespeare « Billy », comme s'ils s'étaient retrouvés tous les deux, chaque soir que Dieu fait, pour vider des pots au West End Bar (ce que je soupçonnais le professeur de faire en tout cas). Il arrivait que l'on parlât de Stanton comme d'un homme « extrêmement brillant, mais un peu déconnecté ». La définition était juste. Malgré toutes ses belles attaches sociales et mondaines, il vacillait entre la raison et la déraison, passant si vite d'un état à l'autre que l'on ne savait à quoi s'en tenir. Mais comment *baisait-il?* Le vocabulaire obscène du XVIIIe siècle anglais le fascinait. Peut-être m'eût-il chuchoté à l'oreille des mots comme *coun, cullion* ou *crack* – au lieu de *cunt* ou de con, de *testicules* ou de couilles, de *pussy* ou de chat – tout en me tringlant. Peut-être portait-il les armoiries de sa famille tatouées sur le prépuce? Assise sur ma chaise, je riais intérieurement de ces imaginations, et le Pr Stanton m'adressait des sourires épanouis, persuadé que c'était d'un de ses bons mots que je riais.

Mais à quoi servaient ces pitoyables illusions? Mon mari ne me baisait plus. Il trouvait qu'il travaillait bien assez comme ça. Toutes les nuits, je m'endormais en larmes, ou alors j'attendais que le sommeil l'eût pris pour aller me masturber dans la salle de bains. J'étais vieille de mes vingt et un ans et demi, et désespérée. Et dire que, rétrospectivement, la solution a l'air si simple! Qu'attendais-je pour trouver quelqu'un d'autre? Pour prendre un amant, ou pour plaquer Brian, ou encore pour lui réclamer à tout prix un arrangement me rendant ma liberté sexuelle? Mais non, j'étais une honnête fille des années 50. J'avais grandi tout en me branlant aux accents de la voix de Sinatra chantant *In the Wee Small Hours of the Morning.* Je n'avais jamais couché qu'avec mon mari. Je m'étais laissée bécoter et peloter « le haut », puis tripoter « au-dessous de la ligne de flottaison » selon les règles mystérieuses d'une décence puérile et honnête relevant d'un droit coutumier. Mais une liaison avec un autre homme me semblait une chose si extrême qu'il n'était même pas question d'y penser. D'ailleurs, j'étais certaine que la dérobade de Brian était ma faute et non la sienne. Soit que je fusse une nymphomane (puisque j'avais envie d'être baisée plus d'une fois par mois), soit que je manquasse tout bonnement de charme. A moins que *l'âge* de Brian ne fût en cause? On avait nourri mon éducation des divers mythes des années 50, comme :

A. Le viol n'existe pas. Personne ne peut violer une femme si elle n'y consent à la dernière minute.

(Au lycée, les filles se répétaient pieusement entre elles cet axiome. Dieu seul sait d'où nous le tenions, ou de qui. Il participait de la sagesse reçue et, tels des robots, nous le transmettions.)

B. Il y a deux sortes d'orgasmes : le vaginal et le clitoridien. L'un est « adulte » (donc bon). L'autre, « infantile » (*ergo* mauvais). Ou encore : l'un est « normal » (*ergo* bon). L'autre « névrotique » (donc mauvais).

Ce mode moral pseudo-*hip* et pseudo-psychologique avait des apparences de calvinisme, moins les rigueurs.

C. Le sommet sexuel de l'homme se situe à seize ans. La suite n'est que déclin...

Brian avait vingt-quatre ans. Il était sans nul doute sur la mauvaise pente. Depuis huit ans déjà. Si, à vingt-quatre ans, il ne me faisait l'amour qu'une seule fois par mois, que serait-ce à trente-quatre ans! La perspective était terrifiante.

Cependant, même notre vie sexuelle n'eût peut-être pas compté, si elle n'avait été l'indice de tout ce qui ne tournait pas rond dans notre mariage. Nous n'étions jamais ensemble. Brian restait au bureau jusqu'à des 7,8,9,10,11 heures ou minuit. Je tenais la maison, tout en marinant à la bibliothèque dans mon bain d'argot sexuel du XVIIIe siècle. C'était le mariage bourgeois idéal, où mari et femme n'ont plus une minute à vivre en compagnie l'un de l'autre. Bref, avec le mariage, s'était envolée notre unique raison de nous marier.

Les choses ont continué de la sorte pendant plusieurs mois. Plus cela allait, plus j'étais déprimée et plus j'avais de mal à me tirer du lit le matin. D'ordinaire, j'étais dans le coma jusqu'à midi. Je me suis mise à sécher de plus en plus aussi les cours, sauf les études dirigées, qui demeuraient sacrées. La préparation de ma thèse me semblait ridicule. Si j'avais continué à suivre des cours, c'était par amour de la littérature; mais, à ces cours, on n'était pas censé étudier la littérature. On était supposé étudier la critique de la littérature. Tel professeur avait écrit un ouvrage « prouvant » que *Tom Jones* est en réalité une parabole chrétienne; tel autre, un bouquin « démontrant » que le même *Tom Jones* est en fait une parabole marxiste; un troisième, un traité « établissant » que c'est une parabole de la révolution industrielle. Et l'on était censé bien avoir en tête le nom de tous ces profs, ainsi que la théorie exacte de chacun, si l'on voulait passer ses examens. Que vous ayez lu ou non *Tom Jones,* tout le monde s'en tamponnait le cul, du moment que vous pouviez donner l'appellation contrôlée de chaque théorie et le nom de son auteur. Tous ces ouvrages de critique portaient des titres comme : *D'une rhétorique du rire,* ou bien : *Les composantes comiques de l'œuvre romanesque de Henry Fielding,* ou encore : *La part de l'esthétique dans la dialectique de la satire.* De quoi faire se retourner de rire les grands hommes dans leur tombe. Ma réaction était de dormir le plus possible aux cours.

Le fait est que j'ai toujours été spontanément une bête à mentions « très bien » et que les concours et les examens ne présentent pas de difficulté pour moi. Mais, au stade où j'en étais alors, on nageait dans un tel océan de connerie qu'on ne pouvait s'empêcher de s'en apercevoir. Donc, je dormais. Je dormis durant les examens généraux de mai. Je dormis, au lieu de travailler à ma thèse. Lorsque, par exception, je parvenais à me traîner jusqu'au cours, c'était pour y griffonner des poèmes, au lieu de prendre des notes. Un jour, je me forçai à rassembler le courage de déballer mes ennuis devant le Pr Stanton.

— Je crains bien de ne pas avoir envie de devenir professeur, lui dis-je, en tremblant dans mes chaussures de daim pourpres.

Sacrilège! Ma bourse Woodrow Wilson me vouait à la carrière universitaire. Autant dire que j'abjurais Dieu, la patrie et le drapeau.

– Mais, madame Stollerman, vous êtes une étudiante bien trop remarquable!... Que pouvez-vous faire d'autre?

(Eh oui, quoi d'autre? Que pouvait-il y avoir d'autre dans la vie que *la part de l'esthétique dans la dialectique de la satire?)*

– C'est-à-dire que... j'aimerais bien écrire... Je crois.

J'avais prononcé cela sur le même ton d'excuse que si j'avais annoncé : « Je crois que j'aimerais bien tuer ma mère. » Le Pr Stanton prit un air inquiet.

– Tiens, tiens, dit-il d'un ton vexé.

Dieu sait combien d'étudiants devaient venir le trouver chaque année avec d'aussi futiles ambitions.

– C'est que, voyez-vous, monsieur le professeur, j'ai commencé à étudier la littérature anglaise du XVIIIe siècle parce que j'aime beaucoup la satire. Seulement, c'est *écrire* des satires que je voudrais, je pense, et non pas en critiquer. La critique pure ne me semble ni très satisfaisante ni très suffisante, en un sens.

– Pas très suffisante! explosa-t-il.

J'avalai ma salive.

– Qu'est-ce qui vous donne à penser que ces cours doivent être satisfaisants et *suffisants*? reprit-il. La littérature est un *travail,* non un amusement.

– Oui, monsieur, dis-je docilement, penaude.

– Vous suivez nos cours parce que vous aimez la lecture et l'étude; et que vous aimiez la littérature... soit, mais dites-vous que la littérature est un *dur labeur* et n'a rien d'un jeu!

Le Pr Stanton paraissait avoir trouvé son véritable propos.

– Oui, monsieur le professeur, mais avec votre permission je trouve vraiment que tous ces ouvrages de critique sont sans rapport avec l'esprit de l'œuvre de Fielding ou de Pope, ou de Swift. Vous comprenez, je les imagine toujours se moquant de nous tous du fond de leur tombe. C'est exactement le genre de chose que, *eux,* ils trouveraient *drôle.* Je veux dire que moi, quand je lis Pope, Swift ou Fielding, cela me donne envie d'écrire... cela déclenche des poèmes dans ma tête. Tandis que, la critique, cela me semble plutôt bête. Je vous demande pardon, mais c'est vrai.

– Qui vous a instituée gardienne de l'esprit de Pope, de Swift ou de Fielding?

– Personne.

– Alors, de quoi diable vous plaignez-vous?

– Je ne me plains pas. Je pense seulement que je me suis peut-être trompée et que, en réalité, j'aimerais écrire.

– Madame Stollerman, vous aurez tout le temps d'écrire, une fois que vous aurez votre doctorat dans votre sac. Et, du même coup, vous aurez toujours une ressource, s'il se révèle un jour que vous n'êtes pas Emily Dickinson.

– Vous avez probablement raison, dis-je.

Et je retournai à la maison et à mon sommeil.

Brian me réveilla en sursaut en juin. Je ne jurerais pas de la date exacte, mais, aux environs de la mi-juin, je remarquai une accentuation de certaines maniaqueries chez lui. Il avait complètement perdu le sommeil. Il voulait que je reste debout toute la nuit avec lui pour parler du Ciel et de l'Enfer. Non que ce fût tellement insolite de sa part; il avait toujours manifesté un intérêt passionné pour ces deux concepts. Mais, cette fois, il parlait de plus en plus du retour du Christ sur terre, et il abordait le sujet sous un angle nouveau.

Et si (demandait-il) le Christ revenait ici-bas, sous la forme d'un obscur cadre moyen d'une société d'études de marché?

Et si, cette fois encore, personne ne voulait croire en Lui?

Et s'Il tentait de prouver Son identité en marchant sur les eaux du lac de Central Park? Les actualités télévisées de la C.B.S. couvriraient-elles l'événement?

Considérerait-on l'affaire comme présentant suffisamment d'*intérêt humain?*

Je riais. Brian aussi. C'était une idée comme ça, pour un roman de science-fiction, sans plus, me dit-il. Une plaisanterie.

Les jours suivants virent la multiplication des plaisanteries.

Et si lui, Brian, il était Zeus, et moi, Héra? S'il était Dante, et moi, Béatrice? Si chacun de nous était deux : matière et antimatière, à trois dimensions et sans dimension? Si les gens dans le métro communiquaient avec lui par télépathie en le suppliant de prendre en main leur salut? Si le Christ revenait sur terre et libérait tous les animaux du zoo de Central Park? Si les yacks se mettaient à descendre la Cinquième Avenue derrière Lui, avec les oiseaux qui se posaient et pépiaient sur Ses épaules? Les gens se décideraient-ils *alors* à croire que c'était bien Lui? Et s'Il venait à bénir les ordinateurs et que, au lieu de crachoter des feuilles imprimées disant quelle sorte de ménagères achète le plus de détergents, ils dégorgeassent soudain des miches de pain et des poissons? Si le monde était en fait régi par un ordinateur géant et que lui, Brian, fût le seul à le savoir? Si cet ordinateur fonctionnait au sang humain? Si, comme dit Sartre, nous étions tous en enfer aujourd'hui? Si nous étions tous régis par des machines très complexes, elles-mêmes contrôlées par d'autres mécaniques aussi complexes, qui à leur tour, etc.? Si nous n'avions pas du tout de liberté? Si le seul moyen pour l'homme d'affirmer son libre arbitre était de mourir sur la croix? Si, toute une semaine, on traversait les rues de New York malgré les feux verts, en fermant les yeux, sans même être égratigné par une voiture? La preuve serait-elle alors faite qu'on est Dieu? Et si, par-dessus le marché, n'importe quel livre ouvert au hasard de ses pages contenait, à un endroit quelconque de chaque paragraphe, les lettres D I E U? N'était-ce pas là une preuve concluante?

Nuit après nuit, les questions continuaient à pleuvoir. Brian me les répétait comme les articles d'un catéchisme. Et si? Et si? Et si? Tu écoutes? Je te défends de t'endormir! Tu *dois* m'écouter. Les temps sont proches, tu ne vas tout de même pas dormir pendant la fin du monde! Je te dis de m'écouter!

Dans son besoin frénétique d'avoir constamment un public, il lui arriva même, à deux ou trois reprises, de me gifler pour me réveiller. Abrutie, les yeux larmoyants d'insomnie, j'écoutais, j'écoutais, encore et toujours. Au bout de la cinquième nuit, impossible d'en douter : Brian ne se destinait pas à la science-fiction. Il était *lui-même* le Christ ressuscité pour la seconde fois. La lumière fut lente à se faire. Et même quand elle fut là, je n'aurais *pas* juré qu'il n'était *pas* Dieu. A cela près que, selon sa logique, s'il était Jésus, alors j'étais moi-même le Saint-Esprit. Et mes paupières avaient beau se fermer, *cela* du moins, j'en étais sûre, était une idée *dingue*.

Le vendredi de cette semaine-là, le patron de Brian partit pour le week-end, en le chargeant de conclure un important marché avec les fabricants d'une hypersuperlessive dénommée « Mousse Miracle ». Brian était censé rencontrer ces gens le lendemain, samedi, au milieu de ses ordinateurs. Jamais il n'arriva jusque-là. Après l'avoir attendu, les pères de la « Mousse Miracle » appelèrent chez nous. Un peu plus tard, ils rappelèrent. Toujours pas de Brian. Je téléphonai à toutes les personnes dont le nom me vint à l'esprit et, au bout du compte, me contentai de ne plus bouger et de me ronger les ongles, certaine qu'il allait se passer quelque chose de terrible.

A 5 heures de l'après-midi, Brian téléphona pour me lire un « poème » qu'il prétendait avoir écrit tout en marchant sur les eaux du lac de Central Park :

Si la Mousse Miracle n'est jamais qu'une bulle,
Pourquoi tant de tracas pour ce pauvre bidule?
Gare, ou par le fait de cette idiote bulle
Bientôt le monde entier sera sur les rotules.

– Qu'en dis-tu, ma chérie? me demanda-t-il, tout naïveté.

– Brian... te rends-tu compte que les gens de cette « Mousse Miracle » ont essayé de te joindre toute la journée?

– Moi je trouve que ça résume brillamment l'affaire – pas toi? Je crois que je vais envoyer ça au *New York Times*. La seule question que je me pose, c'est de savoir si le *Times* publiera un poème où il y a le mot « bidule ». Qu'en penses-tu toi-même?

– Brian... te rends-tu compte que je suis restée toute la journée à la maison, à côté du téléphone, pour répondre à ces gens? Où diable étais-tu passé?

– J'étais avec le diable, justement.

– Où cela?

– En enfer. Tu y es, toi aussi, comme moi, comme nous tous. Comment peux-tu te tourmenter pour une misérable bulle comme cette « Mousse Miracle »?

– Mais, au nom du ciel, et le contrat? Que comptes-tu faire à ce sujet?

– Rien de plus.

– De plus que quoi?

– Au nom du ciel, comme tu dis, je ne veux plus y penser, et je ne ferai pas *ça* à ce propos. Pourquoi ne viens-tu pas me rejoindre en ville? Je te montrerai mon poème.

– Où es-tu?

– En enfer.

– D'accord, je le sais; mais où puis-je te rejoindre?

– Tu devrais le savoir aussi. C'est toi qui m'y as envoyé.

– Mais *où*?

– En enfer. Là où je suis en ce moment. Et toi également. Tu n'es pas rapide, chérie.

– Je t'en prie, Brian, sois raisonnable!...

– Je suis parfaitement raisonnable. C'est toi qui te fais du souci pour une misérable bulle, pas moi. Toi qui trouves ça important, si les gens de la « Mousse Miracle » téléphonent.

– Dis-moi seulement où te rejoindre en enfer, dans quel coin, et je viens. Je te jure que j'arrive tout de suite. Dis-moi seulement quel coin?

– Vraiment, tu ne sais pas?

– Non. Sincèrement non. Je t'en prie, dis-le-moi.

– Tu essaies de te moquer de moi, n'est-ce pas?

– Brian, mon chéri, mon seul désir est de te rejoindre. S'il te plaît, il faut que je te voie!

– En ce moment même tu peux me voir par la pensée. Si tu es aveugle, c'est que tu le veux bien. Toi et ton roi Lear!

– Où es-tu? Dans une cabine publique? Dans un bar? Je t'en supplie...

– Tu le sais déjà!

La conversation se poursuivit ainsi quelque temps. Il raccrocha deux fois, pour me rappeler peu après. Finalement, il accepta d'identifier la cabine dans laquelle il se trouvait, non en me fournissant une adresse, mais grâce à un jeu de devinette dans lequel je dus entrer en éliminant hypothèse après hypothèse. Il en coûta une vingtaine de minutes de plus et, à Brian, pas mal de jetons. Enfin, il apparut qu'il était au Gotham Bar. Je me précipitai dans la rue et sautai dans un taxi.

Il m'apprit qu'il avait employé la journée à promener en barque, sur le lac de Central Park, des enfants, de petits Portoricains et de petits Noirs, et à leur payer des glaces, ainsi qu'à distribuer de l'argent à des promeneurs et à projeter son évasion de l'enfer. Il n'avait pas à proprement parler marché sur les eaux, mais il avait énormément réfléchi à la question. Il était prêt désormais à changer de vie. Il s'était découvert des ressources d'énergie surhumaine. Les autres mortels avaient besoin de sommeil; lui, pas. Les autres mortels avaient besoin d'un emploi, de diplômes, de toute la panoplie des accessoires de la vie quotidienne. Lui, non. Devant lui s'ouvrait enfin la destinée qui l'attendait depuis toujours : sauver le monde. Je devais l'y aider.

A dire vrai, rien dans ce discours n'était fait pour me déplaire réellement. C'était même plutôt passionnant. L'idée que Brian pût dire adieu aux études de marché, et moi à mes cours, afin que nous prenions tous deux sur nous d'aller sauver le monde, ne soulevait pas du tout d'objection de ma part. De fait, j'avais toujours poussé mon mari à quitter ses ordinateurs; j'avais essayé de le persuader de voyager quelque temps çà et là en Europe, avec moi. Chaque fois il s'y était refusé. Il s'était jeté à corps perdu dans les études de marché, comme s'il s'était agi de la dernière grande croisade.

Pendant que nous marchions dans les rues de la ville, ce samedi soir-là, c'était son comportement qui m'inquiétait, bien plus que ses discours fous. Il voulait me forcer à fermer les yeux et à traverser les rues au feu vert (pour prouver que nous étions des dieux). Il entrait dans les magasins, demandait au propriétaire ou au vendeur de lui montrer tel et tel article, et après les avoir manipulés et exaltés en des discours enflammés, tournait les talons et s'en allait. Ou alors, il entrait dans un café et, avant de s'asseoir à une table, jouait avec tous les sucriers qui lui tombaient sous la main. Tantôt les boutiquiers ou les serveurs lui disaient : « Vas-y mollo, fils, un peu de calme, fiston », tantôt ils le jetaient dehors. Tout le monde sentait qu'il ne tournait pas rond. Son agitation chargeait l'air d'électricité. Pour lui, c'était une preuve de plus de sa divinité.

– Tu vois, me disait-il, je suis Dieu, ils le savent, et ils sont incapables de réagir autrement.

Pour moi c'était doublement dur, car je n'étais pas loin de croire à la théorie de Brian. C'est *vrai* que les êtres exceptionnels sont souvent traités de fous par le monde en général. C'est *vrai* que, si Dieu revenait parmi nous, il finirait peut-être à l'asile psychiatrique. J'étais une disciple de Laing, bien avant que Laing eût commencé à publier ses idées.

J'étais également à demi morte de peur. Quand enfin nous rentrâmes, vers 2 heures du matin, Brian était toujours aussi frénétique et réveillé, et moi je n'en pouvais plus. Il tenait à me montrer son pouvoir. Il tenait à me prouver qu'il était capable de me contenter. S'il y avait près de six semaines qu'il ne m'avait pas baisée, maintenant c'était du *non stop*. Il se mit à me limer comme une machine, refusant de succomber lui-même à l'orgasme et me pressant de jouir encore et encore. Au bout de trois fois j'avais mal et je trouvais que cela suffisait. Je le suppliai d'arrêter. Mais non! Il s'entêtait à me ramoner comme si j'avais eu le feu à ma cheminée. J'étais en larmes, je suppliais, je sanglotais :

– Brian, je t'en prie, arrête!

– Ah, tu croyais que je ne pouvais plus te contenter! hurlait-il, les yeux fous. Tu vois! criait-il en plongeant au fond de moi. Tu vois! Tu vois!

– Assez, Brian, s'il te plaît!

– Ce n'est pas la preuve, dis? Ce n'est pas la preuve que je suis Dieu?

– Assez, je t'en prie, pleurnichais-je.

Lorsqu'il s'arrêta finalement, ce fut pour se retirer violemment et m'enfoncer sa tringle dans la bouche. Mais je pleurais bien trop pour le pomper. Je demeurai là, à sangloter sur le lit. Que faire? J'avais peur de rester seule avec lui, mais où aller? Pour la première fois la conviction se faisait jour en moi qu'il était dangereux.

Brusquement, il s'effondra et se mit à pleurer à son tour. Il voulait se châtrer, disait-il, afin que notre mariage fût pur et échappât à la chair. Il voulait être comme Abélard, et moi je serais comme Héloïse. Il voulait être pur de tout désir charnel, de façon à pouvoir sauver le monde. Il voulait avoir la tendresse des eunuques, la douceur du Christ. Il voulait être transformé en pelote de flèches comme saint Sébastien. Il m'enlaçait et sanglotait dans mon giron. Je lui caressais les cheveux, dans l'espoir qu'il s'endormirait à la fin. Ce fut moi qui m'endormis.

Je ne sais pas au juste à quelle heure je me réveillai, mais Brian, lui, était debout depuis longtemps : sans doute ne s'était-il pas couché. Je me dirigeai en titubant vers la salle de bains, où la première chose qui frappa mon regard fut une sorte de dessin d'enfant, fixé au miroir par des bouts de papier gommé, et qui représentait un petit bonhomme avec une auréole et un énorme pénis en érection. Un autre personnage, à longue barbe, s'apprêtait à le pomper. Derrière eux, un aigle géant (ressemblant à l'aigle américain), mais qui exhibait aussi un membre, très évidemment humain, en érection. Au-dessus de ce trio, Brian avait griffonné : « *Le Père, le Fils et le Saint-Esprit.* »

De retour dans la chambre, j'allai droit à mon bureau : des débris de fiches cartonnées (provenant de mon fichier : toutes mes notes pour ma thèse!) étaient éparpillés par terre, sous la table, comme des confetti. Sur la table même étaient étalés des livres – les œuvres complètes de Shakespeare et de Milton – ouverts et où des mots, des phrases, des lettres, avaient été cerclés à toutes sortes d'encres de couleur. A première vue, je ne discernai aucun indice d'un système de code, mais des exclamations furieuses zébraient les marges : « *Enfer et Damnation* », « *La Bête à Deux dos!* », « *Ah, la Méchanceté de la Femme!* »... Et Shakespeare et Milton étaient jonchés des débris d'un billet de vingt dollars soigneusement déchiré en petits morceaux. Tout autour, sur la table aussi, des reproductions d'œuvres d'art, arrachées à des albums, toutes montrant Dieu, Jésus ou saint Sébastien.

Je me précipitai dans le living-room, où je trouvai Brian occupé à brancher l'amplificateur de la chaîne de haute fidélité. Il avait mis *Les variations de Goldberg* jouées par Glenn Gould et s'empressa aussitôt de monter le volume au maximum pour le réduire brusquement *pianissimo,* la seconde d'après, de façon à obtenir plus ou moins un effet de sirène.

– Quand tu veux jouer du Bach, qu'est-ce que tu peux faire, dis, dans notre saleté de société? me demanda-t-il. Le mettre fort comme ça? (Maximum de volume.) Ou bien doux, tout doux? (Le son était presque inaudible.) Tu vois bien qu'il n'y a pas moyen de jouer Bach dans une société comme la nôtre!

— Brian, qu'as-tu fait de ma thèse?

Question de pure forme; je connaissais parfaitement la réponse. Il tripotait les boutons du volume en feignant de n'avoir pas entendu.

— Je te demande ce que tu as *fait* de ma thèse?

— Dis, si on joue fort du Bach, dans notre saleté de société, jusqu'où crois-tu qu'on puisse aller sans voir rappliquer la police?

— Ma *thèse,* qu'en as-tu fait?

— Tu crois que c'est trop?

Plein volume.

— Ma thèse, je te demande!

— Et doux comme ça?

Pianissimo.

— Ma thèse, Brian!

Fortissimo.

— Brian.

J'avais crié de toutes mes forces. En vain. Je retournai dans la chambre, m'assis à ma table de travail et, anéantie, contemplai son « exposition » de livres. J'aurais tué quelqu'un — moi, lui, n'importe. Au lieu de quoi, je me mis à pleurer. Il entra et me dit :

— Qui sera admis au paradis, crois-tu?

Je restai muette.

— Bach, tu crois? Milton? Shakespeare? Shakihuahua? Ce grand salaud de saint Sébastien? Abélard le Hongre? Sindbad le Marin? Tindbad le Tailleur? Luther le Lutteur? Norman Mailer? Miller le Meilleur? Baudelaire le Maudit? Rimbaud le Railleur? Joyce? Et Jimmy le Joice aussi? Et Dante, ou bien est-ce que son petit tour là-haut lui a suffi? Et Homère? Yeats? Restif de la Bretonne le Bandé du Biniou? Rabelais et la Bête à deux Râbles? Villon le Vilain? Raleigh le Râleur? Mozart la Douceur? Mahler de Malheur? Le Greco dans un trait de lumière? Et les ampoules électriques, dis, est-ce qu'elles iront au paradis?

Je m'étais retournée et le regardais : il battait l'air

des bras, furieusement, tout en trépignant et sautant.

– Oui, vociféra-t-il, elles iront au paradis, les ampoules! Oui! Oui!

A bout d'exaspération, je criai de mon côté :

– Tu me rendras folle!

– Et toi aussi tu iras! lança-t-il d'une voix suraiguë.

Puis m'empoignant par la main, il entreprit de m'entraîner vers la fenêtre. Il scandait :

– Au paradis! Au paradis!

Il ouvrit violemment la fenêtre et se pencha dans le vide. Au bord de la crise de nerfs, je hurlai :

– Assez! Ça suffit, ça suffit!

Et je me mis à le secouer comme un prunier. Cela dut l'effrayer vraiment, car il me saisit à la gorge des deux mains et chercha à m'étrangler, tout en disant :

– Tais-toi! Tu vas faire venir la police!

Mais je ne criais plus, car il serrait de plus en plus fort et j'étais sur le point de m'évanouir.

Pourquoi me laissa-t-il aller au lieu de m'achever? Je l'ignore. Peut-être fut-ce un coup de chance pure. Je n'ai jamais pu me l'expliquer. Je sais seulement que, lorsque enfin il me lâcha, je tremblais de tout mon corps et j'eus du mal à retrouver ma respiration (je me souviens encore des traces bleues que je découvris ensuite sur mon cou). Je courus m'enfermer dans la penderie de l'entrée et, assise par terre dans le noir, me mordis les genoux pour étouffer mes sanglots. Je haletais tout bas : « Oh, mon Dieu, mon Dieu... » Puis je parvins à me ressaisir et je téléphonai au médecin de la famille. Il était à la campagne. Je téléphonai au psychiatre de ma mère. Il était au bord de la mer. Je téléphonai à mon propre psychiatre. Il était au bord de la mer. Je téléphonai à une amie de ma sœur Randy, qui était psychiatre à la Sécurité sociale. Elle me conseilla d'appeler un médecin – n'importe lequel – ou la police. Brian était psychotique, me dit-elle, et peut-être dangereux; je ne devais pas rester seule avec lui.

Si, un dimanche de juin à New York, vous avez envie

d'être malade, vous feriez mieux de prendre un taxi, le train ou n'importe quoi, pour une plage connue. Trou ver un médecin est impossible. Je finis par joindre le type qui faisait l'intérim de mon gynéco. Il me déclara qu'il arrivait tout de suite. Il sonna à la porte cinq heures plus tard. Durant ce long intervalle, Brian se montra étonnamment tranquille. Assis dans le living-room, il écouta du Bach, comme en extase. De mon côté, dans la chambre, je m'efforçais de digérer ce qui venait de se passer. Nous faisions semblant de nous ignorer l'un l'autre. C'était le calme après la tempête.

Du moins le cas de Brian portait-il une étiquette, maintenant. Il n'en était pas guéri pour autant, mais tout de même... de savoir à présent qu'il était « psychotique » me procurait une étrange sensation de soulagement. Du moins n'ignorait-on plus quelle maladie traiter, quel problème résoudre. Mettre un nom sur la chose la rendait moins effrayante. Mon sentiment de culpabilité en était aussi diminué d'autant. La démence n'est la faute de personne; elle est un coup des dieux ou du sort. C'est une idée très réconfortante. Tous les fléaux naturels sont consolants : ils sont la confirmation de notre impuissance, à laquelle, autrement, nous serions bien capables de ne plus croire. Il y a des moments où l'on éprouve un bizarre soulagement à mesurer l'étendue de son impuissance.

Nous avons enduré tout l'après-midi ensemble, en compagnie de Jean-Sébastien Bach. « La musique sait charmer les cœurs les plus sauvages » (*dixit* Congreve, qui se trouve sûrement au paradis, où il joue au trictrac avec Mozart). (Et quand je pense à toutes les mauvaises passes que Bach m'a aidée à traverser, je suis certaine qu'il est également au paradis.)

A 5 heures de l'après-midi, donc, le Dr Steven Pearlmutter fit son entrée — tout excuses et paumes moites. Dès lors, notre existence fut entre les mains des médecins et de leurs petites définitions pleines de tranquille suffisance. Mon mari, m'assura le Dr Pearlmutter, était « un jeune homme très malade », qu'il allait « essayer d'aider à sortir de là ». Il commença par tenter de lui administrer une piqûre. Sur quoi, Brian lui échappa d'un bond, dévala l'escalier de derrière – treize étages d'une traite – et piqua droit dans le Riverside Park. Je lui donnai la chasse avec le médecin. Après l'avoir rattrapé, cajolé, vu nous filer de nouveau entre les doigts, nous reprîmes la chasse, le rattrapâmes encore pour recommencer à le cajoler et ainsi de suite.

Le reste des détails est aussi sordide que banal. La nécessité de l'hospitalisation s'imposa un peu plus de jour en jour. Ceux qui suivirent tinrent du cauchemar. Brian était maintenant en proie à la panique et ses hallucinations croissaient en pittoresque. Ses parents arrivèrent de Californie par avion et s'empressèrent de proclamer qu'il était parfaitement oké, que la folle c'était moi. Ils voulurent l'empêcher de prendre le moindre médicament et passèrent le temps à se moquer des médecins (ce qui n'était guère difficile, il faut le reconnaître). Ils le poussèrent à me laisser tomber et à retourner en Californie – comme si de l'éloigner de moi avait pu lui rendre automatiquement la santé. Quant au Dr Pearlmutter, il avait adressé Brian à un psychiatre qui, vaillamment, durant cinq jours, tâcha de lui épargner l'hôpital. En vain. Entre le père et la mère de Brian, la patron de Brian, les gens de la « Mousse Miracle », la bonne volonté des anciens maîtres de Brian et les médecins, notre existence ne nous appartenait plus. Brian était traqué par la sollicitude de ceux qui prétendaient le prendre en main, et chaque jour il déraillait un peu plus.

Le cinquième matin après la visite du Dr Pearlmutter, Brian ôta tous ses vêtements près de la tour du Belvédère, dans Central Park. Après quoi, il voulut grimper sur le cheval de bronze du roi Jagellon pour le partager avec ledit roi (de bronze, lui aussi, armure, épées croisées et tout). La police, pour finir, le conduisit au pavillon des aliénés de l'hôpital du Mont-Sinaï (toutes sirènes hurlantes et drogues giclant à flot, des seringues, dans ses veines). Sauf quelques permissions de week-end, nous ne devions plus jamais avoir de vie commune.

Il fallut encore deux mois et quelque à notre mariage pour agoniser et s'éteindre. Après l'entrée de Brian au Mont-Sinaï, ses parents vinrent s'installer dans notre appartement, pour me vitupérer nuit et jour, m'accompagner tous les soirs à l'hôpital et ne pas me laisser seule plus de dix minutes avec leur fils. D'ailleurs, les visites n'étaient autorisées qu'entre 6 et 7 heures du soir, et ils étaient décidés à ne pas nous accorder une minute de tête-à-tête, même à ces moments-là. Pourtant, quand nous nous retrouvions seul à seul, Brian se contentait pour toute intimité de m'invectiver violemment. J'étais, disait-il, un Judas femelle : comment avais-je pu le faire enfermer? Je ne savais donc pas que cela me vaudrait le Septième Cercle de l'Enfer, celui des traîtres, et que mon crime était le plus abject de tous ceux que cite Dante? Et que j'y étais déjà, en enfer?

En tout cas, l'enfer ne peut être pire que ne le fut cet été. A Saigon le régime de Diem venait de s'écrouler; les bouddhistes ne cessaient de s'immoler dans cette espèce de petit pays dont le nom de Vietnam nous devenait de plus en plus familier. Barry Goldwater se présentait à la présidence des Etats-Unis et proclamait que la solution de nos problèmes était de scier la côte Est du reste du Continent et de l'envoyer se balader toute seule dans l'Atlantique. Cela faisait à peine un an que Kennedy était mort. Lyndon Johnson incarnait le seul espoir que l'on eût de voir Goldwater battu et la paix préservée. Deux jeunes Blancs, Goodman et Schwerner, descendus dans le Sud pour faire campagne au Mississippi en faveur du vote des Noirs, et qui s'étaient joints à un jeune Noir du nom de Chaney, allaient finir avec celui-ci dans l'horreur d'une fosse commune. Harlem et Bedford-Stuyvesant entraient soudain en éruption, inaugurant une série de longs étés brûlants. Et pendant ce temps, Brian, à l'hôpital, poursuivait ses délires de sauvetage de l'humanité — laquelle, il faut bien le dire, avait grand besoin d'un sauveur.

Nous dérivions de plus en plus loin l'un de l'autre. Cela ne se fit ni d'un coup ni parce que j'avais rencontré un autre homme. Pendant tout l'internement de Brian, je ne sortis pas. J'étais sonnée; j'avais besoin de temps pour me remettre. Peu à peu, cependant, j'en venais à me rendre compte que j'étais bien plus heureuse sans Brian, que ses frénésies d'énergie avaient miné mes forces vitales, que ses folles imaginations m'avaient sevrée de toute vie imaginaire personnelle. Lentement, j'en venais à mesurer tout ce que signifiait de m'entendre penser, de prêter l'oreille à mes propres rêves. On eût dit que j'avais vécu durant cinq ans dans une chambre à échos et que, brusquement, on m'avait laissée sortir.

Le reste n'est qu'un long dénouement. J'aimais Brian, et j'éprouvais un terrible remords à m'apercevoir que, à la vie commune, je préférais une existence séparée. Et puis, je crois que toute vraie confiance de ma part était devenue impossible, du jour où il avait tenté de m'étrangler. Je *disais* que j'avais pardonné, mais quelque chose au fond de moi le démentait. Il me faisait peur, et c'est, en définitive, ce qui a tué notre mariage.

Mais elle traînait, cette fin. L'argent, comme d'habitude, fut le facteur qui précipita le mouvement. Au bout de trois mois de Mont-Sinaï, la prise en charge par la Sécurité sociale cessa et il fallut envisager un transfert. Ou bien Brian entrait dans un hôpital de l'Etat (notre terreur à tous les deux), ou alors c'était la clinique privée (moyennant quelque deux mille dollars par mois). Le mur de l'argent se dressait devant nous.

Là, intervention de mes beaux-parents — non pour secourir, mais pour harceler. Si j'admettais le départ de Brian pour la Californie, ils couvriraient les frais d'une clinique privée. Sinon, pas un sou. Je ruminai cet ultimatum quelque temps, puis conclus que je n'avais pas le choix.

En septembre, nous fîmes le pèlerinage de la Californie. En route pour le Far West, non pas en chariot bâché, mais en Boeing 707, et escortés de mon père et d'un jivaro. La compagnie d'aviation refusait de prendre Brian à bord sans l'assistance d'un psychiatre — autrement dit, sans que notre quatuor voyageât en première classe, en mâchonnant des pistaches entre deux comprimés de tranquillisant.

Mémorable vol! Brian était si agité que j'en oubliai ma propre peur d'être en l'air. Mon père avalait un comprimé toutes les deux minutes en me prodiguant des encouragements, et le jivaro (jeune médecin résident, vingt-six ans, visage d'ange, et s'identifiant à nous jusqu'à la plus totale compétence) avait les jetons et se tournait sans cesse vers moi pour que je le rassure. J'étais Maman Isadora, je les prenais tous sous mon aile — eux, les dieux, les papas, qui avaient tous fait fiasco.

A la clinique Linda Bella de La Jolla, l'illusion du volontariat général était strictement de rigueur. Les infirmiers et les infirmières portaient le bermuda, les médecins, la chemise de sport, le pantalon de velours et la casquette de golf. Les patients étaient vêtus de façon tout aussi cavalière et déambulaient dans un cadre assez semblable à celui d'un motel de luxe, y compris la piscine et les tables de ping-pong. Tout le personnel était résolument gai et s'efforçait de donner l'impression que Linda Bella était une sorte de lieu de vacances ou de ville d'eaux en miniature, plutôt qu'un endroit où l'on vous conduisait quand personne ne savait plus que faire de vous.

Les médecins déconseillaient les longues scènes d'adieux. Ma dernière entrevue avec Brian eut pour cadre une salle de thérapie déserte, où il martelait une table avec la pâte à modeler qu'il triturait, comme pour la faire entrer dans le bois.

– Tu ne fais plus partie de moi, me dit-il. Autrefois c'était le contraire.

Je pensais à toute la souffrance que c'était, de faire partie de lui, et comme j'en étais presque arrivée au point de m'oublier moi-même. Mais je n'avais pas le droit de le dire et je répondis :

– Je reviendrai.

– Pourquoi? demanda-t-il violemment.

– Parce que je t'aime.

– Si tu m'aimais, tu ne m'aurais jamais fait entrer ici.

– C'est faux, Brian. Les médecins...

– Les médecins n'ont pas la moindre notion de Dieu, et tu le sais bien. Ce n'est pas censé les regarder. Mais toi, toi!... Non, tu es comme les autres. Pour combien de deniers d'argent m'as-tu vendu?

– Mon seul désir est que tu ailles mieux, dis-je faiblement.

– Mieux que quoi? Et à supposer que j'aille mieux, qu'en sauraient-ils, *les autres?* Malades comme ils sont! Tu as oublié tout ce que tu savais; on t'a lavé le cerveau, à toi aussi.

– J'aimerais que tu ailles mieux pour que tu n'aies pas à prendre de médicaments, dis-je.

– C'est de la connerie et tu le sais. *D'abord,* on *t'administre* des médicaments, et puis on s'en *sert* comme d'indice de ton état. Si on te donne beaucoup de drogues, c'est que tu empires. Quand ça diminue, c'est que tu vas mieux. Logiquement, c'est un cercle vicieux. Mais, *d'abord,* personne n'a rien à en foutre, des médicaments!

Il écrasa sauvagement sur la table la pâte à modeler, et je dis :

– Oui, je sais.

J'étais d'accord avec lui, c'était bien cela le drame. Oui, Brian était presque moins fou que les médecins quant à savoir ce qui distingue la santé de la maladie. Ils étaient si « ordinaires » que, Brian eût-il été Dieu, ils ne s'en fussent pas aperçus. Et Brian disait :

— Tout cela est une question de foi. Et depuis les siècles des siècles. Ma parole contre celle de la multitude. Et toi, tu as choisi la multitude. Cela ne veut pas dire que tu aies raison. D'ailleurs, tu le sais. Ah, comme je te plains! Tu es tellement faible! Du cran, c'est ce qui t'a toujours manqué.

La pâte, sous son poing, s'aplatit comme une crêpe.

— Brian... j'aimerais que tu essaies de comprendre ma position. J'avais l'impression que j'allais craquer sous la tension. Tes parents étaient tout le temps là, à crier. Les médecins, eux, sermonnaient. Je ne savais même plus qui j'étais...

— Ah, parce que la tension était pour toi? Parce que c'est peut-être toi qu'on a enfermée, et pas moi? Parce que c'est à toi qu'on fait des piqûres à longueur de journée? C'est toi qui en baves, hein?

— Oui, autant que toi, dis-je en pleurant.

Car de grosses larmes amères coulaient le long de mes joues, jusque dans les commissures des lèvres. Et je les savourais : les larmes ont un goût si réconfortant! Comme si on allait recréer tout le milieu maternel, regagner en douce le ventre maternel et baigner là. Alice dans son océan de larmes.

— Autant que moi! Laisse-moi rire!

— Si, c'est vrai, prostestai-je. Cela nous a fait mal à tous les deux. Tu n'as pas le monopole de la souffrance.

— Va-t'en, me dit-il en saisissant sa crêpe de pâte à modeler et en la roulant sous les paumes en forme de serpent. Va-t'en chez les nonnains, Ophélie! Ou va te noyer, ça m'est égal...

— Tu n'as pas l'air de te rappeler que tu as voulu attenter à ma vie?

C'était une chose à ne pas dire, et j'en avais conscience; mais la colère était plus forte.

— *Ta* vie! Merde alors! Si tu m'aimais... si tu connaissais le sens et le prix du sacrifice... si tu étais une gamine un peu moins gâtée, tu m'épargnerais ces conneries sur ta vie!

— Brian, tu as déjà oublié?

– Oublié quoi? Que tu m'as fait enfermer? Non!

Soudain, l'idée se fit jour en moi qu'il existait deux versions de notre cauchemar commun : la sienne et la mienne, et qu'elles étaient absolument sans aucun rapport. Non seulement Brian ne ressentait pas la moindre empathie pour mon propre malheur – il n'en était pas conscient. Il ne se rappelait même pas l'enchaînement des événements qui l'avaient conduit à l'hôpital. Et combien d'autres versions de notre réalité y avait-il, à part la sienne et la mienne? Celle de ses parents, celle de ma famille, celle des médecins, celle des infirmières, celle de la Sécurité sociale... Une infinité, commandant une même infinité de Réalités. Brian et moi, nous avions vécu le même cauchemar, et cependant voici que c'étaient deux cauchemars différents, finalement. Ensemble, nous avions franchi le même seuil d'expérience, mais pour nous perdre ensuite dans des tunnels différents, pour tituber séparément, chacun dans nos ténèbres, et ressortir à deux extrémités distinctes de la terre.

Brian tenait braqué sur moi son regard froid, comme si j'avais été son ennemie jurée. Par tous les grands dieux, je suis incapable de me rappeler les dernières paroles sur lesquelles nous nous sommes séparés.

Il me restait l'après-midi et la soirée avant de reprendre l'avion pour New York. Avec mon père, je louai une voiture pour aller jusqu'à Tijuana où nous achetâmes une *piñata* légèrement abîmée – un pot en forme d'âne, rose shocking Schiaparelli. Nous flanâmes ensemble dans les rues en commentant la « couleur locale » et en échangeant les banalités de rigueur sur la misère du peuple et l'opulence des églises.

A soixante ans, mon père a encore belle allure et paraît quinze années de moins; il soigne vaniteusement son apparence et ses cheveux clairsemés, et marche comme s'il avait des ressorts dans les genoux et les chevilles – ce dont a fini par hériter ma propre démarche. Nous avons même air, même port, même goût marqué pour les jeux de mots et d'esprit. Pourtant, mystérieusement, il n'y a guère entre nous de communication. Nous ressentons toujours une gêne en présence l'un de l'autre, comme si un terrible secret, connu de nous, mais auquel nous ne pouvons faire allusion, pesait sur nos rapports. Quant à savoir quel secret!... J'entends encore sa main frappant au mur qui séparait nos chambres à coucher, à la maison, pour me rassurer et tranquilliser ma peur du noir. Je me souviens qu'il changeait mon drap, quand je mouillais encore mon lit à l'âge de trois ans, et qu'il me donnait du lait chaud pour faire passer mes insomnies, à huit ans. Je le revois m'expliquant un jour (après une effroyable dispute entre ma mère et lui, à laquelle j'avais assisté) qu'il ne s'en irait jamais de la maison « à cause de moi »... S'il y a eu autre chose – fantasmes incestueux ou scène primitive – ma mémoire surpsychanalysée ne remonte pas jusque-là. Parfois, l'odeur d'une savonnette (ou de quelque autre substance ménagère) ressuscite soudain un souvenir d'enfance depuis longtemps oublié. Alors, je me prends à m'interroger : combien d'*autres* souvenirs m'échappent-ils, cachés dans les recoins de mon cerveau? Alors, oui, mon cerveau m'apparaît comme la dernière grande *terra incognita,* et la perspective d'y découvrir encore un jour de nouveaux mondes m'emplit d'émerveillement. Penser que dorment peut-être là toutes les Atlantide, tous les continents perdus, toutes les îles submergées de l'enfance, n'attendant que d'être révélés! Penser aux espaces intérieurs que nous n'avons jamais convenablement explorés! A ces mondes de mondes, à l'infini! Et le merveilleux est que tout cela nous attende. Si nous ratons la découverte, c'est uniquement faute de ne pas avoir encore construit le bon véhicule – vaisseau spatial, sous-marin jaune ou poème – qui nous mènera à elle.

C'est en partie pourquoi j'écris. Comment savoir ce que je pense, à moins de voir ce que j'écris? Mes écrits sont le sous-marin jaune ou le vaisseau spatial qui me conduit à ces mondes inconnus cachés dans ma tête. Et c'est une aventure sans fin, inépuisable. Si j'apprends à construire le bon véhicule, rien ne m'empêchera de découvrir encore d'autres territoires. Et chaque nouveau poème est un véhicule nouveau, conçu pour s'enfoncer, un peu plus profondément que le précédent, dans les abîmes supérieurs ou intérieurs.

Il est probable que mon mariage avec Brian prit fin lors de cette promenade dans les rues de Tijuana, en compagnie de mon baladin de père. Il faisait tout son possible, mon bon père, pour se montrer gai et secourable; mais mon sentiment de culpabilité était plus fort, je n'en sortais pas. C'était le dilemme : si je restais au côté de Brian, dans l'idée de recommencer à vivre avec lui, je deviendrais folle ou, à tout le moins, je renoncerais au plus clair de ma personnalité. Si je le laissais à sa folie et aux attentions des médecins, c'était l'abandonner au moment même où il avait le plus besoin d'aide. En un sens, c'était, oui, de la trahison. Tout se réduisait à un choix : lui ou moi. Ce fut moi que je choisis, et le remords m'en tient encore. Quelque part tout au fond de mon esprit (avec les souvenirs d'enfance submergés), niche l'image rayonnante de la femme idéale – sorte de Grisélidis juive. Tout ensemble Ruth, Esther, Jésus et Marie. Toujours, elle tend l'autre joue. Elle est véhicule, vaisseau, sans besoins ni désirs personnels. Si son mari la rosse, elle le comprend. Quand il est malade, elle se fait infirmière. Elle est bonne cuisinière, bonne ménagère, sait tenir une boutique et les livres de comptes, prêter l'oreille aux problèmes de chacun; elle va au cimetière, arrache la mauvaise herbe qui pousse sur les tombes, sème et plante dans le jardin, récure les planchers, tient sa place et se tait dans la tribune de la synagogue, pendant que les hommes récitent des prières pleines d'allusions à l'infériorité de la femme. Elle est capable de tout, absolument, sauf de penser à elle-même.

Secrètement, je ne cesse d'avoir honte de ne pas être cette femme. Si j'étais bonne, j'aurais consacré ma vie à soigner mon mari et à gagner le pain de sa folie. Je n'ai pas été bonne. J'avais bien trop à faire ailleurs.

Il est vrai que, si j'ai manqué à quelque chose avec Brian, j'ai payé en double ce manquement avec Charlie Fielding. Pour ce qui est du masochisme pur – le sain, l'honnête « masochisme normal chez les femmes » – je défie quiconque de battre mon aventure avec Charlie, qui succéda de très près à la fin de mon mariage avec Brian. Curieuse règle, qui veut que nous fassions immanquablement cadeau, au suivant de ces messieurs, de tout le trop-plein qui nous est resté du prédécesseur. « Le gâchis des numéros deux » – voilà bien un cas psychologique.

13

D'UN CHEF D'ORCHESTRE

Est-ce un séisme ou simplement un choc?
De la vraie soupe à la tortue ou bien du toc?
Est-ce un cocktail, ce sentiment de joie,
Ou bien ce que je sens est-ce le vrai MacCoy?
Est-ce bonne intuition ou bien gourance entière?
Du Bach que j'entendrais ou seulement du Cole
[Porter?

COLE PORTER
Enfin l'amour (1938).

Charlie Fielding (« Charles », quand il signait son nom) était très grand et voûté et ressemblait au Juif Errant. Il avait le nez prodigieusement long et crochu, avec la narine évasée, et sa petite bouche aux commissures tombantes exprimait toujours une acidité, un mélange mi-dédain mi-tristesse. Il avait le teint bilieux et malsain et la peau ravagée par les traces d'une acné qui lui causait encore de temps en temps des ennuis. Il portait des vestes de sport en tweed, très coûteuses, qui semblaient pendre à ses épaules comme à un cintre, et ses pantalons faisaient poche aux genoux. Son vieux pardessus de ville était tout déformé : pour un peu il l'eût bourré de livres jusque dans la doublure. De sa sacoche en peau de porc usée, sortait le bout d'une baguette de chef d'orchestre.

Quiconque l'eût vu dans le métro ou au restaurant prenant un repas solitaire chez Schrafft (où il faisait mettre les notes au compte de son père) l'eût cru en deuil, à voir sa tête. Pourtant il ne l'était pas – à moins qu'il ne prît d'avance celui de son père (dont la fortune devait lui revenir).

Parfois, en attendant qu'on lui servît son dîner (poulet à la crème, glace aux fruits nappée de crème au chocolat chaude), il tirait de sa sacoche une partition et, baguette à la main droite, dirigeait un orchestre imaginaire – sans une ombre de gêne, non plus d'ailleurs, apparemment, que d'ostentation. Il oubliait tout bonnement les gens assis autour de lui.

Charlie (sa mère l'avait nommé ainsi en l'honneur du « Bonnie Prince Charlie » de l'histoire d'Angleterre, et lui-même, après tout, était un prince juif) vivait seul dans un appartement d'une pièce, à East Village, dans les mêmes parages qu'avaient habités ses ancêtres pauvres, deux générations plus tôt. Les stores étaient raides de suie noire et poisseuse; le sol nu crissait sous les pieds quand on le foulait. Le décor était spartiate : un coin-cuisine aux étagères perpétuellement vides (à part des boîtes d'abricots séchés et des sacs de sucre candi dur comme pierre), un piano de location, un lit à une place, un magnétophone, un phonographe portatif, deux cartons de disques (qu'il n'avait jamais défaits depuis qu'il les avait rapportés de chez ses parents, deux années plus tôt). Devant la fenêtre, un escalier à incendie surplombant une cour enduite de crasse. En vis-à-vis, deux lesbiennes d'âge mûr qui oubliaient parfois de descendre leurs stores. Charlie avait pour l'homosexualité ce mépris défensif qu'ont souvent ceux dont la sexualité est, pour eux-mêmes, plus un embarras qu'autre chose. Il avait constamment le feu au pantalon, mais il était habité par la peur de la vulgarité. Son éducation à l'université Harvard avait eu pour objet d'éteindre l'ardente vulgarité qui couvait tout au fond de ses gènes, et tout en mourant d'envie de coucher, il se refusait à mener l'affaire d'une façon qui pût le présenter sous un jour grossier, tant à ses propres yeux qu'à ceux des filles qu'il voulait séduire.

De toute manière, j'ai remarqué que, sauf si le gaillard est un authentique génie, l'éducation à Harvard est un lourd objet à traîner – et à perpétuité. Ce n'est pas tant ce qu'on y apprend, que la présomption que l'on en garde à jamais dans la vie – l'oiseau rare qu'est l'ancien de Harvard : l'aura, l'ambiance, le bégaiement distingué, les tendres souvenirs de la rivière Charles... toutes choses qui tendent à faire de lui une espèce d'albatros égaré sur terre, un éternel adolescent, cavalant dans les couloirs des agences de publicité, cravate au vent de sa course. Que n'endurerait-il (même l'abominable cuisine et les fauteuils sentant la souris du club des Anciens), pour la seule grâce d'impressionner une adorable enfant avec le glorieux pedigree de ses diplômes.

Charlie traînait le boulet de Harvard. Il était sorti de là avec mention « Assez bien » – score moyen, donc, mais qui ne l'empêchait pas de se sentir toujours infiniment supérieur à moi, avec mes certificats de licences et de diplôme de mon misérable et minable collège Barnard. Harvard, estimait-il, l'avait touché de la délicate révélation du raffinement et, malgré tous ses échecs dans l'existence, il demeurait (cela mériterait d'être chanté par le chœur d'une comédie musicale) un HHancien d-d-de Hârveud'.

Le matin, en général, il dormait jusqu'à midi, puis se levait, prenait son petit déjeuner dans une des crémeries-restaurants du quartier, vestiges des temps héroïques de l'immigration. Cependant, deux matins par semaine, il s'arrachait au lit à 9 heures, pour prendre le métro jusqu'à un quartier excentrique où il enseignait le piano et dirigeait la chorale d'une école de musique. Il en tirait un revenu négligeable et vivait principalement des intérêts du capital bloqué en banque par son père à son intention. Sur ce que représentaient ces intérêts, il était terriblement secret, comme s'il s'était agi d'une chose obscène. Toutefois, j'ai toujours pensé que, si ce n'eût été aller à rebrousse-poil de son avarice, il aurait pu vivre un peu moins misérablement.

De secret obscène, il y en avait un, cependant, et de famille. Peut-être était-ce la raison de la gêne que lui causait cet argent. Les parents de Charlie tenaient leur fortune d'un de ses oncles paternels, l'oncle Mel – célèbre danseur fantaisiste, soi-disant descendant d'une famille de la Haute Société Protestante, qui, le cheveu plaqué à la gomina et le nez refait, traversa d'un pas souple et glissant les années 30 en serrant contre lui sa *shikse* de femme, danseuse professionnelle comme lui. Durant toute sa carrière, l'oncle Mel Fielding avait dissimulé ses origines juives, et il n'avait condescendu à partager sa fortune avec la famille qu'à une condition : que tout le monde se fît aussi arranger le nez et changeât de nom – de Feldstein en Fielding. Charlie avait refusé de soumettre son nez à cette cause, mais avait accepté le changement de nom. En revanche, son père s'était bel et bien amputé de la moitié du nase (avec le résultat que, sur le tard, il avait l'air d'un Juif doté d'un nez ridiculement petit). Surtout, les Feldstein avaient quitté le quartier de Brooklyn pour réapparaître au Beresford (ce pseudo-château qui n'est qu'un ghetto doré) dans Central Park Ouest.

L'affaire familiale était une chaîne mondiale d'écoles-clubs de danse, qui vendaient des cartes de membre perpétuel à de vieilles gens seules dans l'existence. Ce n'était, à proprement parler, pas plus un *racket* que la psychanalyse, la religion ou les réunions des Rose-Croix; tout autant que bien d'autres entreprises comme celles-ci, ces écoles de danse garantissaient que c'en était fini pour leurs adhérents de la solitude, du sentiment d'inutilité et de la souffrance – c'est dire qu'elles étaient cause de nombreuses déceptions. Charlie avait travaillé dans l'affaire durant quelques étés, quand il était étudiant – mais à titre purement symbolique. Il détestait toute espèce de travail quotidien – même si cela consistait à glisser sur un parquet en compagnie d'une octogénaire qui venait de s'inscrire comme membre perpétuel et dans les pas de laquelle sonnait encore l'écho des dollars tombés dans le tiroir-caisse du club.

Quand j'ai fait sa connaissance, Charlie était très chatouilleux sur le chapitre de la danse en salle. Il ne voulait pas que se répandît le bruit que son père gagnait ainsi sa vie. Néanmoins, il lançait fréquemment le nom célèbre de l'oncle Mel, devant ses amis et les miens. Ah, l'ambivalence, quel merveilleux air à danser! – un air avec son rythme à soi, très particulier.

Mais alors, que faisait-il donc, Charlie? Il se préparait à devenir un grand homme. Il rêvait tout le long du jour de ses débuts de chef d'orchestre – qu'il ne se pressait pas spécialement de hâter – et il commençait des symphonies. C'étaient – toutes sans exception – des symphonies inachevées. Il commençait aussi des sonates et des opéras (à partir d'œuvres de Kafka et de Beckett). Là, c'étaient les mesures qui restaient inachevées – bien qu'il me promît chaque fois de me les dédier. Aux yeux des autres, peut-être était-il un raté. Aux miens, il était un grand romantique. Il avait repris à son compte la devise de Joyce : « Silence, exil et ruse ». (Silence : les symphonies inachevées. Exil : son départ du Beresford pour retourner à East Village. Ruse : sa liaison avec moi.) Il passait par les épreuves d'initiation de tout grand artiste. Côté chef d'orchestre, on ne lui avait pas encore accordé sa chance, et il s'estimait en sus handicapé parce qu'il n'était pas homosexuel. Côté compositeur, le tout était d'apprendre à affronter le manque de style, cette plaie de l'époque. Tout viendrait à point. Il faut penser en dizaines d'années, et non pas en années.

Rêvant sur la banquette de son piano ou devant son assiettée de clafoutis chez Ratner, Charlie se voyait tel qu'il serait, après avoir finalement réussi : les tempes grisonnantes, suave, vêtu de façon excentrique. Après avoir dirigé son nouvel opéra au Metropolitan, il ne trouverait pas au-dessous de lui de faire un saut jusqu'au Half Note, pour s'offrir une séance de *jam* avec de jeunes musiciens de jazz en puissance.

Les étudiantes qui le reconnaissaient l'assiégeaient en lui demandant des autographes; il les écartait avec des mots d'esprit. L'été, il se retirait dans sa maison de campagne du Vermont, pour composer, sur un Bechstein et sous une verrière en pente; après quoi, délaissant son atelier, il venait échanger des propos intelligents avec les poètes et les jeunes compositeurs qui lui tenaient compagnie. Il consacrait trois jours par semaine à la rédaction de son autobiographie – dans un style qui, à l'entendre, tenait plus ou moins le milieu entre Marcel Proust et Evelyn Waugh (ses auteurs préférés).

Et puis il y avait les femmes. Des sopranos wagnériennes, avec de formidables paires de fesses à fossettes, qui semblaient sortir droit d'un tableau de Petrus Paulus Rubens. (Charlie avait un grand faible pour les rebondies, voire les grosses. Il me trouvait trop maigre, avec un cul trop petit. Si nous avions continué à vivre ensemble, je serais probablement devenue éléphantine.) Après les sopranos obèses, venaient les dames de lettres : poétesses qui lui dédiaient leurs recueils, femmes sculpteurs qui n'avaient de cesse qu'il n'eût posé nu, romancières qui le trouvaient si « passionnant » qu'elles faisaient de lui le personnage central de leurs romans à clef. Quant au mariage, non, il n'y pensait pas – même pas pour avoir des enfants, Les enfants, répétait-il souvent, c'est *assommant*. (Il prononçait le mot comme s'il avait été en italiques et c'était un de ses termes favoris.) Mais *assommant* n'était pas la condamnation la plus lourde dans sa bouche (non plus que *banal,* qu'il chérissait également). *Vulgaire,* oui, cela, c'était le summum du mépris. *Vulgaires,* les gens pouvaient l'être, bien entendu, tout comme les livres, la musique, la peinture – mais la nourriture aussi, pour lui. Ainsi qu'il le dit un jour où son fameux oncle l'avait invité au Pavillon :

« Ces crêpes sont d'un *vulgaire!* » – en laissant la voix en suspens entre *vull* et *ggaire,* comme si, devant l'abîme ainsi creusé, il avait tremblé au bord d'une révélation. La prononciation, je l'ai dit, était chose capitale pour Charlie.

Cela dit, j'ai négligé de préciser le plus important, à savoir que j'étais follement amoureuse de lui (avec l'accent sur *folle*). Le cynisme est venu ensuite. Je ne voyais pas le jeune homme boutonneux et pompeux. Je ne voyais qu'une figure auréolée de légende et de charme, un futur Leonard Bernstein. Je savais que sa famille (avec ses soies champagne, son grand salon décoré par un décorateur et mis sous plastique) était cent fois plus *vulgaire* encore que la mienne. Je sentais bien que Charlie était plus snob qu'intelligent. Je savais qu'il ne prenait jamais de bain, ne s'aspergeait pas de déodorant et se torchait mal le cul (comme s'il avait espéré que Maman allait voler à la rescousse) – mais je raffolais de lui. Je lui passais ses condescendances. Après tout, c'était un fervent du plus universel de tous les arts : la musique. Je n'étais qu'une humble et prosaïque scribouilleuse. Surtout, il jouait du piano, comme mon père. Quand il se mettait au clavier, je mouillais ma culotte. Ah, ces *continuendo,* ces *crescendo,* ces bémols, ces dièses!

Qui ne connaît cette horrible expression : « taquiner le piano »? Quand Charlie commençait, je perdais la tête. Parfois même nous baisions sur la banquette du piano, au tic-tac du métronome.

Curieuse rencontre que la nôtre. Nous nous sommes connus à la télévision. Quoi de plus drôle, qu'une lecture de poésie à la télévision? Cela n'a rien à voir ni avec la poésie ni avec le petit écran. C'est « éducatif » – si l'on veut bien me passer le mot.

C'était sur la Chaîne 13 et cela se présentait comme une salade mixte « des sept arts » – pas plus gais ni vivaces les uns que les autres. Où était l'éducatif, là-dedans? Tout le monde se le demandait. Il y avait là sept jeunes « artistes », chacun disposant de quatre minutes pour sa petite affaire. Ensuite il y avait un type (appelons-le Philippe Lacerbe), ranci comme un vieux pet, les yeux pochetés, la pipe à la bouche, qui nous interviewait séparément, en nous posant des questions incisives comme : « Selon vous, qu'est-ce que l'inspiration? » ou bien : « Quelle influence a votre enfance sur votre œuvre? » Pour ces questions et une dizaine d'autres, nous avions droit à un supplément de quatre minutes chacun. Hormis ces émissions où il jouait les hôtes, Lacerbe gagnait sa maigre croûte en écrivant des articles de critique littéraire et en posant pour des réclames de whisky — deux occupations qui ont beaucoup plus de points communs qu'on ne le penserait. Le scotch était toujours « léger » et « doux »; les livres, régulièrement « forts » et « puissants ». Il suffisait de remonter la manivelle de Lacerbe et les épithètes sortaient. Il lui arrivait cependant de s'empêtrer et de qualifier un livre de « léger » et de « doux », et le whisky de « fort » et de « puissant ». Pour le scotch de vingt ans d'âge et les Géronte des lettres qui publiaient leurs Mémoires, Lacerbe gardait en réserve l'adjectif « moelleux ». Quant aux jeunes auteurs et au whisky encore vert, la réaction était automatique : « A la saveur un peu rude des années qui lui manquent ».

La plupart des « artistes » participant à l'émission étaient dignes de Lacerbe. Il y avait un jeune imbécile qui se disait « cinéâtre » et qui projeta quatre minutes d'un film tremblotant et surexposé (avec, eût-on dit, deux ou trois amibes dansant pseudopode contre pseudopode); un Noir, se qualifiant de « peintre activiste », et qui peignait uniquement des chaises (sujet curieusement pacifique pour un activiste, même peintre); une soprano, aux dents de jument très grandes et très jaunes (Charlie était là pour accompagner ses quatre minutes de Puccini chevrotant); une formation d'instruments à percussion, réduite à un seul exécutant, un dénommé Kent Blass, qui bondissait spasmodiquement, de la batterie au xylophone, en passant par des aquariums, des marmites, des casseroles; un danseur moderne, qui parlait de la danse avec un LA majuscule; un chanteur contestataire (de chansons populaires) qui avait pris des leçons d'élocution pour réhausser de dentelle, en quelque sorte, l'accent de son Brooklyn natal, avec le résultat bizarre qu'il disait « Thieû » pour « Dieu »; et enfin moi.

Pour mes quatre minutes de poésie, on m'avait juchée en l'air, dans un grand cadre de tableau en contre-plaqué gris, et, pour me hisser jusque-là, je devais me percher sur une sorte d'échafaudage. Juste au-dessous, assis à son piano, Charlie, le nez levé, gardait les yeux braqués sur le paysage de chair caché sous ma jupe. Je croyais les sentir s'enfoncer comme deux fers rouges dans mes cuisses pendant que je récitais ma poésie.

Le lendemain, il me téléphona. Je l'avais oublié. Comme il me disait qu'il voulait mettre mes poèmes en musique, j'acceptai de dîner avec lui. J'ai toujours été d'une naïveté insensée quand on me raconte : « Montez donc un moment chez moi, j'aimerais tant mettre un de vos poèmes en musique. » Je me prendrais le pied à deux mains. Enfin... disons que je marche.

Mais Charlie fut une surprise. Lorsqu'il sonna à ma porte, il avait l'air d'un oiseau étique et sale, avec son nez crochu; mais, au restaurant, il étala sa formidable connaissance de Cole Porter, de Rodgers et Hart, de Gershwin : tout ce que mon père jouait sur le piano, dans mon enfance. Même d'obscures chansons de Cole Porter, même des couplets presque oubliés de Rodgers et Hart dans d'obscures comédies musicales, même les musiques les moins connues de Gershwin. Tout, il connaissait tout. Il connaissait ces chansons, encore mieux que moi – bien que j'aie une mémoire fabuleuse, pour les choses faciles de cet ordre. Et voilà comment je tombai absurdement amoureuse de lui, comment l'oiseau crochu et sale se métamorphosa en prince à mes yeux – et en prince juif jouant au piano! Dans la seconde où il finit de réciter le dernier couplet de « Faisons-le » sans se tromper une seule fois dans les mots, je fus prête à « le faire » avec lui. Cas type de cramouille œdipienne.

Nous revînmes nous mettre au lit chez moi. Mais Charlie était si ébloui par ce coup de chance qu'il ne restait rien de lui.

– Dirigez-moi, lui dis-je.

– J'ai bien peur d'avoir perdu ma baguette, me répondit-il.

– Eh bien, faites comme Mitropoulos : servez-vous seulement des mains.

– Vous, alors, vous êtes quelqu'un! s'exclama-t-il en gigotant comme un diable sous les couvertures.

Mais, baguette ou mains, le cas était désespéré. Il claquait des dents; de grands frissons lui secouaient les épaules et il suffoquait presque, comme un malade qui a de l'emphysème. Je lui demandai :

– Qu'est-ce qui vous arrive?

– C'est un tel coup de pot d'être tombé sur vous, dit-il. Je ne peux pas y croire.

On eût dit qu'il sanglotait et s'étranglait alternativement. D'une voix suppliante il reprit :

– Vous voudrez bien qu'on se revoie, malgré tout? Jurez-moi que vous ne m'en tiendrez pas rigueur.

J'étais stupéfaite. De le voir désarmé à ce point réveillait en moi l'instinct maternel. Je protestai :

– Pour qui me prenez-vous? Pour un vampire? Vous me croyez dégueulasse au point de vous jeter dehors?

– C'est ce qui m'est arrivé avec la dernière, répondit-il lamentablement. Elle m'a jeté à la porte en me lançant mes vêtements sur le palier, moins une chaussette. J'ai dû prendre le métro avec une cheville toute nue. Jamais je n'ai été aussi humilié de ma vie.

– Mon pauvre chou, dis-je en le berçant dans mes bras.

A ma place, n'importe qui, devant les sanglots, les étouffements, les grands frissons, eût pensé : « Méfiance, pas touche! » Mais non, pour moi c'était la confirmation de l'extrême sensibilité de Charlie. Le

Prince au Petit Pois. Et je le comprenais : c'était comme pour la première d'une œuvre, d'un opéra; il était mort de trac. Bah, nous avions toujours la ressource de chanter du Cole Porter à deux voix, faute de baiser. Même pas! Il s'endormit dans mes bras. Et je n'avais encore jamais connu personne qui dormît comme lui : il respirait en sifflant, il pétait, il donnait des coups de poing et de pied, il geignait, il frissonnait de tout le corps. Tout juste s'il ne pressait pas ses boutons d'acné. Je restai éveillée la moitié de la nuit, à l'observer, plongée dans des abîmes d'étonnement.

Le matin, il se réveilla, tout souriant, et me baisa comme un étalon. J'avais passé le test. Je ne l'avais pas jeté dehors. C'était la récompense.

Pendant les huit ou neuf mois qui suivirent nous vécûmes plus ou moins ensemble, passant en général les nuits chez lui ou chez moi. Je m'occupais de l'annulation de mon mariage avec Brian et j'enseignais dans un lycée de New York, tout en terminant un diplôme à l'université Columbia. Je continuais à vivre dans l'appartement où Brian était devenu dingue et j'avais horreur d'y être seule, la nuit; alors, quand Charlie ne pouvait pas rester avec moi je le suivais jusqu'à East Village et partageais son étroit petit lit.

Il m'aimait, à l'entendre – que disait-il! il m'adorait! Et pourtant il ne s'abandonnait pas. Je devinais une certaine bizarrerie sous ses déclarations d'amour, une façon de se réserver, un manque de sincérité. J'avais l'habitude de mener les opérations et ce genre de valse hésitation me mettait hors de moi. Cela me rendait d'autant plus folle de lui et, du coup, il était encore plus sur sa retenue. Vieille histoire.

J'étais au courant de l'existence d'une autre fille à Paris – une ancienne petite amie, partie pour faire des études de philosophie en Sorbonne. Selon Charlie, il ne restait plus que de l'amitié entre eux. Affaire classée, disait-il.

Elle était rondelette, très brune et elle avait (à en croire Charlie) l'insupportable habitude de sombrer dans un sommeil de plomb, sitôt baisée. En partant pour Paris, elle avait voulu mettre l'Atlantique entre elle et lui. Elle avait un amant français, qui vivait avec elle rue de la Harpe (Charlie me semblait connaître un peu trop de détails, pour quelqu'un qui s'en fichait éperdument). Si tout cela était *vrai,* pourquoi, alors, écrivait-elle au bas de ses lettres : « *Je t'aime* »? Etait-ce seulement pour se garder chaud son Charlie? Et lui? Pour qui se gardait-il chaud? Pour elle ou pour moi?

J'ai toujours estimé qu'il n'est rien de plus bas que de lire les lettres adressées à quelqu'un d'autre; mais la jalousie pousse à des actes bien étranges. A East Village, dans la tristesse d'un matin où Charlie était parti tôt pour aller enseigner la musique, je me faufilai hors du lit comme une espionne et, le cœur boum-boumant telle une timbale sous la baguette de Saul Goodman, je fouillai l'appartement. Naturellement, je cherchais les enveloppes timbrées à Paris – et je les trouvai, cachées sous les slips, chargés d'histoire, de Charlie.

A en juger d'après ses lettres, Salomé Weinfeld donnait dans la littérature. Elle jouait aussi à d'autres jeux, comme d'affoler Charlie de jalousie, tout en lui lâchant de petits gages d'affection pour ne pas le perdre. Exemple :

Mon cher Charles,

Nous (Nous!) *vivons ici au sixième étage (le septième en comptant comme en Amérique) d'une charmante et branlante baraque portant le nom d'Hôtel de la Harpe, en attendant de trouver une thurne moins chère. Paris est divin – on descend et on tombe au coin de la rue sur Sartre, Simone de Beauvoir, Beckett, Genet... bref, tout le monde.*

Je t'aime chéri. Ne va pas t'imaginer que, sous prétexte que je vis avec Sébastien (soit dit en passant, il fait un superbe couscous), tu n'es plus dans mon cœur. Simplement, il me faut le temps de faire des expériences, de respirer, de vivre, de m'étirer, de m'assouplir les muscles (lesquels?), *sans toi.*

Tu me manques jour et nuit, je pense à toi, je rêve même de toi. Tu n'imagines pas le sentiment de frustration que c'est, de vivre avec un homme qui n'a aucune idée de ce qu'est un sandwich bacon-laitue-tomate, n'a jamais mangé de blintzes *et croit que* The Charles *est un ancien roi d'Angleterre! N'empêche, il (Sébastien) est adorable et dévoué, et* (ici toute une ligne rendue illisible par un lourd trait à l'encre) *me permet de mesurer chaque jour combien je t'aime encore.*

Attends-moi, chéri
Sally.

Attends-moi mon cul, oui!

Mais comment mettre sous le nez de Charlie une lettre que j'étais allée dénicher sous ses slips d'une douteuse propreté? Je préférai adopter la politique de temporisation vigilante du socialisme fabien. Je gardai pour moi mon ressentiment. J'étais résolue à enlever Charlie, en y mettant le temps, à sa mystérieuse petite copine écrivassière.

En juin, nous partîmes ensemble pour l'Europe. Charlie devait participer à un concours de chefs d'orchestre en Hollande; moi, rendre visite à des amis dans le Yorkshire, retrouver ma vieille comparse Pia, à Florence, pour une balade dans le sud de l'Europe, et aller voir ma sœur Randy au Moyen-Orient. Charlie et moi, nous projetions de passer ensemble une quinzaine de jours en Hollande, puis de nous séparer. Il était censé rentrer aux Etats-Unis pour diriger je ne sais quel oratorio à l'occasion d'un festival d'été, mais ce n'était pas sûr. Je nourrissais le secret espoir que, d'un commun accord, nous ferions une croix sur tous nos autres projets pour nous contenter de voyager ensemble jusqu'à l'automne.

Nous embarquâmes sur le *Queen Elizabeth* classe touriste. La vertueuse Cunard se refusa à nous laisser faire cabine commune, tant que nous ne pourrions produire la preuve écrite de notre union matrimoniale (preuve qui, évidemment, n'existait pas). En outre, Charlie était pingre. Il avait pris pour lui une couchette dans une cabine pour quatre (les trois autres étaient des vieux), et je ne pus faire mieux que d'en partager une, de mon côté, avec trois femmes. Bien entendu, pas de hublot dans ma cabine, située juste au-dessus des machines. J'avais pour compagnes une Allemande, qui ressemblait d'allure et de parole à la Chienne de Buchenwald; une infirmière française squelettique, qui ronflait; une institutrice anglaise quinquagénaire, cardigan, tweed, semelles de crêpe ondulé et *English Lavender* de Yardley (on ne respirait que cela dans notre espace sans hublot).

La traversée de cinq jours nous posait un problème : où baiser? Ma cabine était hors de question : l'infirmière française semblait dormir toute la journée, et les deux autres dames, l'Anglaise et l'Allemande, se retiraient à 9 heures du soir. Une fois, nous essayâmes, en sautant le déjeuner, d'utiliser la cabine de Charlie, pendant que les trois vieux étaient à la salle à manger; mais l'un d'eux revint secouer la poignée de la porte et tambouriner furieusement, juste comme nous nous échauffions. Alors, nous avons exploré le bateau, cherchant les endroits possibles, car rien ne nous en eût fait démordre. On croirait que ce serait facile sur un vieux navire plein de coins et de recoins comme le *Queen Elizabeth*. Mais non! Les lingeries étaient fermées à clef; les canots de sauvetage, perchés trop haut pour qu'on pût s'y hisser; les lieux publics, trop exposés; la garderie, trop pleine d'enfants. Et impossible de trouver une cabine vide! Je proposai d'en choisir une de première classe, pendant que les occupants seraient dehors; mais Charlie avait les foies :

– Et s'ils rentrent? me demanda-t-il.

– Ce serait sans doute eux les plus embarrassés, et ils ne diraient rien. Ou alors, automatiquement, ils croiraient que c'est la mauvaise cabine, et le temps qu'il cherchent la bonne et reviennent avec un steward, nous aurions filé.

Dieu! quelle pragmatiste je faisais, à côté de Charlie! Il était comme un matou qui a peur de s'échauder. Moi, ma peur d'être en l'air me permet tout de même de monter en avion, dans la mesure où j'accepte d'être à demi morte de terreur pendant la durée du vol. Lui, sa frayeur était telle, à l'idée de voler, qu'il ne voulait même pas *s'approcher* d'un appareil. C'était la cause première et profonde de la triste situation dans laquelle nous nous retrouvions.

Pourtant, à la fin, nous en avons découvert un, d'endroit! Le seul qui fût désert à bord. La perfection des perfections, tant symboliquement que pratiquement (à part l'absence de lit) : la synagogue de la classe touriste.

– Sensationnel! m'exclamai-je, après avoir mis la main à tâtons sur le commutateur, et quand nous nous rendîmes compte de la qualité de notre découverte.

Quel décor! Des bancs! L'étoile de David! Même la Torah!... Doux Jésus! Je me sentais tout excitée. Vrai. Je dis, commençant à défaire la braguette-éclair de Charlie :

– Si on vient, j'expliquerai que c'est moi la vierge de service, la vestale, est-ce que je sais.

– Mais ça ne ferme même pas à clef! protesta Charlie.

– Qui veux-tu qui vienne, de toute façon? Sûrement pas les autres passagers; ce sont tous de bons protestants de chez nous. Ni les membres de l'équipage : ils sont anglicans. Et puis il n'y a qu'à éteindre... Ceux qui se risqueraient dans le noir nous croiront en prière. Tous ces gens ne connaissent rien au rite juif.

Il riposta par un sarcasme :

– Il y a des chances pour qu'ils te prennent pour le buisson ardent.

– Très drôle, dis-je en ôtant ma culotte et en éteignant.

Mais nous ne parvînmes qu'une seule fois à faire la chose sous le regard de Dieu. Le lendemain, quand nous retournâmes à notre petit temple d'amour, nous le trouvâmes cadenassé. Pourquoi? Je l'ignore encore. Evidemment, Charlie était sûr (à sa manière paranoïaque) que quelqu'un (Dieu?) avait photographié notre dynamique accouplement et enregistré au magnétophone nos gémissements de volupté. La panique ne le quitta pas de toute la traversée. Il était convaincu que des agents de la brigade des mœurs d'Interpol nous attendraient au Havre.

Pour finir, je m'ennuyai assez ferme. Installé dans un des salons, Charlie étudiait ses partitions et dirigeait un orchestre imaginaire, pendant que je le regardais en bouillant de ressentiment contre Sally que, j'en étais certaine, il avait bien l'intention de revoir à Paris. J'avais beau essayer de chasser cette pensée, elle remontait sans cesse à la surface, comme ces enveloppes de bonbon qui refusent de sombrer dans le lac de Central Park. Que faire? J'essayais d'écrire – impossible de me concentrer. Je ne pouvais détacher mon esprit de Sally, cette supertricheuse qui faisait tirer la langue à Charlie, comme lui à moi. Au diable! – s'il y a des problèmes en amour, c'est la faute d'erreurs de distribution. Ce ne sont pas les occasions qui manquent, mais ça ne tombe jamais sur les bonnes personnes, ni au bon moment ni au bon endroit. Ceux qui sont aimés reçoivent encore plus d'amour, et ceux qui ne le sont pas, encore moins. Plus nous approchions des côtes de France, plus je me rangeais parmi les seconds.

Bien entendu, Charlie échoua à son concours de chef d'orchestre – et du premier coup. Malgré ses études ostentatoires, il était depuis toujours incapable de mémoriser une partition. Il n'était pas taillé non plus pour faire un chef d'orchestre. Sur l'estrade, il avait l'air de fondre, comme au lit, notre première nuit. Son corps semblait se mettre en accordéon; ses épaules, faire des huit; son dos, se bomber comme un cannelloni trop cuit qui a perdu sa farce. Non, le malheureux Charlie n'avait rien de charismatique. Il était l'exact opposé de Brian. En l'observant en action, souvent je me disais que, s'il avait eu un tout petit peu du magnétisme de Brian, il eût été phénoménal. Brian, c'était vrai, n'avait aucun talent de musicien. Dommage! En combinant leurs qualités, quel homme ils eussent fait! C'est toujours la même chose avec moi : cela se termine obligatoirement par deux personnages dont la fusion pourrait donner un grand homme. Serait-ce cela, en un sens, le secret de mon problème œdipien? Mon père et mon grand-père? Le premier qui, chaque fois que cela commence à chauffer, se lève et va se mettre au piano; le second, qui plane dans les hauteurs, comme la boule de feu qu'il est, et qui discute du marxisme, du modernisme, du darwinisme, de tous les ismes possibles, comme s'il en allait de sa vie même.

Suis-je condamnée à vie à faire la navette entre deux hommes? L'un, doux et manquant d'assurance, ne faisant presque ni chaud ni froid; l'autre, si brûlant et inquiet qu'il consume tout *mon* oxygène?

Scène caractéristique, à table, pendant le dîner chez les White-Stoloff. Jude (ma mère), parlant à tue-tête de Robert Ardrey et de l'instinct du territoire. Mon grand-père Stoloff (papa pour tout le monde), citant Lénine et Pouchkine, pour prouver que Picasso n'est que du bluff et du bidon. Ma sœur Chloé disant à Jude de se taire. Randy, clamant à Chloé de la boucler. En haut, Bob et Lalah, langeant les quintuplés. Pierre, discutant d'économie politique avec Abel. Chloé, taquinant Bennett sur la psychiatrie. Bennett, impénétrable derrière sa petite toux nerveuse. Randy, m'attaquant sur ma poésie. Ma grand-mère (Mama), nous intimant, tout en cousant, de ne pas « parler comme des camionneurs ». Et moi, feuilletant un magazine ou une revue, pour m'abriter autant que possible (toujours derrière la chose imprimée!) de ma famille.

CHLOE : Isadora est toujours à *lire* on ne sait quoi. *Tu ne pourrais pas poser ton sacré magazine, non?*

MOI : Pourquoi? Pour brailler comme tout le monde?

CHLOE : De toute façon, ça vaudrait mieux que d'être tout le temps à lire tes sacrés magazines.

MON PERE (fredonnant *Chattanooga Choo-Choo)* : « L'temps d'lire un magazine et t'es déjà à Baltimore... »

CHLOE (les yeux au ciel, expression de supplication) : Quant à Père, toujours la chansonnette ou le mot d'esprit aux lèvres! Il n'y a donc jamais moyen d'avoir une conversation *sérieuse,* dans cette maison?

MOI (lisant) : Parce qu'il y a quelqu'un qui a envie de parler sérieusement ici?

CHLOE : Oh, toi, tu n'es qu'une garce et tu n'aimes personne!

MOI : Pour quelqu'un qui déteste la psychiatrie, tu t'en paies avec le jargon.

CHLOE : Et moi je te dis merde.

MAMA (levant les yeux de dessus son ouvrage) : Vous devriez avoir honte. Ce n'est pas moi qui ai appris à mes petites-filles à parler comme des camionneurs.

PAPA (se détournant un instant de sa discussion avec Jude) : C'est révoltant!

CHLOE (à pleins poumons) : VOUDRIEZ-VOUS TOUS VOUS TAIRE POUR UNE MINUTE ET M'ECOUTER!

Du grand salon parvient le son d'un piano. C'est mon père qui joue sa version de *Begin the Beguine,* comme il l'a interprété, il y a bien des années, lors de la première production de *Jubilee* à Broadway : « *When they begin...the...Beguine...It brings back the thrill of music so tennderr...* »

Sa voix arrive jusqu'à moi, légère, par-dessus les notes du demi-queue Steinway un peu désaccordé. Ni papa (grand-papa) ni Jude n'ont remarqué son départ.

– Dans notre espèce de société, dit Jude, l'échelle des valeurs artistiques est dressée par les attachés de presse et les chargés de relations publiques. Autant dire qu'il n'existe pas d'éch...

– Depuis le temps que je dis, l'interrompt papa, que

ce monde est fait de deux types de gens : les escrocs et les demi-escrocs...

Et mon père leur répond à tous deux par un accord brisé.

Charlie et moi, nous nous séparâmes en pleurant, à Amsterdam. Décor de grande gare. Il partait pour Paris et Le Havre (pour rentrer aussitôt aux Etats-Unis, disait-il, mais je n'en croyais rien). Moi, j'étais bonne pour le Yorkshire, bon gré mal gré – de *très* mauvais gré.

Donc, nous pleurons. Nous versons des larmes tous les deux, en mangeant des harengs Baltique. Il dit :

– C'est mieux de rester quelque temps sans nous voir, ma chérie.

Entre mes dents pleines de hareng, je réponds :

– Oui.

C'est un mensonge. N'empêche que nous nous embrassons en procédant à un échange de salive fortement oignonnée. Je monte dans le train du Hoek van Holland. J'agite une main qui sent le hareng. Charlie m'envoie des baisers du bout des doigts. Il est piqué sur le quai, le dos rond; une de ses fameuses baguettes sort de la poche de son trench-coat; sa vieille sacoche délabrée, pleine de partitions et de provisions de harengs Baltique, pend au bout de son bras. Le train s'ébranle. Sur le bateau qui me conduit du Hoek van Holland à Harwich, debout sur le pont et dans la brume, je pleure encore, en remâchant la situation (« Songe que tu es là, debout sur ce pont et dans la brume, et pleurant... ») et me demandant si je parviendrai jamais à utiliser cette expérience dans un livre. De l'ongle long, et verni rose, du petit doigt, je déloge un vestige de hareng coincé entre deux dents et, d'une chiquenaude, le projette dramatiquement dans les eaux de la mer du Nord.

Parvenue dans le Yorkshire, je reçois une lettre de Charlie, qui se trouve encore (évidemment) à Paris. Il m'écrit : « *Ma chérie, surtout ne va pas t'imaginer des choses. Ce n'est pas parce que je suis avec Sally que j'ai cessé de t'aimer... »*

Je suis descendue dans une énorme maison de campagne anglaise, chez des amis anglais aussi, et complètement fous, qui boivent du gin toute la journée pour se réchauffer et tiennent des conversations oscar-wildiennes. Je passe là dix jours, dans l'hébétude de l'alcool. Je télégraphie à Pia de me rejoindre à Florence plus tôt que prévu. Ensemble, nous nous vengeons de nos amants infidèles (le sien est resté à Boston), en couchant avec tous les mâles de Florence, à l'exception du *David* de Michel-Ange. Peines perdues. Nous sommes toujours aussi désespérément malheureuses. Charlie me téléphone à Florence pour implorer mon pardon (il appelle de Paris où il est encore avec Sally). Cela nous précipite dans de nouvelles orgies sans joie... Puis remords, nostra culpa, grande crise de pureté : Pia et moi, nous nous douchons (intimement) au vinaigre de Chianti blanc; à genoux devant la statue de Persée, à la Loggia dei Lanzi, nous demandons pardon; nous grimpons au sommet du campanile de Giotto pour prier l'âme du peintre (n'importe quel autre fantôme célèbre ferait aussi bien l'affaire); nous jeûnons pendant quarante-huit heures, ne buvant que de l'eau de San Pellegrino; nous nous douchons (intimement) à cette même eau.

Finalement, en guise d'acte d'ultime expiation, nous décidons d'expédier chacune notre diaphragme aux infidèles et d'essayer de les bourreler de remords à notre place. Mais dans quoi envelopper les deux objets? Pia retrouve, sous le lit de la chambre qui porte encore la trace de nos tempêtes, à la *pensione,* une vieille boîte de *panettone* Motta. J'ai beau chercher, impossible de mettre la main sur une boîte adéquate, de mon côté; j'abandonne donc assez précipitamment le projet. (D'ailleurs, à quoi servirait d'envoyer mon diaphragme, dans une boîte de *panettone,* à Charlie et à Sally?) Mais Pia, elle, n'en démord pas. Elle n'a de cesse qu'elle n'ait trouvé du papier d'emballage et du scotch; elle griffonne des tas d'adresses en cas de « retour à l'envoyeur ». Je crois me revoir à l'âge de treize ans, écrivant pour demander qu'on me fasse parvenir la documentation Kotex « sous enveloppe ordinaire ».

Nous voici parties du même pas pour les bureaux de l'American Express (dont plus de la moitié des employés, florentins, ricaneurs et paillards, a couché avec nous). On nous invite à remplir un formulaire pour la douane. Bon, mais qu'y déclarer? « Diaphragme usagé »? « Souvenir désabusé d'un usage abusif »? Ou peut-être simplement : « Article vestimentaire ayant beaucoup servi »? Oui, mais considérer un diaphragme comme « article vestimentaire » prête à discussion. Nous ne nous en privons pas.

– Après tout, ça se *met*, non? me fait remarquer Pia.

Je soutiens qu'elle ferait mieux d'expédier son truc à Boston comme « objet d'art ancien », ce qui éviterait toute taxe à l'importation. Que dira l'infidèle, s'il doit acquitter une taxe sur ce diaphragme fatigué? Cela ne reviendra-t-il pas à faire payer la blessure infligée, à ajouter l'insulte au remords suscité?

– Je l'emmerde, dit Pia. Tant mieux s'il paie un maximum de taxe et s'il ne sait plus où se mettre!

Sur quoi, elle écrit : « *Bourse en cuir florentine. Valeur : 100 dollars.* »

Peu après cet envoi, nous prîmes congé l'une de l'autre, moi pour me rendre à Beyrouth, où se trouvait Randy, tandis que Pia continuait en direction de l'Espagne où, faute de diaphragme, elle dut se contenter de fellationner, tout le reste de l'été. Pomper ou se faire pomper ne lui inspirait aucun sentiment de culpabilité. Même si c'est ridicule à certains égards, je comprends cela parfaitement. Ce n'était pas pour rien que nous étions toutes deux de bons et honnêtes produits des années 50.

14

DES ARABES
ET DE QUELQUES AUTRES
VARIÉTÉS ANIMALES

Oui, c'est moi le cheik d'Arabie.
Ton amour m'appartient, chérie.
Cette nuit pendant que tu dormiras
Vers toi mon ombre glissera.

TED SNYDER, FRANCIS WHEELER
ET HARRY B. SMITH.
Le Cheik d'Arabie.

De Florence, je pris le *rapido* pour Rome, où j'empruntai ensuite l'avion jusqu'à Beyrouth.

Je garde le souvenir d'une panique intérieure assez générale : sans parler de l'avion (non, n'en parlons pas!), il y avait la question de savoir si des lettres de Charlie m'attendraient chez Randy *et* si les Arabes découvriraient ma qualité de Juive (bien que mon passeport portât la mention « RELIGION : UNITARIENNE » en majuscules très claires). Evidemment, pour peu que le mot voulût dire quelque chose pour eux, je n'étais pas tellement sûre qu'il ne leur parût pas plus condamnable encore, et répugnant, que le terme de « Juive », étant donné que, pour moitié, la population du Liban est catholique. J'avais la terreur de voir ma fraude démasquée. En outre, j'ai beau ignorer absolument tout du judaïsme, je me méprisais d'avoir à mentir sur ma religion. J'étais certaine d'avoir perdu tout droit à la protection que m'accordait d'ordinaire Jéhovah, si modeste fût-elle (et elle l'était, ô combien, je l'avoue!), à cause de cette abominable supercherie.

Certaine, je l'étais aussi d'avoir attrapé la chaude-pisse, avec ma bande de Florentins incirconcis. Que voulez-vous, des phobies, j'en ai à revendre, et en tous domaines! Phobie de l'accident d'avion, phobie de la chaude-pisse, peur phobique d'avaler du verre pilé, d'être empoisonnée par les conserves, phobie des Arabes, du cancer du sein, de la leucémie, du nazisme, du mélanome... Le terrible, pour ce qui est de ma phobie de la chaude-pisse, est que, même si je me porte le mieux du monde et que je n'aie pas l'ombre d'une lésion ou d'une irritation au con, rien n'y fait : je regarde, je guette, à l'affût, et, si peu que je trouve, je reste persuadée que je recèle une forme mystérieuse et invisible de symptôme de la chtouille. Je nourris la conviction secrète que mes trompes de Fallope sont en passe de se recouvrir de tissu cicatriciel et que mes ovaires achèvent de se dessécher comme de vieilles cosses de fève. Et mon imagination entre dans une minutie de détails visuels : tous mes enfants encore à naître tués dans l'œuf! Flétrissant sur pied, en quelque sorte!...

Le pire, pour les femmes, c'est le caractère occulte de leur corps. Elles passent l'adolescence à faire toutes sortes d'acrobaties devant la glace de la salle de bains, pour essayer de voir à quoi ressemble leur con. Et que voient-elles? Un halo de poil pubien frisottant, le pourpre des lèvres, le bouton rose du signal d'alarme clitoridien – mais est-ce que cela suffit? L'essentiel reste invisible, canyon inexploré, grotte souterraine dissimulant la menace ténébreuse de multiples dangers.

Le hasard fit de ce vol vers Beyrouth une aventure

destinée à réveiller mes diverses paranoïas. L'appareil traversa un orage épique au-dessus de la Méditerranée – pluie noyant les hublots, nourriture gerbant et clapotant un peu partout dans la carlingue, tandis que le pilote jaillissait toutes les cinq minutes de l'habitacle, pour prodiguer des assurances auxquelles je me refusais à croire. (De toute façon, rien de ce que l'on dit en italien ne sonne jamais vrai, pas même *Lasciate ogni speranza*.) J'étais prête à accepter la mort, pour peine d'avoir fait inscrire « *Unitarienne* » sur mon passeport. Oui, c'était sûrement le genre d'infraction que Jéhovah allait me faire payer – ça et d'avoir baisé avec des *goïm*.

Chaque fois que nous rencontrions un trou d'air et que l'avion chutait brusquement de cent cinquante ou deux cents mètres (tandis que l'estomac me remontait dans la bouche), je faisais vœu de renoncer pour la vie à l'amour, au bacon et aux voyages aériens, si jamais je revoyais entière la terre ferme.

Le reste des voyageurs ne représentait pas non plus à mes yeux le groupe idéal de marrants avec lesquels on aimerait mourir. Quand les choses se gâtèrent pour de bon et que nous commençâmes à nous cramponner comme des pucerons à un aéroplane en papier, un abruti, complètement saoul, se mit à hurler : « Youpi! » à chaque plongeon de l'appareil, pendant que quelques autres idiots s'esclaffaient comme des dingues. A la pensée de mourir avec cette bande de comiques troupiers, puis de me présenter au seuil du souterrain séjour avec mon visa d'unitarienne, je m'abîmai dans les ferveurs de la prière pendant tout le reste du voyage. L'athéisme n'est pas de mise au milieu des turbulences aériennes.

Tout de même, à mon grand étonnement, l'orage se dissipa (ou resta derrière nous) peu avant le survol de Chypre. Mon voisin était un Egyptien huileux (en existe-t-il d'autres?) qui, sitôt qu'il fut certain de survivre à notre équipée, entreprit de flirter avec moi. Il m'expliqua qu'il était le directeur d'un magazine du

Caire et qu'il se rendait à Beyrouth pour affaires. Il tint aussi à préciser qu'il n'avait pas eu peur une seconde, à cause de la perle bleue qui le protégeait contre le mauvais œil et qui ne le quittait jamais. Il ajouta, pour me rassurer, que nous avions tous les deux « le nez de la chance » et qu'aucun avion ne pouvait donc s'écraser tant que nous étions à bord. Il me toucha le bout du nez, puis toucha le sien et me dit :

– Vous voyez? Porte-bonheur.

Je pensai : « Seigneur! Il ne me manquait plus qu'un nasopathe! » De plus, l'idée d'avoir le même nez que lui ne m'enchantait guère. Il avait le baigneur plutôt fort, comme Nasser (pour moi tous les Egyptiens ressemblent à Nasser), tandis que le mien, sans être à proprement parler retroussé, est du moins petit et droit. Même s'il n'incarne pas l'idéal de la chirurgie esthétique, il n'a rien non plus d'un blair nassérien. Disons que son bout un peu écrasé trahit l'apport génétique d'un obscur bandit polonais à gueule de porc, qui viola une de mes arrière-grand-mères, à l'occasion d'un pogrom aujourd'hui perdu dans la nuit de l'Histoire.

Toutefois, les sujets de conversation de mon Egyptien ne s'arrêtaient pas au nez. Baissant les yeux sur un numéro du magazine *Time,* resté ouvert (mais non lu) sur mes genoux durant l'orage, il me montra du doigt une photographie du délégué américain (d'alors) aux Nations unies, Goldberg, et me dit :

– C'est un Juif.

Il s'en tint à cette parole historique. Le ton et l'expression sous-entendaient assez qu'il n'y avait rien à ajouter. Par-dessus mon nez polonais, je le regardai très fixement. Pour deux *cents,* je lui aurais volontiers répliqué : « Moi aussi, je suis juive »; mais personne ne me proposa les deux *cents* et, juste à ce moment-là, notre pilote italien annonça que nous amorcions la descente sur Beyrouth.

J'étais encore toute tremblante de mon bout de réplique avortée, lorsque je repérai, derrière la barrière de verre de l'arrivée, une Randy énormément enceinte. Je m'attendais au pire avec la douane; mais non, pas le moindre ennui. Pierre, mon beau-frère, semblait être intime avec tout le personnel de l'aéroport, et je passai comme un courant d'air ou une T.H.P. (très haute personnalité). C'était en 1965 et le Moyen-Orient était moins agité de soubresauts qu'il ne le devint après la guerre des Six Jours. Du moment que l'on n'arrivait pas par Israël, on se déplaçait aussi librement au Liban qu'à Miami Beach (il y a d'ailleurs une certaine ressemblance entre les deux, jusque dans l'abondance des *yentas*).

Randy et Pierre me firent monter dans la Cadillac climatisée, noire comme un fourgon mortuaire, qu'ils avaient ramenée des Etats-Unis par bateau. Sur le chemin de Beyrouth, nous passâmes devant un camp de réfugiés, où les gens semblaient vivre dans des boîtes à chaussures ou des caisses, et où erraient des enfants demi-nus, sales et se suçant le pouce. Randy s'empressa de déclarer, d'une voix tranchante et définitive, qu'elle ne comprenait pas qu'on tolérât ce spectacle odieux.

– Odieux? demandai-je. C'est tout?

– Oh! ne prends pas tes fichus airs de bonne âme libérale, riposta sèchement Randy. Ma parole, on croirait entendre Eleanor Roosevelt!

– Merci pour le compliment.

– J'en ai assez, assez, assez, de tous ces gens qui pleurent des larmes de sang pour les pauvres Palestiniens! Et nous, alors, nous ne sommes pas à plaindre?

– Que si, dis-je.

En soi, la ville de Beyrouth n'est pas mal, sans être la splendeur que l'on imaginerait, à écouter ce qu'en dit Pierre. Presque tout est neuf. Il y a des centaines d'immeubles en forme de boîtes de *cornflakes,* tout blancs et avec des terrasses de marbre, et partout on défonce les rues pour ouvrir de nouveaux chantiers. Le mois d'août est insupportablement chaud et moite, et le peu d'herbe qu'il y a vire au brun sous le soleil. La Méditerranée reste bleue (moins bleue que la mer Egée, quoi que dise Pierre). Vue sous certains angles, Beyrouth ressemble vaguement à Athènes, moins l'Acropole. C'est une ville orientale, vautrée parmi le jaillissement perpétuel de ses constructions neuves côte à côte avec de vieilles maisons à l'aspect de ruines. On en garde le souvenir de publicités pour le Coca-Cola voisinant avec des mosquées, de stations-service Shell aux réclames d'essence en arabe, de dames voilées sur la banquette arrière de Chevrolet et de Mercedes-Benz avec des rideaux aux vitres, de fonds de musique arabe bourdonnante, de mouches partout, et de femmes minijupées, blondes et indéfrisables, se promenant rue Hamra, où tous les panneaux de cinémas annoncent des films américains, et où les librairies regorgent de livres de poche anglais, français et américains, ainsi que des tout derniers romans pornographiques en provenance de Copenhague et de Californie. Le tout donnant l'illusion que l'Orient et l'Occident se prêtent enfin ici la main, mais pour courir ensemble à leur déclin, au lieu de donner le jour à un nouvel alliage resplendissant.

Toute la famille m'attendait dans l'appartement de Randy – sauf mes parents qui étaient au Japon, mais qui étaient censés arriver d'un instant à l'autre. Malgré ses nombreuses grossesses, Randy continuait à se comporter comme si, dans l'histoire de l'humanité, aucune femme n'avait jamais eu d'utérus avant elle. Chloé boudait et se rongeait, dans l'espoir de lettres d'Abel (elle le « fréquentait » depuis l'âge de quatorze ans). Lalah avait la dysenterie et s'assurait que personne n'ignorât rien de chacune de ses crises, y compris la couleur et la consistance de sa merde. Les enfants avaient la tête tournée par le nombre des visiteurs et par toutes les attentions dont ils étaient l'objet; ils galopaient autour des terrains en criant des insultes en arabe à la bonne – laquelle faisait sa valise et rendait son tablier au moins une fois par jour. Et Pierre – qui ressemble à Kahlil Gibran dans ses autoportraits les plus flatteurs – errait dans l'immense appartement dallé de marbre, en robe de chambre de soie, la bouche pleine de plaisanteries obscènes sur la vieille coutume du Moyen-Orient selon laquelle celui qui a épousé la sœur aînée a également droit à toutes les cadettes. Quand il ne nous régalait pas d'anciennes traditions du Moyen-Orient, il nous déclamait des traductions de ses poèmes (apparemment tous les Arabes en écrivent), qui avaient l'air de sortir droit des pages d'un magazine de beauté :

Ma bien-aimée est comme l'or des blés vermeils
Qui ondule au soleil,
Et le ciel est moins bleu
Que les topazes de ses yeux...

– L'ennui, disais-je à Pierre devant ma tasse de sirop de café à la turque, est que l'or et le vermeil ondulent rarement au soleil.

– Simple licence poétique, répondait-il solennellement.

– Bien. Allons à la plage! suggérais-je.

Mais tout le monde avait trop chaud, était trop fatigué, avait trop sommeil. Manifestement, jamais je ne parviendrais à les entraîner jusqu'à Baalbek ou aux Cèdres. Quant à Damas et au Caire, inutile d'en parler. Israël était juste de l'autre côté de la frontière, mais il fallait prendre l'avion en passant par Chypre – inconcevable, après mon dernier vol! Ensuite, il y avait le problème de revenir au Liban. Je me contentais donc de sommeiller et de flâner dans l'appartement de Randy, en attendant les lettres, fort rares, de Charlie. En revanche, il en pleuvait de tous mes autres clowns : le Florentin marié qui aimait que je lui chuchote des obscénités, le professeur américain qui affirmait que j'avais changé sa vie, un des employés de l'American Express qui croyait dur comme fer que j'étais une fille de milliardaire. Mais c'était Charlie que je voulais – personne d'autre. Et Charlie, lui, voulait Sally. Quel désespoir! En foi de quoi je passai la moitié de mon séjour à Beyrouth à entretenir ma chère chtouillophobie, à m'examiner le con dans la glace et à me doucher dans le bidet en marbre blanc de Randy.

Quand mes parents arrivèrent, chargés de cadeaux de l'Orient mystérieux (dit-on), la situation s'aggrava encore. La joie de Randy dura trois jours, après quoi Jude et elle entamèrent une de leurs fastueuses disputes marathon où elles se mettent toutes deux à draguer le cours de vingt ou vingt-cinq années d'événements. Randy accuse alors ma mère de tout : de ne pas lui avoir changé ses couches assez souvent, dans son enfance, ou du contraire aussi bien; de lui avoir fait commencer trop jeune les leçons de piano, ou de ne lui avoir pas laissé commencer le ski assez jeune. Elles s'en prennent l'une à l'autre comme deux avocats d'assises creusant tour à tour le passé de l'accusé.

Je ne cessais de me demander pourquoi diable j'étais venue chercher un peu de répit auprès d'elles. Je n'avais qu'une envie : partir! Je me croyais transformée en balle de ping-pong humaine. Je passais ma vie à chercher des hommes pour échapper à ma famille, et à courir me réfugier auprès d'elle pour échapper aux hommes. Chaque fois que j'étais en famille, j'avais envie de m'enfuir, et chaque fois que je m'évadais, de regagner le bercail. Cela doit porter un nom, mais lequel? Dilemme existentiel? Oppression de la femme? Condition humaine? Cela reste aussi intolérable que ce l'était : je vais, je viens, par-dessus le filet de mon ambivalence. Dès que je touche le sol, je voudrais rebondir et revenir de l'autre côté. Que faire alors? Rire. Et même si cela fait mal quand je ris, je suis la seule à le savoir.

Mes parents ne restèrent qu'une semaine et quelque, et hop! ils repartirent pour l'Italie, où ils avaient à visiter une fabrique de seaux à glace... Heureusement, ils ont leurs affaires d'export-import qui leur permettent de se remonter le moral en sautant en avion, chaque fois que l'escalade dans les luttes intestines de la famille atteint le stade du bombardement atomique. L'avion qui les déposa chargés de cadeaux et de bons sentiments les remporte lorsque la merde monte jusqu'aux trous d'aération. Le processus complet prend environ une semaine. Le reste de l'année, ils le passent à soupirer après leurs enfants dispersés aux quatre coins du monde et à se demander pourquoi la plupart d'entre eux ont besoin d'aller vivre si loin. Pendant les années où j'étais en Allemagne, et Randy à Beyrouth, ma mère s'interrogeait tristement sur les raisons qui avaient poussé deux oisillonnes de sa couvée à préférer vivre « en territoire ennemi » – c'étaient ses propres mots.

– Parce que c'était plus hospitalier que la maison, lui répondis-je une fois, me gagnant du même coup son éternelle inimitié.

Une garce n'eût pas mieux dit, j'en conviens; mais, pour me protéger de ma mère, ai-je jamais disposé d'une autre arme que les mots?

Il y avait encore relativement foule, après le départ de mes parents : quatre sœurs, Pierre, six gosses (ils n'étaient encore que six en 1965), une nurse-bonne et une femme de ménage. Il faisait une telle chaleur que nous sortions à peine de l'appartement climatisé. J'avais toujours envie de voir du pays, mais la léthargie des autres était contagieuse. « Demain, me disais-je, je pars pour Le Caire. » Mais j'avais vraiment peur d'y aller seule, et pas plus Lalah que Chloé ne voulaient m'accompagner.

Les choses continuèrent selon cette veine déprimante pendant une autre semaine. Un jour, nous allâmes à un club de type *cabana,* dans un endroit où la côte était rocheuse, et Pierre se livra à des débauches de lyrisme sur le bleu de la Méditerranée, à en donner la nausée. (Il ne cessait de faire des discours sur la qualité de la vie à Beyrouth, en expliquant qu'il était venu là pour fuir « le mercantilisme de l'Amérique ».) Au club, il nous présenta à un de ses amis comme ses « quatre épouses », ce qui me fit si froid dans le dos que je serais volontiers rentrée droit à la maison. Mais c'était quoi, « la maison? » Chez mes parents? Ou la compagnie de qui? De Pia? De Charlie? De Brian? Ou de moi seule?

Bien que la léthargie familiale parût être sans but précis, elle observait en fait une certaine routine. Levés à 1 heure, nous écoutions brailler les gosses, jouions un peu avec eux, mangions un énorme « petit déjeuner de midi » – fruits tropicaux, yaourts, œufs, fromages, café turc – et lisions l'édition parisienne du *Herald Tribune*, ou plutôt lisions ce qui en restait autour des blancs de la censure. (Toute allusion à Israël ou aux Juifs était interdite, comme tout film avec des Israélites aussi bon teint et notoires que Sammy Davis Junior et Elizabeth Taylor.) Puis nous commencions à débattre l'emploi du temps de la journée, domaine où nous montrions à peu près autant d'unité que des chefs arabes projetant une guerre contre Israël. En n'importe quelle occasion, on pouvait parier que chaque membre de la maisonnée aurait sa propre préférence. Chloé suggérait la plage; Pierre, Byblos; Lalah, Baalbek; les plus âgés des garçons, le musée archéologique; les plus petits, le parc de jeux. Randy, elle, opposait son veto à tout. Le temps d'épuiser le débat, il était trop tard pour aller quelque part, de toute façon. Donc, nous dînions. Ensuite, nous regardions *Bonanza* à la télévision (avec des sous-titres en arabe et en français qui couvraient presque l'écran), ou alors nous allions voir un navet dans un des cinémas de la rue Hamra.

Il arrivait que nos débats de l'après-midi fussent interrompus par l'arrivée de la mère et des tantes de Pierre – trois antiquités en noir (avec de formidables seins et de mousseuses moustaches), toutes trois tellement semblables qu'on avait peine à s'y reconnaître. Elles eussent fait un merveilleux trio chantant, sauf qu'elles n'avaient qu'un seul air : « Comment vous aime Liban? Liban mieux que New York? » Et elles le répétaient à n'en plus finir, histoire de s'assurer que l'on comprenait bien les paroles. Oh, ce n'était pas la gentillesse qui leur manquait; c'était plutôt le sens de la conversation. Dès qu'elles étaient là, Louise (la bonne) surgissait avec du café, Pierre se souvenait précipitamment d'un rendez-vous d'affaires, Randy plaidait la délicatesse de sa santé et courait piquer un petit somme dans sa chambre... et ne restaient plus que Chloé, Lalah et moi pour affronter la situation et moduler toutes les variations possibles sur le refrain : « Oui, le Liban vaut mieux que New York. »

J'ignore si c'était la canicule, l'humidité, la présence de ma famille, l'effet d'être « en territoire ennemi », ou ma tristesse en pensant à Charlie, mais il semblait que toute volonté de me lever et de faire quelque chose m'eût abandonnée. Comme si l'on m'avait transportée au pays des Mangeurs de Lotus et que je dusse périr là, d'inertie pure et simple. Les jours s'enchaînaient l'un l'autre sans distinction, la température et le climat étaient accablants, et pourquoi diable lutter contre l'envie de ne pas bouger, ou de se chamailler en famille, ou encore de se dire qu'on a peut-être la chaude-pisse, ou de regarder la télévision?

Au bout du compte, il fallut une crise pour nous pousser, tout hébétés, dans l'action. Une bien petite crise assurément, mais n'importe laquelle eût fait l'affaire. Ce fut d'abord tout simple. Un jour, Roger, le gamin de six ans, cria à Louise : « *Ibn charmuta!* » C'est-à-dire, approximativement traduit : « Ta mère est une pute » (ou par extension : « Tu n'es qu'une bâtarde »). Quelle que soit la traduction, c'est, dans tout le Moyen-Orient, la suprême insulte.

Louise avait voulu tremper Roger dans un bain, et Roger s'était mis à hurler. Pendant ce temps, Pierre se disputait avec Randy et soutenait que, seuls, les Américains étaient assez fous pour se mettre dans la tête de prendre un bain par jour, que c'était *contre nature* (une de ses expressions favorites) et que cela desséchait les merveilleuses sécrétions des glandes sébacées.

A quoi Randy ripostait à tue-tête qu'elle n'avait pas envie que son fils puât le bouc du diable comme son illustre père. Et puis, souligna-t-elle, s'il se figurait qu'elle tombait dans le panneau de ses sales habitudes!...

– Mes sales habitudes? Et lesquelles, s'il te plaît?

– Tu crois peut-être que je ne sais pas *parfaitement* ce qui se passe, quand je te dis que je refuse de coucher avec toi si tu ne prends pas une douche? Eh bien, tu vas dans la salle de bains, tu fais couler l'eau, et tu restes tranquillement assis sur le siège des putains de toilettes *en fumant une cigarette!*

Elle avait lancé cela très méchamment et ce fut le signal d'une bagarre générale.

Roger comprit naturellement de quoi il retournait et refusa de se laisser attraper par Louise dans la salle de bains tant que son cas ne serait pas venu en appel, ni le verdict final, rendu. Mais Louise s'entêtait, et c'était alors que, dans sa rage, Roger lui avait jeté à la figure une serviette de toilette mouillée, en criant : « *Ibn charmuta!* »

Evidemment, Louise fondit en larmes, puis annonça qu'elle partait et monta faire ses valises dans sa chambre. Pierre tenta de lui faire du charme, en prenant ses manières de séducteur français de cinéma pour tâcher de la convaincre de rester. Mais, cette fois, elle ne voulait rien savoir. Pierre, alors, eut tôt fait de se retourner contre Roger – ce qui était vraiment injuste, car Roger entend sans arrêt Pierre crier : « *Ibn charmuta!* » chaque fois qu'ils roulent ensemble en voiture. (Il n'y a pas de règles de la circulation à Beyrouth, mais on s'y abreuve d'injures.) Et puis, d'ordinaire, Pierre trouve « très chou » que les gosses jurent en arabe.

Par la force des choses, l'après-midi se termina dans le tohu-bohu : glapissements, pleurs, inondation, et une fois de plus il n'y eut ni balade touristique ni plage. L'incident, cependant, nous chargea de mission : reconduire Louise dans son village de montagne (« mon village ancestral », disait Pierre) et trouver une jeune montagnarde encore plus naïve, pour la remplacer.

Le lendemain, après avoir sacrifié aux deux ou trois heures obligatoires de vociférations, tout le monde s'empila dans la Cadillac et prit le chemin des montagnes le long de la Méditerranée. Halte à Byblos pour admirer le Krak des Chevaliers; échange de réflexions somnolentes sur les Phéniciens, les Egyptiens, les Assyriens, les Grecs, les Romains, les Arabes, les Croisés et les Turcs; déjeuner dans un restaurant de poisson et de fruits de mer, tout proche; puis reprise de la progression, parmi les monts cuits de soleil et par une route qui a l'aspect et le relief d'une carrière de fouilles archéologiques.

Karkabi, le « village ancestral » tant vanté de Pierre, est une si petite bourgade que l'on pourrait passer tout près sans le remarquer. Il n'a l'électricité que depuis 1963. La tour du transformateur domine d'ailleurs le village et constitue l'élément d'intérêt que les habitants sont le plus avides de montrer.

A notre arrivée sur la place principale, où une étique bourrique tirait en rond une pierre à moudre le blé, notre voiture faillit disparaître sous les gens qui s'écrasaient pour la toucher, se rompaient le cou pour nous apercevoir et se répandaient en obséquiosités accablantes. Mais Pierre... ah! Pierre adorait cela. C'était *sa* voiture, et sans doute voulait-il aussi que tout le monde nous prît pour *ses* « quatre femmes » – bien que tout le monde sût la vérité. La scène était d'autant plus déprimante, si l'on considérait que presque tout le monde ici était au moins « cousin » de Pierre, mais aussi analphabète et allait pieds nus – alors, où diable était la difficulté d'impressionner ces malheureux?

Pierre ralentit exprès, roulant au pas avec son espèce de tank grotesque, de façon à permettre à tous les cous de se dévisser pour admirer le défilé. Puis il s'arrêta devant la « demeure ancestrale » – petite maison de brique passée à la chaux, avec une vigne envahissant le toit, et pas de fenêtres, pas de moustiquaires, rien que de petites ouvertures rectangulaires, pareilles à des meurtrières tendues de grilles en fer forgé, et par où les mouches entraient et sortaient en vrombissant (entraient surtout, inévitablement).

Notre venue déclencha une frénésie d'activité générale. La mère et les tantes de Pierre se jetèrent furieusement dans la préparation des *tabuli* et de l'*humus,* pendant que le père – qui a près de quatre-vingts ans et boit de l'*arak* toute la journée – saisissait son fusil et s'en allait tuer des oiseaux pour le souper (il faillit se tuer lui-même). Entre-temps aussi, Gavin, l'oncle anglais de Pierre – cockney londonien déraciné depuis son mariage avec Tante Françoise en 1923 (il ne s'en est jamais remis, non plus que de vivre à Karkabi) – produisit magiquement un lapin, tué par lui le matin même, et qu'il entreprit de dépouiller.

L'intérieur de la maison se composait uniquement de quatre pièces aux murs blanchis à la chaux, avec un crucifix au-dessus de chaque lit (la famille de Pierre est maronite) et des images, sur papier couché de magazine, usées par des lèvres pieuses et représentant des saintes et des saints montant au Paradis. Il y avait aussi beaucoup de photos découpées et déchirées de la famille royale d'Angleterre; et puis, Jésus Soi-même, en toge, le visage presque effacé par la salive des baisers.

Pendant que l'on préparait le repas, Pierre voulut nous emmener visiter son « domaine ». Randy insista pour rester à la maison, les pieds en l'air; mais le reste de la troupe suivit parmi les cailloux, escorté par une cour de cousins va-nu-pieds qui ne cessaient de montrer d'un doigt enthousiaste le transformateur électrique, tandis que Pierre leur criait des choses désagréables en arabe. Il était en quête d'un paysage plus pastoral, et il le trouva. Il nous suffit pour cela de franchir l'énorme tas de pierres d'une colline, et, là, un vrai berger, en chair et en os, gardait de vrais moutons, avec de la vraie laine sur le dos, sous un pommier mangé des vers. Mais il n'en fallait pas plus à Pierre. Il se mit à cracher de la poésie, comme La Fontaine en personne. Un berger! Des moutons! Un pommier! *Charmant! Bucolique!* Homère, Virgile et la Bible réunis.

Donc, nous marchâmes jusqu'à ce berger – dans les quinze ans, boutonneux – et le trouvâmes, l'oreille collée à un petit transistor japonais qui jouait du Sinatra, suivi sans transition d'une cascade de publicités chantées en arabe. Là-dessus, notre *saftig* de Chloé (elle avait alors dix-sept ans) prit une de ses cigarettes mentholées et la lui offrit. Il l'accepta, en s'efforçant d'avoir l'air aussi détaché et sophistiqué que possible. En suite de quoi, d'un geste *charmant,* il porta la main à sa *charmante* poche et en tira un *charmant* briquet à gaz. A la façon dont il tendit sa flamme à Chloé, il n'était pas besoin d'y regarder à deux fois pour savoir qu'il avait passé presque toute sa jeune existence dans les salles de cinéma.

Après le dîner, toute la parenté (le village entier ou presque) arriva. Beaucoup venaient regarder la télévision (la tante de Pierre est l'une des rares personnes de Karkabi à la posséder); mais, ce soir-là, nous représentions une égale attraction. Pour la plupart, les gens restaient piqués, à nous dévisager d'un air embarrassé. Parfois une main touchait mes cheveux (ou ceux de Chloé ou de Lalah). Alors, suivaient des sons traduisant manifestement une folle admiration pour les blondes. Ou encore, on nous tâtait et palpait sur toutes les coutures, comme font les aveugles. Seigneur! Etre pelotée par douze Libanaises moustachues, de quatre-vingts ou cent kilos chacune, c'est là une sensation unique au monde! J'avais une de ces peurs! Pourvu qu'elles n'allassent pas deviner que nous étions juives, à force de nous tripoter. Je les en croyais capables. J'avais tort : quand vint le moment de nous faire des cadeaux, je reçus un chapelet en argent, un tricot main en laine angora avec une perle bleue (contre le mauvais œil). Au point où j'en étais, n'importe quelle amulette était la bienvenue, et aucune intercession auprès de telle ou telle déité n'était de refus.

La distribution des cadeaux terminée, tout le monde s'assit pour regarder la télévision. Au programme, essentiellement des fonds de tiroirs du cinéma américain. Lucile Ball palpitant des faux cils. Raymond Burr en Perry Mason, et l'écran balayé par un blizzard de sous-titres ensevelissant les acteurs sous une neige alphabétique. On finissait par croire vraiment à l'universalité de l'art, devant l'adoration de ces êtres bucoliques pour Lucile Ball et Raymond Burr. Je voyais déjà le jour où l'Amérique étendrait sa glorieuse culture à d'autres systèmes solaires. Oui, je les voyais d'ici, ces habitants de galaxies lointaines, plongés dans la fascination des images de Lucile Ball et de Raymond Burr...

La parenté ne s'en allait plus. Elle buvait du café, du vin, de l'*arak.* Tante Françoise tordait ses petites mains grasses; épuisés, nous ne pensions tous qu'à notre lit. Pour éviter qu'on les mît à la porte, l'oncle Gavin s'esquiva doucement de la pièce, grimpa sur le toit et manipula si bien l'antenne de télévision que l'écran n'offrit plus qu'un magma de zébrures. En moins de trois minutes, les visiteurs disparurent. On me donna à entendre que l'oncle Gavin se faisait presque une coutume de grimper ainsi sur le toit.

Coucher toute la famille posa des problèmes. Il fut convenu que Randy, Pierre et les enfants passeraient la nuit chez le père de Pierre, au pied de la colline, tandis que Lalah et Chloé partageaient un lit à deux places chez une des tantes (la porte à côté). Et il m'échut un lit à une place dans une minuscule annexe de la maison de Tante Françoise. J'aurais de beaucoup préféré dormir avec Lalah et Chloé, au lieu de m'allonger seule dans ma peu rassurante petite chambre, sous un crucifix et de lamentables photographies de l'illustre souveraine d'Angleterre. Mais il n'y avait pas place pour trois dans leur lit. Je me pageotai donc dans mon coin, et livrai mon esprit, pour m'endormir, à des fantasmes de scorpions détalant sur les murs, d'araignées à la piqûre mortelle, et de moi-même me rompant le cou pendant la nuit, parce que, nécessité faisant loi, je devais, sans lampe électrique, me lancer à la recherche des cabinets en plein air. Oh, il y avait tout ce qu'il fallait pour divertir surabondamment, pendant des heures d'insomnie, l'esprit le plus riche en phobies de toutes sortes.

Je gisais donc sur mon petit lit depuis une heure et demie environ, toutes phobies en fleurs, quand la porte s'ouvrit en grinçant. Je demandai, le cœur battant fort :

– Qui est là?

– Chuuut!...

Noir sur noir, une ombre s'approcha. L'homme sous le lit!

– Au nom du ciel! m'écriai-je, terrifiée.

– Chut!... Ce n'est que moi... Pierre...

Et s'avançant encore, Pierre, en effet, s'assit sur le lit.

– Jésus! dis-je. J'ai cru... je ne sais pas, moi... qu'on voulait me violer.

– Jésus n'a jamais violé personne, dit Pierre en riant.

– Non, j'imagine... Qu'est-ce qui vous arrive? demandai-je, sans mesurer la bizarrerie de ma question.

– Vous paraissiez si déprimée, répondit-il, plein de feinte sollicitude.

– Il y a de quoi, avec toute cette dinguerie de la folie de Brian, l'été dernier, et maintenant Charlie...

– C'est que je n'aime pas du tout voir ma petite sœur déprimée, dit-il en me caressant les cheveux.

Je ne sais pourquoi, ces mots de « petite sœur » me firent froid dans le dos.

– Vous savez bien que, quand je pense à vous, c'est toujours comme à ma petite sœur, poursuivit-il.

– Non, je ne m'en doutais pas, répliquai-je, mais je vous en remercie. Ne vous en faites pas pour moi, ça ira. Je crois que je vais rentrer à New York en m'arrêtant pour quelques jours en Italie, comme à l'aller; mon billet m'accorde une halte gratuite à Rome. J'ai l'impression que le climat d'ici ne me réussit pas. D'ailleurs, Lalah et Chloé sont censées prendre l'avion pour New York, elles aussi, la semaine prochaine; et la chaleur est de plus en plus pénible...

Je babillais à perdre haleine. C'était nerveux. Pendant ce temps, Pierre s'allongeait sur le lit à côté de moi et me prenait dans ses bras.

Que faire? Si je me débattais en le traitant comme un vulgaire satyre, j'allais *l'offenser*. Si je choisissais la voie de la moindre résistance en acceptant de faire ce bout de route avec lui, c'était *l'inceste!* Sans compter que Randy me tuerait probablement. Mais que dire? Oui, quelles sont les règles de l'étiquette, en pareille situation?

— Je ne pense pas que ce soit une très bonne idée, protestai-je faiblement.

Ses mains, sous ma chemise de nuit, me caressaient les cuisses, et je n'étais pas aussi indifférente que je voulais le prétendre.

— Qu'est-ce qui n'est pas une très bonne idée? s'enquit-il nonchalamment. Après tout, il est *naturel* qu'un frère aime bien sa petite sœur, non?

Et il poursuivit ses entreprises (également naturelles).

— Vous dites? rétorquai-je, me mettant sur mon séant.

— Que rien n'est plus *naturel* pour un frère que d'aimer sa petite sœur.

On aurait cru un sexologue faisant une conférence de vulgarisation.

— Pierre, dis-je doucement, avez-vous lu *Lolita?*

— Je ne peux pas supporter le style de ce bonhomme, riposta-t-il, furieux de la diversion. Il est trop fabriqué.

— Mais c'est de *l'inceste!* fis-je observer vigoureusement.

— Chut!... Vous allez réveiller toute la maison... Ne vous inquiétez pas, il n'y aura aucun risque. Nous pouvons le faire à la grecque, si vous voulez...

— Pour l'amour du Ciel, ce n'est pas d'être enceinte que j'ai peur, c'est de *l'inceste* que je ne veux pas!

Mon raisonnement ne parut pas entamer la résolution de Pierre. Il fit de nouveau : « Chut! » tout en me renversant sur l'oreiller. Il ressemblait à certains des bonshommes que j'avais connus en Italie : si on leur résistait parce qu'on n'en avait vraiment pas envie, ils l'attribuaient à la peur de la cloque et s'obstinaient à suggérer des solutions de rechange – relation anale ou buccale, masturbation mutuelle – tout, sauf le « non » sans nuance.

Pierre se remonta un peu plus haut dans le lit, de façon à offrir à mes lèvres la perpendicularité de son pénis. La minute de vérité, quoi! Je me livrai une terrible bataille intérieure. Rien de plus facile que de complaire : un coup de pompage, et on n'en parlerait plus. Quoi de plus *simple,* en vérité? Un exercice à la pompe de plus ou de moins, qu'est-ce que cela changerait dans ma vie?

– Non, dis-je. Je ne peux pas.

– Mais si, dit Pierre. Je vais t'apprendre.

– Ce n'est pas ce que je veux dire. Je ne peux pas, voilà tout... *moralement,* je ne peux pas.

– Ce n'est pas difficile, dit-il.

– Je *sais,* répondis-je.

– Regarde, dit-il, tu n'as qu'à...

– Pierre!

J'avais hurlé. Il fila en retenant son pantalon de pyjama dénoué.

Je restai assise une minute dans le lit, les oreilles pleines de l'écho de mon cri, attendant la suite des événements. Silence. Toute la maison était immobile. J'attrapai mon peignoir de bain, mis mes pantoufles et partis à la recherche de Lalah et de Chloé. J'étais résolue à quitter le Liban le plus vite possible, à dire adieu au Moyen-Orient, et pour de bon, pour ne plus jamais y projeter mon ombre.

Je trouvai tant bien que mal mon chemin jusqu'à la maison, au pied de la petite colline, où couchaient mes deux sœurs. Presque à chaque pas, je trébuchais sur un caillou, une racine. Peu à peu, cependant, mes yeux s'habituèrent au noir et je distinguai la silhouette des toits de Karkabi, dominés par le transformateur. Enfin, la civilisation! Peut-être, à ce même instant, de jeunes gaillards s'employaient-ils, dans la moitié des prés et des étables de Karkabi, à forniquer avec une brebis ou avec leur sœur. Bon, et après? Sans doute n'y avait-il rien de mal à cela. Mais moi, je ne pouvais pas. Etait-ce pruderie de ma part? Pourquoi ce dilemme moral? Jouer de la ventouse une fois de plus, la belle affaire! Seulement voilà : pour peu que l'on se mette à ventouser le mari de sa sœur, ensuite ce sera le tour du mari de maman – oui, mais alors... Ciel, c'est papa!

Cela dit, votre jivaro de service tient à tout prix à ce que ce soit de papa, justement, que vous ayez envie, *au fond.* Dans ce cas, qu'est-ce que l'idée de se le taper a de si inconcevable? Le mieux ne serait-il pas de le ventouser une bonne fois, et qu'on n'en parle plus? Qui sait si ce n'est pas le meilleur moyen d'éliminer la peur?

Parvenue à la maison de Tante Simone, je traversai sans bruit la pièce de devant, où Tante Simone et Oncle Georges ronflaient tous deux harmonieusement, et trouvai Chloé et Lalah dans la chambre du fond, assises dans le lit et lisant à voix haute un petit livre porno intitulé : *Orgie girls.* Sur le lit, étaient jetés dix ou douze autres bouquins portant des titres du même acabit : *Incestueux à seize ans, Les joies de la famille, Prêtez-moi votre femme, Ma sœur et moi, Sois à moi ma fille, Vierge et consentante, Longue ou grosse? Miss Branlette, Pénétrée de toutes parts, La grande embardée, Mon désir ma luxure...* Lalah lisait tout haut un passage particulièrement poétique, et elle enflait théâtralement la voix :

« Il se mit à bouger plus vite les hanches, à mesure que le pressait l'approche de l'apogée. C'était un déferlement de son corps sur le mien. Sa pine rigide emplissait jusqu'au fond le canal de ma féminité. J'aurais hurlé de plaisir. Je sentis en moi les premières explosions, et les sucs de mon con se mirent à couler tout le long de mon corridor d'amour, lubrifiant la verge d'acier et facilitant son mouvement de piston... »

Comment se fait-il, me demandais-je, que, dans les bouquins porno, les gens ne soient jamais torturés comme moi de scrupules, et se contentent d'être d'énormes organes sexuels se jetant aveuglément l'un sur l'autre dans le noir.

– Lâchez ça un instant, voulez-vous? dis-je. Et causons.

– Tu ne trouves pas que c'est charrié? dit Lalah, en brandissant le bouquin.

– Ecoutez bien, mes petites : cette nuit la réalité dépasse la fiction. Vous pouvez ranger vos petits romans porno. Prêtez-moi seulement vos oreilles immondes...

Lalah regarda Chloé qui la regarda, et toutes deux se mirent à rire, comme si elles avaient été déjà au courant de quelque chose que j'ignorais.

– Eh bien, quoi? Qu'y a-t-il?

Leur rire complice reprit de plus belle.

– Allez-vous parler, espèces d'idiotes!

– Pierre a voulu te violer, c'est ça? dit Lalah, en gloussant.

– Ça alors, comment le sais-tu?

– Parce qu'il a essayé avec moi.

– Et avec moi aussi, dit Chloé.

– Vous voulez rire?

– Absolument pas, dit Lalah. Tu sais, on aimerait mieux...

– Bon, ça va, racontez.

– Oh, moi j'ai réussi à l'éjecter du lit à force de me moquer de lui, et Chloé *dit* qu'elle aussi... mais j'en suis moins sûre.

– Sale garce! cria Chloé.

– Oh, c'est bon, je te crois.

– Et vous voudriez que je pense que vous n'avez pas bougé d'ici, *après ça?*

– Mais... à quoi bon? demanda nonchalamment

Lalah. Il est plutôt inoffensif, tu sais. Ça le travaille un peu à cause de Randy qui passe sa vie en état de grossesse avancée, mais ça ne va pas plus loin.

— Tu appelles ça « un peu », toi? Eh bien, moi c'est ce que j'appelle de l'inceste.

— Non mais, écoutez-la! Vrai, tu exagères, Isadora. Après tout, ce n'est jamais qu'un beau-frère. Alors, où est l'inceste, *réellement?*

— Tu es sérieuse? dis-je (déçue, je crois).

— Ça compte presque pour du beurre, dit Lalah avec mépris. Seulement, avec toi je suis tranquille : tu t'arrangeras pour que ça ait l'air tragique sur le papier.

(A l'époque, elle détestait déjà ce que j'écrivais.)

— Compte sur moi, ripostai-je.

Sur tout le chemin du retour, en ramenant la nouvelle bonne, Pierre afficha un calme imperturbable. Il nous fit admirer le paysage.

« Ah, ces Arabes! songeais-je. Ces vaches d'Arabes! » Penser au sentiment de culpabilité démesuré que j'éprouvais devant chacune de mes peccadilles sexuelles, et dire que, dans le même temps, il y avait au monde des gens (des millions de gens!) qui faisaient ce qui leur chantait, sans une ombre de remords — du moment qu'on ne les y prenait pas! Qu'est-ce qui me valait cette maudite super-hypertrophie de l'ego? Le simple fait d'être juive? A quoi diable cela a-t-il mené les Juifs, que Moïse les ait guidés hors d'Egypte et leur ait donné l'idée d'un Dieu unique, de la soupe au pain azyme et d'une culpabilité éternelle? Pourquoi ne les avoir pas laissés tranquillement adorer les chats, les taureaux, les faucons, et vivre comme tant de primates (auxquels, ne manque jamais de me le rappeler ma sœur Randy, ils sont étroitement apparentés)? Y a-t-il lieu de s'étonner que le monde entier haïsse les Juifs et ne leur pardonne pas de lui avoir fait cadeau du remords? Est-ce que l'on ne se serait pas gentiment passé de cela? Gentiment contenté de patauger dans la bouillasse originelle, d'adorer le bousier et de forniquer quand on s'en serait senti? Que l'on pense aux Egyptiens qui bâtirent les Pyramides, par exemple : j'aimerais savoir s'ils passaient leur vie à se casser la tête en se demandant s'ils étaient de bons patrons soucieux d'accorder l'égalité des chances à tous? L'idée les effleurait-elle jamais, que leur dépouille mortelle ne *méritait* peut-être pas les milliers de vies humaines sacrifiées à la construction des Pyramides? Répression (condamnation), ambivalence, complexe de culpabilité... L'Arabe, lui, dit : « Quoi? Moi, me tracasser? » Et l'on s'étonne qu'il ait envie d'exterminer les Juifs? Qui n'en aurait envie?

Rentrées à Beyrouth, nous envisageâmes le départ. Lalah et Chloé avaient des places de *charter* pour New York et étaient forcées de partir ensemble. Quant à moi, j'avais mon vieux billet circulaire d'Alitalia : Beyrouth-Rome-Kennedy.

Comme prévu, je m'arrêtai à Rome et m'accordai une semaine de plus à Florence, avant le retour définitif et la joie d'affronter la musique de Charlie. Même avec la canicule et les hordes du mois d'août, Florence reste une des villes que je préfère au monde. Je remis ça avec Alessandro et, cette fois, nous vécûmes six journées qui, même si l'on ne pouvait appeler cela de l'amour, furent presque parfaites. Sur ma requête, il oublia sa manie des obscénités. Nous trouvâmes une chambre charmante dans une auberge de Fiesole, où nous pouvions faire l'amour entre 1 et 4 heures de l'après-midi régulièrement (coutume qui, étant donné le moment de la journée – la méridienne – est à mon sens une preuve de haute civilisation). Peut-être était-ce ma fureur contre Charlie, ou peut-être Pierre m'avait-il allumée, toujours est-il que mes exercices d'amour avec Alessandro furent sublimes. J'en garde le souvenir de la seule occasion de ma vie où j'aie pu avoir avec un homme des rapports sexuels débordants d'exubérance et de tendresse, sans me convaincre pour cela que j'étais amoureuse. Disons que ce fut une trêve de six jours entre mon « ça » et mon surmoi.

Le soir, Alessandro retournait auprès de sa femme et j'étais libre. J'allais au concert au palais Pitti, revoyais quelques-uns des individus que j'avais connus lors de mon premier passage et devais subir les chaleureuses assiduités du professeur « Michelangelo » (alias Karlinsky) à la barbe flamboyante. Malgré la grande chaleur et ma collection disparate de soupirants, j'adorais Florence et il y avait des instants où je n'avais plus du tout envie de repartir. Mais, si déprimants et haïssables qu'ils fussent, mon poste de prof et mes travaux de thèse m'attendaient à New York, et j'étais encore bien trop la petite écolière empêtrée dans son surmoi pour ne pas faire passer ce que je détestais avant ce que j'aimais. A moins que la vraie raison ne fût Charlie, dont la trahison me mettait hors de moi, mais que je brûlais de revoir.

Peu après nos retrouvailles, nous rompîmes néanmoins. Apparemment, je ne pouvais lui pardonner son ambivalence, même si, en fait, je me rends compte aujourd'hui que je n'avais rien à lui envier sur ce plan et que j'aurais peut-être dû témoigner d'un peu plus de compréhension.

Alessandro continuait à m'écrire de Florence en parlant de *divorzio;* mais j'avais vu trop de films italiens pour y croire. « Michelangelo » tomba du ciel un jour et m'apparut encore tellement moins à son avantage, sous le soleil pollué de New York, que je n'eus pas le cœur à poursuivre notre histoire. Les bruns et les ambres de Florence avaient fait merveille en sa faveur (les fanas de E.M. Forster me comprendront sans peine).

Septembre et octobre furent sombres et sans joie. Je sortis avec un échantillonnage complet de divorcés, de fifils à maman, de névrotiques, de psychotiques, de jivaros. Pour m'entretenir le moral, je n'avais d'autre ressource que de les décrire en détail, méchamment, dans mes lettres à Pia. Puis, en novembre, Bennett Wing entra dans ma vie en valsant et en ayant l'air d'apporter la solution de tous mes problèmes. Avec cela, muet comme le Sphinx et d'une extrême douceur. Sauveur et psychiatre tout à la fois. Je me précipitai dans le mariage tout comme (en Europe) je m'étais envoyée en l'air. Mais cette fois, eût-on dit, c'était dodo tout doux. Tant de douceur cachait les griffes.

15

DE MES TRIBULATIONS EN COMPAGNIE DE MON ANTI-HÉROS

Désir, mon désir !

WILLIAM BLAKE.

Je racontai tout à Adrian. Toute la folle histoire de ma quête de l'impossible amour, cette course qui me ramenait toujours à mon point de départ : la tête – tout dans la tête. Je lui jouais tous les rôles : mes sœurs, ma mère, mon père, mes grands-parents, mon mari, mes amis... Dans la Triumph, nous roulions en parlant, nous parlions en roulant.

– Alors? demandais-je. Ton diagnostic?

– Tu as besoin d'une petite remise en ordre, mon canard, répétait-il sans arrêt. Besoin de descendre jusqu'au fond de toi-même, si tu veux sauver ta vie du naufrage.

Mais qu'est-ce que je faisais d'autre? Qu'était-ce donc que cet itinéraire dingue, sinon une plongée dans le passé?

– Il faut que tu ailles encore plus avant, répliquait-il. Il faut d'abord que tu touches le fond, et ensuite que tu remontes.

– Seigneur! Et moi qui croyais que c'était chose faite!

Adrian souriait, de son beau petit sourire entendu, autour du tuyau de pipe et de l'ourlet de ses lèvres roses en cul de poule; et il disait, comme s'il avait su à quoi s'en tenir sur quelques-unes des surprises qui m'attendaient encore :

– Non, non, il te reste à toucher le fond.

– Tu m'y aideras? demandais-je.

– Si tu insistes, ma chérie.

C'était sa magnifique indifférence qui me mettait en fureur, m'incendiait les sens, m'affolait d'un sentiment de frustration. Malgré ses caresses et ses perpétuelles mains aux fesses, il était d'un *calme!...* Souvent, il m'arrivait de contempler son beau profil en me demandant ce qui diable pouvait bien se passer dans sa tête, et pourquoi, apparemment, je ne parvenais pas à lire ses pensées. Je lui disais :

– Je voudrais tant pénétrer sous ton crâne, et je n'y arrive pas! J'en deviens folle.

– Et pourquoi voudrais-tu pénétrer sous mon crâne? Tu crois que cela t'apporterait une solution?

– C'est que je voudrais tant me sentir toute *proche* de quelqu'un, ne faisant qu'un avec lui, *complète,* pour une fois! Je voudrais tant aimer vraiment quelqu'un...

– Parce que tu crois que l'amour résout tous les problèmes?

– Non, disais-je, peut-être que cela ne résout rien, mais puisque j'en ai envie... envie de me sentir complète.

– Tu avais vraiment l'impression de faire partie de Brian, et cela a donné quoi?

– Brian était fou, protestais-je.

– Comme tout le monde, plus ou moins, si l'on va au fond de la pensée des gens. Ce n'est qu'une question de degré.

– Tout de même...

– Ecoute, pourquoi ne pas cesser tout simplement

de courir après l'amour, et essayer de vivre ta propre vie?

– Mais parce que. Quelle sorte de vie veux-tu qu'il me reste, sans l'amour?

– Tu as ton travail, tes livres, ton métier de prof, tes amis...

Waterloo, morne plaine, songeais-je.

– Quand j'écris, c'est pour essayer d'être aimée, de toute façon. Je sais que c'est dingue, que c'est me condamner à la désillusion; mais c'est ainsi. J'ai envie que tout le monde m'aime.

– Tu joues perdante, me disait-il.

– Je le sais, mais à quoi cela m'avance-t-il de le savoir? Et pourquoi le fait de *savoir* ne m'avance-t-il jamais *à rien*?

Il ne répondait pas. D'ailleurs, ce n'était sans doute pas à lui que j'adressais mes questions – je les lançais seulement en l'air, aux montagnes bleuies par le crépuscule (nous franchissions le col du Saint-Gothard, toute capote rabattue).

– Le matin au réveil, dit-il à la fin, je suis incapable de me rappeler ton nom. Chaque fois.

Je l'avais, ma réponse! Elle me perça comme un coup de couteau. Et dire que moi, toutes les nuits, allongée près de lui, je restais éveillée, à trembler et à me répéter sempiternellement mon nom, pour tâcher de me rappeler qui j'étais!...

– Ce qui m'embête dans l'existentialisme, dis-je comme nous roulions sur une *autostrada,* c'est qu'il est bien difficile de s'empêcher de penser à l'avenir. Un acte entraîne *toujours* des conséquences.

– Moi, si, je peux m'en empêcher, dit Adrian.

– Ah, oui? Comment?

Il haussa les épaules.

– Sais pas. Je peux, voilà tout. Aujourd'hui, par exemple, je me sens formidablement bien.

– Et pourquoi est-ce que je me sens si misérable, quant tu te sens si formidable?

Il éclata de rire.

– Parce que tu es foutralement juive... Le peuple élu! Vous n'êtes peut-être pas brillants à d'autres égards, mais pour ce qui est de la capacité de souffrir, on ne fait pas mieux!

– Sale vache!

– Pourquoi? Parce que je te dis la vérité? Réfléchis. Tu as envie d'amour, d'intensité, de sentiment, d'intimité, et tu aboutis à quoi? A la souffrance. Au moins, quand tu souffres, c'est intensément... La patiente *adore* son mal : elle n'a aucun désir d'être guérie.

L'embêtant dans mon cas, c'est que j'ai toujours voulu être la plus grande, dans n'importe quel domaine. La plus grande amoureuse. La plus grande affamée de tout. La plus grande martyre. La plus grande victime. La plus grande imbécile... Si je passais mon temps à me fourrer dans tous les pétrins, c'était la faute de ce fichu désir de vouloir toujours être la plus grande. Fatalement, je me devais d'avoir pour premier mari l'homme le plus dingue du monde, pour second, le plus impénétrable; de même que mon premier livre se devait d'être le plus audacieux de tous les livres; mon trac après sa publication, la plus belle de toutes les paniques... Je ne pouvais rien faire à moitié. Du moment que je devais me couvrir de ridicule en m'offrant pour amant une vraie peau de vache, il fallait que ce fût au vu et su de la communauté psychanalytique mondiale au grand complet. Et pour me racheter, je n'avais d'autre solution que de m'embarquer avec le salopard dans une virée d'ivrognes, en ayant de bonnes chances d'y laisser tous les deux notre peau. La faute et le châtiment ficelés ensemble dans le même joli paquet. En cas de non-distribution, retour à l'envoyeur. Mais qui était l'envoyeur? Moi. Moi. Moi.

Là-dessus, pour couronner le tout, vint s'ajouter la quasi-certitude que j'étais enceinte. Il ne manquait plus que ça! Mon existence était sens dessus dessous; mon mari, Dieu savait où, et moi, toute seule avec un inconnu qui se fichait de ma personne comme d'une guigne. Seule et enceinte – du moins le pensais-je. Que cherchais-je donc à prouver? Que j'étais capable d'endurer n'importe quoi? Quel besoin avais-je donc de m'entêter à faire de ma vie une telle épreuve d'endurance?

Je n'avais pas vraiment raison de me croire enceinte. Mes règles étaient normales. Mais je n'ai jamais besoin de vraie raison pour penser n'importe quoi, ni pour être prise de panique. Chaque fois que je retirais mon diaphragme, je me palpais le col de l'utérus en quête d'un indice. D'où me venait cette ignorance de ce qui se passait en dedans de moi? Pourquoi mon corps était-il un tel mystère pour moi? En Autriche, en Italie, en France, en Allemagne, je me tripotai le col de l'utérus en envisageant toutes les hypothèses. Que je découvrirais le moment venu que j'étais enceinte. Que je passerais toute ma grossesse à me demander si l'enfant serait un blond aux yeux bleus, comme Adrian, ou un petit Chinois, comme Bennett. Et que ferais-je? Qui voudrait de moi? J'avais quitté mon mari, il ne me le pardonnerait jamais, ne me reprendrait jamais. Quant à mes parents, ils ne consentiraient à m'aider qu'en me le faisant payer très cher, affectivement – pour compter sur eux, je devrais me résigner à retomber en enfance. Mes sœurs, elles, jugeraient que ce n'était pas volé, avec mon existence dissolue! Et mes amis riraient derrière leurs mines de fausse commisération – enfin, Isadora a mordu la poussière!

Ou alors, ce serait l'avortement. Un bâclage à la sauvette, une boucherie qui serait ma fin. Une bonne septicémie. A défaut, stérilité à vie. Et tout soudain, de tout mon cœur, je voulais cet enfant. L'enfant d'Adrian. L'enfant de Bennett. Le mien. Peu importait de qui. J'avais envie d'être enceinte, envie d'être *grosse d'un enfant.* Couchée sous la minitente d'Adrian, les yeux ouverts dans le noir, je pleurais, pendant qu'il continuait à ronfler.

Nous couchions au bord d'une route, quelque part en

France, cette nuit-là; mais nous aurions tout aussi bien pu être sur la lune. Oui, j'en étais à ce point de solitude, de perdition totale.

« Personne, personne, personne, personne... » geignais-je, berçant mon chagrin et le gros bébé que j'étais, dans l'espoir de les endormir l'un et l'autre. « Désormais, me disais-je, il te faudra te servir toi-même de mère, de consolatrice, de nounou berceuse. Peut-être est-ce là ce qu'entendait Adrian, en te parlant de descendre au fond de toi-même, puis de remonter à la force des poignets. Apprendre à survivre à ta propre vie. A endurer ta propre existence. A ne plus te tourner perpétuellement vers un psychanalyste, un amant, un mari, un parent. »

Je me berçais. Je me récitais mon nom pour tenter de me rappeler qui j'étais : « Isadora, Isadora, Isadora, Isadora... Isadora White Stollerman Wing... licenciée ès lettres, diplômée des beaux-arts, futur docteur en philosophie. Isadora Wing, cadette pleine de promesses de nos jeunes poétesses. Isadora Wing, cadette pleine de promesses de nos jeunes martyres. Isadora Wing, féministe et femme soi-disant libérée. Isadora Wing, clown, pleurnicheuse, idiote. Isadora Wing, bel esprit, érudite, ex-épouse divorcée de Jésus-Christ. Isadora Wing et sa peur de quitter la terre. Isadora Wing, allumeuse un tantinet trop grasse et présentant un mauvais cas d'astigmatisme du troisième œil. Isadora Wing au con insatiable, au cœur et à la tête troués comme des passoires. Isadora Wing au ventre affamé qui bat le tambour. Isadora Wing, dont la mère voulait qu'elle eût des ailes. Isadora Wing, que sa mère traîna plus bas que terre. Isadora Wing, malade professionnelle, chercheuse de sauveurs, de voluptés, de certitudes. Isadora Wing, spécialités : guerre aux moulins à vent, deuils en tous genres, aventures ratées... »

J'ai dû m'endormir. En tout cas, je me réveillai sous des flots de soleil transperçant le bleu luisant de la mini-tente. Adrian ronflait toujours. Son bras, tout doré de poils blonds, était retombé lourdement en travers de ma poitrine et, par la force de ce poids, j'avais conscience d'une gêne respiratoire. Les oiseaux pépiaient. Nous étions en France, oui, c'était cela. Au bord d'une route, oui. A un carrefour de mon existence. Pas le premier. Que faisais-je là? Pourquoi étais-je couchée sous une tente, en France, en compagnie d'un homme que je connaissais à peine? Pourquoi n'étais-je pas au lit avec mon mari, à la maison? Une vague soudaine de tendresse m'envahit à la pensée de mon mari. Que faisait-il en ce moment? Est-ce que je lui manquais? M'avait-il oubliée? M'avait-il trouvé une remplaçante? Une fille comme les autres, qui n'aurait pas besoin de foutre le camp à l'aventure pour éprouver son endurance. Une fille comme les autres, qui se contentât de préparer le petit déjeuner et d'élever des marmots. Une fille comme les autres, organisée comme les copines : un jour pour le tour de conduite et de ramassage des gosses du voisinage à l'école, un jour pour la piscine, sept jours sur sept pour s'emmerder. Une jeune femme comme tant d'autres, arrachée aux pages de quelque magazine féminin?

Et voilà que, tout à coup, j'aurais donné n'importe quoi pour être cette fille comme les autres. Etre la bonne petite ménagère, la mère de famille américaine tant vantée, la « Miss Mademoiselle » de *Mademoiselle,* l'élégante mémé de *McCall's,* la poupée de *Cosmopolitan,* la Femme d'Intérieur Idéale aux trois étoiles tatouées sur le cul et à la cervelle pleine d'indicatifs publicitaires se déclenchant comme des réveille-matin. C'était ça, la solution : être comme les autres! Le contraire d'extraordinaire! Se contenter du moyen terme, des dîners-télé, des tables rondes sur le Mariage Idéal, la Famille Idéale, le Bonheur du Couple. Je me voyais en bonne petite épouse heureuse – tablier et chemisier de guingan – attendant le retour du mari et des gosses, tandis que le poste de télé omniprésent chante les vertus du foyer américain et de la femme-esclave américaine, avec sa petite cervelle de moinelle abrutie.

Je me rappelais comme je m'étais sentie terriblement sans foyer et déracinée, la veille, et brusquement, avec ces simples mots : « être comme les autres », je tenais la réponse à tout. Oui, il suffisait d'être la gentille petite femme bien tranquille, dans sa gentille petite maison bien paisible, pour ne jamais plus se réveiller dans la désolation au bord d'une route de France.

Seulement, parvenue à ce point, la vision crevait comme la bulle qu'elle était. Je revoyais tous les matins où je m'étais réveillée à New York à côté de mon mari, dans le même sentiment de solitude aiguë. Tous ces matins désolés où nous nous regardions, les yeux vides, par-dessus le jus d'orange et la tasse de café. Tous ces matins désolés qui se mesuraient en cuillers à café, en notes de blanchisserie, en rouleaux de papier hygiénique à remplacer, en vaisselle sale ou brisée, en chèques annulés, en bouteilles de scotch vides. Le mariage aussi peut être une solitude, une vraie désolation. A quoi rêvent-elles, les bonnes petites épouses heureuses qui préparent le petit déjeuner de leur petit mari et de leurs petits chéris, sinon à foutre le camp avec un amant pour aller coucher sous la tente quelque part en France? Elles ont le cerveau qui baigne dans les fantasmes. Elles préparent le petit déjeuner, retapent les lits, se coupent quelques sandwiches pour midi, puis s'en vont faire leurs courses, essentiellement pour acheter la nouvelle livraison des aventures de Jackie Onassis (à suivre) dans *McCall's*. Elles ne cessent de rêver d'évasion. Elles ne cessent de bouillir de rancœur. Privée de fantasmes, leur existence serait un bocal de vinaigre sans pickles.

N'y avait-il pas d'issue? Le monde entier était-il la proie de la solitude? L'inquiétude, la bougeotte faisaient-elles partie de la vie? Valait-il mieux se ranger à cet ordre de chose que de continuer à courir après de fausses solutions? Le mariage ne guérit pas de la solitude. Les enfants poussent et prennent le large. Les amants ne sont pas la panacée. Le sexe n'est pas une solution définitive. Si l'on fait de sa vie une longue maladie, alors il n'y a d'autre remède que la mort... Brusquement, tout devenait d'une clarté aveuglante. Allongée sous cette tente, dans ce sac à viande pour deux, au côté de ce ronfleur qui m'était étranger, je me perdais en réflexions de toutes sortes. Et maintenant? Comment mener ma vie? Où aller, en partant d'ici?...

Quand arriva l'après-midi, nous avions retrouvé l'ivresse et la joie. Nous nagions dans la bière. Nous nous arrêtâmes pour acheter des pêches à un paysan, au bord de la route, et nous découvrîmes qu'il ne les vendait que par cageots. Nous repartîmes avec l'arrière de la Triumph bourré de pêches. Tout un énorme cageot. Je me mis à les dévorer et m'aperçus qu'elles avaient presque toutes des vers. Je bombardai le paysage avec des moitiés de fruits véreux. J'étais bien trop saoule pour ne pas me moquer des asticots, d'une hypothétique grossesse, du mariage ou de l'avenir. Je dis à Adrian :

– Je me sens bien, c'est formidable!

– C'est ce qu'il faut. Cette fois, tu y es, ma petite cane!

Mais, le soir venu et l'effet de la bière émoussé, la dépression se remit de la partie. Nos jours, nos itinéraires, nos soûleries ne rimaient vraiment à rien. Depuis Vienne, je n'avais pas ouvert un journal. A peine si j'avais pris un bain ou changé de vêtements. Et par-dessus tout je n'écrivais pas et cela me manquait. Il y avait des semaines que je n'avais jeté sur le papier un poème; je finissais par avoir l'impression que je n'y parviendrais jamais plus. Je pensais à ma vieille machine électrique rouge qui dormait sur ma table, à New York, et mon cœur bondissait de regret et d'envie. Là était mon amour! Je m'imaginais parfaitement retournant auprès de Bennett, rien que pour obtenir la garde de ma machine à écrire. Comme les gens qui restent ensemble « à cause des enfants », ou parce qu'ils n'arrivent pas à décider à qui reviendra l'appartement à loyer bloqué.

Cette nuit-là, nous optâmes pour un vrai site organisé, au lieu d'un bord de route. (« Un camping », comme disent les Français.) Pas le grand luxe, mais un trou où se baigner, un *snack-bar*, un endroit où prendre une douche. J'en rêvais, de cette douche; à peine Adrian avait-il marqué notre territoire en plantant ses piquets, que je me précipitai vers l'endroit en question. Tandis que la crasse dégoulinait de mon corps avec l'eau, j'adressai à Bennett un message par télépathie : « Je te demande pardon, où que tu sois, lui dis-je. Et à moi aussi du même coup, où que je sois. »

Quand je regagnai notre tente, Adrian s'était fait un ami, découvris-je. Deux, même. Un couple américain. Elle, d'une joliesse vulgaire, rousse, tachée de son, le sein avantageux, juive, accent de Brooklyn. Lui, barbu, châtain, frisottant, plutôt gras, même accent; agent de change dans le vent, barbotant dans les hallucinogènes, cependant qu'elle, bonne petite bobonne dans le vent, barbotait dans l'adultère. Ils avaient une villa en grès, à Brooklyn Heights, un camping-bus Volkswagen, trois gosses en camp de vacances, et le truc qui les démangeait comme à quatorze ans. Adrian en mettait plein la vue à la femme (Judy), avec son accent anglais et les théories de son maître Laing (déjà bien usées en ce qui me concernait). Et elle semblait fin mûre pour faire tente commune avec lui.

— 'lut, dis-je allègrement à ces compatriotes et coreligionnaires.

— 'lut, répondirent-ils d'une même voix.

— Bon, alors? dit Adrian. Dodo tout de suite, ou un petit coup à boire?

Judy gloussa comme une dinde.

— Ne vous occupez pas de moi, dis-je. La possessivité n'est pas plus notre fort que la propriété.

J'estimais me tirer assez bien de mon imitation d'Adrian.

– Nous avons un morceau d'entrecôte que nous allions justement faire griller; voulez-vous le partager avec nous? suggéra nerveusement le mari (Marty).

Dans le doute, mange – je connaissais le genre.

– Sensass! dit Adrian.

L'invité à dîner. Je n'avais pas de mal à voir que la perspective de tringler Judy sous les yeux du mari l'allumait vraiment. Il était à son affaire. Depuis que Bennett était sorti de scène, je commençais à manquer d'intérêt.

Nous prîmes place pour partager l'entrecôte et l'histoire du couple. Ils avaient décidé d'agir en gens raisonnables, au lieu de divorcer comme les trois quarts de leurs amis, nous expliqua Marty. Ils avaient résolu de s'accorder mutuellement un maximum de liberté. Ils s'étaient livrés à des tas d'exercices « en bande », selon ses propres termes, à Ibiza où ils avaient passé le mois de juillet. Le pauvre bougre n'avait pas l'air tellement heureux. Comme un gamin qui fait son *bar-mitzvah,* il ânonnait son petit catéchisme sexuel à la dernière mode. Adrian ricanait. Des convertis d'avance. Autant de gagné.

– Et vous? s'enquit Judy.

– Nous ne sommes pas mariés, répondis-je. Nous ne croyons pas au mariage. Lui, c'est Jean-Paul Sartre, et je vous présente Simone de Beauvoir.

Ils se regardèrent tous les deux. Ces noms leur disaient quelque chose, mais *quoi?* J'en remis :

– Nous sommes connus comme le loup blanc. En réalité, lui, c'est R.D. Laing, et moi, je suis Mary Barnes. J'étais folle, il m'a guérie et j'ai découvert que j'étais peintre.

Adrian rit, mais, visiblement, je ne m'étais gagné ni Judy ni Marty. Pure autodéfense de ma part. Je sentais venir la minute de vérité, et j'éprouvais le besoin de jeter dans la bataille toutes mes réserves d'esprit. Que me restait-il d'autre?

– Bien, dit Adrian. Et si on changeait simplement de partenaire, histoire de se mettre en train?

Marty prit un air déconfit. Ce n'était pas un très grand compliment pour moi; mais, à vrai dire, il ne me faisait pas très envie non plus.

— Si vous voulez bien être mes invités? dis-je en me tournant vers Adrian.

J'aurais aimé le voir pris à son propre piège — pour ce que cela veut dire (je n'en ai jamais été sûre). Je poursuivis :

— Je crois que je compterai pour du beurre, pour cette fois. Je pourrai regarder, si vous voulez.

J'étais résolue à battre Adrian à son propre jeu. Calme et détachée. Et autres conneries. Sur quoi, Marty bondit pour protester de sa virilité :

— Moi, je trouve que, ou bien on change de partenaire, ou alors zéro! bégaya-t-il.

— Désolée, répliquai-je. Sans vouloir jouer les rabat-joie, je ne me sens pas d'humeur à la bagatelle, un point c'est tout.

Je faillis ajouter : « D'ailleurs, j'ai peut-être la chtouille », mais je ne voulais pas gâcher le plaisir d'Adrian. Qu'il fasse sa petite affaire. J'étais une dure. J'avais de l'encaisse.

— Vous ne croyez pas que c'est la majorité qui devrait décider? demanda Judy.

Fichtre, l'ancienne girl-scout dans toute sa splendeur!

— Ma décision à moi est déjà prise, rétorquai-je.

J'étais follement fière de moi. Je savais ce que je voulais et rien ne m'en ferait démordre. J'étais ravie de dire « non ». Même Adrian était fier de moi : cela se voyait à son large sourire. Le bâtisseur de personnalité — c'était à cela qu'il jouait. Ce qui l'intéressait depuis le début, c'était de me sauver de moi-même. Je dis :

— Ce sera quoi, alors? On vous regarde faire ou bien on va s'asseoir tous les deux pour bavarder en paix au bord du trou-la-la d'eau?

— Je suis pour le trou-la-la, répondit Marty, d'une voix désespérée.

– J'espère que ce ne sera pas un puits de perdition, dis-je.

Je saluai gaiement de la main Adrian et Judy, tandis qu'ils montaient dans le bus et fermaient les rideaux. Puis, prenant le bras de Marty, je le conduisis jusqu'au trou d'eau et nous nous assîmes sur une grosse pierre.

– Qu'est-ce que vous préférez : me raconter votre vie, ou seulement me parler des amants de Judy?

Il n'avait pas l'air gai.

– Vous êtes toujours comme ça? J'admire votre désinvolture, me répondit-il en m'indiquant de la tête le bus dans la nuit.

– D'ordinaire je me fais un sang d'encre; mais mon ami là-bas s'est chargé de me bâtir une personnalité.

– Comment ça?

– Il s'efforce de m'apprendre à ne plus me torturer toute seule, et il est fichu d'y réussir... mais pas pour les raisons qu'il pense.

– Je n'y comprends rien, avoua Marty.

– Excusez-moi. Vous avez raison, j'anticipe. C'est une longue et triste histoire, et l'une des moins originales qui soit.

Il jeta un regard nostalgique dans la direction du bus. Je lui pris la main.

– Je vais vous confier un secret, lui dis-je. Il y a de fortes chances pour que ça manque plutôt d'action, là-bas dedans. Il n'a rien de l'étalon qu'il croit être, vous savez.

– Il est impuissant?

– Souvent.

– Ce n'est pas une grande consolation, mais l'intention est gentille.

Je le regardai. Il n'était pas si mal. Je songeai à toutes les occasions où j'avais rêvé d'hommes et de lieux inconnus, de grosses pines inconnues. Mais je ne ressentais qu'indifférence. Je savais que ce n'était pas en baisant avec Marty que je ferais un pas de plus vers la vérité que je cherchais – quelle qu'elle fût. Ce que je voulais, c'était un acte d'amour suprêmement beau, où chacun des partenaires devient le moulin à prières de l'autre, le toboggan, la fusée... Marty était loin de cela. Mais qui, alors? Qui?

– Comment se fait-il que vous soyez ici? Vous êtes américaine, non? demanda-t-il.

– L'un n'empêche pas l'autre, répondis-je. Le fait est que j'ai quitté un mari qui est la perfection et la gentillesse mêmes, et que je l'ai quitté pour *ça*.

Cette fois, Marty dressa l'oreille. Un instant, il eut l'air légèrement scandalisé.

Etait-ce finalement cela, la raison de mon acte? En étais-je venue là pour pouvoir dire impudemment : « J'ai quitté mon mari », et voir vibrer les ondes du scandale dans le regard d'un étranger? N'était-ce rien de plus que de l'exhibitionnisme? Et de la plus basse espèce, par-dessus le marché?

– D'où êtes-vous?

– De New York.

– Vous faites quoi, dans la vie?

La bizarre intimité née de cette attente, à quelques pas d'un camping-bus où sa femme et mon compagnon étaient en train de baiser, appelait une forme quelconque de confession, et j'y allai donc de la mienne :

– New-Yorkaise, juive, de famille bonne bourgeoise et très névrotique, mariée pour la seconde fois, avec un psychanalyste, pas d'enfant, vingt-neuf ans, viens de publier un recueil de poèmes censément érotiques, qui m'a valu des coups de téléphone en pleine nuit d'individus bizarres, avec propositions à la clé, et qui a été cause de bruit autour de ma petite personne – tournées de conférences dans les universités, interviews, lettres de dingues, ainsi de suite – à tel point que cela m'a monté à la tête. Me suis mise à étudier mes propres poèmes et à vouloir m'identifier à l'image qu'ils me renvoyaient. A vouloir vivre mes imaginations. A me prendre pour un personnage de roman inventé par moi.

– Ça alors! dit Marty, fort impressionné.

– Le problème, c'est que les imaginations ne sont

que des imaginations et que l'on ne peut vivre en extase tous les jours que Dieu fait. Et même si l'on prend et claque la porte, même si l'on baise avec les premiers venus, cela ne signifie pas forcément que l'on progresse sur le chemin de la liberté.

Bennett n'eût pas mieux parlé. Quelle ironie!

– J'aimerais bien que vous expliquiez ça à Judy, dit Marty.

– Personne ne peut rien expliquer à personne, répondis-je.

Plus tard dans la nuit, lorsque je retrouvai Adrian sous la minitente, je lui demandai des nouvelles de Judy.

– Une vraie conne, me dit-il. Un con qui ne bouge pas plus que si tu n'existais pas.

– Et toi, tu lui as plu?

– Va savoir!

– Ça t'est égal?

– Tu sais... je l'ai baisée comme on prend une tasse de café après le dîner. Et le café n'était pas fameux, par-dessus le marché.

– Alors, à quoi bon?

– Et pourquoi non?

– Parce que, si tu ravales tout à un tel degré d'indifférence, plus rien n'a de sens. Ce n'est plus de l'existentialisme, c'est le zéro absolu. Cela revient à ôter toute raison d'être à quoi que ce soit.

– Et après?

– Après? Mais cela fait que tu aboutis exactement à l'opposé de ce que tu voulais. Tu cherchais l'intensité, tu arrives à zéro. C'est chercher sa propre défaite.

– C'est un vrai cours que tu me fais, professeur, dit Adrian.

– C'est juste, répondis-je (mais le ton n'était pas celui de l'excuse).

Le lendemain matin, plus de Marty ni de Judy : ils avaient levé le camp pendant la nuit, comme des bohémiens. Adrian me dit :

– Je t'ai menti hier soir.
– A quel propos?
– En fait, je n'ai pas baisé du tout Judy.
– Tiens donc, et pourquoi?
– Parce que je ne m'en sentais pas.

Je ris méchamment.

– Tu veux dire que tu n'as pas pu.
– Non. Absolument *pas*. Je n'en avais pas *envie*, voilà tout.
– Dans l'un et l'autre cas je m'en moque, dis-je.
– Connerie, dit-il.
– C'est ce que tu crois.
– Allons donc, tu es folle de rage parce que c'est la première fois que tu rencontres un homme qui te tient tête, et tu es incapable de supporter longtemps qui, ou quoi, que ce soit qui te résiste.
– Quelle blague! dis-je. Il se trouve seulement que je me fais une plus haute idée que toi de ce que je veux. Si tu crois que je ne vois pas clair dans ton jeu! D'accord avec toi, pour ce qui est de la spontanéité et de l'existentialisme. Mais ce n'est plus du tout de la spontanéité, c'est du désespoir! C'est ce que tu m'as dit la première nuit où nous avons baisé. Permets-moi de te le retourner aujourd'hui. Tout ça n'est que désespoir et angoisse sous le masque de la liberté. Ce n'est même pas un plaisir. C'est une pitié – oui, même notre équipée est pitoyable!
– Tu n'accordes jamais la moindre chance à rien ni à personne, dit Adrian.

Plus tard encore, nous nous baignâmes dans le trou d'eau et nous séchâmes ensuite au soleil. Adrian s'étala dans l'herbe, louchant sous la lumière. Je m'allongeai, la tête sur sa poitrine, respirant l'odeur chaude de sa peau. Un nuage cacha soudain le soleil et lâcha une petite ondée. Nous ne bougeâmes pas. Le nuage passa, nous laissant saupoudrés de gouttelettes de pluie que je sentis s'évaporer lorsque le soleil reparut et nous brûla de nouveau la peau. Un faucheur escalada de ses longues pattes l'épaule d'Adrian et se perdit dans ses cheveux. Je me redressai vivement.

– Qu'y a-t-il?

– La sale bestiole!

– Où ça?

– Là. Sur ton épaule.

Il loucha plus fort, repéra l'araignée, l'attrapa par une patte, la tint en l'air en la regardant battre le vide comme un nageur l'eau.

– Ne la tue pas, le priai-je.

– Je croyais qu'elle te faisait peur?

– Oui, mais je n'ai pas envie que tu l'écrases sous mes yeux, protestai-je en reculant.

– Tu préfères ça? demanda-t-il en arrachant une patte du faucheur.

– Pour l'amour du Ciel, *non!* Pas cela! Il n'y a rien que je déteste plus au monde.

Il n'en continua pas moins à arracher les pattes, comme les pétales d'une marguerite :

– Elle m'aime, elle ne m'aime pas...

– Puisque je te dis que je déteste cela! Je t'en prie...

– Je croyais que c'étaient des bestioles que tu détestais?

– Je n'aime pas les sentir grouiller sur moi, mais je ne peux pas non plus supporter qu'on les tue. Tu me soulèves le cœur, à mutiler celle-ci comme ça. Je ne peux pas voir ça!

Je me levai et courus me jeter de nouveau dans l'eau. Il me cria :

– Je ne te comprends pas! Merde, quelle idée d'être sensible à ce point!

Je me mis la tête sous l'eau.

Nous attendîmes d'avoir déjeuné pour nous adresser de nouveau la parole.

– Tu as tout gâché, me dit Adrian. Avec ton hypersensibilité et ta façon de n'être jamais contente et de toujours te tourmenter.

— Bien. Dans ce cas dépose-moi à Paris. De là, je prendrai l'avion.

— Avec plaisir.

— J'étais sûre du coup... sûre que si je laissais voir le moindre sentiment d'humanité, tu en aurais assez de moi. Ce que tu veux, c'est une nana en plastique, c'est ça, n'est-ce pas?

— Tu es dingue. Je veux que tu aies ton âge, c'est tout.

— Selon l'idée que tu t'en fais.

— Selon notre idée à tous les deux.

— Non mais, écoutez-moi ce démocrate! dis-je sarcastiquement.

Nous commençâmes à plier bagage, jetant les piquets de tente et tout le bazar à l'arrière de la voiture. Cela nous prit une vingtaine de minutes, durant lesquelles nous n'échangeâmes pas une parole. Finalement, nous montâmes dans la Triumph et je dis :

— J'imagine que cela ne te fait rien, que j'aie fichu toute ma vie en l'air, uniquement parce que j'ai eu un coup de cœur pour toi?

— Tu ne l'as pas fait pour moi, répliqua-t-il. Je n'étais que le prétexte.

— Jamais je n'aurais pu m'y résoudre, si le sentiment n'avait pas été aussi fort...

Et, dans un long frisson qui me secoua toute, je me souvins de l'élan qui m'avait poussée vers lui à Vienne. Je me rappelai mes genoux en coton, mon ventre qui battait, mon cœur qui galopait, le souffle qui me manquait — tout ce qu'il avait remué, réveillé, en moi et qui m'avait incitée à le suivre. J'aurais voulu le retrouver comme au premier jour. Celui qu'il était devenu était trop décevant.

— L'homme caché sous le lit ne peut jamais être celui qu'on met dans son lit, dis-je. L'un exclut l'autre. Une fois sorti de dessous le lit, ce n'est plus le même : celui qui excitait notre désir.

— Qu'est-ce que tu racontes? dit-il.

— Je t'expose ma théorie du baisage sans effeuillage.

Et, du mieux que je le pus, j'entrai dans le détail.

– Si je comprends bien, je te déçois? me demanda-t-il, en me prenant dans ses bras et en me faisant basculer, jusqu'à ce que ma tête reposât sur ses cuisses.

De son pantalon crasseux, montait une odeur de fauve.

– Descendons, dis-je.

Nous sortîmes de la voiture et allâmes nous asseoir sous un arbre, non loin de là. La tête sur ses genoux, je tripotai sa braguette, la défis à demi et pris dans la main son pénis au repos.

– Il est tout petit, dis-je.

Je levai les yeux vers les siens, verts pailletés d'or, et vers les mèches blondes sur son front, les fines rides du rire au coin des lèvres, les joues hâlées. Il était toujours aussi beau. J'avais envie de lui, même s'il entrait dans mon désir une part douloureuse de regret. Nous nous embrassâmes longuement. Sa langue dansait la sarabande dans ma bouche, à me donner le vertige. Mais la longueur du baiser n'y fit rien : son pénis n'ébaucha même pas un garde-à-vous. Il rit de son rire ensoleillé; j'en fis autant. Je savais qu'il serait toujours en reste avec moi, que jamais je ne le posséderais véritablement et que c'était une des raisons de sa beauté. Je parlerais de lui dans un livre et dans la vie; je me souviendrais de lui; mais jamais il ne serait à moi. Il demeurerait l'homme inaccessible.

Nous prîmes la route de Paris. Je tenais bon dans ma volonté de rentrer chez moi. Il essaya de me persuader de ne pas partir. Il craignait maintenant de perdre mon attachement. Il sentait que je m'éloignais. Il savait parfaitement que je noircissais déjà mon carnet de notes, en prévision de l'avenir.

Comme nous approchions des faubourgs de Paris, nous commençâmes à voir des graffiti gribouillés sur les ponts de l'autoroute. L'un d'eux disait :

FEMMES LIBÉRONS-NOUS!

16

SÉDUITE ET ABANDONNÉE

Le droit de vote, songeai-je, n'a pas de sens pour les femmes. Ce qu'il nous faut, ce sont des armes.

EDNA O'BRIEN.

Paris de nouveau.

Nous arrivons, solidement recouverts d'une couche de poussière. Couple d'oiseaux migrateurs sorti droit d'un roman de Steinbeck. Ou couple de comédiens de vaudeville emprunté à Colette.

Pisser au bord des routes, c'est, en théorie, du plus charmant Rousseau; en pratique, cela laisse l'entrejambe un peu gluant. Et l'un des désavantages de la condition féminine est que l'on pisse dans ses souliers, ou sur eux.

Mais enfin, nous voici à Paris, gluants, poudreux et quelque peu compissés. Retombés amoureux tous les deux. A ce second stade de l'amour, qui est fait de la nostalgie du stade précédent. Ce second stade qui survient quand on sent désespérément que l'amour s'enfuit de tous côtés et que l'on ne peut supporter la pensée de se retrouver en deuil de lui une fois de plus.

Adrian me tripote tendrement le genou :

– Ça va, chérie?
– Très bien, chéri.

Nous ne faisons plus très bien le partage entre le vrai et le faux. Les comédiens sont entrés dans la peau de leur personnage.

Je suis décidée, désormais, à retrouver Bennett et à essayer de recommencer, s'il veut encore de moi. Mais je n'ai pas la moindre idée de l'endroit où il peut être. Je me résous à tenter de téléphoner. L'hypothèse est qu'il sera reparti pour New York : il déteste autant que moi traîner sans but en Europe.

Gare du Nord, je trouve un téléphone et tente de lancer un appel avec préavis. Mais j'ai oublié tout le français que j'aie jamais su, et l'anglais de la téléphoniste laisse beaucoup à désirer. Après un dialogue absurde, pas mal d'erreurs, de tonalités successives et de faux numéros, je parviens enfin à obtenir New York et notre appartement.

La téléphoniste demande :

– Le Dr Wing?

Et très loin, comme noyée sous l'océan Atlantique, j'entends la voix de la jeune personne à qui nous avons sous-loué pour l'été :

– Il est absent. Il est à Vienne.
– Madame, le docteur est à Vienne, répercute la téléphoniste à mon intention.

Je hurle :

– Ce n'est pas possible!

Mais là s'arrête mon français. La téléphoniste a beau essayer de discuter avec moi, j'ai la langue de plus en plus liée. Jadis, il y a de cela des années, alors que j'étais étudiante et que j'étais venue dans ce pays, je pouvais parler la langue. Maintenant, tout juste si je parviens à manier l'anglais. Je crie :

– Il est sûrement là!

Où est-il, s'il n'est pas à la maison? Et que diable vais-je devenir, sans lui?

Je me dépêche de demander le numéro de téléphone de son plus vieil ami, Bob, à qui nous avons laissé notre voiture pour l'été. Si Bennett est rentré, il lui aura tout de suite téléphoné. Surprise : Bob est là.

– Bob, c'est moi... Isadora... Je suis à Paris. Bennett n'est pas à la maison?

La voix de Bob me parvient faiblement :

– Je le croyais avec toi.

Ensuite, silence. On nous a coupés. Pourtant le silence n'est pas total. Est-ce la rumeur de l'océan que j'entends – ou est-ce que je l'imagine? Je sens un ruisselet de sueur couler entre mes seins. Soudain, la voix de Bob émerge de nouveau de l'Atlantique :

– Que s'est-il passé? Vous avez eu une?...

Gargouillis. Silence. Je crois voir un poisson géant s'attaquer furieusement au câble sous-marin. Chaque fois que la mâchoire se referme, la voix de Bob meurt.

– Bob!

– Je n'entends rien! *Je demandais si vous vous étiez disputés?*

– Oui. C'est trop compliqué à expliquer. Mais c'est affreux. C'est uniquement ma faute...

– *Quoi?* Je n'entends pas... Et Bennett, où est-il?

– Si je le savais, je ne vous téléphonerais pas.

– Comment? Qu'est-ce que vous dites?

– Oh, merde! Moi non plus je n'entends pas... Ecoutez... s'il appelle, dites-lui que je l'aime.

– Pardon?

– Dites-lui que je le cherche.

– Pardon? Je ne vous entends pas.

– Dites-lui qu'il me manque.

– Quoi? Je vous dis que je n'entends pas.

– Il me manque. Dites-lui qu'il me manque.

– Pardon? Répétez, s'il vous plaît.

– Il y a de quoi devenir folle!

– Je n'entends rien du tout.

– Dites-lui bien que je l'aime.

– Quoi? Comment? Cette ligne est épouvan...

Cette fois nous sommes coupés pour de bon. La voix de la téléphoniste intervient pour m'annoncer que je dois la somme de cent vingt-neuf nouveaux francs et trente-quatre centimes.

– Mais je n'ai rien pu entendre!

La téléphoniste persiste dans sa déclaration. Je passe à la caisse et, après avoir exploré mon portefeuille, m'aperçois que je ne possède pas un franc, ni ancien ni nouveau. Bref, il faut en passer par la bagarre avec le change et la caissière. Finalement je paie. A quoi bon s'entêter à protester? Cela n'en vaut pas la peine. Comme une pénitente, je commence à égrener mes francs. Je donnerais une fortune rien que pour être tranquillement chez moi, à revoir dans ma mémoire toute mon aventure. C'est la phase que je préfère entre toutes, au fond. A quoi bon me leurrer? Je n'ai rien d'une existentialiste. Les choses n'ont vraiment de réalité pour moi qu'à partir de l'instant où je les couche sur le papier – en les retouchant et les embellissant à mesure. J'attends toujours la fin des événements en pensant au moment où, rentrée à la maison, je pourrai les confier à ma machine à écrire.

– Alors? me demande Adrian en sortant des toilettes des messieurs.

– La seule chose dont je sois sûre, c'est qu'il n'est pas à New York.

– Il est peut-être à Londres?

– Mais oui, c'est bien possible!

Je n'y avais pas pensé, et mon cœur bondit rien qu'à l'idée de revoir Bennett. Je reprends :

– Pourquoi ne pas aller ensemble jusqu'à Londres en voiture? Ensuite, on se séparerait bons amis?

– Parce que je crois que tu dois affronter la situation toute seule, répond Adrian le moraliste.

Je ne trouve rien de tragique à sa proposition. En un sens, il n'a pas tort. Je me suis fourrée dans le pétrin – pourquoi compter sur lui pour m'en sortir?

– Si nous allions réfléchir devant un verre? dis-je, pour gagner du temps.

– D'accord.

Et nous voilà repartis dans la Triumph, capote baissée, plan de Paris sur mes genoux, ville étincelante de soleil – comme dans la version de notre histoire pour l'écran.

Je guide Adrian en direction du Boul'Mich' et découvre avec ravissement que je me souviens des avenues, des rues, des monuments, même des tournants. Peu à peu, mon français me revient. Je vocifère :

– *« Il pleure dans mon cœur Comme il pleut sur la ville »!*

J'ai des frissons dans le dos, de pouvoir me rappeler ces deux vers du seul poème que j'aie réussi à apprendre par cœur, après tant d'années de cours de français. Brusquement – sans autre raison que le spectacle de Paris – je m'envole et je plane, plus haut qu'un cerf-volant. « Elle est née avec un coup d'adrénaline dans le sang », aimait à dire de moi ma mère. Et c'est la vérité : enfant, quand je n'étais pas au plus bas de la dépression, je pétais d'énergie, de rire et d'esprit.

– *Il pleut?* Tu es folle! dit Adrian. Merde, il y a des semaines que je n'ai pas vu autant de soleil dans une journée!

Mais mon rire de gosse le gagne et, avant même d'être assis dans un café, nous nageons en pleine euphorie. Nous rangeons la voiture rue des Ecoles (l'endroit le plus proche où la garer), en laissant tout notre bazar exposé à l'arrière. J'ai un instant d'hésitation à la pensée de ne pouvoir l'enfermer à clef – il n'y a qu'une grosse toile pour recouvrir le baquet. Mais, après tout, qu'ai-je à faire des biens de ce monde et des choses qui demeurent? *La liberté n'est qu'une autre façon de dire que l'on n'a plus rien à perdre* – pas vrai?

Nous nous dirigeons vers un café de la place Saint-Michel, tout en débitant les petits discours habituels sur Paris qu'il est formidable de retrouver, Paris qui ne change jamais, Paris dont les cafés sont toujours là où on les avait laissés, comme les rues aussi et comme tout Paris, Paris, Paris...

Deux bières chacun, et nous nous embrassons à bouche que veux-tu, au vu de tous. Le premier comme le dernier venus croiraient sûrement que, en privé, il n'y a pas au monde plus grands amants que nous.

– Le surmoi est soluble dans l'alcool, dit Adrian, qui redevient le flirt plein d'assurance des beaux jours de Vienne.

– Le mien, de surmoi, est soluble en Europe, dis-je.

Et nous rions un peu trop fort tous les deux. Puis je propose :

– Et si nous ne rentrions jamais plus? Si nous restions ici pour toujours, à faire les fous du matin au soir?

– Le jus de la treille est le seul existentialiste au monde, répond Adrian en m'enlaçant.

– Avec le houblon, dis-je. C'est le hhhoublon ou l'houblon que l'on dit, je ne sais jamais?

– Le hhhoublon, répondit-il, plein d'autorité, en se jetant une grande lampée.

Et je répète : « Hhhoublon » en l'imitant.

Nous progressons par petits bonds dans Paris, parmi des vapeurs de bière. Nous déjeunons de couscous et dînons d'huîtres; entre-temps, nous avons vidé d'innombrables demis et fait d'innombrables haltes pour pisser. Nous dansons à travers le Jardin des Plantes, autour du Panthéon, dans les petites rues proches de la Sorbonne, dans les allées du Luxembourg. Finalement, nous nous posons sur un banc devant les fontaines du Petit Luxembourg, près de l'Observatoire. Nous sommes joyeusement beurrés. Nous contemplons les chevaux de bronze cabrés de la fontaine. J'ai cette curieuse sensation d'invulnérabilité que donne l'alcool; j'ai aussi l'impression de vivre en plein film romantique. Je me sens prodigieusement détendue, dégagée de tout, étourdie. New York est plus loin que la lune.

– Si on cherchait une chambre d'hôtel? dis-je. On se mettrait au lit.

Ce ne sont pas les feux de la luxure, non – rien que l'expression d'un amical désir de consommer ma griserie romantique. Pourquoi ne pas essayer encore une fois? Juste une. Un foutrage parfait qui perpétuerait en moi le souvenir d'Adrian. Toutes nos tentatives ont été plutôt décevantes jusqu'ici. Quelle honte et quel dommage, de penser que nous aurons passé tout ce temps ensemble, et risqué tant de choses, pour si peu! A moins que ce ne soit le fond même du problème?

– Non, dit Adrian. Nous n'avons pas le temps.

– Pas le temps? Qu'est-ce que cela signifie?

– Je dois me mettre en route ce soir, si je veux être à Cherbourg demain matin.

– Et qu'est-ce qui te force à être à Cherbourg demain matin?

Une lueur horrible commence à se faire jour en moi, à travers l'euphorie de l'alcool.

– Je dois y rejoindre Esther et les petits.

– Tu veux rire?

– Non, je suis tout ce qu'il y a de plus sérieux.

Il consulte sa montre et poursuit :

– Ils devraient quitter Londres vers cette heure-ci. Nous sommes censés prendre ensemble un brin de vacances en Bretagne.

Je le regarde consulter tranquillement sa montre. Je n'en reviens pas. L'énormité de la trahison me laisse sans voix. Dire que je suis là, saoule, pas lavée, ne sachant même pas quel est le jour de la semaine, et lui, pendant ce temps, ne perd pas de vue le rendez-vous qu'il a fixé il y a plus d'un mois! Je dis finalement :

– Comment? Tu le savais depuis le début?

Il fait oui de la tête.

– Et tu m'as laissé croire que nous étions de bons petits existentialistes, alors que, tout ce temps-là, tu savais avoir rendez-vous avec Esther, à une date très précise?

– Ma foi, oui, si tu veux. C'était loin d'être un calcul aussi diabolique que tu le penses.

– Ah, bon! C'était *quoi,* alors? Comment as-tu pu me laisser croire que nous allions seulement à l'aventure, comme ça nous chantait, quand tu n'ignorais pas que tu devais retrouver Esther à *telle* date?

– C'était à toi de changer de vie, mon canard, pas à

moi. Jamais je n'ai dit que j'allais changer le cours de *mon* existence pour le plaisir de te tenir compagnie.

J'avais l'impression d'avoir reçu un uppercut en pleine mâchoire. L'impression d'être retombée en enfance, avec celui que je croyais mon meilleur ami et qui m'avait cassé exprès ma bicyclette. Je ne pouvais concevoir pire trahison.

– Tu veux vraiment dire que, *tout* ce temps où tu me parlais de liberté, d'inattendu, d'imprévisible, tu *savais* que tu avais tout arrangé pour rejoindre Esther? Tu es le plus bel hypocrite que j'aie jamais rencontré!

Il se mit à rire.

– Tu trouves ça drôle? demandai-je.

– Ta fureur, oui.

– J'aimerais te *tuer!* lui criai-je.

– Je n'en doute pas.

Sur quoi, je me mis à lui cogner dessus à coups de poing. Il me saisit par les poignets et me maintint, puis me dit en riant :

– Je voulais seulement te donner matière à un livre.

– Tu es un vrai fumier!

– Quel parfait dénouement pour ton récit, tu ne trouves pas?

– Tu n'es qu'un porc!

– Allons, allons, chérie, tu as tort de le prendre tellement au tragique. Qu'est-ce que ça change à la morale de l'histoire, peux-tu me le dire?

– Parlons-en, de ta morale : elle me fait penser aux routes des Alpes... ça tourne sans arrêt en épingle à cheveux.

– Il me semble déjà avoir entendu ça quelque part, dit-il.

– Je m'en fiche, dis-je, je vais avec toi.

– Où ça?

– A Cherbourg. Nous ferons la Bretagne en voiture et, à cinq, voilà tout. Ce sera le grand foutrage général... et surtout pas d'excuses imbéciles au nom de la morale, comme tu me l'as expliqué dans le temps, à Vienne.

– C'est idiot, tu ne viendras pas.
– Oh, que si!
– Et moi je dis *non*. Je ne le permettrai pas.
– Comment cela, tu ne le *permettras pas?* En voilà encore une connerie! Tu fais la roue devant Bennett, tu me pousses à bouleverser ma vie pour partir avec toi, et maintenant tu n'as plus qu'une hâte : sauver la paix de ton petit ménage! Tu crois que je vais marcher dans ce genre de salade? Qu'est-ce qui avait plein la bouche de la franchise, de l'absolue sincérité, de la nécessité de ne pas vivre en entretenant en soi mille et mille contradictions – c'est peut-être moi? Tu peux toujours courir, je pars pour Cherbourg avec toi. J'ai envie de faire la connaissance d'Esther et des gosses; ensuite, l'instinct se chargera du reste.
– Il n'en est pas question. Je ne t'emmène pas. S'il le faut, je te jetterai par la portière.
Je le regardai, muette d'incrédulité. Pourquoi avais-je tant de mal à me faire à l'idée d'une telle dose de dureté chez cet homme? De toute évidence, il parlait sérieusement, je n'en doutais pas : il me jetterait bel et bien par la portière, s'il le fallait. Et peut-être appuierait-il ensuite sur l'accélérateur en riant.
– Ça t'est donc égal, d'être un hypocrite?
Il y avait dans le ton de cette question une nuance de supplication, comme si j'avais déjà eu la certitude que la partie était perdue.
– Affectivement, ce serait très mauvais pour les petits, et je m'y refuse, dit-il. C'est mon dernier mot.
– Mais que cela me bouleverse, moi, tu t'en moques?
– Tu es une adulte. Tu as la capacité d'encaisser. Eux, non.
Que répondre? Crier, brailler, que moi aussi j'étais une enfant, que je serais bonne à ramasser à la petite cuiller s'il me laissait tomber, que tous mes nerfs craqueraient? C'était peut-être vrai. Mais je n'étais pas l'enfant d'Adrian, et ce n'était pas à lui de voler à ma rescousse. Je n'étais plus l'enfant de personne. J'étais

libérée. Entièrement libre. De ma vie, je n'avais connu sensation plus terrifiante. C'était comme de trébucher au bord du Grand Canyon, en espérant qu'il vous poussera des ailes avant de toucher le fond.

Ce fut seulement après le départ d'Adrian que je fus en mesure d'empoigner ma frayeur à deux mains pour ne plus la lâcher. Nous ne nous séparâmes pas en ennemis. Quand j'eus pris conscience de la certitude de ma défaite, je cessai de le haïr. Je commençai par me concentrer sur les moyens d'endurer ma solitude. Dès l'instant où je n'attendis plus de secours de lui, je m'aperçus qu'il s'établissait en moi une forme d'empathie à son égard. Je n'étais pas son enfant. C'était son droit de protéger ceux qu'il avait. Même contre moi — s'il imaginait que je pusse représenter une menace pour eux. Il m'avait trahie; mais, dès le début, je l'avais pressenti et, à ma façon, je lui avais assigné l'emploi de traître, de même que je lui avais servi de victime. Il était, à sa manière perverse, un instrument de libération pour moi. En le regardant s'éloigner dans sa Triumph, pas une seconde je n'en doutai : dès qu'il serait assez loin, je m'empresserais de tomber de nouveau amoureuse de lui.

Cela dit, il n'était pas parti sans offrir de secours. Ensemble, nous nous étions renseignés sur les vols à destination de Londres; mais il n'y avait pas une seule place avant quarante-huit heures. Libre à moi d'attendre jusqu'au mercredi ou de voir ce qu'il en était des trains de bateau du lendemain. Il y avait aussi la solution de m'installer à l'aéroport en me faisant porter sur les listes d'attente et en souhaitant une vacance. Les choix ne manquaient pas. Le tout était d'endurer les battements insensés de mon cœur jusqu'à ce que j'aie retrouvé Bennett — ou quelqu'un d'autre (y compris moi, peut-être?).

Je retournai à notre café de la place Saint-Michel, en remorquant ma valise, dont, privée d'homme, je mesurais soudain tout le poids. Je n'avais pas fait mes bagages en prévision d'une expédition solitaire : ma valise était bourrée de guides, de carnets de notes, en plus d'un petit magnétophone (pour l'article que je n'avais pas écrit), de mon nécessaire électrique à mise en plis et d'une dizaine d'exemplaires de mon premier livre de poèmes, dont quelques-uns étaient destinés à mon agent littéraire à Londres, les autres étant là au titre de mon manque d'assurance, comme une marque d'identité : un macaron à mon nom, à arborer en cas de rencontres, afin de prouver que je n'étais pas une bonne femme comme les autres, que j'étais une créature exceptionnelle, à qui l'on devait escorte et protection. Je m'y cramponnais piteusement, à ce statut de créature d'exception, parce que, sans lui, qu'étais-je? Une malheureuse femelle solitaire lâchée dans le vaste monde – une proie.

– Est-ce que j'ai ton adresse? m'avait demandé Adrian, avant de filer dans sa Triumph.

– Elle est dans le livre que je t'ai donné. Sur la page blanche de la fin.

Mais il avait perdu le livre, l'exemplaire que je lui avais dédicacé à l'encre rose shocking Schiaparelli. Est-il besoin d'ajouter qu'il ne l'avait jamais lu jusqu'au bout?

– Attends, je vais t'en donner un autre.

Et j'avais défait la fermeture à glissière de mon énorme valise en toile, en plein trottoir. Des pots de produits de beauté avaient roulé sur l'asphalte au milieu d'une cascade de feuilles de papier libres, de notes pour des poèmes en cours, de cassettes de magnétophone, de rouleaux de pellicule, de bâtons de rouge, de romans de poche, sans compter le guide Michelin avec ses pages cornées. J'avais refoulé tout ce bric-à-brac dans la grande valise italienne molle et pêché miraculeusement un nouvel exemplaire de mon recueil. Après l'avoir ouvert en lui rompant l'échine dorsale, j'avais écrit :

A l'insouciant Adrian
qui perd les livres.
En l'embrassant très tendrement.
Son amie la bonne âme
de New York

Et j'avais ajouté, une fois de plus sur la page blanche de la fin, mon adresse et mon numéro de téléphone à New York – convaincue qu'il perdrait probablement ce second exemplaire comme le premier.

Voilà comment nous nous étions quittés. Amoncelant ruine sur ruine. Avec ma vie qui se répandait sur un trottoir, et rien d'autre qu'un mince recueil de vers entre le néant et moi.

Au café, ma valise posée à côté de mon siège, je commandai encore une bière. J'étais désorientée et épuisée – presque trop vidée pour me sentir aussi misérable que je l'aurais dû, à en croire ma conscience lucide. Il allait falloir trouver une chambre d'hôtel. La nuit tombait. Ma valise était horriblement lourde, et peut-être aurais-je à la traîner dans les rues et à gravir d'innombrables petits escaliers tournants pour découvrir que, comme pour l'avion, tout était pris. Je courbai la tête. J'aurais pleuré de fatigue pure, mais je savais que je devais éviter de me faire trop remarquer. J'attirais déjà ces coups d'œil intrigués qu'attire automatiquement une femme seule. Et j'étais bien trop lasse et préoccupée pour dominer mes réactions. Si un homme s'avisait de vouloir me « lever » il y avait des chances pour que je me misse à hurler et à jouer des poings. J'avais dépassé le stade des discours. J'en avais assez de raisonner, de discuter, de m'efforcer d'être intelligente. Le premier qui m'aborderait d'un petit air cynique ou mine de flirter serait bon pour un coup de genou dans les billes ou pour mon poing dans la figure. Je ne resterais pas assise et recroquevillée de peur comme à l'âge de treize et quatorze ans, quand j'allais au lycée et que les exhibitionnistes avaient commencé à me juger en âge d'admirer leurs bijoux de famille dans les voitures de métro vides. De fait, je redoutais qu'ils ne se sentissent *offensés* et n'eussent envie d'exercer une terrible vengeance, si je ne restais pas vissée à mon siège. Donc, je ne bronchais pas, je détournais les yeux en faisant semblant de ne rien voir, de ne pas être terrorisée, de lire — dans l'espoir que mon livre me protégerait magiquement. Par la suite, en Italie, quand des hommes m'emboîtaient le pas dans les ruines, me poursuivaient en voiture dans les rues et les avenues et ouvraient la portière en chuchotant : « *Vieni, vieni* », je me demandais toujours pourquoi j'éprouvais un tel sentiment de fureur et de souillure, comme si l'on m'avait craché dessus, alors que j'étais censée trouver cela flatteur, comme une preuve de ma féminité. Ma mère ne manquait jamais de me dire qu'elle ne s'était jamais sentie aussi femme qu'en Italie. Pourquoi, alors, cette impression que l'on me *donnait la chasse*? Je me disais qu'il y avait quelque chose qui ne tournait pas rond en moi. J'essayais de m'arracher un sourire et de faire un mouvement de cou en secouant ma chevelure, en signe de gratitude, mais aussitôt j'avais le sentiment de tricher. Pourquoi étais-je incapable de reconnaissance envers mes chasseurs?

Pour le moment c'était de toute façon la paix que je voulais. Si l'on interprétait autrement mon attitude, je réagirais en bête sauvage. Même Bennett, avec toute sa prétendue psychologie et sa belle intuition, soutenait que, si les hommes voulaient tout le temps me lever, c'était que je portais sur moi un air de « disponibilité » — selon son propre terme. Que je m'habillais de façon trop *sexy*. Ou que je me coiffais de manière provocante. A cause de *quelque chose,* en tout cas. Bref, j'avais droit aux assauts que je méritais... Toujours le fameux jargon de la guerre des sexes — le même vieux blabla des années 50 rafistolé au goût du jour : *le viol n'existe pas; c'est vous, mesdames, qui ne demandez que cela. Vous, mesdames, parfaitement.*

Je me cramponnais à mon verre de bière. Dès que je levais les yeux, un homme assis à une table voisine attrapait mon regard. Il affichait cet air bravache qui semble dire : « *Je sais ce qu'il te faut, fillette...* » Le même air de séduction conquérante qui m'avait attirée dans le panneau d'Adrian, mais qui, maintenant, m'écœurait. Je n'y voyais plus à présent que sadisme brutal et despotique. Et j'en venais brusquement à me dire que quatre-vingt-dix pour cent des hommes qui le prenaient, cet air, s'en servaient peut-être en réalité pour masquer leur impuissance. Mais je ne m'en sentais pas de vérifier l'hypothèse à mes frais.

Je fronçai les sourcils et baissai le nez. Pourquoi cet individu ne voyait-il pas que je n'avais envie de personne? Que j'étais fatiguée, sale et au bout du rouleau? Que je me raccrochais à mon demi de bière, comme si ç'avait été le Saint-Graal? Comment se fait-il que, chaque fois que l'on refuse un homme, et qu'on le refuse sincèrement et de tout cœur, il persiste à croire que l'on joue les coquettes?

Je songeai à l'époque de mes fantasmes – celle de l'inconnu du train. C'est vrai que je n'en faisais jamais rien, de ces imaginations, vrai que je n'eusse jamais osé. Même le courage de les coucher sur le papier ne m'était venu que bien plus tard. Mais, à supposer que j'eusse réellement abordé un de ces hommes et qu'il m'eût repoussée, qu'il eût détourné la tête, montré du dégoût ou de la répulsion – alors? Alors, j'eusse aussitôt pris à cœur ce refus, en me croyant dans mon tort, en me traitant de mauvaise femme, de putain, de traînée, de trouble-paix... Bien mieux : j'eusse immédiatement accusé mon manque de charme (au lieu de la réserve de cet homme), et il ne fût rien resté de moi pendant des jours, à cause de ce rejet. Et pourtant, les hommes tiennent pour acquis que tout refus de la part d'une femme fait seulement partie du jeu. Du moins bon nombre d'hommes, sinon tous. Quand ils disent « non », c'est non. Quand c'est une femme, cela signifie oui, ou peut-être (au minimum). C'est même devenu une bonne plaisanterie. Et, petit à petit, les femmes se sont faites à cette idée et ont fini par y croire aussi. Après des siècles de vie obscurcie par de telles hypothèses, elles ne savent plus ce qu'elles veulent et sont incapables d'aucune décision. Et les hommes, bien entendu, détournent la question, en moquant leur indécision et en rejetant le tout sur le dos de la biologie, des hormones et du *stress* prémenstruel.

Tout à coup, en sentant sur moi le regard obscène de cet inconnu, je comprenais mon erreur avec Adrian et la raison pour laquelle il m'avait laissé tomber. J'avais enfreint la règle fondamentale. C'était moi qui l'avais pourchassé. Tant d'années à me faire toutes sortes d'idées sans jamais passer à l'action – et pour une fois, dans ma vie, que je vivais un rêve, que je donnais la chasse à un homme que je désirais follement, c'était pour aboutir à quoi? A un bout de macaroni tout mou et détrempé et à un refus.

Homme + femme, femme + homme. Ça ne collera jamais, pensai-je sur ma chaise de café. Aux temps lointains où l'homme était le chasseur-pourvoyeur et se tambourinait le torse comme les gorilles, pendant que la femme passait ses jours dans les affres de ses grossesses ou dans la crainte de mourir en accouchant, il fallait souvent prendre ces dames contre leur gré. Les hommes se plaignaient de leur froideur, de leur manque de réaction, de leur frigidité... Ils les auraient voulues lascives. Ils les auraient voulues folles de leur corps. Et aujourd'hui où les femmes apprennent enfin à être légères et folles d'elles-mêmes, qu'arrive-t-il? Ces messieurs font flanelle. C'est à se flinguer!

J'avais désiré Adrian comme jamais encore je n'avais désiré personne, et l'intensité même de mon désir avait tué le sien. Plus je montrais ma passion, plus il se réfrigérait. Plus grandissait le risque que je prenais pour être avec lui, moins il était prêt à courir de risques pour la réciproque. Etait-ce vraiment aussi simple que cela? Tout revenait-il donc à ce que me disait ma mère, bien des années auparavant, de la nécessité de

« jouer-les-celles-qui-se-font-prier »? Oui, c'était vrai, me semblait-il, que les hommes que j'avais aimés le plus fort étaient ceux que j'avais pris le plus cavalièrement du monde. Bon, mais où était la drôlerie? Et le sens? Est-il donc réellement impossible de jamais allier *philos* et *eros* – ne serait-ce que pour un petit instant? A quoi rime cette ronde perpétuelle de pertes alternées, ce cycle sempiternellement vicieux du désir et de l'indifférence, de l'indifférence et du désir?

Il me fallait trouver une chambre. Il était tard, la nuit était tombée; ma valise n'était pas seulement un gros encombrement – elle renforçait mon air de disponibilité. J'avais oublié ce qu'il y a d'affreux dans la condition de femme seule – la concupiscence des regards, les cris d'animaux, les offres d'aide que l'on n'ose pas accepter, de peur de contracter une dette sexuelle, le sentiment cruel de vulnérabilité. Rien d'étonnant, si j'avais couru d'homme en homme pour finir mariée... Comment avais-je pu quitter Bennett? Comment avais-je pu oublier?

Je traînai mon grand albatros de valise jusqu'au coin le plus proche, rue de la Harpe (ô ombre de la petite amie de Charlie, Sally!) et, à mon étonnement, trouvai une chambre dans le premier hôtel où j'entrai. Les prix avaient connu une rude escalade depuis ma dernière visite à Paris, et l'on me donna la dernière chambre libre, au dernier étage (longue et pénible escalade aussi, avec ma valise). La baraque était un vrai piège en cas d'incendie, notai-je à part moi, avec une délectation masochiste, et mon étage était le fin du fin à cet égard. Toutes sortes d'images galopaient dans ma tête : Zelda Fitzgerald périssant dans son asile d'aliénés en flammes (je venais justement de lire sa biographie); la misérable chambre d'hôtel du film *A bout de souffle*; mon père me sermonnant gravement avant mon premier voyage sans escorte en Europe, à dix-neuf ans, et m'expliquant qu'il avait vu *A bout de souffle* et n'ignorait plus rien de ce qui arrivait aux jeunes Américaines égarées sur le Vieux Continent; mes violentes disputes avec Bennett, cinq Noëls plus tôt; mon séjour dans ce même hôtel avec Pia, alors que nous avions toutes les deux vingt-trois ans; ma première visite à Paris à l'âge de treize ans (l'appartement de grand luxe au George-V avec mes parents et mes sœurs, et toute la famille se lavant les dents à l'eau de Perrier); les histoires de mon grand-père sur sa vie d'étudiant des beaux-arts sans le sou, se nourrissant de bananes sur les bancs de Paris; ma mère dansant nue au Bois de Boulogne (à l'en croire)...

Mon coup de chance en trouvant un gîte m'avait momentanément remonté le moral; mais à la vue de la chambre et à la pensée de devoir y passer la nuit entièrement seule, le cœur me manqua. C'était en réalité une moitié de pièce, avec une simple cloison en contreplaqué (Dieu seul savait ce qu'elle dissimulait de l'autre côté) et un petit lit à une place, défoncé et recouvert d'un bout de chintz poussiéreux. Aux murs, un papier à rayures, très vieux, très fané, très taché.

Je halai ma valise dans la chambre et refermai la porte. Je dus manipuler un moment la clé, avant d'arriver à me verrouiller à l'intérieur. Au bout du compte, je m'affalai sur le lit et fondis en larmes. J'aurais voulu pouvoir pleurer follement et sans retenue, déverser un océan de pleurs pour m'y noyer. Le besoin était là, mais les larmes elles-mêmes étaient bloquées. Et un nœud me serrait étrangement les tripes, comme pour me forcer à penser constamment à Bennett. On eût presque dit qu'un cordon ombilical reliait mon nombril et le sien, en sorte que je ne pouvais même pas m'abandonner aux larmes sans me poser des questions et me tourmenter à son propos. Où était-il? M'était-il donc interdit ne fût-ce que de pleurer un bon coup, tant que je ne l'aurais pas retrouvé?

La chose la plus curieuse dans les larmes (peut-être est-ce un résidu de l'enfance?) est que jamais nous ne parvenons à les verser de grand cœur sans public — à tout le moins sans public en puissance. Nous nous défendons de pleurer avec tout le désespoir que nous pourrions y mettre. Peut-être est-ce la peur de nous noyer en l'absence de tout sauveteur. Ou peut-être les larmes sont-elles une forme de communication – comme la parole – et requièrent-elles un public.

« Il faut que tu dormes », me répétais-je sévèrement. Mais déjà je me sentais emportée par une panique qui me rappelait les pires terreurs nocturnes de mon enfance; je sentais tout mon moi central glisser à reculons dans le temps, malgré les protestations de mon moi rationnel.

– Tu n'es plus une enfant, me dis-je à haute voix.

Mais les battements insensés de mon cœur persistaient. J'étais couverte d'une sueur froide. Je restais sur mon séant, clouée au lit. Je savais que j'aurais dû prendre un bain, et je m'y refusais, par crainte de quitter la chambre. J'avais désespérément besoin de pisser, et la pensée de devoir sortir pour aller aux cabinets me terrorisait. Je n'osais même pas ôter mes souliers (de peur que l'homme caché sous le lit ne me saisît par le pied). Je n'osais pas non plus me laver la figure (qui pouvait dire ce qui se cachait derrière le rideau du lavabo?). Je croyais voir une silhouette humaine se déplacer sur l'espèce de petite terrasse devant la fenêtre. Des cortèges de lumières fantomatiques se croisaient au plafond. Dans le couloir un bruit de chasse d'eau me fit sursauter. Un peu plus loin, des pas. Des scènes du *Meurtre de la rue Morgue* me revenaient à la mémoire. Puis ce fut un film anonyme que j'avais vu à la télévision, quand j'avais cinq ans, et où il y avait un vampire passe-muraille qu'aucune porte verrouillée ne pouvait arrêter. Je l'imaginais, tour à tour jaillissant du papier mural crasseux et taché et s'y fondant. Je fis appel à ma raison, à mon esprit critique. Je savais ce que représentent les vampires. Je savais que l'homme caché sous le lit correspondait en partie à mon père. Je songeai à l'ouvrage de Groddeck sur le « ça » : craindre l'intrus c'est le souhaiter. Je songeai à toutes mes séances chez le Dr Happe, au cours desquelles nous parlions de mes terreurs nocturnes. Je me rappelai mes imaginations enfantines, où je me voyais poignardée ou abattue d'une balle par un étrange personnage. L'homme m'assaillait toujours par-derrière, quand j'étais assise en train d'écrire. Qui était cet homme? Pourquoi ma vie était-elle peuplée de fantômes mâles?

« L'esprit est-il donc sans issue? » demande Sylvia Plath dans le désespoir d'un de ses derniers poèmes. Si j'étais prise au piège, c'était à celui de mes propres peurs. Et la grande motivation était ma terreur de la solitude. Parfois, on eût dit que j'étais prête à tous les compromis, prête à endurer toutes les ignominies, prête à m'agripper à n'importe quel homme, uniquement pour ne pas avoir à affronter la solitude. Mais pourquoi? Qu'a-t-elle donc de si terrible? Je me disais : « Essaie de chercher les raisons. Essaie... »

MOI. – Qu'est-ce que cela a donc de si terrible, d'être seule?

MOI. – C'est que sans l'amour d'un homme tu n'as plus d'identité.

MOI. – Mais non, c'est manifestement faux. Tu écris; les gens lisent tes œuvres et elles ont une certaine importance pour eux. Tu enseignes, et tes élèves ont besoin de toi et t'aiment bien. Tu as des amis, qui t'adorent. Même tes parents et tes sœurs t'adorent, à leur façon singulière.

MOI. – Rien de cela n'entame ma solitude. Je suis une femme sans homme et sans enfant.

MOI. – Tu sais bien que les enfants ne sont pas un antidote contre la solitude.

MOI. – Oui, je le sais.

MOI. – Tu sais parfaitement aussi que les enfants n'appartiennent que momentanément à leurs parents.

MOI. – Oui.

MOI. – Et que, entre l'homme et la femme, la possession mutuelle ne peut jamais exister entièrement, tu le sais aussi?

MOI. – Oui.

MOI. – De même que tu n'ignores pas que tu détesterais avoir un homme qui te posséderait entièrement et te volerait l'air que tu respires?

MOI. – C'est vrai... mais je ne rêve que de cela, désespérément.
MOI. – Seulement, si le rêve devenait réalité, tu te sentirais prise au piège.
MOI. – Je le sais.
MOI. – Tu veux des choses contradictoires.
MOI. – Je le sais.
MOI. – Tu voudrais être libre et t'accrocher en même temps.
MOI. – Je le sais.
MOI. – Rares sont ceux qui y arrivent.
MOI. – Je le sais.
MOI. – Pourquoi voudrais-tu être heureuse, quand si peu de gens le sont?
MOI. – Je ne sais pas. Je sais seulement que, si je cesse d'espérer l'amour, si je cesse de l'attendre, de le chercher, mon existence deviendra aussi plate qu'un sein cancéreux après l'ablation. Je me nourris de cette attente. Je la chéris. Grâce à elle, je survis.
MOI. – Et ta libération, qu'en fais-tu?
MOI. – Que veux-tu que j'en fasse?
MOI. – Tu crois à l'indépendance?
MOI. – Bien sûr.
MOI. – Bon, et alors?
MOI. – Je donnerais tout, j'en ai peur, oui, je vendrais mon âme, mes principes, mes croyances, rien que pour trouver un homme qui m'aime réellement...
MOI. – *Hypocrite!*
MOI. – C'est vrai.
MOI. – Tu ne vaux pas mieux qu'Adrian!
MOI. – C'est juste.
MOI. – Cela t'est égal, de découvrir une telle dose d'hypocrisie au fond de toi-même?
MOI. – Non, pas du tout.
MOI. – Alors pourquoi ne fais-tu rien contre?
MOI. – Mais je me bats. Je ne fais que cela en ce moment. Seulement, j'ignore dans quel camp sera la victoire.
MOI. – Pense à Simone de Beauvoir!

MOI. – J'aime son endurance. N'empêche que ses livres sont pleins de Sartre, Sartre, Sartre...

MOI. – Songe à Doris Lessing!

MOI. – Son Anna Wulf ne jouit que si elle est amoureuse... N'est-ce pas tout dire?

MOI. – Et Sylvia Plath?

MOI. – Paix à son âme. Qui voudrait d'une vie et d'une mort comme les siennes, même s'il y avait la sainteté au bout?

MOI. – Parce que, toi, tu ne serais pas prête à mourir pour une cause?

MOI. – A vingt ans, si. Plus à trente. Mourir pour une cause ou une autre? Non, je n'y crois pas. Mourir pour la poésie? Non. Naguère, j'ai eu le culte de Keats parce qu'il était mort jeune. A présent, j'estime que la bravoure est de mourir vieille ou vieux.

MOI. – Alors, songe à Colette.

MOI. – Excellent exemple. Mais combien y en a-t-il comme elle?

MOI. – Tu pourrais toujours essayer de lui ressembler?

MOI. – Je m'y efforce.

MOI. – Le premier stade est d'apprendre la solitude.

MOI. – C'est cela, et pour peu que tu l'apprennes *réellement* bien, tu oublies d'ouvrir la porte à l'amour, si jamais il se présente *pour de bon.*

MOI. – Qui t'a dit qu'il soit facile de vivre?

MOI. – Personne.

MOI. – Alors, pourquoi la solitude te fait-elle si peur?

MOI. – Nous tournons en rond.

MOI. – C'est un des ennuis de la solitude.

Rien à faire. Impossible de m'arracher par la logique à cette panique. Je halète plus que je ne respire et je transpire à profusion. « Essaie de décrire ta panique, me dis-je. Fais semblant de l'écrire. Mets-toi à la troisième personne. » Non, rien à faire. Je sombre au cœur même de la peur. J'ai la sensation d'être écartelée par des chevaux sauvages, bras et jambes volant aux quatre coins du ciel. D'horribles images de torture m'obsèdent. Seigneurs de la guerre chinois écorchant vifs leurs ennemis. Jeanne au bûcher. Corps de protestants français disloqués sur la roue. Résistants auxquels on arrache les yeux. Nazis torturant des Juifs à l'électrochoc, ou en leur enfonçant des aiguilles dans les chairs, en les « opérant » sans anesthésie. Sudistes lynchant des Noirs. Soldats américains coupant des oreilles vietnamiennes. Indiens torturés. Indiens torturant. Toute l'histoire de l'espèce humaine, pareille à un fleuve immense de sang, de carnage, d'où montent les cris des victimes.

J'ai beau forcer mes paupières à se fermer, les scènes se projettent de nouveau sur l'écran intérieur, qui me brûle. J'ai l'impression d'avoir été écorchée vive, moi aussi – l'impression que tous mes organes internes sont exposés aux éléments, que le sommet de mon crâne a explosé et que même mon cerveau est à nu. Toutes mes extrémités nerveuses ne transmettent que de la douleur. Elle constitue toute la réalité. Je dis : « C'est faux. Souviens-toi des jours où tu as ressenti le plaisir, où tu étais heureuse de vivre, où tu éprouvais des joies si grandes que tu te croyais près de voler en éclats. » Mais non, impossible de m'en souvenir. Je suis crucifiée sur mon imagination. Et mon imagination n'est pas moins horrible que l'histoire de l'humanité.

Je revoyais mon premier voyage en Europe, à treize ans. Nos six semaines à Londres, avec nos visites à la parenté anglaise, nos promenades touristiques, les énormes notes accumulées au Claridge – « C'est l'oncle Sam qui paie », disait mon père (qu'il était riche, cet oncle!) Mais tout le voyage avait été dominé par ma terreur des instruments de torture exposés à la tour de Londres et par le musée des horreurs en cire de Mme Tussaud. Jamais je n'avais vu de poucettes ni de chevalet. Jamais je ne m'étais *rendu compte.*

– Dis maman, est-ce qu'on s'en sert encore?

– Non, ma chérie. C'était bon dans l'ancien temps,

quand les gens étaient encore des barbares. Depuis, il y a eu le progrès et la civilisation.

C'était en l'an 1955 de la civilisation – dix ans à peine après le Grand Holocauste. L'ère des essais atomiques et du stockage des bombes. Deux années après la guerre de Corée. Même arrêtée, la chasse aux sorcières communistes était encore dans l'air, avec ses listes noires sur lesquelles figuraient les noms de nombreux amis de mes parents. Mais ma mère, en lissant les draps de pure toile de lin entre lesquels je grelottais de frayeur, ne démordait pas, ce soir où il pleuvait sur Londres, de sa civilisation. Elle s'efforçait de m'épargner. Du moment que la vérité était trop cruelle et insupportable, elle me mentait. Et, moi, je disais en fermant les yeux :

– Tant mieux.

Et l'oncle Sam, qui permettait de déduire des tas de trucs des impôts, venait, à peine deux ans plus tôt, d'électrocuter les Rosenberg au nom de cette même civilisation. Etait-ce encore de l'ancien temps, deux ans plus tôt? Ma mère et moi, nous conspirions à feindre d'y croire, tout en nous embrassant avant d'éteindre la lumière.

Mais où était-elle, ma mère, en ce moment? Pas plus qu'elle ne m'avait sauvée alors, elle ne pouvait rien pour moi à présent. Pourtant, si seulement elle avait pu se montrer soudain, sûrement j'eusse survécu à cette nuit dans ma chambre d'hôtel. Nuit après nuit, tant bien que mal on s'en tire. Si seulement j'avais pu être comme Scarlett O'Hara et remettre à demain la réflexion...

17

DE L'ÉLABORATION DES RÊVES

> *Voici ce qu'il m'en semble. Cela n'a rien de terrible – enfin, si, peut-être est-ce terrible, mais ce n'est pas une catastrophe ni un poison mortel, que de se passer de quelque chose dont on a réellement envie... Le terrible, c'est de feindre que ce qui est de deuxième ordre soit de première importance. De feindre de ne pas avoir besoin d'amour, quand c'est le contraire; ou que l'on aime bien son travail, quand on sait parfaitement que l'on a mieux à faire.*
>
> DORIS LESSING
> Le carnet d'or.

Lorsqu'il m'apparut clairement que je ne fermerais pas l'œil de la nuit, je décidai de me lever. En insomniaque invétérée, je sais que, parfois, le moyen de vaincre l'impossibilité de dormir est d'être plus malin qu'elle, en feignant que l'on se *moque* de dormir. Alors, il arrive que le sommeil se pique au jeu, comme un amoureux éconduit, et revienne en rampant pour tenter de vous violer.

Je m'assis dans le lit, attachai mes cheveux avec une barrette, ôtai mes vêtements sales, marchai droit jusqu'au rideau du lavabo, l'écartait d'un grand geste faussement courageux et jetai un coup d'œil de l'autre côté.

Personne. Je chevauchai le bidet et y pissai des torrents, étonnée d'avoir tenu si longtemps sans vider ma vessie. Puis je me lavai l'entrejambe, qui poissait et me piquait, et rinçai le bidet. Je m'aspergeai la figure au robinet et me nettoyai pour la forme, à l'éponge. La saleté dégoulinait de mes bras comme dans mon enfance, quand j'avais joué dehors toute la journée. J'allai jusqu'à la porte et vérifiai qu'elle était bien fermée à clé.

Lorsque quelqu'un toussa dans la chambre voisine, je faillis sauter au plafond. « Calme-toi », m'ordonnai-je. Du moins avais-je vaguement conscience que d'avoir pu me lever et me laver était un signe de vie. Ceux qui sont fous pour de vrai se contentent de rester couchés dans leur urine et leur merde. Petite consolation. Je me raccrochais à des brins d'herbe. « Il y a plus malheureuse que toi », me dis-je, non sans rire amèrement.

Nue et quelque peu remontée de me sentir un tantinet plus propre, je me plantai devant la glace en pied, claire comme une eau trouble. Notre randonnée en voiture ouverte me valait le plus curieux des hâles. J'avais les genoux et les cuisses tout rouges et qui pelaient; le nez et les joues, rouges aussi; les épaules et les avant-bras cuits à point. Tout le reste était blanc, ou presque. Drôle d'assemblage.

Je me regardai dans les yeux, qui étaient cerclés de blanc à force d'être cachés sous les lunettes de soleil depuis des semaines. D'où venait mon incapacité de définir la couleur de mes yeux? Etait-ce l'indice de quelque chose? Cela touchait-il de façon ou d'autre à la racine de mes problèmes personnels? Bleu grisâtre pointillé de jaune. Ni tout à fait bleus ni entièrement gris. Bleu ardoise, disait autrefois Brian, « et tes cheveux couleur de blé ». « Tes cheveux de céréale », disait-il aussi en les caressant. Lui, il avait les yeux les plus bruns que j'aie jamais vus – des yeux de saint de mosaïque byzantine. Au début de sa dinguerie, il avait coutume de passer des heures à se regarder dans le blanc des yeux dans la glace. Et il allumait et éteignait alternativement la lumière, comme un gosse, pour tenter de surprendre la brusque dilatation des pupilles. C'était l'époque où il parlait d'un monde pareil à celui d'Alice, un univers d'antimatière dans lequel il pourrait entrer de plain-pied. Et ses yeux étaient les clés de ce monde. Il était convaincu que son âme pouvait être gobée, comme l'intérieur d'un œuf cru, à travers ses pupilles.

Je me souvenais de l'attrait qu'exerçait sur moi sa folie, de la fascination que me communiquait son imagerie. A l'époque, mes poèmes n'avaient rien de surréaliste; ils étaient plutôt conventionnels et descriptifs, avec des tas d'astuces jouant un peu trop sur les mots. Mais par la suite, quand j'avais commencé à m'enfoncer plus avant et à lâcher les rênes à mon imagination, il m'était souvent arrivé d'avoir le sentiment de regarder le monde à travers les yeux de Brian et de puiser mon inspiration dans sa folie. Le sentiment de l'avoir suivi dans sa dinguerie, puis d'en être revenue. Nous avions été terriblement proches l'un de l'autre. Et si je me sentais coupable, c'était d'avoir pu faire l'aller et retour, tandis que, lui, il était resté en bas, piégé dans la fosse. Comme si j'avais été Dante, et lui, Ugolin (l'un de ses personnages préférés de *L'Enfer*) et que j'eusse pu remonter des Enfers et relater son histoire, écrire la poésie cueillie à même sa folie, alors que, de son côté, il avait succombé à celle-ci. « Tu taris les gens, me disais-je, m'accusant. Tu te sers d'eux jusqu'à la moelle. — Qui n'en fait autant? » me rétorquais-je.

Je me rappelai comme je m'étais sentie misérable en rompant notre mariage, et j'en venais à penser que j'avais sans doute eu le sentiment de *mériter* de passer le reste de mes jours plongée dans sa folie. Mes parents, comme ceux de Brian et comme les médecins, m'avaient forcée à me sortir de là. « Vous n'avez que vingt-deux ans. On ne jette pas ainsi sa vie par la fenêtre », me disait le psychiatre. Et je m'étais rebellée contre lui; je l'avais accusé de nous trahir tous les deux, de trahir notre amour. Le fait est que j'eusse été capable de ne pas quitter Brian, si l'argent et les protestations des parents ne s'en étaient mêlés. J'avais l'impression de lui appartenir. L'impression de *mériter* de ruiner ainsi ma vie. Jamais encore l'idée ne m'était venue que je pusse avoir une vie personnelle, et j'avais toutes les peines du monde à quitter les gens, même s'ils me maltraitaient. Quelque chose en moi tenait toujours à leur accorder encore une chance. A moins que ce ne fût chez moi de la couardise – ou une sorte de paralysie de la volonté. Je demeurais et je crachais ma fureur sur le papier, au lieu de la transformer en acte. Planter là Bennett était mon premier acte d'indépendance vraie. Encore le devais-je en partie à Adrian et à la folle obsession sexuelle qui m'avait jetée dans ses bras.

Manifestement, il y avait danger à se regarder trop longtemps dans les yeux dans les glaces. Je reculai pour examiner mon corps. Où s'arrêtait-il, et où commençait l'air alentour? Dans un article lu quelque part, sur l'image corporelle, on disait que, parfois, dans les moments d'extrême angoisse – ou d'extase – nous ne savons plus où sont les frontières du corps. Nous oublions qu'il est notre propriété. C'est une sensation que j'éprouvais souvent, en y reconnaissant un élément significatif de mes peurs paniques. La persistance d'une douleur pouvait aussi la provoquer. Ma jambe cassée m'avait fait perdre contact avec les frontières de mon corps. Paradoxalement, la grande douleur physique comme le grand plaisir physique donnent l'impression que l'on s'évade de son corps.

Je m'efforçai d'inspecter mon moi corporel, de faire le bilan, en sorte de pouvoir me souvenir de qui j'étais – à condition, bien entendu, que l'on pût dire que mon corps m'appartînt. Cela me rappelait une anecdote sur Théodore Roethke, tout seul dans son énorme vieille demeure, et s'habillant et se déshabillant devant la glace pour observer sa nudité entre deux crises d'inspiration. Peut-être l'anecdote est-elle apocryphe – n'empêche qu'elle a un accent de vérité à mes oreilles. Le corps est en rapport intime avec l'œuvre, même si la nature exacte de ce lien est subtile et demande des années pour être comprise. Il est des poètes grands et maigres qui écrivent des poèmes courts et de poids. Mais ce n'est pas simplement une question de loi des contraires. En un sens, tout poème est une tentative d'extension des frontières du corps. Celui-ci finit par devenir paysage, ciel et, en dernier ressort, cosmos. Peut-être est-ce pourquoi je me prends souvent à écrire nue comme ver.

J'avais maigri pendant notre étrange randonnée, mais j'étais encore trop grosse pour la mode : non pas obèse – simplement trop replète de quatre ou cinq kilos pour me permettre un bikini. Seins : moyens; cul : généreux; nombril : très enfoncé. Il se trouvait des hommes pour prétendre aimer bien ma silhouette. Je savais (comme une de ces choses que l'on sait, tout en y croyant à demi) que je passais pour jolie et que même mon gros cul constituait un attrait pour d'aucuns; mais chaque gramme d'excédent de graisse me faisait horreur. Depuis toujours, c'était la bagarre : engraisser, maigrir, pour rengraisser (en capitalisant). Chaque gramme en trop tendait à prouver ma faiblesse, ma paresse, ma complaisance envers moi-même. Chaque gramme en trop prouvait combien j'avais raison de me détester, combien j'étais vile et écœurante. L'excédent de chair est lié à la sexualité – cela, je le savais. Lorsque, à quatorze ans, je m'étais affamée jusqu'à faire tomber mon poids à quarante-quatre kilos, j'avais obéi à un complexe de culpabilité sexuelle. Même après avoir perdu tout le poids – et même plus – que je m'étais juré de perdre, j'avais continué à me refuser le droit de boire de l'eau. Je voulais me sentir *vide.* Tant que les crampes de la faim ne me battaient pas le tambour dans tout le corps, je m'accusais violemment de complaisance. Cas type de grossesse nerveuse – comme eût dit mon jivaro de mari – ou peut-être de phobie de la grossesse. Mon inconscient était convaincu que de branler Steve m'avait mise en cloque, et je me forçais à maigrir tant et plus pour tenter de me persuader du contraire. A moins que, peut-être, je ne *mourusse d'envie* d'être enceinte et que, dans la croyance primitive que tous les orifices du corps ne font qu'un, je ne craignisse de voir toute nourriture m'ensemencer les entrailles comme un sperme et y donner ses fruits.

Dis-moi ce que tu manges, je te dirai qui tu es. *Mann ist was mann isst.* La guerre des sexes a commencé le jour où la dent mâle a mordu dans la pomme femelle. Pluton attira Perséphone en enfer en l'appâtant avec six graines de grenade; dès qu'elle les eut croquées, plus rien ne pouvait rompre le marché. Manger signifie sceller le destin. Fermez les yeux, ouvrez la bouche; et hop! derrière la cravate! Mange, ma chérie, mange. « Viens, nous allons manger ton nom, me disait ma grand-mère. – *Tout* mon nom? – Ce n'est rien, tu vas voir... *I,* commençait l'enjôleuse (et une bouchée de foie abhorré)... *S...* (et une cuillerée de purée de pomme de terre et de carotte)... *A...* (et encore un morceau de foie trop cuit et dur comme de la semelle)... *D...* (et une autre cuillerée de pomme de terre froide au carotène)... *O...* (et une fleurette de brocoli en bouillie)... *R...* (elle porte un troisième bout de foie à mes lèvres, sur quoi je m'enfuis de table)... Tu attraperas le béribéri et ce sera bien fait! » me crie-t-elle. Chaque membre de la famille a son répertoire complet de maux, consécutifs à toutes sortes de carences et qui ont disparu des annales new-yorkaises depuis des dizaines d'années. Ma grand-mère est presque inculte, mais elle n'ignore rien du béribéri, du scorbut, de la pellagre, du rachitisme, de l'ascaridiose, du ver solitaire... au choix. Tout ce que l'on peut attraper en mangeant ou en jeûnant. De fait, elle avait réussi à convaincre ma mère que, si je n'avalais pas un verre de jus d'orange pressée frais par jour, j'aurais le scorbut, et elle me régalait continuellement de fables sur la marine britannique et ses matelots, qu'on avait surnommés *limeys* pour leur consommation de jus de limon – lequel surnom était resté à la race des Angliches. Oui, dis-moi ce que tu manges, je te dirai qui tu es.

Je me souvenais de la chronique de diététique d'une des revues médicales de Bennett. Depuis des semaines et des semaines que Mlle X suivait un régime rigoureux de 600 calories par jour, elle demeurait toujours incapable, apparemment, de perdre du poids. Son médecin, intrigué, avait d'abord pensé qu'elle trichait; il lui avait donc demandé de lui dresser la liste précise de tout ce qu'elle avait absorbé. Et il ne semblait pas du tout qu'elle trichât. « Etes-vous bien sûre d'avoir noté absolument *tout* ce que vous avez mangé? avait alors demandé le praticien. Chaque bouchée? – Chaque bouchée? – Oui, avait confirmé sévèrement le médecin. – Je ne savais pas que *ça aussi* représentait des calories, docteur... » Naturellement, la clé, le sel, le ce que l'on voudra, de l'histoire était qu'il s'agissait d'une prostituée avalant de dix à quinze « bouchées » (minimum) de sperme par jour, et que les calories contenues dans une seule et unique bonne giclée suffisaient à empêcher l'aiguille de la balance de jamais redescendre jusqu'aux normes de maigrissement prévues. Quel était le nombre exact de calories? Je l'ai oublié. Mais de dix à quinze éjaculations représentaient finalement au total l'équivalent d'un repas de sept plats à la Tour d'Argent – la différence étant, évidemment, que l'on payait la fille pour qu'elle mangeât, au lieu que ce fût elle qui déboursât. Quand on pense aux malheureux qui crèvent de faim dans le monde entier, faute de protéines! Si seulement ils savaient! La voilà, la panacée pour remédier à la famine en Inde *et* à la surpopulation... enveloppez le tout d'une goulée, et hop! c'est parti! On me dira que cette putain goulue de goulées n'était pas fine gueule, mais après tout, comme dit l'autre, « on ne vit pas que de pain ».

Se pouvait-il vraiment que je parvinsse moi-même à me faire *rire?*

– Ho-ho-ho! dis-je tout haut à mon moi corporel tout nu.

Alors, dans le mouvement né de cette minuscule explosion d'humour simulé, je fourrageai dans ma valise et j'en sortis mes carnets de notes, mes feuilles de brouillon, mes poèmes.

– Bon, pourquoi en es-tu là? Tirons ça au clair, me dis-je encore.

Comment avais-je pu échouer, nue et pareille à un poulet mal rôti, à Paris, dans ce taudis minable? Et quelle serait l'étape suivante?

Je me rassis sur le lit, j'étalai autour de moi tous mes carnets, tous mes poèmes et me mis à feuilleter un gros cahier à spirale, datant de quatre ans ou presque. Rien de systématique dans ses pages. Notes au jour le jour, listes d'achats, listes de gens à qui écrire, brouillons de lettres furieuses qui en étaient restées là, coupures de presse collées, idées de nouvelles ou de récits, premières versions de poèmes – un pêle-mêle, sans aucun lien, quasi illisible. Gribouillé au feutre à encre de toutes les couleurs. Mais sans que la couleur non plus répondît à un code systématique. Rose *shocking*, vert Irlande, bleu Méditerranée paraissaient être les préférés; mais il y avait aussi des masses de noir, d'orange, de pourpre. En revanche, presque pas du tout de bleu-noir (triste). Et pas l'ombre de crayon. Un besoin de sentir le flux de l'encre sous les doigts pendant que j'écrivais. Et la volonté que les traces de mon passage *demeurent*.

Je tournai les pages au hasard, fébrilement, cherchant une clé à ma triste condition. Les premières pages du cahier dataient de l'époque lointaine de Heidelberg. Elles contenaient de pénibles descriptions de disputes avec Bennett, y compris les comptes rendus mot pour mot de nos pires scènes, ainsi que des analyses détaillées de mes séances chez le Dr Happe et de mes douloureux efforts d'écrivain. Mon Dieu, dire que j'avais presque oublié comme je me sentais malheureuse et abandonnée, alors! Et comme Bennett avait pu se montrer glacial et peu généreux! Pourquoi fallait-il que la condition de mal mariée fût encore plus contraignante que celle de non-mariée? Pourquoi m'étais-je cramponnée à ce point à ma misère morale? Quel besoin avais-je de croire que c'était tout ce que j'avais au monde?

Et plus je lisais, plus je me plongeais dans ces pages comme dans un roman. Tout juste si je n'oubliais pas que c'était moi qui les avais écrites. Et une curieuse révélation se faisait jour dans mon esprit, à mesure. Je cessais de m'accuser – tout bonnement. Peut-être, si j'avais fini par m'enfuir, n'était-ce ni malice ni déloyauté appelant des excuses de ma part. Peut-être était-ce au contraire loyauté envers moi-même, en quelque sorte. Façon draconienne, mais nécessaire, de changer de vie.

On n'a pas à demander pardon de vouloir garder la propriété de son âme. Elle nous appartient, notre âme – pour le meilleur ou pour le pire. Tout compte fait, elle est tout ce que l'on a.

Le mariage est traître, pour la raison que, à certains égards, il est toujours une « folie à deux ». Il y a des moments où l'on a du mal à savoir où commence et finit la dinguerie de l'un ou de l'autre. On tend à s'accuser beaucoup trop (ou pas assez) des torts. Et à confondre dépendance et amour.

A chaque page, je me sentais devenir plus philosophe. J'étais sûre de ne pas avoir envie de faire retour au mariage décrit dans ce cahier. Si nous nous remettions ensemble, Bennett et moi, ce ne pourrait être que dans des conditions différentes. Et si cela ne se faisait pas, eh bien! je n'en mourrais pas, c'était certain.

Aucun signal électrique ne s'alluma dans ma tête à cette découverte. Pas plus que je ne sautai en l'air en criant : « *Eurêka!* » Je restai assise, tournant tranquillement et silencieusement ces pages écrites de ma main. Je n'avais pas non plus envie de me prendre à leur (à mon) piège – de cela aussi j'étais sûre.

Et puis, quel réconfort de voir comme j'avais pu changer en quatre ans! Désormais, j'étais capable d'envoyer mes œuvres à lire aux gens. Je n'avais plus peur de conduire une voiture. Je pouvais passer de longues heures, seule, à écrire. J'enseignais, je faisais des conférences, je voyageais. Quelle que fût ma terreur de prendre l'avion, je ne lui permettais plus de me dominer; peut-être un jour me quitterait-elle définitivement. Nulle raison que certaines choses pussent changer, et d'autres pas. De quel droit prédisais-je l'avenir, et toujours en nihiliste? Avec l'âge, j'avais des chances de changer, et de cent façons imprévisibles. Le tout était : patience!...

Il n'y a pas grand mérite à se tuer dans une crise de désespoir. Ni à jouer les martyrs. Il est beaucoup moins commode de ne rien faire. D'endurer sa vie. D'attendre.

Je dormis. Je pense que, en fait, le sommeil dut me surprendre, le visage enfoui dans mon cahier à spirale. Je me souviens de m'être réveillée aux heures bleues du petit matin, avec la sensation d'une morsure vissée dans ma joue. Je repoussai le cahier et me rendormis.

Et j'eus des rêves extravagants. Des rêves pleins d'ascenseurs, de plates-formes spatiales, d'escaliers fantastiquement raides et glissants, de ziggourats géantes que je devais gravir, de montagnes, de tours, de ruines... J'avais le sentiment confus de *m'assigner* moi-même des rêves, comme en guise de cure. Je me rappelle un ou deux brefs réveils où, avant de retomber dans le sommeil, je me disais : « Et maintenant, tu vas faire le rêve qui décidera pour toi. » Mais quelle décision cherchais-je? Tous les choix me semblaient aussi peu satisfaisants les uns que les autres. Ils s'excluaient mutuellement. On eût dit que je demandais à mes rêves de me dire qui j'étais et ce que je devais faire. J'ouvrais un œil, le cœur battant à tout rompre, puis je sombrais de nouveau. Peut-être espérais-je être une autre en me réveillant.

Je garde encore en moi des fragments de ces rêves. Dans l'un d'eux, je devais avancer sur une planche étroite jetée entre deux gratte-ciel, pour sauver la vie de quelqu'un. Mais qui? Moi? Bennett? Chloé? Le rêve était muet sur ce point. Pourtant il était clair que, en cas d'échec, c'en serait fait de moi.

Dans un autre, je plongeais la main pour ôter mon diaphragme et je voyais, planant au-dessus du col de l'utérus, une énorme lentille de contact. Matrice avec vue. Le col de l'utérus est bien un œil. Un œil à courte vue.

Je me rappelle aussi le rêve où j'étais de retour à l'université, m'apprêtant à recevoir mon diplôme des mains de Millicent McIntosh. Je gravissais une longue volée de marches, plus semblables aux degrés d'un temple mexicain qu'à ceux de la grande bibliothèque de l'université. Je chancelais, juchée sur de très hauts talons, tourmentée par la crainte de marcher sur les pans de ma toge d'étudiante. Comme je m'approchais du grand lutrin et que Mme McIntosh me tendait mon rouleau de parchemin, j'avais conscience non seulement du titre qu'il me conférait, mais d'un honneur extraordinaire qui m'était rendu.

— Je dois vous dire que la faculté n'approuve nullement cette faveur, me déclarait Mme McIntosh.

Et je comprenais alors que mon agrégation comportait pour moi d'avoir simultanément trois maris. Ils figuraient tous les trois parmi l'assistance, assis, tout de noir vêtus, toge et toque à plateau à fromages. Bennett, Adrian et un autre, dont le visage restait brouillé. Tous prêts à battre des mains à la réception de mon diplôme.

— Seuls, vos remarquables succès universitaires nous interdisent de vous refuser cet honneur, poursuivait Mme McIntosh. Mais la faculté espère que vous voudrez bien le décliner de vous-même.

— Et pourquoi? protestais-je. Pourquoi n'ai-je pas *droit* à tous les trois?

Ensuite, je me lançais dans une longue ratiocination sur le mariage et mes besoins sexuels, ainsi que sur le fait que j'étais une poétesse et non une secrétaire. Plantée devant le lutrin, je tenais de grands discours délirants à l'assistance. Mme McIntosh affichait un air de calme réprobation. Puis, avec d'infinies précautions, je descendais les marches raides, presque cassée en deux par la peur de tomber. Portant mon regard sur l'océan des visages, soudain je m'apercevais que j'avais oublié mon parchemin. Prise de panique, je comprenais alors que, par ma faute, j'avais tout perdu : diplôme, bourse d'études qui en dépendait, et mon harem de trois maris.

Mais le rêve final, tel que je me le rappelle, est le plus étrange de tous. Cette fois encore, je gravissais les marches de la bibliothèque, pour récupérer mon diplôme. Seulement, à la place de Mme McIntosh, c'était Colette, l'écrivain, qui se tenait derrière le lutrin – à cela près qu'il s'agissait d'une Colette à peau noire, avec des bouclettes de cheveux rougeâtres qui étincelaient autour de sa tête comme une auréole. Et elle me disait :

– Il n'y a qu'une seule façon d'emporter son diplôme et elle est sans rapport avec le nombre de maris.

– Que dois-je faire? demandais-je désespérément, prête, je le sentais, à tout.

Elle me tendait un livre portant mon nom sur la couverture et répondait :

– Ceci n'est qu'un premier pas très hésitant, mais c'est tout de même un premier pas.

Je considérais que ces paroles signifiaient que j'avais encore devant moi de nombreuses années. Mais elle reprenait :

– Un instant, je vous prie!

Et elle dégrafait sa blouse. Du même coup, je comprenais que, si je voulais mon diplôme, je devais lui faire l'amour en public. Sur le moment, cela me paraissait la chose la plus naturelle du monde. Très émoustillée, je m'approchais d'elle et, là-dessus, le rêve s'évanouissait.

18

NOCES DE SANG, OU SIC TRANSIT

Le gros ennui avec les femmes, c'est que rien n'y fait : toujours elles s'entêtent à vouloir s'adapter aux théories des hommes sur elles.

D. H. LAWRENCE

A midi, lorsque je me réveillai, ce fut pour découvrir qu'une source de sang s'était formée entre mes jambes. Si je m'avisais d'écarter si peu que ce fût les cuisses, le sang allait se précipiter et tacher jusqu'au matelas. Si abrutie et encore dans les vapes que je fusse, j'étais capable de ne pas écarter les jambes. J'aurais voulu me lever pour essayer de trouver un tampon – mais comment sortir de ce lit défoncé sans entrouvrir au moins les cuisses? Je sautai brusquement debout sur le plancher. De petits filets d'un rouge noirâtre se mirent à ruisseler très lentement sur la face intérieure de mes cuisses. Une tache sombre de sang s'élargit en luisant sur le sol. Je courus jusqu'à ma valise en laissant derrière moi une trace de gouttelettes de vernis. J'éprouvais la sensation que je connaissais bien, d'une pesanteur me tiraillant le bas-ventre.

– Merde, dis-je tout haut en cherchant à tâtons mes

lunettes, de façon à y voir clair pour mettre la main sur un tampon.

Mais impossible de les trouver, les saletés de lunettes. Fourrant la main dans le désordre de la valise, j'entrepris de l'explorer à l'aveuglette. Puis, exaspérée, je ne tardai pas à jeter les vêtements sur le sol.

— Saloperie de saloperie! criai-je.

Le plancher commençait à ressembler au théâtre d'un accident d'automobile. Comment parviendrais-je jamais à effacer tout ce sang? La question ne se posait même pas : j'aurais levé le camp de Paris avant que la direction de l'hôtel s'en soit aperçue.

Quel tas de bric-à-brac inutile dans cette valise! Après tout, mes poèmes pouvaient très bien me servir de serviette hygiénique — pourquoi pas? Charmant symbole! Malheureusement, sur le plan de l'absorption, ils laissaient à désirer.

Et ça, c'était quoi? Un gilet de corps de Bennett. Je le pliai comme une sorte de couche et y piquai une épingle de sûreté (la seule et unique!) pour le maintenir — façon de parler.

Bon, mais comment sortir de Paris, une couche entre les jambes? En marchant comme une cagneuse, c'était la seule solution. Tout le monde me croirait mourante de besoin de pisser. « Seigneur! Décidément, non, le crime ne paie pas », pensai-je. Dire que, pendant des jours, je m'étais demandé si mon châtiment, pour m'être enfuie avec Adrian, ne serait pas de rester tout le temps d'une grossesse dans l'ignorance de la couleur qu'auraient les yeux et les cheveux de l'enfant, et que, au lieu de cela, c'était moi qui me retrouvais langée comme un bébé ou presque. Pourquoi ne pouvais-je au moins souffrir dans la dignité? Les souffrances des autres écrivains, c'est de l'épopée, du cosmique, de l'avant-garde. Dans mon cas, cela tourne à la bouffonnerie!

Cahin-caha, je me traîne jusque dans le couloir, enveloppée dans mon imperméable et serrant les genoux pour maintenir en place la couche. Et soudain je me rappelle que tout ce qui m'empêche de ne pas être un rebut de la société se trouve dans mon sac à main : passeport, carte de crédit de l'American Express, *traveler's checks*. Comme un crabe je regagne ma chambre, puis ressors dans le couloir, cagneuse, nu-pieds, serrant précieusement contre moi mon sac, et, arrivée devant la porte des toilettes, je saisis la poignée qui résiste, et commence à la secouer.

– Un moment, s'il vous plaît!

Voix d'homme, gênée. Accent américain. C'est le mois d'août, il ne doit plus y avoir un seul Français dans un rayon de cent kilomètres autour de Paris. Je dis, serrant les cuisses sur ma couche :

– *It's o.k.*

– Pardon?

Il n'a pas entendu. Il se pressure le citron pour en extraire ses dernières gouttes de français, tout en se dévissant les tripes pour en expulser un dernier boudin de merde. Je crie :

– *It's o.k. I'm American.*

– Je viens, je viens, marmonne-t-il.

– Je suis américaine!

– Pardon?

La situation devient embarrassante. A ce train, pas plus lui que moi, nous ne saurons que faire quand il finira par sortir de là. Je me résous à foncer jusqu'à l'étage au-dessous pour en essayer les toilettes. Me voici repartie en me dandinant dans l'escalier tournant. Les toilettes de l'étage au-dessous sont libres, mais sans un brin de papier. Va pour un autre étage au-dessous. Le fait est que je commence à me sentir très forte à ce jeu. C'est fou, de quelle faculté d'adaptation l'on peut faire preuve, aux heures de détresse! Exactement comme à l'époque de ma jambe cassée, où j'avais inventé toutes sortes de positions ingénieuses, pour pouvoir baiser malgré le plâtre qui me prenait toute la patte.

Voilà! Papier! Mais de quelle qualité – atroce! A propos de l'histoire du monde vue à travers les toilettes, justement : celles-ci ressemblent en tous points à une oubliette. Quant au papier, on le croirait incrusté de punaises de lit.

Je referme la porte, mets la targette, m'étire pour ouvrir le minuscule fenestron, balance le gilet de corps ensanglanté dans la cour intérieure (me souvenant un instant des histoires de magie sympathique et de coutumes tribales citées dans *Le Roseau d'or*... Et si un sorcier vicieux, venant à trouver ce vêtement de Bennett imprégné de mon sang, s'avisait de s'en servir pour nous jeter un sort *à tous les deux?*) – puis me pose sur le siège et m'emploie à me fabriquer une espèce de serviette hygiénique, à grand renfort de strates de papier également hygiénique.

A quelles absurdités ne nous soumet pas notre corps! Sauf à se retrouver pliée en deux par la diarrhée dans un lieu d'aisance public, je ne sais rien de plus ignominieux que d'être prise par ses règles et démunie de tampons. L'étrange est que tel n'a pas toujours été mon sentiment sur la menstruation. Au contraire, il fut un temps où je me faisais d'avance une joie de mes premières règles; je les appelais de mes vœux, les *voulais*; j'ai *prié* pour qu'elles viennent. Je me plongeais dans les dictionnaires, aux mots de « menstruation » et de «règles ». Je me récitais de petites prières comme celle-ci : « Je vous prie de me donner mes règles aujourd'hui » – soit, de crainte qu'on ne m'entendît : « J.V.P.D.M.D.M.R.A., J.V.P.D.M.D.M.R.A., J.V.P.D.M.-D.M.R.A. » que je psalmodiais sur le siège des cabinets en n'en finissant plus de m'essuyer, dans l'espoir de découvrir enfin une minuscule tache de sang. Mais non, rien! Randy avait ses règles (« était indisposée », disaient mes mère et grand-mère, en femmes libérées qu'elles étaient). Les autres filles de septième année avaient aussi les leurs. *Puis* ce furent les filles de huitième année. Ah, leurs gros seins, leurs balconnets Jeune Poitrine, les vrilles de leur tendre vigne pubienne! Leurs débats exaltants sur les mérites comparés de telle ou telle marque de serviettes et (pour les plus hardies) de tel ou tel tampon! Mais moi, je n'avais rien à verser à ces débats. A treize ans, je n'avais droit qu'au soutien-gorge « pour la forme » (quelle forme?), que je n'arrivais pas à remplir, à quelques rares frisettes d'un brun cuivré (même pas blondes, bien que ce fût ma couleur naturelle), et à une information sexuelle glanée au cours des nuits entières de discussions fleuves avec Randy et sa meilleure amie, Rita. Tant et si bien que les prières sur le trône continuaient à se dévider : « J.V.P.D.M.D.M.R.A., J.V.P.D.-M.D.M.R.A., J.V.P.D.M.D.M.R.A. »

Et puis, à treize ans et demi – alors que j'étais déjà « une vieille » par rapport aux dix ans et demi de Randy – finalement je « les ai eues », en plein Atlantique, sur l'*Ile-de-France*, alors que nous rentrions, en famille, de notre fameuse virée européenne désastreusement ruineuse (mais déductible, toutefois, de l'impôt).

Nous étions là, toutes les quatre, dans la cabine de luxe intérieure que nous partagions (tandis que les parents s'offraient une cabine extérieure donnant sur le pont), et voilà que soudain j'atteignais l'âge de femme, deux jours et demi après avoir quitté Le Havre! Que faire? Lalah et Chloé (qui partagent l'une des deux rangées de couchettes) ne sont pas censées « savoir » (trop jeunes encore, estime ma mère). C'est donc avec Randy que j'entreprends une série d'excursions secrètes jusqu'à la pharmacie du bord, en quête de « ravitaillement », et que je rôde sournoisement dans la cabine pour tenter de repérer les coins où planquer mes achats. Naturellement, je suis si enchantée de ce nouveau joujou et de mon sentiment tout neuf d'appartenance au monde select des adultes, que je change de serviette au moins dix fois par jour, les jetant presque plus vite que je ne peux en acheter. Sur quoi, arrive la minute de vérité, lorsque le steward (un Français harassé, avec la tête de Fernandel et le tempérament bilieux du cardinal Richelieu) découvre la cuvette des toilettes bourrée jusqu'en haut et débordant. Jusqu'alors, je ne m'étais pas sentie tellement esclave de la menstruation. Ce fut seulement quand ce steward (qui ne ressentait sûrement aucun enthousiasme d'avoir à s'occuper d'une cabine transformée en dortoir de lycéennes) se mit à m'engueuler, que je ralliai les rangs des extrémistes en puissance.

– Qu'est-ce que vous avez fourré dans les commodités? hurlait-il.

Ensuite, il me contraignit à *regarder,* pendant qu'il extirpait bribe par bribe les restes visqueux des serviettes en voie de désintégration. Se pouvait-il qu'il ne sût *vraiment* pas ce que c'était? Ou tenait-il à m'humilier? A moins que ce ne fût un problème de langage (« *How do you say* Kotex *in French?* ») ou que, simplement, il ne me fît payer ses propres sentiments de frustration? Toujours est-il que je restai piquée là, écarlate et bégayant : « *Drugstore, drugstore...* » bien avant que la langue française eût adopté le terme.

Pendant ce temps, Lalah et Chloé gloussaient comme des dindes, pour couronner le tout. (Elles avaient parfaitement deviné qu'il s'agissait de quelque chose de « sale », même si les détails leur échappaient. Deviné, oui, que *quelque part* ça ne tournait pas rond – sinon quel besoin aurais-je eu de courir dix fois par jour jusqu'à la salle de bains, et pourquoi ce type à faire peur m'aurait-il engueulée comme ça?) Nous poursuivîmes notre route vers New York, laissant aux poissons, dans notre sillage, un pointillé de serviettes de cellulose ensanglantées.

Pour mon esprit d'adolescente de treize ans, l'*Ile-de-France* représentait le navire le plus romantique du monde, parce qu'il se dessinait en camée fugitif, sur fond de romantisme de rêve, dans la chanson *These Foolish Things* (avec laquelle mon romantique de père aimait à se perdre au piano dans ses rêves) : *A tinkling piano in the next apartment...*

Un piano s'égrenant dans la pièce voisine
Et l'aveu tout tremblant de ces mots qui t'ont dit
Ce que pensait mon cœur...

(O la poésie dans laquelle a baigné mon éducation!)

Quelque part dans les paroles de la chanson, il est fait une allusion rêveuse à « L'Ile-de-France *avec tout son cortège de mouettes* »... J'étais bien loin de me douter, en écoutant chanter mon père, qu'un jour viendrait où le cortège des mouettes se disputerait du bec mes serviettes hygiéniques. Loin de me douter aussi que, lorsque je finirais par naviguer sur lui, l'*Ile-de-France* serait bien usé et rock-and-rollerait comme un vieux rafiot, collant le mal de mer à presque tous ses passagers. Les stewards en perdaient l'esprit. La grande salle à manger était à peu près vide à tous les repas et les sonnettes du *room-service* tintaient sans arrêt. Je garde encore l'image de la grassouillette fillette de treize ans, cramponnée à son fourre-tout plein de serviettes neuves, sur les ponts qui tanguaient et roulaient, et signant, de son sang de petite bonne femme toute neuve, le trajet du retour au foyer de Manhattan.

Mesdames et messieurs, mon ménarche!

Une année et demie plus tard, je jeûnais à mort, et mes règles s'arrêtaient net dans leur cours. Raison? La peur d'être une femme, comme l'expliquait le Dr Schrift. Et pourquoi pas, mon Dieu? Oui, d'accord, j'avais peur d'être une femme. Pas peur du sang (puisque j'avais attendu impatiemment de le *voir* – en tout cas jusqu'à ce que j'eusse essuyé la fameuse engueulade). Peur de toute la sauce d'imbécillité dont est nappée la condition féminine. Comme quand on me racontait que, si j'avais des enfants, jamais je ne deviendrais une artiste. Comme les rancœurs de ma mère. Comme l'obsession de la nourriture et de l'excrétion chez ma grand-mère. Comme la question du petit gars à face de pâte mal levée, me demandant si je comptais devenir secrétaire. Secrétaire! Jamais, au grand jamais, je n'apprendrais à taper! (Et j'ai tenu parole. A l'université, Brian tapait mes dissertations. Par la suite, j'ai tapoté à deux doigts ou donné mes textes à frapper. Cela m'a gênée considérablement et coûté ridiculement cher; mais que sont l'argent et quelques inconvénients, comparés à la fidélité aux principes? Et le principe était que jamais je ne serais secrétaire dactylo. Fût-ce à mon propre service. Et même si cela devait me faciliter la vie.)

Bref, si menstruer signifiait que l'on devait taper à la machine, halte à la menstruation! Halte à la machine à écrire! Halte aux deux à la fois, s'il le fallait! Et pas question d'avoir des enfants! Plutôt me trancher le nez pour me défigurer. Plutôt jeter l'enfant dans la cuvette et tirer la chasse d'eau.

Et, de toute évidence, c'était une des raisons de ma présence à Paris. Je m'étais retranchée de tout – famille, amis, mari – à seule fin de prouver que j'étais libre. Libre comme un satellite placé sur une mauvaise orbite. Libre comme un pirate du ciel qui se lâcherait en parachute au-dessus du désert de Gobi.

Je raflai le reste du rouleau de papier hygiénique, le fourrai dans mon sac et m'élançai sur le chemin du retour. Mais j'avais l'esprit vide. Quel étage? Quel numéro? Toutes les portes avaient l'air de se ressembler. Je gravis deux volées d'escalier en courant, fonçai droit sur la porte d'angle et l'ouvris d'un seul coup. Assis sur une chaise, un homme d'âge mûr, tout nu, se rognait les ongles des orteils. Il leva un visage légèrement surpris.

– Pardon! criai-je, en claquant précipitamment la porte.

J'enfilai au galop l'escalier et, à l'étage au-dessus, trouvai la bonne porte, m'y engouffrai, m'enfermai à clé. Je ne parvenais pas à chasser de mes yeux l'expression sur le visage de cet homme nu. Amusée. Nullement scandalisée. Sorte de sourire paisible à la Bouddha. Pas une ombre d'inquiétude.

Ainsi donc, il existait au monde des gens qui se levaient à 9 heures du matin, se coupaient les ongles des doigts de pied, assis tout nus dans une chambre d'hôtel – et ce, sans considérer chaque jour que Dieu fait comme une apocalypse? Stupéfiant! Si quelqu'un avait fait irruption dans *ma* chambre pour me trouver nue et me coupant les ongles, j'en serais morte d'horreur... A moins que?... Peut-être étais-je plus forte que je ne le pensais?

Mais j'étais aussi plus sale que je ne le croyais. En dépit de ce que le poète Auden dit de l'amour qu'éprouvent les gens pour l'odeur très personnelle de leurs pets, le fumet sauvage que je dégageais commençait à m'offenser les narines. Faute de tampon, prendre un bain était hors de question; mais il fallait faire quelque chose pour mes cheveux qui pendouillaient, mous et graisseux. Et j'avais tendance à me gratter, comme si j'avais attrapé des puces. Bien, repartir à zéro. Au moins me laver la tête, m'inonder de parfum pour noyer la puanteur, comme les courtisans de Versailles, et puis en route! Mais pour aller où? A la recherche de Bennett? Ou à celle d'Adrian? Ou de tampons hygiéniques? Ou d'Isadora?

– Ferme ton clapet et lave-toi les cheveux, me dis-je tout haut. Chaque chose en son temps.

Par chance, j'avais des provisions de shampooing et, malgré l'étroitesse du lavabo et la froideur de l'eau, le fait de me laver les cheveux me donna l'impression d'avoir repris les choses en main.

Une heure plus tard, j'avais bouclé ma valise, j'étais habillée, maquillée et j'avais noué un foulard autour de mes cheveux humides. Je mis des lunettes de soleil pour renforcer ma protection contre le mauvais œil. J'avais improvisé avec le papier hygiénique une autre serviette du même nom, épinglée tant bien que mal à ma culotte. Il y a des accommodements plus confortables – n'importe, j'étais prête à payer ma note d'hôtel, puis à remorquer ma valise et à affronter le monde.

« Dieu soit loué pour ce soleil! » pensai-je en mettant le pied dehors. L'ancienne druidesse que j'étais savait rendre grâces aux dieux de leurs menues faveurs. J'avais survécu à la nuit! J'avais même dormi! Un instant, je m'offris le luxe de me dire que tout irait bien.

« Surtout ne pas penser, me dis-je aussi. Ne pas penser, ne pas analyser, ne pas se tracasser... Se concentrer uniquement sur la nécessité de parvenir à Londres et de bien se contrôler. Se contenter de voir le bout de cette journée. »

Je traînai ma valise jusqu'à une pharmacie, achetai des tampons, repris mon halage jusqu'au café de la veille, place Saint-Michel. J'abandonnai ma valise à côté de ma table, le temps de descendre aux toilettes pour me coller un tampon. Je ressentis une légère morsure d'inquiétude à la pensée de laisser ainsi ma valise toute seule – bon, mais après tout, merde! Cela me servirait d'augure : si la valise était encore là quand je remonterais (convenablement colmatée), alors tout serait pour le mieux dans le meilleur des mondes.

Ce le fut.

Je m'assis à côté de ma valise et commandai un *cappuccino* et une brioche. Il était presque 1 heure de l'après-midi; je me sentais calme, quasi euphorique. Comme il en faut peu pour être heureuse : une pharmacie ouverte, une valise intacte, une tasse de *cappuccino.* Soudain, je prenais conscience de toutes les petites joies de vivre. La superbe saveur du café, le ruissellement de la lumière, les gens prenant la pose au coin des rues pour se faire admirer. On eût dit que tout le Quartier latin était tombé aux mains des Américains. A ma droite comme à ma gauche, j'entendais parler des conditions d'admission à l'université du Michigan et du danger de coucher dans le sable sur les plages espagnoles. Un groupe de femmes noires d'un certain âge, en chapeaux fleuris – manifestement un voyage organisé – traversait la place Saint-Michel en direction de la Seine et de Notre-Dame. Il y avait de jeunes couples américains, sac et bébé au dos. « Picasso était sûrement un fétichiste du sein », expliquait un individu maigre, chemise au vent, manières très oscarwildiennes, à son compagnon vêtu de pied en cap à la dernière mode de Cardin (avec des petits C brodés jusque sur son minislip, sans doute?). Quel spectacle! Tout à fait les pèlerins des *Contes de Canterbury* de Chaucer. La Femme de Bath, déguisée en vieille Noire américaine pour aller prier Notre-Dame; le Seigneur de Village, sous les traits d'un jeune étudiant au doux visage et à la barbe blonde, et trimbalant avec lui *Le Prophète;* la Prieure, en fort jolie étudiante d'histoire de l'art, fraîche émoulue de ses cours privés et de son université chic et esthète pour filles de riches (et vêtue de *jeans* crasseux pour vivre à la hauteur de son passé et de son personnage d'aristo déchue); le Moine lascif, en prédicateur de trottoir vantant les macrobiotiques et le naturisme; le Capucin, en néophyte (à chignon au sommet du crâne) de la conscience selon Krishna; et le Meunier, devenu ex-activiste gauchiste de l'université de Chicago, distribuant maintenant des prospectus du M.L.F. (« Pourquoi êtes-vous féministe? demandais-je récemment à un type de ma connaissance, fana du mouvement de libération en question. – Parce que c'est le meilleur moyen de trouver à baiser, de nos jours », me répondit-il.) Oui, Chaucer se fût senti chez lui, ici – rien à quoi il n'eût trouvé réponse.

J'avais, pour le moment, un tel sentiment de calme et de lucidité que j'étais bien résolue à en profiter pour m'amuser, en attendant le retour de la panique.

Donc, au bout du compte, je n'étais pas enceinte. C'était un peu triste en un sens – il y a toujours un brin de tristesse dans la menstruation – mais c'était aussi un nouveau départ. On m'accordait une chance de recommencer.

Je commandai un second café et j'observai le défilé des gens. Que d'innocents en liberté! Un couple s'embrassait au coin de la rue, et je l'observai en songeant à Adrian. Le garçon et la fille se regardaient dans le blanc des yeux, comme s'ils avaient dû y découvrir le secret de la vie. Cela dit, que peuvent bien voir deux amants dans les yeux l'un de l'autre? L'image de l'autre, précisément? Je me souvenais de l'idée folle que je m'étais d'Adrian, comme de mon double mental. Comme elle s'était révélée fausse à l'usage! Tel avait pourtant bien été mon désir à l'origine : l'homme qui me compléterait. Le Papageno de la Papagena que j'étais. Peut-être était-ce la plus belle de mes désillusions. Personne n'a de complément. On est son propre complément. Pour qui n'a pas le pouvoir de se compléter, la quête d'amour devient recherche d'autodestruction – après quoi, l'on s'efforce de se convaincre que l'autodestruction est amour.

Je savais que je n'irais pas courir après Adrian à Hampstead. Je savais que je n'étais pas prête à saccager ma vie à cause d'une grande passion qui se dévorait elle-même. Une moitié de moi abondait dans ce sens; l'autre moitié méprisait Isadora de *n'être pas* femme à se sacrifier entièrement à l'amour. Mais à quoi bon feindre? Non, je n'étais pas de ces femmes-là. Je n'avais aucun goût pour l'autodestruction totale. Peut-être ne serais-je jamais une héroïne romantique, mais je resterais en vie. Pour l'heure, c'était là l'essentiel. Je rentrerais à la maison et, en revanche, j'écrirais un livre sur Adrian. Je me garderais Adrian en renonçant à lui.

Il y avait des moments où il me manquait affreusement, c'était vrai. Regardant ce couple s'embrasser, j'avais presque la sensation de la langue d'Adrian dans ma bouche. Sans compter toute la banalité des autres symptômes à la clé : sa voiture que je croyais reconnaître de l'autre côté de la rue (au point de ne pouvoir y tenir, au bout de quelques instants, et d'aller examiner la plaque d'immatriculation); sa nuque que je croyais apercevoir (et je me retrouvais tout à coup regardant un inconnu sous le nez, à une autre table du café); son odeur, son rire, ses plaisanteries, qui me revenaient dans les circonstances les plus inattendues...

Mais cela passerait avec le temps. Il en va toujours ainsi, malheureusement. La meurtrissure de cœur, qui d'abord est incroyablement tendre au moindre toucher, finit, après avoir pris toutes les couleurs de l'arcen-ciel, par ne plus faire mal du tout. On l'oublie. On oublie même qu'on a un cœur – jusqu'à la prochaine fois. Et quand cela recommence, on se demande comment on avait bien pu oublier à quoi cela ressemble. On se dit : « Cette fois, c'est plus fort, c'est mieux », parce que, en réalité, on est incapable de se rappeler pleinement l'expérience précédente.

« Tu ferais mieux de ne plus penser à l'amour et d'essayer simplement de vivre à ta façon », m'avait dit Adrian. Et j'avais débattu la question avec lui. Peut-être avait-il raison, en définitive. L'amour m'avait-il apporté autre chose que des désillusions? Ou peut-être me trompais-je dans ce que j'en attendais? Je rêvais de me perdre dans un homme, d'y oublier mon moi, d'être transportée en paradis sur des ailes d'emprunt. Isadora Icare – voilà comment j'aurais dû m'appeler. Les ailes d'emprunt fondent toujours quand on en a le plus besoin. Au fond, ce qu'il me fallait, c'était arriver à avoir mes ailes à moi.

« Tu as ton œuvre », m'avait dit aussi Adrian. Là encore, il avait raison. Ah, oui, il avait raison pour des tas de mauvaises raisons! Mais c'était vrai : j'étais commise à vie, j'avais une vocation, une passion directrice. Assurément, c'était plus que n'en ont la plupart des gens.

Je pris un taxi jusqu'à la gare du Nord, déposai ma valise à la consigne, changeai de l'argent, m'enquis des trains. Il était déjà près de 4 heures de l'après-midi et il y avait un train de bateau, le soir même, à 10 heures. Ce n'était pas un de ces grands rapides qui ont des noms de luxe; mais je n'en avais pas d'autre à ma disposition. J'achetai mon billet, sans savoir encore exactement pourquoi j'allais à Londres. Simplement, je devais à tout prix quitter Paris – cela, je le savais. Et puis, j'avais à faire à Londres. Mon agent à voir et des visites à rendre. Adrian n'était pas le seul à vivre dans cette ville.

Comment je tuai le reste de l'après-midi, je ne jurerais pas de me le rappeler entièrement. Je lus le journal, marchai, pris un repas. La nuit tombée, je regagnai la gare et, en attendant le train, m'assis pour noter des choses dans mon cahier. J'avais passé tellement de temps à écrire dans les gares, à l'époque de Heidelberg, que je recommençais à me sentir presque à l'aise ici-bas.

Lorsque, enfin, le train fit son apparition, de petits caillots d'humanité ce coagulèrent peu à peu sur le quai. Les visages avaient cet air perdu que prennent les voyageurs, lorsqu'ils doivent quitter un endroit à l'heure où, d'ordinaire, ils se couchent. Une vieille dame pleurait en embrassant son fils. Deux jeunes Américaines, crottées et crasseuses, tiraient leurs valises à roulettes. Une Allemande faisait ingurgiter à son bébé un aliment en pot, tout en le traitant de *Schweinchen* – petit cochon. Tous ressemblaient à des réfugiés. Y compris moi.

Je hissai mon énorme bagage dans le train et le traînai dans le couloir, en cherchant un compartiment vide. Je finis par en trouver un, qui sentait le pet rassis et la peau de banane en décomposition. Saine puanteur d'humanité – à laquelle j'apportais ma contribution personnelle.

Je tentai de jucher ma valise dans le filet et ratai la manœuvre de justesse. J'en avais mal aux articulations des bras. A cet instant, un jeune employé de gare en uniforme bleu survint et me soulagea de mon fardeau. En un tour d'épaule il le logea dans le filet.

– Merci, dis-je en tendant la main vers mon sac.

Mais il ne parut pas remarquer mon geste et pénétra plus avant dans le compartiment.

– *You will be alone?* me demanda-t-il.

La question était ambiguë, puisqu'elle pouvait vouloir dire aussi bien : « Vous voulez être seule? » que : « Vous serez seule? » Là-dessus, il entreprit de rabattre tous les rideaux. Que de prévenance! pensai-je; il désire me montrer comment empêcher d'autres voyageurs de me déranger en me réservant le compartiment à moi toute seule. « Et voilà, me dis-je. Juste au moment où on va désespérer de l'humanité, survient un être qui se fait un plaisir de vous rendre gratuitement service! » De fait, il relevait maintenant les accoudoirs, de façon à m'arranger une couche. Cela fait, il passa la main sur les sièges pour m'indiquer encore plus clairement que je pouvais m'y allonger.

Je lui expliquai que je me demandais si c'était très gentil pour les autres (car j'éprouvais un brusque remords, à monopoliser ainsi tout un compartiment). Mais il ne comprit pas et je ne parvenais pas à me traduire en français.

– *You are* seule? demanda-t-il alors.

Et, me plaquant tout à coup la paume de la main sur le ventre, il essaya de me forcer à m'asseoir. Puis, avant que j'aie pu réagir, sa main se retrouva entre mes jambes, en même temps qu'il tentait de me renverser.

– *What are you doing?* criai-je, en me relevant d'un bond et en le repoussant.

Ce qu'il faisait, je ne le savais que trop, mais il m'avait fallu quelques secondes pour m'en rendre compte.

– *You pig!* criai-je encore.

Il eut un sourire tordu et haussa les épaules comme pour dire : « Ça ne coûte rien d'essayer. »

– Cochon! hurlai-je, en me traduisant cette fois à son profit.

Il rit doucement; pas plus qu'il n'était prêt à me violer à proprement parler, il ne comprenait rien à ma mine scandalisée. Après tout, j'étais seule ou quoi?

Dans un sursaut d'énergie, je bondis sur la banquette et j'empoignai ma valise, au risque de m'assommer en la descendant. Puis, je sortis en tempête du compartiment, tandis qu'il restait tranquillement planté là, avec son sourire tordu et son air de hausser les épaules.

J'étais furieuse contre moi-même à cause de ma crédulité. Comment avais-je pu le *remercier* de sa sollicitude, quand la première idiote venue eût compris qu'il avait dans la tête de m'agrafer la cramouille, derrière les stores baissés, sitôt le train parti? J'étais vraiment la dernière des imbéciles, et je pouvais bien me vanter d'avoir l'expérience du monde! De l'expérience, j'en avais à peu près autant qu'un fichu marmot de huit ans! Isadora au Pays des Merveilles. L'éternelle naïve.

« Oh là là, faut-il que tu sois bête », me dis-je dans le couloir, en me lançant à la recherche d'un autre compartiment – comble, cette fois. Plein de religieuses, ou d'une famille nombreuse – ou des deux. Je regrettais de ne pas avoir eu le cran de lui en mettre un où je pensais, à ce type. Si seulement j'avais été de ces femmes avisées qui trimbalent toujours dans leur sac une bombe à gaz ou un objet contondant, quand elles ne connaissent pas le karaté! Ou peut-être était-ce un chien de garde qu'il m'aurait fallu. Un gros chien dressé à rendre toutes sortes de services – ça devait être encore plus pratique qu'un homme.

Ce fut seulement lorsque je me retrouvai bien installée, en face d'une gentille petite photographie de famille – maman, papa et bébé – que la drôlerie de l'épisode précédent m'apparut peu à peu. Mon fameux baisage s.e.! Mon inconnu du train! Eh oui, qu'était-ce d'autre que mon fantasme incarné qui s'était offert à moi? Ce même fantasme qui m'avait tenue rivée, trois années durant, à Heidelberg, aux banquettes des trains. Et voilà que, au lieu de m'allumer, il m'avait révoltée!

Curieux, non? Sorte d'hommage aux mystères de la psyché. A moins que ma psyché n'eût fini par changer, d'une façon que je n'avais pas prévue. Fini le romantisme de l'inconnu du train! Peut-être même fini tout le romantisme de l'homme en général?

Ce trajet jusqu'à Londres fut un vrai purgatoire. D'abord, il y avait mes compagnons de compartiment, la gentille petite famille : un Américain, professeur de son métier, qui avait dû avaler de l'amidon, sa dondon de femme et leur bébé baveux. Ce fut le mari qui commença l'interrogatoire. Etais-je mariée? Que répondre? Vraiment, je n'en savais plus rien. Quelqu'un d'un peu plus taciturne se fût probablement assez bien tiré de la situation; mais j'appartiens à cette catégorie de crétines et de crétins qui se croient tenus de déballer toute l'histoire de leur vie au premier passant qui le leur demande. Je dus mobiliser toute ma volonté pour répondre simplement :

– Non!

– Comment se fait-il? Charmante et jolie comme vous êtes!

Je souris. Isadora la Sphinge. Allais-je me lancer dans une petite tirade sur le mariage et la femme opprimée? Ou plaider la compassion, en racontant que mon amant m'avait plaquée? Ou encore faire bonne contenace et dire que mon mari s'était noyé corps et bien dans le jargon, à Vienne? Ou alors m'envelopper de mystères lesbiens qui leur échappassent?

– Je ne sais pas, répondis-je, avec un sourire forcé à me péter les lèvres.

Et à part moi je pensai : « Dépêche-toi de changer de sujet avant de tout leur dire. S'il est une chose à laquelle tu ne vaux rien, c'est bien la dissimulation, pour tout ce qui te concerne. » Je demandai donc brillamment :

– Et vous, où allez-vous comme ça?

A Londres, en vacances. C'était le mari qui parlait. La femme donnait le biberon au petit. Pendant qu'elle gardait la bouche close, le mari nourrissait l'air de déclarations politiques. « Pourquoi une charmante et jolie fille comme toi ne reste-t-elle pas célibataire? pensais-je. Oh, la ferme, Isadora, ne t'en mêle pas!... » Et les roues du train semblaient répéter : « La ferme, la ferme, la ferme... »

Le mari était professeur de chimie. Il avait une bourse de fondation et était attaché en France à l'université de Toulouse. Il aimait bien le système pédagogique français :

– Ah, la discipline! disait-il.

Nous en manquions un peu trop en Amérique – n'étais-je pas de cet avis?

– Pas vraiment, dis-je.

Il prit un air vexé. Le fait était que j'étais moi-même professeur, lui appris-je.

– Réellement?

J'y gagnais un nouveau statut. J'avais beau être une drôle de créature, célibataire et seule ainsi, du moins n'étais-je pas comme sa femme; je n'avais rien d'une laveuse de biberons. Il reprit, plein de bile et de solennité :

– Voyons, vous n'êtes pas d'accord, quand je dis que notre système éducatif a faussé chez nous le sens de la démocratie?

– Non, répliquai-je, je ne suis pas d'accord.

« Attention, Isadora, tu es en train de sortir les griffes. Rappelle-toi la dernière fois où tu as dit : « Non, je ne suis pas d'accord », d'une voix tellement calme... » Décidément, je commençais à me plaire beaucoup dans ma peau.

– Le fait est, dis-je, que nous n'avons pas encore découvert le vrai moyen de faire fonctionner la démocratie dans nos écoles. Mais ce n'est pas une raison suffisante pour revenir à un système sélectif à outrance, comme ici....(De la main je désignai sommairement le paysage englouti dans la nuit extérieure.)... Après tout, la société américaine est la première dans l'histoire du monde à devoir affronter ce genre de problème en ayant une population hétérogène en diable. Ce qui n'est le cas ni de la France ni de la Suède ou du Japon, par exemple.

– Mais croyez-vous que ce soit en l'encourageant à devenir plus permissive encore que nous aurons la réponse?

Ah, *permissive!* Le mot clé du puritanisme!

– Permissive? dis-je. Je crois que notre société américaine l'est trop peu, au sens pur du terme, et que l'anarchie bureaucratique est bien trop heureuse de masquer ses propres excès sous cette accusation. Mais rendez au mot la plénitude de sa vraie signification constructive, et cela change tout.

(Merci à vous, madame le docteur en philosophie D.H. Lawrence Wing.)

Il avait l'air désarçonné. Où voulais-je en venir? (L'épouse berçait le bébé et ne disait mot. A croire qu'ils avaient signé entre eux un pacte tacite, stipulant qu'elle se tairait et lui laisserait le beau rôle de l'intellectuel. Facile, d'être un intellectuel, quand on est marié avec une muette!)

Où je voulais en venir? Mais à moi, pardi! Au fait qu'une attitude authentiquement permissive encourage l'indépendance, et que j'étais déterminée à prendre en main ma destinée et à régler définitivement son compte à la bonne petite écolière. Cependant, au lieu de développer cette profession de foi, je continuai à jacter : Education, Démocratie et blablabla et blablabla.

Ce dialogue écrasant d'ennui nous conduisit jusqu'à mi-chemin de Calais; après quoi nous éteignîmes les lumières et dormîmes.

Un chef de train nous réveilla à je ne sais quelle heure impie : celle du bateau. A la descente du train, il y avait une telle brume et j'avais si sommeil que, m'eût-on commandé : « En avant, marche, droit dans la Manche! », sans doute n'eussé-je pas eu la présence d'esprit de réagir. Ensuite, je me souviens d'avoir traîné ma valise le long d'interminables couloirs, d'avoir essayé de dormir dans une sorte de fauteuil pliant sur un pont mouvant, puis d'avoir fait la queue dans l'humidité du petit matin, en attendant que les fonctionnaires de l'immigration examinent mes papiers. Deux heures d'attente pour un coup de tampon sur un passeport – deux heures pendant lesquelles mes yeux rougis ne quittèrent pas du regard les falaises blanches de Douvres. Enfin, encore un couloir en ciment, long d'un bon kilomètre et demi, où je m'attelai de nouveau à ma valise, jusqu'au train.

Et quand les Chemins de Fer Britanniques arrivèrent

finalement à la rescousse, ce fut à la vitesse de l'escargot et pour nous déposer, au bout de quatre heures et d'innombrables arrêts, à la gare de Waterloo, à Londres. Le paysage entrevu était sinistre et recouvert d'une pellicule de crasse. Je songeai à William Blake et à ses Noires Fabriques du Diable. A l'odeur je devinais l'Angleterre.

19

DÉNOUEMENT DANS LE STYLE XIXe

...Ne pas écouter les affirmations didactiques de l'auteur, mais les cris, les appels étouffés des personnages, cependant qu'ils errent, égarés dans les bois obscurs de leur destinée.

D.H. LAWRENCE

L'hôtel était une vieille bâtisse aux articulations qui craquaient, sise dans le quartier de Saint James. L'ascenseur était une cage datant de Louis XI et qui grinçait comme un criquet en folie. Les couloirs étaient déserts. Il y avait d'énormes trumeaux à chaque palier.

Je m'enquis du Dr Wing à la réception.

– Nous n'avons personne de ce nom, madame, me répondit un portier long et maigre, que l'on eût cru sorti de *David Copperfield*.

Mon cœur faillit s'arrêter.

– Vous êtes sûr?

– Voici le registre, vous pouvez regarder... je vous en prie.

Et l'homme me tendit le gros cahier. Cette demeure hantée n'abritait qu'une dizaine d'hôtes. Rien d'étonnant. On a beau ne pas arrêter le progrès, il lui arrive de faire un faux pas ou de sauter un endroit.

Je parcourus du regard la page : Strawbridge, Henkel, Harbellow, Bottom, Cohen, Kinney, Watts, *Wong*... Ah, bon, c'était cela : le coup classique, le nom mal orthographié. Naturellement! Il fallait s'y attendre. Tous les Chinois se ressemblent et s'appellent *Wong*. Je me sentis terriblement proche de Bennett, à la pensée qu'il avait dû supporter toute sa vie ce genre de connerie et n'en avait conçu nulle amertume.

– Et celui-ci... chambre 60? demandai-je, le doigt sous la faute d'orthographe.

– Vous voulez parler du monsieur japonais?

Merde et merde, pensai-je. Les gens confondent toujours!

– C'est cela. J'aimerais l'avoir au bout du fil, s'il vous plaît.

– Qui dois-je annoncer?

– Dites-lui que c'est sa femme.

« Sa femme »!... Apparemment, ces deux mots n'avaient rien perdu de leur force de frappe, ici où l'on vivait encore au XIXe siècle. Mon personnage de Dickens ne fit littéralement qu'un bond jusqu'au téléphone.

« Et si par hasard c'était vraiment un gentleman du Japon? me demandai-je. Toshiro Mifune, par exemple? Sabre de samouraï, petit chignon au sommet du crâne et tout et tout? Un de ces zèbres qui violent tout ce qui leur tombe sous la main, comme dans *Rashomon*? Ou le fantôme de Yukio Mishima, le sang sourdant encore des plaies de son suicide? »

– Désolé, madame, on ne répond pas.

– Pourrai-je attendre dans la chambre?

– A votre service, madame.

Là-dessus, grand coup de plat de main sur un gros timbre pour sonner le bagagiste, autre personnage de Dickens, mais cette fois plus petit que moi et les cheveux tout luisants de vaseline.

Je monte avec lui dans la cage grimpante. Après cinq bonnes minutes de grincements, nous débarquons au sixième étage.

Nul doute, c'est bien la chambre de Bennett. Ses

vestes, ses cravates pendent, soigneusement rangées, dans l'armoire. Petite pile de programmes de théâtre sur la commode. Sa brosse à dents et son shampooing sur la plaque de verre du vieux lavabo démodé. Ses pantoufles par terre. Ses sous-vêtements et ses chaussettes achevant de sécher sur le radiateur. Suis-je jamais partie? J'ai du mal à le croire. Bennett est-il capable de s'accommoder *à ce point* de mon absence – d'aller ainsi, tranquillement, au théâtre et de laver ses chaussettes en rentrant? Le lit est à une place – défait, mais sans la moindre trace de sommeil tourmenté.

Je feuillette la pile de programmes. Il a vu toutes les pièces qui se jouent à Londres. Ses nerfs n'ont pas craqué; il n'a pas fait de folies. Il est resté le même : Bennett le prévisible.

Je soupire de soulagement – ou est-ce de désappointement?

Je me fais couler un bain et dépouille mes vêtements sales, les semant au fur et à mesure dans la pièce.

La baignoire est un de ces longs machins profonds à pieds griffus. Vrai sarcophage. Je m'y plonge jusqu'au menton.

« Bonjour, mes pieds », dis-je en voyant pointer mes orteils à l'autre bout de la baignoire. J'ai les bras pleins de bleus et qui me font mal d'avoir traîné ma fameuse valise et j'ai des ampoules aux pieds. L'eau est si chaude que, un instant, je crois m'évanouir et déjà lire le titre dans le *National Enquirer* : ON DECOUVRE UNE JEUNE FEMME NOYEE DANS LA BAIGNOIRE DE SON MARI QUI L'AVAIT ABANDONNEE. Je n'ai pas la moindre idée de ce que va être la suite des événements et, pour l'heure, je m'en moque.

Je me sens toute légère et je flotte dans la grande baignoire. J'ai l'impression qu'il y a quelque chose de changé, quelque chose d'étrange, sans parvenir à préciser quoi.

Je baisse les yeux sur mon corps. Identique à lui-même. Le V rose des cuisses, le triangle de poil frisé, le cordon du tampon qui a l'air d'une ligne à pêche trempée dans l'eau par un héros de Hemingway, la blancheur du ventre, les seins à demi submergés, les deux mamelons tout irrigués de rose sous la brume chaude de l'eau. En somme, joli corps. Je décide de le garder.

Je me prends dans mes bras. La légèreté? Elle vient de la peur en allée. Envolé, le gros caillou froid que je trimbalais dans ma poitrine depuis vingt-neuf ans. Même s'il ne s'est pas évanoui tout d'un coup ni peut-être pour toujours, il n'est plus là.

Qui sait si je ne fais pas seulement que passer dans cette chambre, le temps de prendre un bain? Si je ne serai pas repartie avant le retour de Bennett? A moins que nous ne rentrions ensemble à New York – et fini les problèmes? Ou que nous rentrions, oui, mais pour nous séparer? Le dénouement se noie dans les vapeurs. Un roman du XIXe siècle se terminerait par un mariage. Au XXe siècle, c'est le divorce. Peut-on concevoir une fin qui ne soit ni l'un ni l'autre?

Je ris de moi en pensant : « Ce que tu peux être littéraire! » L'une de mes devises favorites est que « la vie ne suit pas de scénario ». Du moins, pas de notre vivant. Après, cela ne nous regarde plus.

Mais, quoi qu'il arrive, je suis sûre d'en réchapper. Surtout, je sais que je continuerai à travailler. En réchapper signifie être échaudée sans relâche. Cela ne va pas sans peine, et chaque fois cela fait mal. Mais il n'y a pas d'autre choix que la mort.

Qu'est-ce que je dirai, si Bennett ouvre la porte? Que je ne fais que passer, le temps de prendre un bain? Peut-on être nue et désinvolte à la fois? Oui, quelle est la dose exacte de désinvolture compatible avec la nudité?

« Si tu te traînes à genoux, tu devras repartir de la case numéro un », me disait Adrian. Je ne ramperai pas, c'est une certitude absolue, la seule que j'aie, mais elle me suffit.

Je fais couler encore l'eau chaude et me savonne les cheveux. Je songe à Adrian et lui souffle au bout des doigts des baisers qui font bulle. Je songe à l'anonyme qui inventa la baignoire. Je ne sais pourquoi je jurerais que c'était une femme. (Et un homme, le bouchon de vidange?)

Je chantonne en me rinçant les cheveux. J'attaque le second savonnage et, juste à ce moment, la porte s'ouvre. Entre Bennett.

Table des matières

Ernst JÜNGER
Jardins et routes
(Journal I, 1939-1940)
Premier journal parisien
(Journal II, 1941-1943)
Second journal parisien
(Journal III, 1943-1945)
La Cabane dans la vigne
(Journal IV, 1945-1948)
Héliopolis
Abeilles de verre
Orages d'acier

Ismaïl KADARÉ
Avril brisé
Qui a ramené Doruntine ?
Le Général de l'armée morte
Invitation à un concert officiel
La Niche de la honte

Franz KAFKA
Journal

Yasunari KAWABATA
Les Belles Endormies
Pays de neige
La Danseuse d'Izu
Le Lac
Kyôto
Le Grondement de la montagne
Le Maître ou le tournoi de go

Andrzeij KUSNIEWICZ
L'État d'apesanteur

Pär LAGERKVIST
Barabbas

LAO SHE
Le Pousse-pousse

D.H. LAWRENCE
Le Serpent à plumes

Primo LEVI
Lilith
Le Fabricant de miroirs

Sinclair LEWIS
Babbitt

LUXUN
Histoire d'AQ : Véridique biographie

Carson McCULLERS
Le cœur est un chasseur solitaire
Reflets dans un œil d'or
La Ballade du café triste
L'Horloge sans aiguilles
Frankie Addams

Naguib MAHFOUZ
Impasse des deux palais
Le Palais du désir
Le Jardin du passé

Thomas MANN
Le Docteur Faustus

Katherine MANSFIELD
La Journée de Mr. Reginald Peacock

Henry MILLER
Un diable au paradis
Le Colosse de Maroussi
Max et les phagocytes

Vladimir NABOKOV
Ada ou l'ardeur

Anaïs NIN
Journal 1 - *1931-1934*
Journal 2 - *1934-1939*
Journal 3 - *1939-1944*
Journal 4 - *1944-1947*

Joyce Carol OATES
Le Pays des merveilles

Edna O'BRIEN
Un cœur fanatique
Une rose dans le cœur

PA KIN
Famille

Mervyn PEAKE
Titus d'Enfer

Robert PENN WARREN
Les Fous du roi

Leo PERUTZ
La Neige de saint Pierre
La Troisième Balle
La Nuit sous le pont de pierre
Turlupin

Luigi PIRANDELLO
La Dernière Séquence

Ezra POUND
Les Cantos

Augusto ROA BASTOS
Moi, le Suprême

Raymond ROUSSEL
Impressions d'Afrique

Salman RUSHDIE
Les Enfants de minuit

Arthur SCHNITZLER
Vienne au crépuscule
Une jeunesse viennoise
Le Lieutenant Gustel

Leonardo SCIASCIA
Œil de chèvre
La Sorcière et le Capitaine
Monsieur le Député

Isaac Bashevis SINGER
Shosha
Le Blasphémateur
Le Manoir
Le Domaine

André SINIAVSKI
Bonne nuit !

George STEINER
Le Transport de A. H.

Andrzej SZCYPIORSKI
La jolie Madame Seidenman

Alexandre VIALATTE
La Dame du Job
La Maison du joueur de flûte

Thornton WILDER
Le Pont du roi Saint-Louis
Mr. North

Virginia WOOLF
Orlando
Les Vagues
Mrs. Dalloway
La Promenade au phare
La Chambre de Jacob
Années
Entre les actes
Flush
Instants de vie

Dans Le Livre de Poche

Extraits du catalogue

Henry Miller

Tropique du Capricorne

Des fous et des idiots asservis par leur croyance à la nécessité inéluctable du travail, pour qui le présent n'est qu'un pont vers un lendemain inatteignable – des lâcheurs de proie pour l'ombre, dupes et victimes d'un système à fabriquer des malheureux : voilà comment Henry Miller, dans sa jeunesse, voit son entourage, voilà ce qu'il refuse d'être.

Ce qu'il veut ? Empoigner la vie et la savourer à loisir. La période qu'évoque le présent volume est celle qui précède la découverte de sa vocation d'écrivain, celle où il assume le poste de chef des coursiers de la « Cosmodémonique » en nonchalant et joyeux Priape condamné à la bureaucratie par l'obligation où il est de gagner de l'argent, mais sans pour autant renoncer à assouvir ses fringales. La sexualité tient une place qui avait fait interdire le livre à sa parution en 1939, mais Henry Miller ne fait pas que fouler aux pieds les interdits : il raconte avec une verve infatigable son enfance à Brooklyn, ses ambitions, sa découverte du surréalisme, sa philosophie.

Henry Miller

Sexus – Plexus – Nexus

Dans ces trois audacieux volets de « La Crucifixion en rose », Henry Miller entreprend le récit complet de sa vie tumultueuse, riche d'expériences intérieures et d'aventures.

Sexus est l'histoire du grand amour qui, à travers l'inoubliable Mara-Mona, agit comme un révélateur sur Miller, mais aussi l'analyse lucide de la formidable crise qui le secoua et le fit se muer en lui-même.

Cette épopée à la fois lucide et ivre de langage se poursuit à travers réflexions et rencontres. Henry Miller, qui voulait être débarrassé des contingences matérielles pour devenir écrivain, a la chance de trouver en sa seconde épouse, Mona, une femme dévouée qui le supplie de rester au logis pendant qu'elle part en quête de l'argent nécessaire pour vivre. Ce pourrait être le paradis... mais il y a Stasia, l'amie hautement pittoresque de Mona.

Miller se ronge d'énervement, il délire, il tourne comme un ours en cage dans Brooklyn. Dix, vingt personnages baroques traversent son univers. Nul n'est plus extravagant que Stasia ! Que faire ? Seule l'Europe, affirme Mona, convient à l'écrivain qu'il veut être.

C'est sur le départ de l'auteur pour le « vieux continent » que s'achève *Nexus*, le dernier volume de « La Crucifixion en rose ».

Certains passages, très crus, d'une sexualité exacerbée, associent provocation et témoignage : ils sont, dans cette œuvre ardente, riche, puissante, une partie de la *vérité* dont Miller a fait l'objet de sa vie créatrice.

Henry Miller

Opus pistorum

En latin, « pistor » signifie « meunier » qui, en anglais, se dit « miller »! Littéralement donc : « l'œuvre du meunier », l'œuvre de Miller... Un roman où l'on retrouve les personnages des *Tropiques* pour une grande dérive érotique « sous les toits de Paris ». Non sans humour et avec ce merveilleux sens de la célébration de la vie qui n'appartient qu'à lui, Miller nous fait vivre une véritable odyssée du sexe à la recherche – utopique? – de la femme idéale, de l'expérience parfaite. Peu d'auteurs ont su dire le sexe avec autant d'enthousiasme lyrique.

Ce roman d'Henry Miller, découvert et publié aux Etats-Unis en 1983, fut écrit en 1941-1942 à Los Angeles pour le compte d'un libraire qui vendit sous le manteau quelques copies du manuscrit à des personnalités d'Hollywood.

(Réservé aux adultes.)

Ken Kesey

Vol au-dessus d'un nid de coucou

La critique américaine, comme le public, a reconnu en *Vol au-dessus d'un nid de coucou* le livre le plus significatif, le plus révélateur de la vie actuelle. Trois héros dominent ce roman : McMurphy, le héros américain par excellence, rayonnant de force et d'une joie de vivre qu'il veut faire partager, Miss Ratched, l'infirmière au visage impassible, incarnation sadique du système, enfin et peut-être surtout Grand Chef, l'Indien géant que l'on croit sourd et muet et qui, grâce à McMurphy, retrouve la parole et réussit à s'évader. La critique a fait de *Vol au-dessus d'un nid de coucou* l'un des plus grands livres de notre temps et le public a répondu. Ken Kesey est devenu l'un des chefs de file de sa génération.

Alfred Jarry

Tout Ubu

Edition établie par Maurice Saillet
Préface, commentaires et notes de Charles Grivel.

« Figure surgie du désordre et de l'ombre, émanation brute et cocasse d'une pensée qui ne recule devant rien pour se satisfaire, boucher redoutable, rhéteur implacable, depuis presque un siècle qu'il est né, Ubu *insiste*...

On a toujours lu, vu, su, vécu Ubu : le personnage provient de la mémoire de chacun, de ses entrailles; c'est une pulsion générale, non simplement particulière à son auteur et non restrictivement propre à la fin de siècle qui l'a vu naître; le spectacle qu'il offre – en Pologne ou à Paris, sur les mers ou dans les « lieux » – convient à tous les appétits. Cette robustesse des profondeurs, cette verdeur originaire, *Tout Ubu* – quelle ironie dans ce titre! – n'a pas la prétention de la recéler toute : Ubu n'est pas un personnage littéraire, Ubu déborde l'expression écrite. »

Charles GRIVEL.

Tout Ubu comprend : « Ubu roi », « Ubu cocu », « Ubu enchaîné », « Almanachs du père Ubu », « Ubu sur la Butte », avec leurs Prolégomènes et Paralipomènes.

Franz Kafka

La Métamorphose

suivi d'une étude de Vladimir Nabokov

Traduction de Brigitte Vergne-Cain et Gérard Rudent

« Lorsque Gregor Samsa s'éveilla un matin, au sortir de rêves agités, il se trouva dans son lit métamorphosé en un monstrueux insecte. Il reposait sur son dos qui était dur comme une cuirasse, et, en soulevant un peu la tête, il apercevait son ventre bombé, brun, divisé par des arceaux rigides, au sommet duquel la couverture du lit, sur le point de dégringoler tout à fait, ne se maintenait que d'extrême justesse. D'impuissance, ses nombreuses pattes, d'une minceur pitoyable par rapport au volume du reste, papillonnèrent devant ses yeux.

« " Qu'est-il advenu de moi "? pensa-t-il. Ce n'était pas un rêve. Sa chambre, une vraie chambre humaine quoiqu'un peu trop petite, était là, paisible entre les quatre murs familiers... »

Raymond Carver

Les Vitamines du bonheur

Douze histoires qui, chacune à leur manière, révèlent la présence latente ou l'intrusion " de terreurs extraordinaires dans des existences ordinaires " (Cathleen Medwick). Avec une économie de moyens remarquable, Carver trace les lignes de force de la tragi-comédie qui habite chaque vie humaine, fût-elle la plus banale. Ouvriers, employés de bureau, chômeurs ou couples à la dérive, ses personnages accèdent malgré eux à une dimension héroïque. Sans anesthésie, Carver met à nu la grandeur et la misère de ces destins, en préservant la part de mystère qui leur appartient en propre.

Naguib Mahfouz

Impasse des deux palais

« La rue d'al-Nahhasin n'était pas une rue calme... La harangue des camelots, le marchandage des clients, les invocations des illuminés de passage, les plaisanteries des chalands s'y fondaient en un concert de voix pointues... Les questions les plus privées en pénétraient les moindres recoins, s'élevaient jusqu'à ses minarets... Pourtant, une clameur soudaine s'éleva, d'abord lointaine, comme le mugissement des vagues, elle commença à s'enfler, s'amplifier, jusqu'à ressembler à la plainte sibilante du vent... Elle semblait étrange, insolite, même dans cette rue criante... »

Naguib MAHFOUZ.

Naghib Mahfouz est le premier écrivain de langue arabe à avoir reçu, en 1988, le *prix Nobel de Littérature.*

Alberto Moravia

Bof!

Dans *Bof!* des femmes de milieu et d'âge différents conversent avec nous, sur un ton familier, tragique, comique, souvent voilé d'ironie, de la haïssable ambiguïté de leur destin qui les force à agir de façon absurde ou folle, bien que leur conscience leur dise qu'elles devraient faire autrement.

Malgré leur complaisance narcissique vis-à-vis d'elles-mêmes, elles supportent mal cette dualité qu'aggrave encore leur solitude de femmes mal aimées. Et c'est avec ce « Bof! » qu'elles lancent d'un ton méprisant aux adultes qu'elles n'ont jamais pu être, qu'elles expriment leur lassitude des hommes et leur déconvenue devant de stupides comportements.

Moravia, maître incontesté de ces courts chefs-d'œuvre que sont ses nouvelles, entraîne ses lecteurs dans le passionnant univers freudien dont il n'ignore aucun détour.

F. Scott Fitzgerald

Tendre est la nuit

Tendre est la nuit, largement autobiographique, est l'histoire de la décomposition d'un être fait pour être aimé, trop romantique pour pouvoir résister à son époque, trop tendre, malgré son apparente désinvolture, pour savoir sagement vieillir.

Nicole a été soignée par Dick, médecin psychiatre. L'amour qu'elle a porté à Dick a fait de leur union une nécessité. Un jour viendra pourtant où ils devront se séparer...

Mais le lecteur aura vécu avec eux les plus belles années d'une vie de loisir rendue magique par la richesse, les voyages. C'est un extraordinaire témoignage sur la vie d'entre les deux guerres qui nous est offert, un témoignage qui ne va pas sans une douloureuse nostalgie, un livre ensorcelé.

Gabriel Garcia Marquez

Chronique d'une mort annoncée

Les frères Vicario ont annoncé leur intention meurtrière à tous ceux qu'ils ont rencontré, la rumeur alertant finalement le village entier, à l'exception de Santiago Nasar. Et pourtant, à l'aube, ce matin-là, Santiago Nasar sera poignardé devant sa porte.

Chronique d'une mort annoncée est un roman hallucinant où l'humour et l'imagination du grand écrivain colombien, prix Nobel de littérature, se débrident plus que jamais pour créer une nouvelle et géniale fiction sur les thèmes éternels de l'honneur et de la fatalité.

Gabriel Garcia Marquez

L'Automne du patriarche

Depuis trente ans, plusieurs grands romans latino-américains nous ont décrit par le menu le monde hallucinant de la dictature « à l'américaine » : délation, exactions de tous ordres, assassinats, extermination même, bestialité, cupidité, abus sexuels, protections étrangères, soif maladive de pouvoir que finalement la solitude transforme en frustration. Cette réalité tragique prend, sous la plume de l'auteur de *Cent ans de solitude,* une dimension burlesque incomparable.

Le patriarche est ici un dictateur dans la grande tradition de l'Amérique latine. C'est un vieux général qui a « entre 107 et 232 ans ». Tyran méfiant et délirant, les structures minables de son pays arriéré le vouent à des aventures cauchemardesques que l'imagination non moins délirante de Gabriel Garcia Marquez transforme en folles équipées drolatiques.

Gabriel Garcia Marquez

La Mala Hora

Un village colombien, qui a connu la guerre civile, vit en paix depuis que le maire à rétabli l'ordre par la terreur. Mais, un soir, les premiers tracts anonymes apparaissent sur quelques portes. Celui que lit César Montero l'amène aussitôt à tuer. Et les tracts se multiplient, semant la discorde dans les familles, ravivant les haines, réveillant dans la mémoire de chacun les combines, les exactions, les crimes commis dans le passé.

Le curé Angel, d'abord indifférent, demande finalement au maire de prendre des mesures d'autorité devant ce « cas de terrorisme contre l'ordre moral ». Rien n'empêche les tracts de proliférer. Le maire décide de revenir à la répression. La paix mensongère est terminée, le village est retourné à son enfer quotidien.

IMPRIMÉ EN FRANCE PAR BRODARD ET TAUPIN
Usine de La Flèche (Sarthe).
LIBRAIRIE GÉNÉRALE FRANÇAISE - 6, rue Pierre-Sarrazin - 75006 Paris.
ISBN : 2 - 253 - 05718 - 5 30/6986/1